D1605204

GERMAN TODAY 2

GERMAN TODAY 2

FOURTH EDITION

Jack Moeller
Helmut Liedloff
Clifford J. Kent

HOUGHTON MIFFLIN COMPANY   **Boston**

Atlanta   Dallas   Geneva, Illinois   Palo Alto   Princeton   Toronto

About the Authors

Jack Moeller, senior author of the series, is Professor of German at Oakland University in Rochester, Michigan. Professor Moeller has taught at both private and public high schools in the United States and Germany. He is a coauthor of *Deutsch heute: Grundstufe, Blickpunkt Deutschland, Kaleidoskop, Ohne Mühe!, Noch dazu!* (Houghton Mifflin), and of several other texts.

Helmut Liedloff is Professor of German at Southern Illinois University in Carbondale, Illinois. A native of Bremen, Germany, he has taught at the secondary school and university levels in Germany and at a number of colleges in the United States. He is a co-author of *Deutsch heute: Grundstufe, Kaleidoskop,* and *Ohne Mühe!* (Houghton Mifflin) and is a contributor to numerous professional journals.

Clifford J. Kent is Supervisor of Foreign Languages for the Beverly Public Schools in Massachusetts, where he has helped develop exchange programs between Beverly High School and schools in Cologne and Nuremberg. He has taught German at the junior high, high school, and college levels, as well as to adults, and he participated in an NDEA summer institute at Hofstra University.

WORKBOOK/LAB MANUAL: **Joana Snow** has taught German at both junior high and high school levels. Currently she teaches German at Adams High School in Rochester, Michigan.

CASSETTE PROGRAM: LISTENING COMPREHENSION EXERCISES: **Christiane Musinsky** was born in Meerholz/Gelnhausen, Germany. She taught German and history at the Cambridge School of Weston in Weston, Massachusetts and is currently working as an independent Educational Consultant.

TESTING PROGRAM: **Clifford J. Kent, Constance E. Putnam**
Constance E. Putnam taught German and Latin at John Marshall High School and at The Catlin Gabel School in Portland, Oregon. She also lived in Germany for several years and taught at the *Gymnasium* in Duderstadt and the *Pädagogische Hochschule* in Hildesheim.

Cover photograph copyright © Edel/ZEFA

Art credits follow the Index.

"Krieg in der Badewanne," p. 384, adapted from e.o. plauen, *Vater und Sohn.* Copyright © 1962 Südverlag GmbH Konstanz, with permission from Gesellschaft für Verlagswerte GmbH, Kreuzlingen, Switzerland.

Printed in the U.S.A.
Student's Edition ISBN: 0-395-47135-4
Teacher's Edition ISBN: 0-395-47136-2

CDEFGHIJ-D-9543210-89

Contents

Acknowledgments

The authors and publisher would like to thank the following foreign language educators for their observations and suggestions during the development of this text. Their input has proved valuable in the creation of the Fourth Edition of *German Today.*

Petra Bailey, Westwood High School, Mesa, Arizona

Robert Bordwell, Mountain View High School, Mesa, Arizona

James Brandenburg, John Marshall High School, San Antonio, Texas

Gail Cope, W.T. White High School, Dallas, Texas

Idy Fischler, Penncrest High School, Media, Pennsylvania

Judith Fullerton, Corona Del Sol High School and Tempe High School, Tempe, Arizona

Peter Glaser, Dunbar High School, Fort Worth, Texas

Elsbeth Glocker, Marcos De Niza High School, Tempe, Arizona

Georgiana Graf, Sentinel High School, Missoula, Montana

Walter Graf, Big Sky High School, Missoula, Montana

Rosalind Hudgens, Hellgate High School, Missoula, Montana

Carol June, Newburyport, Massachusetts

Ann Layton, Chandler Junior High School and Willis Junior High School, Chandler, Arizona

Rosalie Maher, Chandler Senior High School, Chandler, Arizona

Elisabeth Mroczek-Pruett, Indianapolis, Indiana

Ursula Schuster, Upper Merion High School, Norristown, Pennsylvania

Betty Schiele, Dobson High School, Mesa, Arizona

Georg F. Steinmeyer, Amherst Regional Junior and Senior High School, Amherst, Massachusetts

Marlies Stueart, Wellesley High School, Wellesley, Massachusetts

Kendall Weeks, Chippewa Valley High School, Mount Clemens, Michigan

Keith Williams, Skyline High School, Dallas, Texas

Europa

Reykjavik ★ **ISLAND**

Europäisches Nordmeer

FINNLAND

SCHWEDEN

NORWEGEN

Atlantischer Ozean

Oslo ★

Stockholm ★

Helsinki ★

Ostsee

Moskau ★

Nordsee

IRLAND

Dublin ★ **GROSSBRITANNIEN**

DÄNEMARK

★ Kopenhagen

SOWJETUNION

London ★

Den Haag ★ Amsterdam ★

NIEDERLANDE

Berlin ⊛

DEUTSCHE DEMOKRATISCHE REPUBLIK

POLEN

Warschau ★

Brüssel ★

Bonn ★

BELGIEN

LUXEMBURG

Luxemburg ★

BUNDESREPUBLIK DEUTSCHLAND

Prag ★

TSCHECHOSLOWAKEI

Paris ★

LIECHTENSTEIN

Vaduz ★

Wien ★

Budapest ★

FRANKREICH

Bern ★

SCHWEIZ

ÖSTERREICH

UNGARN

0 200 400 600 km

0 200 400 mi

RUMÄNIEN

PORTUGAL

★ Lissabon

Madrid ★

ANDORRA

Belgrad ★

Bukarest ★

Schwarzes Meer

SPANIEN

JUGOSLAWIEN

ITALIEN

BULGARIEN

Sofia ★

Rom ★

Tirana ★

ALBANIEN

Mittelmeer

GRIECHENLAND

TÜRKEI

Athen ★

MAROKKO

ALGERIEN

TUNESIEN

Mittelmeer

DÄNEMARK

Ostsee

Bundesrepublik Deutschland

Deutsche Demokratische Republik

Sylt

Flensburg

Nordfriesische Inseln

Husum

Puttgarden

Rügen

Kiel

Fehmarn

Stralsund

Helgoland

SCHLESWIG-HOLSTEIN

Neumünster

Rostock

Nordsee

Lübeck

Schwerin

Ostfriesische Inseln

HAMBURG

Neubrandenburg

Bremerhaven

Hamburg

Müritz

Emden

BREMEN

Lüneburg

Oldenburg

Bremen

LÜNEBURGER HEIDE

Elbe

Oder

NIEDERSACHSEN

Celle

BERLIN (WEST)

Berlin

POLEN

Wolfsburg

Weser

Havel

NIEDERLANDE

Osnabrück

Hannover

Braunschweig

Potsdam

Frankfurt (Oder)

Münster

Hameln

Hildesheim

Magdeburg

Oder

HARZ

Rhein

NORDRHEIN-WESTFALEN

Göttingen

Wittenberg

Essen

Dortmund

Ruhr

Saale

Cottbus

Spree

Neiße

Düsseldorf

Kassel

Halle

Leipzig

Köln

Meißen

Dresden

Aachen

Bonn

Marburg

Erfurt

Weimar

Karl-Marx-Stadt

Eisenach

Jena

Gera

WESTERWALD

Gießen

HESSEN

THÜRINGER WALD

Zwickau

BELGIEN

Koblenz

Suhl

ERZGEBIRGE

EIFEL

RHÖN

Elbe

Bacharach

Frankfurt a.M.

Mosel

Wiesbaden

LUXEMBURG

Bingen

Mainz

Main

TSCHECHOSLOWAKEI

Trier

RHEINLAND-PFALZ

Würzburg

Bayreuth

SAARLAND

Mannheim

Nürnberg

BÖHMER WALD

Saarbrücken

Heidelberg

Rothenburg

BAYERISCHER WALD

Rhein

Karlsruhe

BAYERN

Regensburg

Stuttgart

Donau

Mosel

Baden-Baden

Tübingen

Ulm

Isar

Passau

FRANKREICH

BADEN-WÜRTTEMBERG

Augsburg

Inn

Neckar

SCHWARZWALD

Freiburg

Donau

München

Donau

ÖSTERREICH

Starnberger See

Konstanz

Tegernsee

Chiemsee

Berchtesgaden

LIECHTENSTEIN

Rhein

Bodensee

BAYERISCHE ALPEN

Garmisch-Partenkirchen

SCHWEIZ

Zugspitze 2,963 m

| 0 | 50 | 100 | 150 km |
| 0 | 50 | 100 mi |

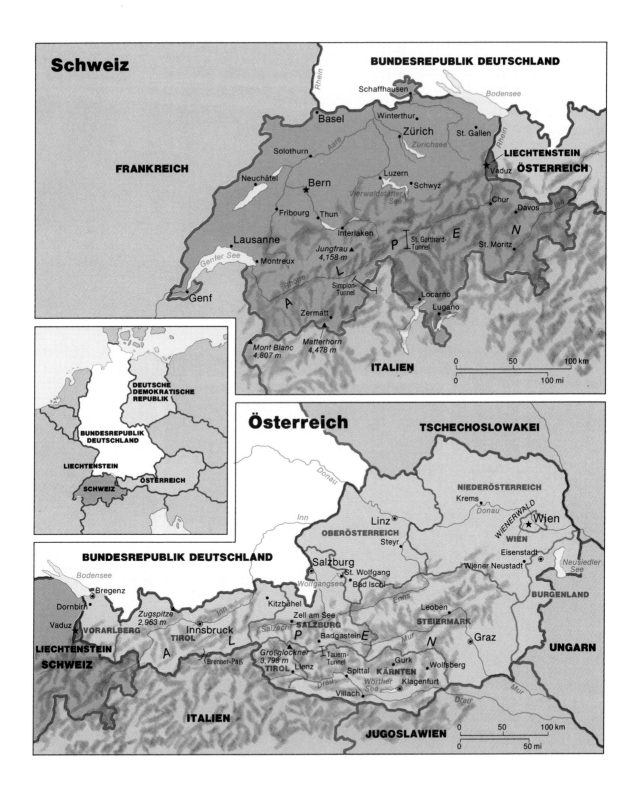

Schweiz

BUNDESREPUBLIK DEUTSCHLAND

FRANKREICH

Rhein

Schaffhausen

Bodensee

Basel

Winterthur

Zürich

St. Gallen

LIECHTENSTEIN

Solothurn

Aare

Zürichsee

Vaduz

ÖSTERREICH

Neuchâtel

Bern

Luzern

Schwyz

Fribourg

Thun

Vierwaldstätter See

Chur

Davos

Inn

Lausanne

Interlaken

P

E

N

Genfer See

Montreux

Jungfrau
4,158 m

L

St. Gotthard-
Tunnel

St. Moritz

Rhone

Simplon-
Tunnel

A

Locarno

Lugano

Genf

Zermatt

Mont Blanc
4,807 m

Matterhorn
4,478 m

ITALIEN

0   50   100 km
0   100 mi

DEUTSCHE
DEMOKRATISCHE
REPUBLIK

BUNDESREPUBLIK
DEUTSCHLAND

LIECHTENSTEIN

ÖSTERREICH

SCHWEIZ

Österreich

TSCHECHOSLOWAKEI

Donau

NIEDERÖSTERREICH

Krems

Donau

WIENERWALD

Wien

Inn

Linz

OBERÖSTERREICH

Steyr

WIEN

Eisenstadt

Wiener Neustadt

Neusiedler
See

BUNDESREPUBLIK DEUTSCHLAND

Bodensee

Salzburg

St. Wolfgang

Wolfgangsee

Bad Ischl

Enns

BURGENLAND

Bregenz

Leoben

Dornbirn

Kitzbühel

Zell am See

STEIERMARK

Vaduz

VORARLBERG

Zugspitze
2,963 m

Innsbruck

Inn

SALZBURG

Mur

Graz

UNGARN

LIECHTENSTEIN

TIROL

L

Salzach

P

Badgastein

E

SCHWEIZ

A

Großglockner
3,798 m

Tauern-
Tunnel

N

Brenner-Paß

TIROL

Lienz

Spittal

Gurk

Wolfsberg

Drau

KÄRNTEN

Klagenfurt

ITALIEN

Villach

Wörther
See

Drau

Mur

JUGOSLAWIEN

0   50   100 km
0   50 mi

Stufe 3

Zum Städtele hinaus

1 Ferien auf dem
Bauernhof?

2 Teenager haben das
Wort

1

Kapitel 1

Ferien auf dem Bauernhof?

Landschaft (landscape) *bei Salzburg in Österreich.*

Uwe schreibt einen Brief

Uwe Dieckmann wohnt in Lübeck und möchte in den Sommerferien bei einem Bauern in Österreich arbeiten. Er hat eine Adresse von seinem Freund bekommen und schreibt:

Lübeck, den 5. Oktober

Lieber Herr Wagram!

Ich möchte in den Sommerferien gern bei einem Bauern arbeiten. Ich habe Ihre Adresse von Günter Lange bekommen. Er sagt, daß er letztes Jahr bei Ihnen gearbeitet hat. Ich möchte fragen, ob ich nächsten Sommer bei Ihnen arbeiten darf.

5　Ich bin 15 Jahre alt, werde aber im Februar 16. Ich bin 1,75 m groß und wiege 65 kg. Ich bin gesund und kann auch schwere Arbeiten machen. Ich bin gewohnt zu arbeiten, denn wir müssen zu Hause viel helfen. Mein Vater ist Feinmechaniker, und meine Mutter ist Lehrerin. Ich habe zwei Schwestern und einen Bruder. Meine Geschwister und ich helfen zu Hause immer bei der Arbeit. Wir
10　machen alles. Wir stauben Möbel ab, saugen Staub, räumen die Garage auf, decken den Tisch und räumen nach dem Essen ab; wir waschen ab und trocknen ab. Im Sommer mähen wir den Rasen und machen Gartenarbeit. Wir haben einen großen Garten, denn meine Mutter liebt Blumen. Im Winter schaufeln wir Schnee.
15　Meine Lieblingsfächer sind Chemie, Biologie, Physik und Mathematik. Ich bin gern draußen und will Förster werden. Ich glaube bestimmt, daß mir° die Arbeit   for me
bei einem Bauern Spaß macht.

Hoffentlich haben Sie Platz für mich. Meine Adresse ist:

Hamburger Straße 47
20　D–2400 Lübeck 2

Mit freundlichen Grüßen

Uwe Dieckmann

Fragen

1. Wo wohnt Uwe?
2. Wann möchte er beim Bauern arbeiten?
3. Wie alt ist Uwe?
4. Und wie groß?
5. Wieviel wiegt er?
6. Wo muß Uwe viel helfen?
7. Was ist sein Vater von Beruf? Und seine Mutter?

8. Wieviel Geschwister hat Uwe?
9. Was machen die Dieckmann-Kinder in der Garage?
10. Was machen sie vor dem Essen?
11. Und nach dem Essen?
12. Was müssen sie im Sommer machen?
13. Was tun die Kinder im Winter?
14. Was sind Uwes Lieblingsfächer?
15. Was will Uwe werden?

Du hast das Wort

1. **Wie heißt du?** Introduce yourself to a few other members of the class by answering all or some of the following questions.

Introducing yourself

Wie heißt du?	Ich heiße [Paula Schmidt].
Wie alt bist du?	Ich bin [15] Jahre alt.
Wann hast du Geburtstag?	Im [Februar] werde ich [16].
Wie groß bist du?	Ich bin [1,30] m groß.
Wo wohnst du?	Ich wohne in der [Gartenstraße].
Wie groß ist deine Familie?	Ich habe [eine Schwester] und [einen Bruder].
Hilfst du zu Hause?	Wir helfen alle zu Hause. Ich [wasche ab und putze].
Was sind deine Lieblingsfächer?	Meine Lieblingsfächer sind [Mathe, Englisch und Bio].

Land und Leute

A German letter-writer usually addresses an envelope as follows:

Herrn	Familie	Frau
Günter Lenz	Helmut Reger	Inge Schulz
Baldurstraße 2	Adlerstr. 38	Alte Heide 67
5000 Köln	A–1010 Wien	CH–8001 Zürich

The return address is on the reverse side of the envelope or on the front in the lower left, often preceded by **Abs.**, for **Absender.**

Abs. Constanze Wittkopp
Comeniusstraße 98a
DDR-8019 Dresden

2. **Neue Freunde.** Choose four of the questions you would like to ask others in your class. Prepare a grid for the answers such as the one below. Walk around and fill in your grid by asking five of your fellow classmates your questions.

Getting acquainted

NAME	WIE ALT?	GEBURTSTAG	ADRESSE	LIEBLINGSFÄCHER

Wortschatzerweiterung

Monate

A. Geburtstag. Frag einen Mitschüler/eine Mitschülerin *(classmate)*, wann er/sie Geburtstag hat!

Asking for personal information

Wann hast du Geburtstag?

Im Januar? Februar? März? April? Mai? Juni? Juli? August? September? Oktober? November? Dezember?

Größe

B. Wie groß? Frag einen Mitschüler/eine Mitschülerin, wie groß er/sie ist!

Wie groß bist du?

Ein Meter siebzig?

m/cm	ft/in
1,95	6′5″
1,90	6′3″
1,85	6′1″
1,80	5′11″
1,75	5′9″
1,70	5′7″
1,65	5′5″
1,60	5′3″
1,55	5′1″
1,50	4′11″
1,45	4′9″
1,40	4′7″
1,35	4′5″
1,30	4′3″

Fächer

C. Welche Fächer? Frag einen Mitschüler/eine Mitschülerin, welche Fächer er/sie hat!

Welche Fächer hast du dieses Jahr?   Biologie? Chemie? Englisch?
Erdkunde? Geschichte?
Mathematik? Sport? Musik?
Deutsch?

Hilfst du zu Hause?

1. Staub saugen
2. Möbel abstauben
3. den Tisch decken
4. Fenster putzen
5. Gartenarbeit machen
6. den Rasen mähen
7. die Garage aufräumen

Du hast das Wort

1. **Ich helfe zu Hause.** Tell a fellow classmate what you do at home using the pictures on pages 6 and 7 as cues.

    Describing chores

    ▶ Ich räume mein Zimmer auf.

1. Zimmer aufräumen
2. nach dem Essen abräumen
3. Schnee schaufeln
4. den Müll raustragen
5. Geschirr spülen
6. nichts machen
7. abtrocknen

2. **Was machst du zu Hause?** Look at the pictures and think about which activities you do at home. Your partner will ask you what you do.

GESPRÄCHSPARTNER/IN	DU
▶ Was machst du zu Hause?	Ich staube Möbel ab.
Was mußt du jeden Tag machen?	Ich muß jeden Tag den Tisch decken.
Was machst du nur am Wochenende?	Ich mähe den Rasen.

Was für ein Mensch
ist dein Freund/deine Freundin?

D. So sind sie. Du warst bei deinem Brieffreund in Deutschland. Er hat gefragt, wie deine amerikanischen Freunde sind. Erzähle von drei Freunden!

Describing people

Wie sieht° sie/er aus?

ziemlich alt? ziemlich jung?
zu dünn? schlank?
sehr groß? sehr klein?
ziemlich häßlich? wirklich hübsch?
  sehr schön?

Wie ist sie/er denn so?

wirklich dumm? sehr klug?
manchmal doof? ganz prima? ganz
  toll?
eigentlich glücklich? oft unglücklich?
  oft sauer? zu sarkastisch?
ganz kaputt? etwas müde? oft
  krank? ganz gesund?
immer fleißig? oft faul?

Gymnasium in Zürich:
Schüler auf dem Hof.

Aussprache

long vowel [ø] schön, Möbel, Österreich, hören
short vowel [œ] zwölf, plötzlich, Röcke, möchte

A. Practice vertically in columns and horizontally in pairs.

[ø]	[œ]
Höhle	Hölle
Öfen	öffnen
Goethe	Götter
König	können
lösen	löschen

B. Practice the following words horizontally in pairs.

[o]	[ø]	[ɔ]	[œ]
schon	schön	konnte	könnte
Ofen	Öfen	Frosch	Frösche
losen	lösen	koche	Köche
hohe	Höhe	Hocker	Höcker
toten	töten	Kopf	Köpfe

C. Practice the sounds [ø] and [œ]. Read the sentences aloud.

1. Im Sommer ist es oft schön.
2. Ich möchte jetzt Kaffee kochen.
3. Lotte kauft zwölf schöne Brote.

*Wer anderen in die Töpfe guckt,
hat selbst nichts drin.*

1. Present tense of verbs

Regular verbs

	singen	arbeiten	tanzen
ich	sing **e**	arbeit **e**	tanz **e**
du	sing **st**	arbeit **est**	tanz **t**
er/es/sie	sing **t**	arbeit **et**	tanz **t**
wir	sing **en**	arbeit **en**	tanz **en**
ihr	sing **t**	arbeit **et**	tanz **t**
sie	sing **en**	arbeit **en**	tanz **en**
Sie	sing **en**	arbeit **en**	tanz **en**

A. Natürlich! Michael fragt, was ihr macht. Antworte wie in den Muster-sätzen!°   model sentences

▶ Schwimmst du gern?   *Natürlich schwimme ich gern.*

1. Reitest du viel?
2. Tanzt du gern?
3. Zeltest du viel?

▶ Spült ihr abends Geschirr?   *Natürlich spülen wir abends Geschirr.*

4. Macht ihr nachmittags Bio?
5. Putzt ihr heute das Haus?
6. Mäht ihr den Rasen?

▶ Zeltet Frank gern?   *Natürlich zeltet er gern.*

7. Arbeitet Ute viel?
8. Tanzt Ralf gut?
9. Segelt Inge gern?

▶ Gehen Benno und Karin einkaufen?   *Natürlich gehen sie einkaufen.*

10. Putzen Bernd und Klaus die Fenster?
11. Kochen Lore und Lutz das Mittagessen?
12. Decken Kurt und Gerda den Tisch?

So eine Arbeit hat Uwe beim Bauern auch gemacht.

B. Wirklich? Oliver sagt, was er macht. Frag ihn, ob das wirklich stimmt!

▶ Ich mache Hausaufgaben.   *Machst du wirklich Hausaufgaben?*

1. Ich spiele Tennis.
2. Ich putze das Haus.
3. Ich finde viel Staub.

▶ Wir zelten gern.   *Zeltet ihr wirklich gern?*

4. Wir reiten viel.
5. Wir reparieren alte Autos.
6. Wir arbeiten schwer.

The verb **sein**

ich **bin**		wir **sind**
du **bist**	Sie **sind**	ihr **seid**
er/es/sie **ist**		sie **sind**

C. Sag mal . . . Margot will etwas über dich und deine Freunde wissen. Was sie sagt, stimmt nicht. Antworte mit *nein*!

▶ Bist du wieder sauer?   *Nein, ich bin nicht sauer.*

1. Bist du denn müde?
2. Ist Ilse eigentlich faul?
3. Ist Dieter wirklich dumm?
4. Seid ihr musikalisch?
5. Seid ihr vielleicht sauer?
6. Sind Ute und Jan nun glücklich?
7. Sind Dirk und Jürgen wieder krank?

The verb **haben**

ich **habe**		wir **haben**
du **hast**	Sie **haben**	ihr **habt**
er/es/sie **hat**		sie **haben**

D.   Welche Fächer?   Jeder Schüler hat morgen ein anderes Fach. Sag das!

▶   Petra / Bio   *Petra hat morgen Bio.*

1. Uwe / Mathe
2. wir / Deutsch
3. Erika und Rita / Englisch

4. ich / Geschichte
5. du / Sport
6. ihr / Chemie

The verb **werden**

ich **werde**		wir **werden**
du **wirst**	Sie **werden**	ihr **werdet**
er/es/sie **wird**		sie **werden**

E.   Das stimmt doch, nicht?   Du glaubst, die Leute werden im April sechzehn Jahre alt. Frag, ob das stimmt!

▶   Christl   *Christl wird im April sechzehn, nicht?*

1. Jörg
2. du
3. Frank

4. ihr
5. Ute und Jan

2. Verbs with stem-vowel change

Stem-vowel change **e** > **i** or **e** > **ie**

	geben	sehen
ich	gebe	sehe
du	gibst	siehst
er/es/sie	gibt	sieht

Other familiar verbs with stem-vowel change **e** > **i** in the **du-** and **er/es/sie-** forms are: **essen, helfen, nehmen, sprechen.**

Other familiar verbs with stem-vowel change **e > ie** in the **du-** and **er/es/sie-** forms are: **empfehlen, lesen.**

F. Karin auch. Karin macht alles genau wie du und deine Freunde. Sag das!

▶ Ich spreche gut Deutsch. *Karin spricht auch gut Deutsch.*

1. Du sprichst gut Spanisch.
2. Wir helfen zu Hause.
3. Ich esse gern Torte.
4. Wir gehen gern auf Partys.
5. Ich lese viel.
6. Wir sehen oft fern.

Stem-vowel change **a > ä** or **au > äu**

	fahren	waschen	laufen
ich	fahre	wasche	laufe
du	fährst	wäschst	läufst
er/es/sie	fährt	wäscht	läuft

Other familiar verbs with stem-vowel change **a > ä** in the **du-** and **er/es/sie-** forms are: **backen, einladen, fallen, schlafen, tragen.**

G. Gerd auch. Gerd macht alles genau wie du und deine Freunde. Sag das!

▶ Ich backe oft Brot. *Gerd bäckt auch oft Brot.*

1. Du bäckst oft Kuchen.
2. Wir tragen gern Jeans.
3. Ich fahre immer langsam.
4. Du schläfst viel.
5. Wir laufen gern Ski.

3. Separable-prefix verbs

INFINITIVE	PRESENT TENSE
vorhaben aufräumen	Was **hast** du heute **vor**? Ich **räume** die Garage **auf**.

Many German verbs begin with a prefix. **Ab, an, auf, aus, ein, fern, mit, vor,** and **zu** are separable prefixes. In the present tense and imperative forms, these prefixes are separated from the base form of the verb and are in final position.

H. Morgen mußt du viel machen. Erzähle, was du alles machst!

▶ um acht aufstehen *Ich stehe um acht auf.*

1. mein Zimmer aufräumen
2. Möbel abstauben
3. in der Stadt einkaufen

4. meinen Freund Uwe abholen
5. abends fernsehen

I. Was soll ich tun? Du gibst eine Party. Inge möchte wissen, wie sie helfen kann. Sag, was sie tun soll!

▶ Soll ich Erik zu der Fete einladen? *Ja, lade ihn zu der Fete ein!*

1. Soll ich ihn jetzt anrufen?
2. Soll ich ihn um sieben abholen?
3. Soll ich Blumen mitbringen?
4. Soll ich auf dem Markt einkaufen?
5. Soll ich die Einkaufstasche mitnehmen?

4. Modal auxiliaries

sollen

Ich **soll** den Rasen **mähen.**	I'm *supposed to mow* the lawn.
Wir **sollen** die Gartenarbeit **machen.**	We're *supposed to do* the gardening.

When a modal is used with an infinitive, the infinitive is in final position.

J. Wer soll das alles machen? Ihr habt viel Arbeit zu Hause. Christa fragt, wer das alles machen soll. Sag es!

▶ Wer soll Staub saugen? Ich? *Ja, du sollst Staub saugen.*

1. Wer soll die Möbel abstauben? Ich?
2. Wer soll das Essen kochen? Stefan?
3. Wer soll den Tisch decken? Jutta?
4. Wer soll abwaschen? Kirstin und Uwe?
5. Wer soll die Gartenarbeit machen? Wir?

können

Ich **kann** die Arbeit machen.	I *can* do the work.
Wir **können** dann Tennis spielen.	Then we *can* play tennis.

Most modals show stem-vowel change in the singular forms of the present tense.

K. Wirklich? Du und deine Freunde, ihr habt viel vor. Frag alle, ob sie das wirklich alles können!

▶ Christl spielt heute Tennis.   *Kann Christl wirklich Tennis spielen?*

1. Frank kocht heute abend.
2. Ich repariere alte Autos.
3. Ute und Bernd tanzen jedes Wochenende.
4. Wir spielen morgen Golf.
5. Margit fotografiert gern.

müssen

Ich **muß** Hausaufgaben machen.   I *have to* do homework.
Wir **müssen** das Haus putzen.   We *have to* clean the house.

L. Sie müssen. Martin will wissen, warum du und deine Schwester soviel arbeitet. Sag, ihr müßt das machen!

▶ Warum arbeitest du so schwer?   *Ich muß schwer arbeiten.*

1. Warum machst du jetzt Mathe?
2. Warum liest du jeden Tag Bio?
3. Warum hilfst du Jürgen?

Die Mädchen müssen den Tisch decken. Wer räumt nach dem Essen ab?

▶ Warum putzt ihr die Fenster? *Wir müssen die Fenster putzen.*

4. Warum helft ihr zu Hause?
5. Warum macht ihr die Gartenarbeit?
6. Warum räumt ihr die Garage auf?

wollen

Ich **will** einkaufen gehen.   I *want to* go shopping.
Wir **wollen** heute fernsehen.   We *want to* watch TV today.

M. Willst du? Du findest alles langweilig. Frag deine Freundin, was sie machen will!

▶ jetzt Karten spielen   *Willst du jetzt Karten spielen?*

1. heute nachmittag Deutsch machen
2. heute abend fernsehen
3. morgen zelten
4. am Samstag einen Spaziergang machen
5. Samstag abend in die Disco gehen

dürfen

Darf ich etwas sagen?   *May* I say something?
Dürfen wir mitgehen?   *May* we go along?

N. Natürlich! Volker ist nicht sicher, was er und seine Freunde dürfen. Du weißt es.

▶ Darfst du schwimmen gehen?   *Natürlich darf ich das.*

1. Darfst du spazierengehen?
2. Darf Thomas mitkommen?
3. Darf Ute Tennis spielen?
4. Dürfen wir mitspielen?
5. Dürfen wir mitfahren?

mögen

Ich **mag** keinen Fisch.   I *don't like* fish.
Mögen Sie Schinken?   *Do* you *like* ham?

Mögen is often used to express a fondness or dislike for someone or something. With this meaning it usually does not take a dependent infinitive.

O. Magst du das? Silke will morgen ein Essen kochen. Sie fragt, was du magst. Sag, was du nicht magst!

▶ Magst du Kartoffeln? *Nein, Kartoffeln mag ich nicht.*

1. Magst du Tomaten?
2. Magst du Marmelade?
3. Magst du Schinken?

4. Magst du Fisch?
5. Magst du Apfelsaft?

Land und Leute

In **Österreich** Uwe will experience a landscape that contrasts markedly with that of the North German plain around his home town of Lübeck. The Alps, which cover a major part of Austria, consist of mountains as high as 12,465 feet. Famous peaks such as the **Großglockner** and resort areas such as those in **Tirol** and **Vorarlberg** attract skiers and hikers and offer spectacular views. Tourism is a major industry in Austria and contributes more than 80 million dollars yearly to the country's income.

Visitors to Austria interested in cultural activities may spend time in **Wien,** renowned for its baroque and late nineteenth-century architecture, its coffee houses, museums, theaters, philharmonic orchestra, and opera. Many famous composers lived there, including Mozart, Beethoven, Schubert, and the "king of waltz," Johann Strauß. Salzburg, the birthplace of Mozart, is well-known for its architecture, music, and theater events: each year the **Salzburger Festspiele** present works of Mozart and Richard Strauss, and a performance of Hugo von Hofmannsthal's play **Jedermann.**

In den österreichischen Alpen bei St. Anton, Arlberg.

Ich **möchte** neue Jeans kaufen.

Wir **möchten** im Kaufhaus einkaufen.

I *would like to* buy new jeans.

We *would like to* go shopping in the department store.

Möchte is a special form of **mögen** and is equivalent to English *would like to*.

P. Ich möchte das auch machen. Du hörst, was deine Freunde machen. Sag, daß du das auch machen willst!

▶ Beate kauft neue Schuhe.   *Ich möchte auch neue Schuhe kaufen.*

1. Rita und Paul gehen ins Kino.
2. Karin bäckt einen Kuchen.
3. Udo und Marita sammeln Briefmarken.
4. Paula arbeitet im Supermarkt.
5. Christl und Gerd basteln Flugzeugmodelle.

Du hast das Wort

Ich kann . . .   Complete the following sentences.

1. Jeden Tag soll ich . . .
2. Ich kann sehr gut . . .
3. Zu Hause muß ich . . .
4. Heute will ich . . .
5. Darf ich . . . ?
6. Ich mag . . .

Expressing wants, abilities, obligations

Sie gehen ins Kino. Was möchten sie sehen?

18

Present tense of regular verbs (A–B)

spielen		
ich spiel e	Sie spiel en	wir spiel en
du spiel st		ihr spiel t
er/es/sie spiel t		sie spiel en

German verb endings change, depending on the subject of the verb. For example, the **ich**-form ends in **-e,** and the **du**-form ends in **-st.**

The verb endings are added to the infinitive stem. The infinitive stem is the infinitive minus the **-(e)n** ending.

arbeiten		
ich arbeit e	Sie arbeit en	wir arbeit en
du arbeit est		ihr arbeit et
er/es/sie arbeit et		sie arbeit en

If a verb stem ends in **-t** or **-d,** the endings **-st** and the ending **-t** expand to **-est** and **-et.**

Other familiar verbs ending in **-t** or **-d** are: **antworten, finden, kosten, reiten, zelten.**

putzen		
ich putz e	Sie putz en	wir putz en
du putz t		ihr putz t
er/es/sie putz t		sie putz en

If a verb stem ends in a sibilant (**s, ss, ß, z**), the **-st** ending contracts to **-t.** Other familiar verbs with stems ending in a sibilant are: **essen, heißen, lesen, passen, tanzen.**

Present tense of **sein** (C)

ich **bin**		wir **sind**
du **bist**	Sie **sind**	ihr **seid**
er/es/sie **ist**		sie **sind**

The verb **sein** is irregular in the present tense.

Present tense of **haben** (D)

ich habe		wir haben
du **hast**	Sie haben	ihr habt
er/es/sie **hat**		sie haben

The verb **haben** is irregular in the **du-** and **er/es/sie**-forms in the present tense.

Present tense of **werden** (E)

ich werde		wir werden
du **wirst**	Sie werden	ihr werdet
er/es/sie **wird**		sie werden

The verb **werden** is irregular in the **du-** and **er/es/sie**-forms of the present tense.

Verbs with stem-vowel change **e > i** (F)

helfen

ich helfe		wir helfen
du **hilfst**	Sie helfen	ihr helft
er/es/sie **hilft**		sie helfen

Other familiar verbs with stem-vowel change **e > i** in the **du-** and **er/es/sie**-forms are: **essen, geben, nehmen, sprechen.**

Verbs with stem-vowel change **e** > **ie** (F)

lesen		
ich lese	Sie lesen	wir lesen
du **liest**		ihr lest
er/es/sie **liest**		sie lesen

Other familiar verbs with stem-vowel change **e** > **ie** in the **du-** and **er/es/sie-** forms are: **empfehlen, sehen.**

Verbs with stem-vowel change **a** > **ä** and **au** > **äu** (G)

tragen		
ich trage	Sie tragen	wir tragen
du **trägst**		ihr tragt
er/es/sie **trägt**		sie tragen

laufen		
ich laufe	Sie laufen	wir laufen
du **läufst**		ihr lauft
er/es/sie **läuft**		sie laufen

Other familiar verbs with stem-vowel change **a** > **ä** in the **du-** and **er/es/sie-** forms are: **backen, einladen, fahren, fallen, schlafen, waschen.**

Separable-prefix verbs (H–I)

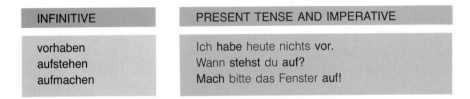

INFINITIVE	PRESENT TENSE AND IMPERATIVE
vorhaben	Ich **habe** heute nichts **vor.**
aufstehen	Wann **stehst** du **auf?**
aufmachen	**Mach** bitte das Fenster **auf!**

Many German verbs begin with a prefix. **Ab, an, auf, aus, ein, fern, mit, vor,** and **zu** are separable prefixes. In present-tense statements and questions and in imperative forms, these prefixes are separated from the verb and are in last position.

Forms of modal auxiliaries

	dürfen	können	mögen	müssen	sollen	wollen
ich	darf	kann	mag	muß	soll	will
du	darfst	kannst	magst	mußt	sollst	willst
er/es/sie	darf	kann	mag	muß	soll	will
wir	dürfen	können	mögen	müssen	sollen	wollen
ihr	dürft	könnt	mögt	müßt	sollt	wollt
sie	dürfen	können	mögen	müssen	sollen	wollen
Sie	dürfen	können	mögen	müssen	sollen	wollen

German modals lack endings in the **ich-** and **er/es/sie-**forms. Most modals show stem-vowel change in the singular forms of the present tense.

Usage of modal auxiliaries (J–N)

Ich **muß** jetzt **arbeiten.**
Kannst du die Arbeit **machen?**

When a modal is used with an infinitive, the infinitive is in final position.

Ich **muß** nach Hause. = Ich **muß** nach Hause **gehen.**
Das **darfst** du nicht. = Das **darfst** du nicht **tun.**

The dependent infinitive may be omitted in a sentence containing a modal when the meaning is clear from the context.

Meaning and use of **mögen** (O)

Mögen Sie Herrn Held?   *Do* you *like* Mr. Held?
Nein, ich **mag** ihn **nicht.**   No, I *don't like* him.

Mögen is often used to express a fondness or dislike for someone or something. With this meaning it usually does not take a dependent infinitive.

The **möchte-**forms (P)

Ich **möchte** etwas trinken.   I'*d like to* drink something.

The **möchte-**forms are special forms of **mögen** and are equivalent to "would like." The **möchte-**forms are often used with an infinitive.

ich möchte		wir möchten
du möchtest	Sie möchten	ihr möchtet
er/es/sie möchte		sie möchten

Wiederholung

A. Einkaufen gehen. Construct sentences in the present tense.

1. Erik / aufstehen / um 7 Uhr
2. er / anrufen / sein Freund Thomas
3. Thomas / vorhaben / nichts
5. Erik / abholen / Thomas / um 10
6. Thomas und Erik / einkaufen / bei Karstadt

Land und Leute

Lübeck is a city of approximately 230,000 people located only fifteen kilometers from the **Ostsee** (Baltic Sea). During the Middle Ages it was an important member of the **Hanse** (Hanseatic League), an association of cities linked by sea trade. Like Bremen and Hamburg it is still called a **Hansestadt.** The writer **Thomas Mann** (1875–1955) grew up in **Lübeck,** and his famous novel **Buddenbrooks** takes place in this city. The novel deals with the economic and moral decline of a wealthy merchant family during the nineteenth century and describes an important phase of bourgeois society in Germany.

Lübeck: Alte und neue Häuser und Holstentor.

B. Was für Menschen sind sie? Read the following paragraphs and select from the lists on page 8 adjectives to characterize the people described.

1. Maria ist 20 Jahre alt. Sie hat kurze, braune Haare, trägt hübsche Kleider und ist sehr freundlich.
2. Frank ist 1,37 m groß. Er lernt nicht gern und fällt vielleicht durch.
3. Thomas wiegt 55 Kilo. Am Samstag mäht er den Rasen, macht Gartenarbeit, räumt die Garage auf und macht seine Hausaufgaben.
4. Lore schläft jeden Tag 12 Stunden und sieht schlecht aus. Sie geht morgen zum Arzt.
5. Herr Lange sieht den ganzen Tag fern. Er ißt Kartoffelchips und trinkt viel Cola. Er wiegt 110 Kilo. Er hat zu nichts Lust.

C. Welches Wort? Below is a list of compounds derived from words you have already learned or can guess. Complete each sentence with the word that fits best.

Bauernhaus   Gartenmöbel   Geschirrspülmaschine
Rasenmäher   Staubsauger   Waschmaschine

1. Nach dem Essen tut mein Vater das Geschirr in die _____.
2. Meine Mutter wäscht unsere Wäsche in der _____.
3. Meine Großeltern sind Bauern und wohnen in einem _____.
4. Meine Schwester saugt Staub mit dem _____.
5. Mein Vater sitzt gern draußen. Er hat neue _____ gekauft.
6. Den Rasen mähe ich mit unserem _____.

D. Sie helfen zu Hause. Express in German.

1. We have to help at home.
2. Ute would like to mow the lawn.
3. Petra wants to clean up the garage.
4. Jürgen can wash the windows.
5. Karsten and Uwe are supposed to wash the dishes.

E. Hast du Lust? A classmate asks you how you feel about various activities. Select your response from the choices given. When you feel comfortable with the questions and answers, try to respond without looking at your book.

GESPRÄCHSPARTNER/IN	DU
1. Willst du Tennis spielen?	Natürlich. Warum denn nicht?
2. Möchtest du schwimmen gehen?	Ja, gern.
3. Hast du Lust, ins Kino zu gehen?	Prima! Wann geht's los?
	Schön. Sowas mache ich immer gern.
4. Willst du einkaufen gehen?	Nein. Ich habe keine Lust.
5. Willst du jetzt Hausaufgaben machen?	Es tut mir leid. Ich habe keine Zeit.

6. Möchtest du heute
   nachmittag Musik hören?
7. Hast du Lust, tanzen zu
   gehen?

Ach, Mensch! Das ist so
   langweilig!
Heute nicht. Ich habe zuviel zu
   tun.

F. Jetzt kennst du mich. In order to receive the name of a pen pal in a
German-speaking country, you must send an agency a brief autobiography. In a
short German paragraph describe yourself and your interests. You may wish to
use the answers to the following questions.

1. Wie heißt du?
2. Wo wohnst du? Wie ist deine Adresse?
3. Wie alt bist du?
4. Was sind deine Lieblingsfächer?
5. Wie groß ist deine Familie? Wieviel Geschwister hast du?
6. Hast du ein Hobby? Was machst du gern?
7. Treibst du Sport?
8. Bist du musikalisch? Welches Instrument spielst du?
9. Was machst du in den Sommerferien? Arbeitest du? Bist du gern draußen?

Land und Leute

Since World War II the number of farms in Germany and Austria has shrunk considerably. A large number of farmers left rural areas to work in industries and professions. Although attempts at land consolidation have increased the number of medium-sized and large farms, small **Bauernhöfe** are still in the majority. These farms are essentially family-operated. Some of them offer **Ferien auf dem Bauernhof** (vacation on a farm), which has become a popular way for families with children to spend their summer vacation.

G. Land und Leute.

1. Locate Lübeck and Salzburg on a map and name several geographic differences between the areas around these cities.
2. List several things for which Vienna is famous.

Bauernhäuser

Es gibt in den deutschsprachigen° Ländern nur wenige° Bauernhaustypen. Vier Typen sind leicht zu erkennen°.

German-speaking / few
recognize

Das **Niedersachsenhaus°** ist ein langes Haus mit einem sehr großen Dach°. Der Dachboden° ist die Scheune°. Darunter° leben° Menschen auf der einen Seite°, 5 Tiere° auf der anderen. Solche Häuser findet man z.B. in der Lüneburger Heide°.

Lower Saxony house /
roof / attic / barn /
Beneath it / live / side
animals / heath

Altes Niedersachsenhaus in der Nähe von (vicinity of) *Osnabrück.*

In Hessen stehen Wohnhaus, Scheune und Stall um einen Hof°. Dieses **mitteldeutsche Gehöft°** hat oft ein Tor zur Straße hin, und das Fachwerk° ist oft sehr schön.

courtyard
Middle German farm / half-timbering

Mitteldeutsches Gehöft im Taunus (Hessen).

Das **alemannische° Haus** kann man z.B. im Schwarzwald sehen. Der Dachboden ist auch hier die Scheune. Da° diese Häuser oft an einem Abhang° stehen, kann man vom Abhang her mit dem Wagen auf den Dachboden fahren.

Allemanian
Since / slope

10

Alemannisches Bauernhaus im Schwarzwald.

Beim **bayerischen Haus** ist das Dach weniger spitz° als bei den anderen Häusern und oft mit Steinen° beschwert°. Der obere° Stock° hat einen Balkon — oft mit Blumenkästen° voll bunter° Blumen. Dieses Haus findet man z.B. in den
15   Alpen.

steep
stones / weighted / upper / story
flower boxes / bright

Großes bayerisches Bauernhaus in Oberbayern.

Tell which type of house you would find in each of the following localities. Refer to the maps in the front of the book.

1. bei Marburg
2. zwischen Bremen und Hamburg
3. bei Garmisch-Partenkirchen
4. bei Freiburg
5. bei Würzburg
6. zwischen Hannover und Hameln
7. südlich von München
8. bei Frankfurt am Main
9. westlich von Kiel
10. bei Berchtesgaden

Vokabeln

Substantive

der Bauer, –n, –n/die Bäuerin, –nen farmer
der Feinmechaniker, –/die Feinmechanikerin, –nen precision instrument maker
der Mechaniker, –/die Mechanikerin, –nen mechanic

der Förster, – forester
der Garten, ¨ garden; yard
der Gruß, ¨e greeting

der Mensch, –en, –en person, human being
der Platz, ¨e space; position
der Rasen, – lawn

die Adresse, –n address
die Blume, –n flower

die Ferien *(pl.)* vacation
die Geschwister *(pl.)* brothers and sisters, siblings

Verben

ab·waschen (ä; abgewaschen) to wash dishes
aus·sehen (ie; ausgesehen) to look, appear
lieben to love
mähen to mow
schaufeln to shovel
wiegen (gewogen) to weigh

Andere Wörter

draußen outdoors, outside
freundlich friendly, cordial
gewohnt used to, accustomed to
klug (ü) clever

Besondere Ausdrücke

mit freundlichen Grüßen best regards

Kapitel 2

Teenager haben das Wort

Windsurfen ist ein beliebter Feriensport.

In den Ferien: Weggefahren

Jeden Monat gibt es im Fernsehen im Dritten Programm die Sendung Teenager haben das Wort. *Drei Jungen und Mädchen sprechen über eine Frage von Interesse für Teenager. Das Thema für heute ist: Wie verbringt ihr eure Sommerferien?*

MODERATOR Wir möchten gern wissen, wie ihr den Sommer verbringt. Wir können vielleicht mit Ute beginnen. Was hast du gemacht?

UTE Eine Radtour — ich bin mit Freunden durch den Schwarzwald gefahren.

MODERATOR Habt ihr gezeltet?

UTE Ja. Und wir haben natürlich selbst gekocht.

MODERATOR War es teuer?

UTE Nein. Und das bißchen Geld habe ich selbst verdient. Ich habe bei meinem Onkel gearbeitet.

MODERATOR Hast du sonst noch einen Job gehabt?

UTE Nein. Es ist immer noch ziemlich schwer für Jugendliche, einen Job zu bekommen.

MODERATOR Findest du das auch, Inge?

INGE Ja, besonders einen guten Job.

MODERATOR Bist du auch weggefahren?

INGE Ja, ich bin mit meinen Eltern gefahren. Ich treibe gern Sport. Ich bin viel schwimmen gegangen. Und ich habe windsurfen gelernt.

MODERATOR Und wo wart ihr?

INGE An einem See in Schleswig-Holstein.

MODERATOR Interessant. Danke.

Fragen

1. Was hat Ute in den Ferien gemacht?
2. Wie hat sie das Geld für die Radtour verdient?
3. Ist es einfach oder schwer, einen Job zu bekommen?
4. Was tut Inge gern?
5. Was hat sie in den Ferien gemacht?
6. Wo ist sie mit ihren Eltern gewesen?

In den Ferien: Zu Hause geblieben

MODERATOR Und nun zu Dieter. Bist du auch weggefahren?

DIETER Nein. Ich war den ganzen Sommer zu Hause. Ich lese gern, und ich bin ein fanatischer Briefmarkensammler.

MODERATOR Was für Bücher hast du denn diesen Sommer gelesen?

DIETER Erst eine wahnsinnig interessante Geschichte von Böll, dann ein Buch über russische Geschichte und dann eine Biographie über Röntgen.

MODERATOR Und was hast du mit deinen Briefmarken gemacht?

DIETER Ich habe in drei Ländern Briefmarkenfreunde. Aus Amerika und Dänemark habe ich tolle Marken bekommen.

MODERATOR Vielen Dank, Dieter. Und nun noch eine letzte Frage. Wer von euch hat etwas wirklich Aufregendes erlebt?

UTE Ein Gewitter war aufregend genug. Nachts im Zelt. Es hat ganz furchtbar gekracht. Alles ist naß geworden. Schließlich sind wir mit unseren klitschnassen Sachen in eine Scheune geflüchtet. Nach dem Gewitter . . .

MODERATOR Entschuldigung. Darf ich unterbrechen? Leider müssen wir aufhören. Vielen Dank, daß ihr gekommen seid. Auf Wiedersehen.

Fragen

1. Wo war Dieter im Sommer?
2. Was sammelt Dieter?
3. Wieviel Bücher hat er diesen Sommer gelesen?
4. Wer hat die „wahnsinnig interessante" Geschichte geschrieben?
5. Was hat Dieter sonst gelesen?
6. Was hat er aus Amerika und Dänemark bekommen?
7. Was hat Ute aufregend gefunden?
8. Wohin sind sie geflüchtet?

Du hast das Wort

1. **Sommeraktivitäten.** Find out what your fellow students did during the summer. Try to find other students who have done some of the things that you have done.

Asking about past activities

DU	GESPRÄCHSPARTNER/IN
Wie hast du den Sommer verbracht?	Ich habe eine Radtour gemacht.
	Ich habe gearbeitet und etwas Geld verdient.
	Ich bin mit meinen Eltern weggefahren.
	Ich habe viel Sport getrieben.
	Ich habe Tennis gespielt und bin viel geschwommen.
	Ich habe viel gelesen.
	Ich bin zu Hause geblieben.

2. a. **Wie war der Sommer?** Ask two classmates what they thought of last summer and why.

DU	GESPRÄCHSPARTNER/IN
Wie war der Sommer?	Prima.
	Schön.
	Wahnsinnig interessant.
	Aufregend.
	Eigentlich nicht schlecht.
	Manchmal ganz schön, manchmal etwas langweilig.
	Furchtbar langweilig.
Warum war der Sommer [prima]?	Ich habe viel Spaß gehabt.
	Ich habe etwas Geld verdient.
	Ich habe viel erlebt.

b. Summarize what you talked about and tell it to a different classmate.

DU

Der Sommer war prima für Andrea. Sie hat viel gelesen. Sie hat jeden Tag
  Tennis gespielt. Sie ist mit ihren Eltern nach Alaska gefahren.

Wanderer im Schwarzwald.

Land und Leute

Both a forest and a mountain range, the **Schwarzwald** extends 170 kilometers from Karlsruhe in southwestern Germany to Basel, Switzerland, and is 60 kilometers wide. Because of its mountains and forests it is a favorite recreation spot. The **Feldberg,** the highest mountain in the Black Forest, is 1,470 meters high. In the summer one can hike or enjoy water sports, and in the winter one can ski. **Titisee,** at an elevation of 800 meters, is a popular resort. Other attractions include numerous spas.

There is a rustic charm about the **Schwarzwald.** Tourists enjoy seeing the characteristic farmhouses, with their large, overhanging roofs reaching almost to the ground, or attending local festivals, where people often still wear traditional costumes.

The dense, dark woods of the **Schwarzwald** have been an inspiration for poets and writers for centuries. Unfortunately, many trees are dying today as a result of air pollution **(Luftverschmutzung).** The Germans call this **Waldsterben** (dying forests). Over half of the total forest land in the Federal Republic is diseased. To improve the situation, environmental organizations are calling for speed limits on highways to reduce exhaust pollution, and the government is financing research and reforestation projects. Switzerland has already introduced speed limits for environmental reasons, and in 1986 the **Saarland,** one of the states of the Federal Republic, set speed limits for parts of its highways.

Hobbys

Rolf sammelt Ansichtskarten, Bierdeckel, Briefmarken und Poster.
Marita hört gern Musik und geht gern spazieren.
Mark liest gern.
Thomas ist Radioamateur.
Anja bastelt gern und treibt gern Sport.
Dirk kocht und bäckt gern.

A. Welches Hobby findest du interessant? Langweilig? Was sammelst du?

Sport

Tanja spielt Basketball und Fußball.
Im Sommer geht Stefan gern windsurfen und segeln.
Silke spielt Tennis und geht oft bergsteigen.
Im Winter geht Mark Ski laufen und Schlittschuh laufen.
Nicole reitet gern. Sie kann hoch springen.

B. Welchen Sport treibst du gern?

St. Anton, Österreich: eine Stadt für Feriengäste (vacationers).

Du hast das Wort

Was für Menschen sind das? Together with a partner look at pictures of people practicing various sports. Choose one. Discuss what personality traits and interests you think she/he has. Go to another pair of students and tell them about "your" person.

Talking about other people

Aussprache

long vowel [y] müde, früh, kühl
short vowel [Y] hübsch, müssen, glücklich

A. Practice vertically in columns and horizontally in pairs.

[y]	[Y]
Füßen	Füssen
büßte	Büste
Wüste	wüßte
Mühle	Müll
fühlen	füllen

Übung macht den Meister.

B. Practice the following words horizontally in pairs.

[u]	[y]	[U]	[Y]
Fuß	Füße	Fluß	Flüsse
Hut	Hüte	Bund	Bünde
Zug	Züge	Kunst	Künste
Huhn	Hühner	Luft	Lüfte
Blut	Blüte	Kuß	Küsse

C. Practice the sounds [y] and [Y]. Read the sentences aloud.

1. Warum sind Rüdiger und Günter so müde?
2. Jutta und Trudi sind Schülerinnen in München.
3. Wir müssen jetzt das Frühstücksgeschirr spülen.

Übungen

1. Nominative and accusative of the definite article

NOMINATIVE	ACCUSATIVE
Der Recorder ist gut.	Meinst du **den** Recorder da?
Das Radio ist prima.	Meinst du **das** Radio da?
Die Stereoanlage ist klasse.	Meinst du **die** Stereoanlage da?
Die Platten sind toll.	Meinst du **die** Platten da?

A. Was meinst du? Du bist mit Lore in einem Kaufhaus. Sie sagt, wie sie die Sachen findet. Frag Lore, welche Sachen sie meint!

▶ Die Mappe ist praktisch.   *Meinst du die Mappe da?*

1. Die Tasche ist häßlich.
2. Der Regenschirm ist preiswert.
3. Der Kugelschreiber ist teuer.
4. Das Briefpapier ist toll.
5. Die Ansichtskarten sind doof.
6. Die Hefte sind billig.

2. Nominative and accusative of **dieser**-words

NOMINATIVE	ACCUSATIVE
Dieser Recorder ist gut.	Meinst du **diesen** Recorder hier?
Dieses Radio ist prima.	Meinst du **dieses** Radio hier?
Diese Stereoanlage ist klasse.	Meinst du **diese** Stereoanlage hier?
Diese Platten sind toll.	Meinst du **diese** Platten hier?

Dieser, jeder, welcher, mancher, and **solcher** are **dieser**-words. **Jeder** is used only in the singular, **mancher** and **solcher** mostly in the plural.

B. Wie findest du das? Bernd sagt, wie er die Sachen im Musikgeschäft findet. Du siehst andere Sachen. Frag Bernd, wie er die findet!

▶ Dieser Recorder ist prima, nicht? *Ja. Und wie findest du diesen Recorder hier?*

1. Dieser Plattenspieler ist preiswert, nicht?
2. Diese Stereoanlage ist toll, nicht?
3. Dieses Radio ist klasse, nicht?
4. Dieser Fernseher ist ausgezeichnet, nicht?
5. Diese Kassetten sind schlecht, nicht?

C. Deine Sammlung. Du hast eine große Sammlung. Margit findet dies und das sehr schön. Frag, welche Stücke sie schön findet!

▶ Du, die Uhr ist schön. *Welche Uhr meinst du?*

1. Du, die Ansichtskarte ist interessant.
2. Du, der Bierdeckel ist toll.
3. Du, die Briefmarke ist wertvoll.
4. Du, das Poster ist toll.
5. Du, die Platte ist klasse.

3. Nominative and accusative of the indefinite article

NOMINATIVE		ACCUSATIVE	
Wo ist hier	**ein** Bierdeckel?	Hast du	**einen** Bierdeckel?
	ein Glas?		**ein** Glas?
	eine Tasse?		**eine** Tasse?

The indefinite article **ein** has no plural form.

D. Warum willst du das? Im Kaufhaus sucht Monika Sachen für die Schule. Du denkst, sie hat schon alles. Frag Monika, warum sie diese Sachen will!

▶ Wo ist hier ein Bleistift?   *Warum willst du denn einen Bleistift?*

1. Wo ist hier ein Kuli?
2. Wo ist hier ein Stück Papier?
3. Wo ist hier eine Mappe?
4. Wo ist hier ein Heft?
5. Wo ist hier ein Radiergummi?
6. Wo ist hier eine Büchertasche?

4. Nominative and accusative of ein-words

NOMINATIVE		
Wo ist	**mein**	Kuli?
	mein	Heft?
	meine	Karte?
Wo sind	**meine**	Bierdeckel?

ACCUSATIVE		
Hast du	**meinen**	Kuli?
	mein	Heft?
	meine	Karte?
Hast du	**meine**	Bierdeckel?

Kein and the possessive adjectives **mein, dein, sein, ihr** *(her)*, **unser, euer, ihr** *(their)*, and **Ihr** *(your, formal)* are **ein**-words. They take the same endings as the indefinite article **ein**.

E. Ulli hat es vergessen. Ulli sucht seine Schulsachen. Er hat vergessen, daß du sie hast. Sag, du hast sie!

▶ Wo ist mein Kugelschreiber?   *Deinen Kugelschreiber habe ich.*

1. Wo ist mein Radiergummi?
2. Wo ist meine Mappe?
3. Wo ist mein Papier?
4. Wo ist mein Heft?
5. Wo sind meine Bleistifte?
6. Wo sind meine Bücher?

F. Ich finde es nicht. In der Schule war eine Fete. Jetzt möchtet ihr nach Hause, aber ihr findet eure Sachen nicht. Frag, wer die Sachen hat!

▶ Wo ist Sandras Regenschirm?   *Wer hat ihren Regenschirm?*

1. Wo ist Christls Tasche?
2. Wo ist Günters Regenschirm?
3. Wo ist Eriks Mappe?
4. Wo ist Petras Heft?
5. Wo sind Marks Platten?
6. Wo sind Martinas Kassetten?

5. Prepositions with the accusative case

durch	through	Frau Lenz geht **durch** das Geschäft.
für	for	Sie kauft kein Geschenk **für** ihren Mann.
gegen	against	Sie hat etwas **gegen** ihren Mann.
ohne	without	Sie geht oft **ohne** ihren Mann.
um	around	Ihr Mann geht oft allein **um** den See.

G.   Ein anderes Wort. Du sprichst von Ute und Gerd. Sag es mit dem anderen Wort!

▶   Ute arbeitet für ihre Mutter. (ihr Vater)   *Ute arbeitet für*
                                                  ihren Vater.

1. Warum geht sie ohne ihre Freundin ins Kino? (ihr Freund)
2. Hat sie etwas gegen ihre Freundin? (ihr Freund)
3. Gerd arbeitet für einen Bauern. (eine Bäuerin)
4. Hoffentlich hat er nichts gegen die Bäuerin. (der Bauer)
5. Ute und Gerd gehen durch die Stadt. (der Park)
6. Im Sommer fährt ihre Familie durch die Schweiz. (der Schwarzwald)

Auf einem Bauernhof
gibt es immer noch Arbeit
für einen Schäfer
(shepherd).

6. Conversational past

Auxiliary **haben**

ich habe gearbeitet		wir haben gearbeitet
du hast gearbeitet	Sie haben gearbeitet	ihr habt gearbeitet
er/es/sie hat gearbeitet		sie haben gearbeitet

The conversational past is made up of the present tense of an auxiliary verb and a past participle. The past participle is in final position. **Haben** is frequently used as an auxiliary.

H. Fleißige Leute. Alle haben letzte Woche Geschirr gespült. Sag das!

▶ Grete   *Grete hat letzte Woche Geschirr gespült.*

1. Uwe	3. wir	5. ihr
2. ich	4. du	6. die Kinder

Auxiliary **sein**

ich bin gefahren		wir sind gefahren
du bist gefahren	Sie sind gefahren	ihr seid gefahren
er/es/sie ist gefahren		sie sind gefahren

Verbs that have no direct object and denote a change in location (like **fahren**) or a change in condition (like **aufstehen**) have **sein** as an auxiliary.

I. Alle sind gewandert. Gestern ist die ganze Klasse gewandert. Sag, welche Leute gewandert sind!

▶ Inge   *Inge ist gestern gewandert.*

1. wir	3. du	5. Christl und Gerd
2. Dieter	4. ich	6. ihr

Past participles of weak verbs

INFINITIVE	PAST PARTICIPLE	CONVERSATIONAL PAST
sagen arbeiten	ge + sag + t ge + arbeit + et	Was hast du gesagt? Ich habe schwer gearbeitet.

The past participle of a weak verb ends in **-t** or **-et**. The past participles of most weak verbs have the prefix **ge-**.

J. Letzte Woche. Was hast du letzte Woche gemacht? Sag es für jeden Tag!

▶ Am Montag arbeite ich im   *Am Montag habe ich im*
   Garten.   *Garten gearbeitet.*

1. Am Dienstag mähe ich den Rasen.
2. Am Mittwoch koche ich das Mittagessen.
3. Am Donnerstag putze ich das Badezimmer.
4. Am Freitag mache ich Gartenarbeit.
5. Am Freitagabend spüle ich Geschirr.
6. Am Samstag wandern wir.
7. Am Samstagnachmittag mache ich Hausaufgaben.
8. Am Sonntag segeln wir.
9. Am Sonntagnachmittag spielen wir Fußball.

Past participle of separable-prefix verbs

INFINITIVE	PAST PARTICIPLE	CONVERSATIONAL PAST
aufräumen abstauben	auf + ge + räumt ab + ge + staubt	Ich habe die Garage aufgeräumt. Hast du die Möbel abgestaubt?

The prefix **ge-** comes between the separable prefix and the stem of the participle.

K. Hast du das gemacht? Petra hat gesagt, daß sie heute fleißig ist. Am Abend fragst du Petra, ob sie alles gemacht hat.

▶ dein Zimmer aufräumen   *Hast du dein Zimmer aufgeräumt?*

1. die Möbel abstauben
2. nach dem Essen abräumen
3. abtrocknen
4. heute nachmittag einkaufen
5. Kai abholen

Past participle of strong verbs

INFINITIVE	PAST PARTICIPLE	CONVERSATIONAL PAST
trinken	ge + trunk + en	Wir **haben** im Café Kaffee **getrunken**.
gehen	ge + gang + en	Wir **sind** um sechs nach Hause **gegangen**.

The past participle of a strong verb ends in **-en**. It may also have a vowel or consonant change. The past participle of most strong verbs has the prefix **ge-**.

INFINITIVE	PAST PARTICIPLE
geben	gegeben
lesen	gelesen
essen	gegessen
sehen	gesehen

L.   Gestern. Gestern ist ein aufregender Tag gewesen. Du hast viel gemacht. Sag, was!

▶   am Nachmittag Bio lesen   *Ich habe am Nachmittag Bio gelesen.*

1. auch Englisch lesen
2. um fünf essen
3. nach dem Essen fernsehen
4. um acht eine Fete geben

INFINITIVE	PAST PARTICIPLE
aufstehen	(ist) aufgestanden
backen	gebacken
einladen	eingeladen
schlafen	geschlafen
waschen	gewaschen
fahren	(ist) gefahren

M.   Am Wochenende. Du hast mit Freunden ein Wochenende verbracht. Am Montag erzählst du, was die Freunde gemacht haben.

▶   Erik steht um sechs auf.   *Erik ist um sechs aufgestanden.*

1. Er schläft schlecht.
2. Lotte und Karin waschen ihr Auto.
3. Sie fahren dann weg.
4. Claudia bäckt einen Kuchen.
5. Sie lädt uns ein.

INFINITIVE	PAST PARTICIPLE
gehen	(ist) gegangen
kommen	(ist) gekommen
finden	gefunden
singen	gesungen
trinken	getrunken

N. Ein Abend im Konzert. Du bist ins Konzert gegangen. Sag, wie der Abend gewesen ist!

▶ Ich gehe heute abend ins Konzert.

Ich bin heute abend ins Konzert gegangen.

1. Lutz und Eva kommen mit.
2. Die *Hot Dogs* singen.
3. Wir finden sie toll.
4. Nach dem Konzert gehen wir ins Café.
5. Ich trinke zwei Cola.
6. Dann gehen wir zum Bus.
7. Ich komme spät nach Hause.
8. Ich finde den Abend schön.

Grammatische Übersicht

Nominative and accusative of definite articles and dieser-words (A–C)

NOMINATIVE		ACCUSATIVE		
Der / Dieser	Mantel ist warm.	Meinst du	den / diesen	Mantel hier?
Das / Dieses	Hemd ist prima.	Meinst du	das / dieses	Hemd hier?
Die / Diese	Jacke ist toll.	Meinst du	die / diese	Jacke hier?
Die / Diese	Jeans sind klasse.	Meinst du	die / diese	Jeans hier?

Der is the only definite article that has a different form before nouns in the accusative case: **der** > **den.**

Dieser-words have the same endings in the nominative and accusative as the definite articles.

Meanings and uses of **dieser**-words

dieser	this, these *(plural)*
jeder	each, every *(singular only)*
mancher	many a, several *(usually plural)*
solcher	such *(usually plural)*
welcher	which *(as a question)*

Nominative and accusative of indefinite articles and **ein**-words (D–F)

NOMINATIVE				ACCUSATIVE		
Wo ist	ein / mein	Bleistift?		Wer hat	einen / meinen	Bleistift?
Wo ist	ein / mein	Heft?		Wer hat	ein / mein	Heft?
Wo ist	eine / meine	Mappe?		Wer hat	eine / meine	Mappe?
Wo sind	meine	Bleistifte?		Wer hat	meine	Bleistifte?

Ein changes to **einen** before a **der**-noun in the accusative singular. **Ein** has no plural forms.

Kein and the possessive adjectives (called **ein**-words) follow the pattern of **ein,** except that **kein** and the possessive adjectives have plural forms.

Meanings of possessive adjectives

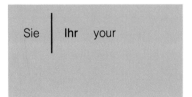

ich	mein	my
du	dein	your
er	sein	his, its
es	sein	its
sie	ihr	her, its

Sie	Ihr	your

wir	unser	our
ihr	euer	your
sie	ihr	their

Prepositions with the accusative case (G)

durch für gegen ohne um	Gerds Mutter geht **durch** den Garten. Gerd arbeitet **für** seine Mutter. Er hat nichts **gegen** Gartenarbeit. Er arbeitet allein — **ohne** seinen Bruder. Da kommt sein Bruder **um** das Haus.	Gerd's mother is walking *through* the garden. Gerd works *for* his mother. He has nothing *against* yard work. He works alone — *without* his brother. There comes his brother *around* the house.

The prepositions **durch, für, gegen, ohne, um** are always followed by the accusative case.

Accusative prepositional contractions

Sie geht **durchs** Zimmer. Er kauft etwas **fürs** Kind. Er geht **ums** Haus.	durch das > durchs für das > fürs um das > ums

The prepositions **durch, für,** and **um** often contract with the definite article **das** by adding **-s.**

Conversational past (H–N)

Hast du deine Hausaufgaben **gemacht?** *Did* you *do* your homework?
Nein, ich **bin** schwimmen **gegangen.**   No, I *went* swimming.

There are several past tenses in German. The conversational past, as the name implies, is common in conversation. It is used in many situations that require the simple past tense in English. The conversational past is made up of the present tense of an auxiliary verb (**haben** or **sein**) and a past participle. The past participle is in final position.

Use of the auxiliary **haben**

Was **hast** du gestern **gemacht?**   What *did* you *do* yesterday?
Ich **habe** Tennis **gespielt.**   I *played* tennis.

The auxiliary **haben** is used to form the conversational past of most verbs.

Use of the auxiliary **sein**

Warum **bist** du zu spät zur Schule **gekommen?**	Why *did* you *come* to school late?
Ich **bin** leider spät **aufgestanden.**	Unfortunately I *got up* late.

Some verbs use **sein** instead of **haben** in the conversational past. Such verbs must meet two conditions. They must:

1. be intransitive (without a direct object) and
2. indicate a change of location (like **kommen**) or a change of condition (like **aufstehen**).

Past participles of weak verbs

INFINITIVE	PAST PARTICIPLE	CONVERSATIONAL PAST
machen	ge + mach + t	Was **habt** ihr gestern **gemacht?**
arbeiten	ge + arbeit + et	Wir **haben gearbeitet.**
wandern	ge + wander + t	Und dann **sind** wir **gewandert.**

A weak verb is a verb with a stem that remains unchanged in the past tense forms.

The past participle of a weak verb is formed by adding **-t** or **-et** to the infinitive stem.

The past participles of most weak verbs have the prefix **ge-**.

Past participles of strong verbs

INFINITIVE	PAST PARTICIPLE	CONVERSATIONAL PAST
trinken	ge + trunk + en	Wir **haben** um vier Kaffee **getrunken.**
gehen	ge + gang + en	Wir **sind** um sieben ins Konzert **gegangen.**
fahren	ge + fahr + en	Um elf **sind** wir nach Hause **gefahren.**

A strong verb is a verb that changes its stem vowel (and occasionally consonants) in at least one of the past tenses. The past participle of a strong verb is formed by adding **-en** to the stem.

Most strong verbs also add the prefix **ge-** in the past participle.

For a list of the strong verbs used in this book, with their past participles, see the Appendix.

Past participles of separable-prefix verbs

INFINITIVE	PAST PARTICIPLE	CONVERSATIONAL PAST
aufräumen	auf + **ge** + räumt	Ich **habe** mein Zimmer **aufgeräumt**.
einladen	ein + **ge** + laden	Wir **haben** Schmidts **eingeladen**.
abholen	ab + **ge** + holt	Ich **habe** sie um drei **abgeholt**.

The prefix **ge-** of the past participle comes between the separable prefix and the stem of the participle.

The participle is written as one word.

Wiederholung

A. Ein Picknick im Park. You and some friends are reminiscing about a recent picnic you had. Using the cues given, tell what different people did.

Talking about recent activities

▶ ich / das Rad / mitnehmen   *Ich habe das Rad mitgenommen.*

1. Barbara und Sebastian / die Gitarren / mitbringen
2. du / das Radio / mitbringen
3. wir / die Torte / essen
4. ihr / die Hausaufgaben / machen
5. Tanja / der Hund / mitbringen
6. Dieter / der Schuh / verlieren

Now make it clear whose belongings you're talking about. Use possessive adjectives.

▶ *Ich habe* **mein** *Rad mitgenommen.*

B.   Ein anderes Wort. Change the sentences by substituting the correct form of the word in parentheses for the italicized word.

1. Ich möchte *einen* Wintermantel kaufen. (dieser)
2. Was kostet *das* Hemd? (dieser)
3. Haben Sie *die* Schuhe in Braun? (solcher)
4. *Der* Pulli ist warm. (jeder)
5. *Die* Jacken sind zu warm. (mancher)
6. *Wieviel* Hemden kaufst du? (welcher)
7. *Ein* Anzug aus diesem Geschäft ist teuer. (jeder)

C.   Hast du Lust? You are thinking about doing one of the activities listed below after school today. Invite a classmate to join you. She/he must answer according to what she/he would like to do.

Inviting friends to share activities

▶ Hast du Lust, Tennis zu spielen?   *Selbstverständlich.*

1. Hast du Lust, windsurfen zu lernen?
2. Hast du Lust, die *Hot Dogs* zu hören?
3. Hast du Lust, zu meiner Party zu kommen?
4. Hast du Lust fernzusehen?
5. Hast du Lust, ins Kino zu gehen?
6. Hast du Lust, meine neue Platte zu hören?
7. Hast du Lust, meine deutschen Briefmarken zu sehen?

Gern. Wann geht's los?
Selbstverständlich.
Natürlich.
Ja, wenn ich es darf.
Nein, heute nicht.
Es tut mir leid. Ich habe keine Zeit.
Ich habe eigentlich keine Lust.
Nein, das ist zu langweilig.

Beim Wandern auf einem Gletscher (glacier) *muß man gut aufpassen.*

D. Ich habe viel erlebt. Interview a classmate for the school newspaper. Write a short article based on the interview.

1. Wie hast du den Sommer verbracht? Hast du Geld verdient? Wie? Bist du weggefahren? Wohin? Oder warst du zu Hause? Hast du etwas Interessantes gelesen? Was?
2. Warst du schon einmal zum Camping? Hast du gezeltet? Hast du selbst gekocht? Was hast du alles gemacht? Bist du schwimmen gegangen? Bist du gewandert?
3. Treibst du gern Sport? Was spielst du besonders gern? Spielst du gut?
4. Warst du einmal in einem Gewitter? Bist du naß geworden? Wo warst du? War es aufregend?

E. Welches Wort? Complete the dialogue below with one of the following words.

**Bauernhof   bißchen   draußen   Ferien   Mal
wenigstens**

DIETER Wie hast du die _____ verbracht?
RUDI   Ich habe auf einem _____ in Schleswig-Holstein gearbeitet.
DIETER War die Arbeit schwer?
RUDI   Ein _____.
DIETER War die Arbeit _____ interessant?
RUDI   Ja, ich habe viel Interessantes erlebt und war viel _____. Aber das nächste _____ möchte ich einen Job in der Stadt haben.

F. Und dann . . . ? Finish Ute's story on page 32 with a short paragraph. Begin with: *Nach dem Gewitter . . .*

G. Land und Leute.

1. Locate the **Schwarzwald** and **Schleswig-Holstein** on a map. Describe the areas and mention some differences between them.
2. What does **Waldsterben** mean? How serious is it? What measures are the Federal Republic and Switzerland taking to combat it?

Kulturlesestück

Hochsprache — Umgangssprache — Dialekt

Amerikanische Schüler in amerikanischen Schulen lernen die deutsche Hochsprache°. Sie lernen Formen wie **bist du, haben wir** und **sind wir.** In den deutschsprachigen° Ländern kann man aber oft Formen hören wie **biste, hamwa** und **san mir.** Das sind umgangssprachliche° Formen.

deutsche Hochsprache:
 High German

German-speaking

colloquial

5   Die Umgangssprache ist im Norden anders als im Süden, im Westen anders als im Osten, denn die Dialekte sind verschieden° und beeinflussen° die Um- *different / influence*
gangssprache. In südlichen Dialekten hört man z.B. Variationen von **Wasser,**
Pfeife°, ich, mein und **Haus,** in norddeutschen von **Water, Pipe, ick, min** *pipe*
und **Hus** (Niederdeutsch°). Aber man muß nicht nur verschiedene Formen für *ein* *Low German*
10 Wort verstehen, man muß manchmal auch ganz verschiedene Wörter für *eine*
Sache lernen. Man bekommt überall° das mehr oder weniger gleiche° kleine *everywhere / similar*
Gebäck° aus Weizenmehl°. Aber in Bremen kauft man **Brötchen,** in Hamburg *baked item / wheat flour*
Rundstücke, in Berlin **Schrippen,** am Oberrhein° **Wecken** und in Süd- *Upper Rhine*
deutschland und Österreich **Semmeln.**
15   Auch Deutsche, Österreicher und Schweizer haben ihre Schwierigkeiten° mit *difficulties*
den Dialekten. Einige° Dialekte sind so verschieden, daß z.B. ein Flensburger *some*
einen Grazer[1] nicht verstehen kann und umgekehrt°. Sie müssen Hochsprache *vice versa*
oder Umgangssprache sprechen.

A. Many Low-German words are closer to English than High-German ones. Knowing this, you should have no trouble guessing the meaning of some common Low-German words. Match those in the lists below to the High-German words that follow.

NOUNS	VERBS	OTHER WORDS
Appel	etn	grot
Hus	helpen	up
Melk	maken	ut
Schipp	slapen	
Strat		
Water		

HOCHSPRACHE: Apfel   aus   auf   essen   groß   Haus
                       helfen   machen   Milch   Schiff
                       schlafen   Straße   Wasser

B. Now with your knowledge of English and High German you can probably understand much of this Low German song sung by children on December 6 (Saint Nicholas Day) as they go from door to door asking for sweets. Give the English equivalent.

Sunnerklus, de grote Mann,
kloppt an alle Dören an.
Lüttje Kinner gifft he wat.
Grote Kinner stickt he in'n Sack.
Halli, halli, hallo,
so geiht nao Bremen to.

1. Locate these cities on the maps on pages xii–xiii.

Vokabeln

Substantive

der Jugendliche, –n, –n/die Jugendliche,
  –n young person

der Job, –s job
der Onkel, – uncle
der Moderator, –en moderator
der Teenager, – teenager

(das) Dänemark Denmark
das Fernsehen television
das Gewitter, – thunderstorm
das Interesse, –n interest
das Land, ̈-er country; state *(Federal Republic)*
das Programm, –e channel *(TV)*
(das) Schleswig-Holstein Schleswig-Holstein
  (northernmost state in the Federal Republic)
das Thema, die Themen topic
das Zelt, –e tent

die Biographie, –n biography
die Geschichte, –n story
die Scheune, –n barn
die Sendung, –en program *(radio or TV)*

Verben

auf·hören to stop *(an activity);* **mit [der Arbeit]**
  aufhören to stop [work]

Verben (cont.)

diskutieren über to discuss
erleben to experience
flüchten (ist geflüchtet) to flee
krachen to crash *(thunder)*
springen (ist gesprungen) to jump
unterbrechen (i; unterbrochen) to interrupt
verbringen (verbracht) to spend *(time)*
verdienen to earn
weg·fahren (ä, ist weggefahren) to go away

Andere Wörter

aufregend exciting
bißchen little bit
einmal once; ever
fanatisch fanatic
klitschnaß soaking wet
russisch Russian
wahnsinnig insane, *colloquial for* extremely
weg away

Besondere Ausdrücke

etwas Aufregendes something exciting
viel Interessantes many interesting things

NOCH EINMAL

A

Was will er/sie denn hier? Choose one of the teenagers pictured in the city-and-travel scenes in this Stage, and supply a brief biography. Include name and age, school subjects and activities, personality, hobbies, and plans for the day. Describe the person's preferences for jobs and vacations as well.

B

Haben Sie einen Job für mich? Write a letter to the owner of a business such as a restaurant, hotel, store, or bank in a German-speaking country, asking for summer work. Tell how you got the address, how you qualify for the job, and why you want to work in that particular business. Include reasons why you think the job will help you reach your future goals.

JOBS!

Neue Chancen für Mädchen: Flugzeugmechanikerin — und neun andere Berufe. Großer Report!

Was ich in einer Woche erlebe! Keep a diary (**das Tagebuch**) for a week, organized by day and listing the proper dates. Mention routines like school, daily chores, and hobbies. Include some unusual activities as well, such as sports events, special concerts, and other forms of entertainment. Invent at least one anecdote based on something you've always wanted to do.

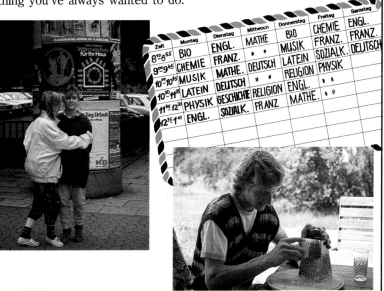

Lieber Brieffreund! Liebe Brieffreundin! Write a letter to a pen pal describing how you spent your summer, what you will study in school this year, what activities you like, and so on. Ask her/him questions about her/his daily routine.

Wie Ihr Fahrrad mit der Bahn in den Urlaub fährt.

Deutsche Bundesbahn

Das Leben auf dem Land. Invite a native German, Swiss, or Austrian to visit the class and talk about the differences in life on a farm or in a village between the United States and her/his country. If no native German-speaker is available, form a research team to make a presentation to the class. Include illustrations from books, magazines, or slides, and give some statistics on population changes, size of farms or towns, and principal crops or industries.

Stufe 4

Wer die Wahl hat, hat die Qual

Kapitel 3　　　　**Fernsehen**

Im Fernsehstudio. Ist das ein Krimi?

So einen Krimi kann ich auch schreiben

Erik und Sabine sprechen vom Fernsehen. Erik hat gestern abend einen Krimi gesehen und fragt:

„Hast du gestern abend auch den Krimi gesehen?"

„Den Krimi mit dem Ladendiebstahl? Nein, leider nicht. Wie war er?"

„Ach, OK. Es war im Kaufhaus, irgendwo. Und Udo — der Junge heißt Udo — geht gerade durchs Kaufhaus. Da kommt ein Mann, packt ihn am Arm und sagt,
5 daß er die Uhr gestohlen hat, die Armbanduhr.

„Udo ist erst baff. Dann sagt er, daß seine Eltern ihm° die Uhr geschenkt   him
haben. Der Mann glaubt das aber nicht und sagt: ‚Gib mir die Uhr, oder wir gehen
zur Polizei!'

„Gerade da kommt Udos Freundin Claudia und fragt, was los ist. Udo erzählt
10 Claudia kurz die Geschichte, da sagt sie plötzlich: ‚Du, den Mann kenne ich. Die
Polizei sucht ihn! Das ist genau sein Trick. Paß auf, oder er haut mit deiner Uhr
ab!' Während Claudia das sagt, läuft der Dieb mit Udos Uhr weg. Beide hinterher.
Aber es sind so viele Menschen im Kaufhaus, daß er nach ein paar Sekunden
verschwunden ist."

15 „Mensch, Erik, wo sind denn die Verkäufer die ganze Zeit? Das ist doch alles
ziemlich unwahrscheinlich."

„Du hast natürlich recht. Die beiden gehen jedenfalls zu einem Verkäufer. Udo
will dem Verkäufer gerade seine Geschichte erzählen, da zeigt Claudia auf eine
häßliche große Frau: ‚Sieh mal, da, die Frau, beim Ausgang°! Das Gesicht kennen   exit
20 wir doch? Das ist er. Hinterher!'"

„Du, Erik, das geht zu weit! Auch für einen Fernsehkrimi."

„Du hast ja recht. Trotzdem war es ziemlich aufregend. Udo und Claudia laufen
also aus dem Kaufhaus. An der Ampel wartet der Dieb gerade, daß es grün wird.
Ein Polizist steht auch da. Udo und Claudia gehen ganz nonchalant zur Ampel.
25 Udo packt den Dieb und sagt zu dem Polizisten: ‚Dieser Mann ist ein Dieb.' —
Ende."

„Na, so einen Krimi kann ich auch schreiben", sagt Sabine.

Fragen

1. Wer hat den Krimi gesehen und wer nicht?
2. Warum packt der Mann Udo?
3. Wer hat Udo die Uhr geschenkt?
4. Wohin will der Mann mit Udo?
5. Warum läuft der Mann weg?
6. Warum kann er verschwinden?
7. Warum will Udo zu einem Verkäufer?
8. Wen sieht Claudia beim Ausgang?
9. Wo auf der Straße steht der Dieb?
10. Wie findet Sabine den Krimi?

Du hast das Wort

Nein, so was! One of your classmates will make a statement, choosing from those below. Respond with an expression of surprise or exasperation.

Expressing surprise

GESPRÄCHSPARTNER/IN

Mein Onkel hat mir seinen
   alten Volkswagen geschenkt.
In den Sommerferien habe
   ich bei einem Bauern in
   Österreich gearbeitet.
Ich habe eine Radtour durch
   den Schwarzwald gemacht.
Letzten Sommer habe ich 15
   Bücher gelesen.
Ich kann nicht zu deiner
   Fete kommen.
Der Fernsehkrimi mit dem
   Ladendiebstahl war ausgezeichnet.
Barbaras Uhr ist weg. Vielleicht
   ist sie gestohlen.
Meine Armbanduhr ist
   auch verschwunden.
Am Wochenende habe ich
   zwanzig Stunden gearbeitet.

DU

Das ist doch nicht dein
   Ernst! Ich bin baff.
Ich werde verrückt. Da hast
   du aber Schwein gehabt!
Das ist ja unglaublich°.
   Kann das denn sein?
Mensch. Das ist ja toll.
Na — so ein° Pech!
Bist du wahnsinnig? Was ist
   denn los?
Nein, so was!
Das gibt's doch nicht°!
Du spinnst wohl!

Reklame

Im Waschsalon legt° Herr Weißlich gerade seine Wäsche zusammen. Herr Schwarz kommt mit seiner Wäsche.

legt zusammen: folds

HERR SCHWARZ	Guten Morgen, Herr Weißlich! Wie geht's, wie steht's? Gut seh'n Sie aus.
HERR WEISSLICH	Danke, Herr Schwarz. Mir geht es auch gut. Aber meine Wäsche hier . . . das ist etwas anderes. Grau ist sie, grau bleibt sie.
HERR SCHWARZ	Ja, Sie haben recht.
HERR WEISSLICH	Ihre schmutzige Wäsche sieht fast sauberer aus als meine saubere.
HERR SCHWARZ	Das kann nur das Waschmittel sein.
HERR WEISSLICH	Ach wo! Alle Waschmittel sind doch gleich.
HERR SCHWARZ	Sagen Sie das nicht! Versuchen Sie es mal mit Blanko! Kein Waschmittel wäscht Wäsche weißer als Blanko.

Eine Woche später.

HERR WEISSLICH   Herr Schwarz, vielen Dank für Ihren guten Rat°. Blanko ist   advice
wirklich phantastisch. Meine graue Wäsche ist strahlend weiß.

HERR SCHWARZ   Na, bitte! Blanko ist wirklich besser. Blanko wäscht wirklich
weißer.

Fragen

1. Wo sieht Herr Weißlich Herrn Schwarz?
2. Wie geht es Herrn Weißlich?
3. Was zeigt Herr Weißlich Herrn Schwarz?
4. Wie sieht seine Wäsche aus?
5. Mit welchem Waschmittel soll Herr Weißlich waschen?
6. Wie findet Herr Weißlich Blanko?
7. Wann sieht Herr Weißlich Herrn Schwarz wieder?
8. Wie sieht seine Wäsche jetzt aus?

Im Waschsalon.

*Das muß ihre
Lieblingssendung sein.*

Du hast das Wort

Fernsehen. Think about how you would answer the following questions. Then ask two other classmates about their television habits. The three of you should then report to another group. Be sure to report what the three of you may have found in common.

Discussing the
media

1 Wie oft siehst du fern? Wann?
2 Findest du die Sendungen gut?
3 Was ist deine Lieblingssendung?
4 Siehst du gern Krimis?
5 Hast du selbst einen Fernsehapparat?
6 Wie findest du die Reklamen? Welche sind gut? Schlecht?
7 Möchtest du Fernsehen ohne Reklame haben?

Land und Leute

In the **Bundesrepublik Deutschland** there are two national television channels, generally called **Erstes Programm** and **Zweites Programm.** A third channel, **Drittes Programm,** has regional programming. These TV channels are run as non-profit public corporations, generally independent of economic and political control. TV is financed primarily by quarterly fees collected from viewers for each TV set owned. Commercials are shown in clusters of twenty minutes in the early evening and contribute much less to supporting TV than in the U.S. Although commercial cable-television stations now exist in many cities, they have not become strong competitors to the traditional TV stations.

The regular broadcast day of the public TV stations begins in the afternoon. In the morn-ing the **Erstes Programm** or the **Zweites Programm** repeat shows broadcast the night before. Popular programs include news shows, game shows, sports, movies, and family or detective series — many of which are American. American and other foreign films are usually shown with dubbed-in voices rather than with subtitles. People who live close to a border sometimes receive broadcasts from a neighboring country.

While it is very common in the U.S. to see TV sets in bars, airports, hotels, and shops, television is a more private form of entertainment in the German-speaking countries.

Der Sender Freies Berlin ist in West-Berlin.

Entschuldigung, wo ist . . . ?

A. Wie kommt man . . . ? Du bist in der Stadt. Ein Tourist will zu vielen Gebäuden *(buildings)*. Sag, wie er gehen muß! Benutze den Stadtplan!

Asking for and giving directions

GESPRÄCHSPARTNER/IN		DU
▶ Wie kommt man vom Markt zum Kino?		Gehen Sie die nächste Straße links! Gehen Sie geradeaus bis zum Kino!

vom Markt	zur Post
von der Post	zum Kino
von der Kirche	zum Café
vom Kaufhaus	zum Bahnhof
vom Café	

Gehen Sie geradeaus bis [zur Post]!
An der Kreuzung biegen Sie [links] ab!
Gehen Sie die Straße entlang, bis Sie zu [einer Kirche] kommen!
Bei [der Kirche] gehen Sie [rechts]!
Gehen Sie die nächste Straße [links]!
Gehen Sie um die Ecke!
Bei der Ampel gehen Sie [links]!
Nach [dem Café] gehen Sie [rechts]!

B. Wie komme ich . . . Am Nachmittag will Thomas dich zu Hause besuchen. Sag Thomas, wie er von der Schule gehen muß!

▶ Geh die nächste Straße rechts!
Bei der Ampel geh links!

Du hast das Wort

Draw a map of your town indicating shops, churches, schools, and so on. Describe your map to a partner. She/he will ask you how to get from one place to another.

Haben sie gefragt: Entschuldigung, wie kommt man . . . ?

Wie fährst du?

1. der Bus
2. das Fahrrad
3. das Motorrad
4. das Mofa
5. der Zug
6. die Straßenbahn
7. die U-Bahn

C. Sag mal . . . Du verbringst Ferien in Deutschland. Dort fragen Schüler, wie es in Amerika ist. Sag, was du denkst!

1. Wie fährst du zur Schule? Mit dem Rad? Mit dem Bus? Mit dem Mofa? Mit dem Auto? Oder gehst du zu Fuß?
2. Mußt du zum Supermarkt fahren, oder kannst du zu Fuß gehen?
3. Hast du im Sommer eine Radtour gemacht?
4. Möchtest du nächsten Sommer eine Tour durch den Schwarzwald machen? Durch die Schweiz?
5. Wie fährt man bei euch zur Arbeit? Mit dem Bus? Mit der U-Bahn?
6. Wie fährt man billiger — mit dem Auto oder mit dem Bus?
7. Fahren viele Leute mit dem Zug von New York nach San Francisco?
8. Wohin kann man von deiner Stadt mit dem Zug fahren?

Aussprache

[x] Sache, doch, Buch
[ç] euch, dich, Bücher

The letters **-ch** represent the sound [x] after the vowels **a, o, u,** and **au;** the letters **-ch** represent the sound [ç] after the vowels **e, i, ie, ä, äu, eu, ö,** and **ü.**

A. Practice vertically in columns and horizontally in pairs.

[x]	[ç]
Bach	Bäche
Loch	Löcher
Bruch	Brüche
Sprache	spräche
Buch	Bücher

B. Practice the following words horizontally in pairs.

[k]	[x]	[ʃ]	[ç]
Flak	flach	Welsche	welche
nackt	Nacht	fescher	Fächer
Akt	acht	wischt	Wicht
buk	Buch	Gischt	Gicht

Eine Schwalbe macht noch keinen Sommer.

C. Practice the sounds [x] and [ç]. Read the sentences aloud.

1. Hoffentlich hat der Bäcker noch frischen Kuchen.
2. Manchmal sagt Michaela die ganze Woche nichts.
3. Herr Dietrich kann wirklich gut kochen.
4. Ich möchte unser Auto waschen.

Übungen

1. Accusative of personal pronouns

NOMINATIVE	ACCUSATIVE
Ich bin morgen zu Hause.	Karin ruft **mich** an.
Du bist morgen zu Hause.	Karin ruft **dich** an.
Er ist morgen zu Hause.	Karin ruft **ihn** an.
Sie ist morgen zu Hause.	Karin ruft **sie** an.
Wir sind morgen zu Hause.	Karin ruft **uns** an.
Ihr seid morgen zu Hause.	Karin ruft **euch** an.
Sie sind morgen zu Hause.	Karin ruft **sie** an.
Sie sind morgen zu Hause.	Karin ruft **Sie** an.

A. Natürlich! Ingrid gibt eine Party. Thomas hat vergessen, wen sie eingeladen hat und fragt dich. Sag, wen Ingrid eingeladen hat!

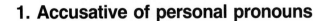 Geht Jochen zur Party?   *Natürlich. Ingrid hat ihn eingeladen.*

1. Geht Bernd zur Party?
2. Geht Susanne zur Party?
3. Gehst du zur Party?
4. Gehen Ute und Jan zur Party?
5. Geht ihr zur Party?
6. Gehen wir zur Party?

B. Sag das! Benutze das neue Wort!

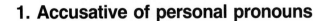 — Hast du ____ gehört? *(me)*   *Hast du mich gehört?*

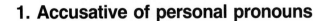 — Ja, ich habe ____ gehört. *(you sg.)*   *Ja, ich habe dich gehört.*

1. — Kann ich _____ morgen besuchen, Erika? *(you sg.)*
   — Ja, ich bin am Nachmittag da, du kannst _____ gern besuchen. *(me)*
2. — Ich habe _____ gestern mit dem Fahrrad gesehen. *(you pl.)*
   — Wo hast du _____ denn gesehen? *(us)*
3. — Unser Auto ist kaputt. Kannst du _____ heute abend mitnehmen? *(us)*
   — Ja, aber vielleicht ruft ihr _____ noch einmal an. *(me)*
4. — Kann ich _____ etwas fragen? *(you sg.)*
   — Ja, was denn? Du kannst _____ alles fragen. *(me)*
5. — Versteht ihr _____? *(us)*
   — Nein, wir können _____ gar nicht hören. *(you pl.)*
6. — Wen meinst du denn? _____? *(me)*
   — Ja, ich möchte _____ etwas fragen. *(you sg.)*

2. Noun-pronoun relationship

Nominative

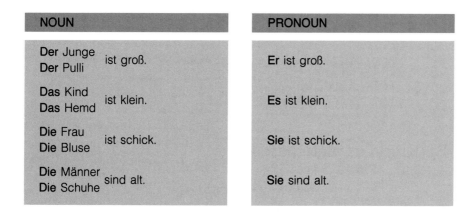

NOUN		PRONOUN
Der Junge Der Pulli	ist groß.	Er ist groß.
Das Kind Das Hemd	ist klein.	Es ist klein.
Die Frau Die Bluse	ist schick.	Sie ist schick.
Die Männer Die Schuhe	sind alt.	Sie sind alt.

The pronouns **er, es,** and **sie** may refer to either persons or things.

C. Hübsche Sachen. In einem Geschäft sieht Monika viele Kleidungsstücke. Sie sagt, sie findet sie schön. Hoffentlich passen sie auch. Sag das!

▶ Der Pulli ist schön, nicht? *Ja, hoffentlich paßt er.*

1. Der Gürtel ist toll, nicht?
2. Das Hemd ist klasse, nicht?
3. Die Bluse ist hübsch, nicht?
4. Die Jeans sind prima, nicht?
5. Der Rock ist schick, nicht?
6. Die Schuhe sind warm, nicht?

Accusative

NOUN			PRONOUN
Suchst du	den Jungen? den Pulli?		Ja, ich suche **ihn**.
Suchst du	das Kind? das Hemd?		Ja, ich suche **es**.
Suchst du	die Frau? die Bluse?		Ja, ich suche **sie**.
Suchst du	die Kinder? die Schuhe?		Ja, ich suche **sie**.

The accusative pronouns **ihn, es,** and **sie** may refer to either persons or things.

D. Kauf diese Sachen! Im Geschäft ist Jens ganz begeistert°. Er findet alles   enthusiastic
toll. Sag, er soll die Kleidungsstücke kaufen!

▶ Ich möchte diesen Pulli haben.   *Dann kauf ihn doch!*

1. Diesen Mantel möchte ich
   auch haben.
2. Und dieses Hemd möchte ich.
3. Und diese Hose ist schön.

4. Diese Schuhe sind aber billig.
5. Dieser Gürtel ist wirklich toll.
6. Ich möchte diese Jacke haben.

3. Verb in second position in statements

1	2	3	4
Wir	**gehen**	heute abend	auf die Fete.
Heute abend	**gehen**	wir	auf die Fete.

In a German statement the verb is always in second position. When an element
other than the subject is in first position, the subject follows the verb.

E. Natürlich! Ute fragt, ob du zu Hause hilfst. Sag, daß du natürlich hilfst!

▶ Hilfst du zu Hause?   *Natürlich helfe ich zu Hause.*

1. Deckst du den Tisch?
2. Spülst du Geschirr?
3. Trocknest du ab?
4. Trägst du den Müll raus?

5. Putzt du die Fenster?
6. Machst du Gartenarbeit?
7. Mähst du im Sommer den Rasen?
8. Schaufelst du im Winter Schnee?

Die Schuhe sind zu klein für ihn.

4. Dative case of definite articles and dieser-words

NOMINATIVE		DATIVE	
Wer ist	der / dieser Mann?	Was weißt du von	dem / diesem Mann?
Wer ist	das / dieses Mädchen?	Was weißt du von	dem / diesem Mädchen?
Wer ist	die / diese Frau?	Was weißt du von	der / dieser Frau?
Wer sind	die / diese Kinder?	Was weißt du von	den / diesen Kindern?

The definite articles and **dieser**-words change their forms in the dative case. The plural form of a noun in the dative case adds **-n,** unless the plural already ends in **-n** or **-s.**

F. Viele Verkehrsmittel. Morgen willst du ins Kino. Erik findet, daß nicht alle Verkehrsmittel praktisch sind. Sag, daß du sie nicht benutzen willst!

▶ Der Bus ist zu langsam.　　*Ich fahre ja nicht mit dem Bus.*

1. Die Straßenbahn fährt nicht mehr.
2. Die U-Bahn fährt um diese Zeit nicht.
3. Das Auto läuft nicht.
4. Das Motorrad ist kaputt.
5. Das Fahrrad ist leider auch kaputt.
6. Das Mofa ist bei Ulli.

G. In einer Boutique. In einer Boutique sagt Hanna, wie sie die Kleidung findet. Du siehst sie nicht. Frag, welche Sachen sie meint!

▶ Diese Bluse ist schick.　　*Von welcher Bluse sprichst du?*

1. Dieser Rock ist hübsch.
2. Dieser Gürtel ist toll.
3. Dieses Hemd ist häßlich.
4. Dieser Pulli ist teuer.
5. Dieses Kleid ist klasse.
6. Diese Handschuhe sind billig.

5. Dative case of indefinite articles and **ein**-words

Christl hat das von	einem ihrem	Freund gehört.
Frau Lenz hat das von	einem ihrem	Kind gehört.
Erika hat das von	einer ihrer	Freundin gehört.
Ute hat das von	ihren	Freunden gehört.

The indefinite articles and **ein**-words have the same endings in the dative case as the definite articles.

H. Wirklich? Du erzählst eine Geschichte. Gabi sagt, sie hat sie schon von vielen Leuten gehört. Frag, ob das stimmt!

▶ Mein Bruder hat es auch erzählt.　　*Wirklich? Von deinem Bruder hast du es auch gehört?*

1. Meine Schwester hat es auch erzählt.
2. Und mein Freund Bruno auch.
3. Am Montag hat meine Freundin Gabi es erzählt.
4. Meine Eltern haben es erzählt.
5. Ein Herr im Café hat es am Mittwoch erzählt.
6. Und eine Frau im Supermarkt hat es Samstag erzählt.

I. Die Stereoanlage ist weg. Sonja sagt, daß ihre ganze Stereoanlage weg ist. Frag, was sie mit den Sachen gemacht hat.

▶ Ich habe keinen Platten-   *Was hast du denn mit deinem*
   spieler mehr.   *Plattenspieler gemacht?*

1. Platten habe ich auch keine mehr.
2. Ich habe auch keinen Kassettenrecorder mehr.
3. Und Kassetten habe ich auch keine mehr.
4. Und mein Radio ist weg.
5. Mein CD-Spieler auch.
6. Meine Compact Discs sind auch weg.

6. Using the dative definite articles as pronouns

Hat **Erik** geschrieben?   Nein. **Von dem** habe ich nichts
                                                    gehört.

Haben **Ute und Inge** geschrieben?   Nein. **Von denen** habe ich auch
                                                    nichts gehört.

The dative definite articles may be used as pronouns. They are called demonstrative pronouns and may be used in place of personal pronouns.

The forms of the demonstrative pronouns are the same as the forms of the definite articles, except that dative plural **den** becomes **denen**.

J. Hast du von denen gehört? Du bist lange weg gewesen. Oliver fragt, ob du in dieser Zeit von Freunden gehört hast. Sag nein!

▶ Hast du von Erika gehört?   *Nein, von der habe ich nichts gehört.*

1. Von deiner Schwester?
2. Von Jochen?
3. Von Antje?
4. Von deinen Eltern?
5. Von deiner Freundin und ihrer Schwester?
6. Von deinem Bruder?

*In Zürich geht es besser
mit Rad und Mofa.*

7. Prepositions with the dative case

aus	out of from *(native of)*	Gabi geht **aus dem Haus.** Bernd kommt **aus der Schweiz.**
außer	besides except	Wer ist **außer deiner Familie** hier? Ich esse alles gern **außer Spinat.**
bei	with *(at the home of)* at *(place of business)* near *(in the vicinity of)*	Trudi ißt jeden Montag **bei ihren Großeltern.** Frank arbeitet **bei einem Bäcker.** Wir wohnen **bei der Schule.**
mit	with by means of	Gabi geht **mit ihrer Freundin Ute** schwimmen. Silke fährt **mit der Straßenbahn.**
nach	to *(a city or country)* after	Im Oktober fliegen wir **nach München.** **Nach dem Essen** gehen wir ins Kino.
seit	since	Ich arbeite **seit einem Monat** im Kaufhaus.
von	from of	Ich komme gerade **von einer Party.** Sprichst du so **von deinem Freund?**
zu	to	Samstag abend gehen wir **zu einer Fete.**

K. Alles falsch. Mark hat heute einen schlechten Tag. Alles, was er sagt, ist falsch. Sag es richtig mit dem neuen Wort!

▶ Paul fährt mit *dem Bus* zur   *Nein, mit dem Mofa.*
   Schule, nicht? (das Mofa)

1. Er fährt mit *seiner Schwester,* nicht? (sein Bruder)
2. Das Mofa war ein Geschenk von *seinem Onkel,* nicht? (seine Eltern)
3. Heute nachmittag fährt er zu *seinem Freund Bernd,* nicht? (seine Freundin Gabi)
4. Sein Freund kommt aus *Österreich,* nicht? (die Schweiz)
5. Nach *der Schule* gehen sie einkaufen, nicht? (das Mittagessen)
6. Heute abend sieht er bei *seiner Freundin* fern, nicht? (sein Freund)
7. Im Sommer hat er bei *einem Bauern* gearbeitet, nicht? (ein Metzger)

L. Christians Lieblingsreise. Dein amerikanischer Freund will etwas auf Deutsch erzählen: Die Geschichte von Christian aus Basel. Hilf ihm! Benutze die neuen Wörter!

▶ Was hörst du _____? (von / dein Freund)   *Was hörst du von deinem Freund?*

1. Christian wohnt _____ in Karlsruhe. (seit / ein Jahr)
2. Eigentlich kommt er _____. (aus / die Schweiz)
3. Oft fährt er _____ nach Basel. (zu / seine Freunde)
4. Er fährt immer _____. (mit / der Zug)
5. Das Geld für den Zug bekommt er _____. (von / seine Mutter)
6. In Basel schläft er _____. (bei / sein Onkel)
7. _____ spricht er immer _____. (mit / seine Freunde; von / die Schule)
8. Manchmal gehen sie _____. (zu / eine Party)

8. Dative prepositional contractions

Ingrid arbeitet **beim** Elektriker.	bei dem > beim
Jürgen kommt gerade **vom** Bahnhof.	von dem > vom
Gisela fährt um vier **zum** Bahnhof.	zu dem > zum
Dann fährt sie **zur** Post.	zu der > zur

The contractions shown above are frequently used.

M. Alles falsch. Petra hat vergessen, was du machst und sagt alles falsch. Sag es richtig mit dem neuen Wort und sag es kurz!

Kommst du gerade von der Post? (Markt)   *Nein, vom Markt.*

1. Gehst du jetzt zum Metzger? (Bäcker)
2. Warst du beim Metzger? (Elektriker)
3. Gehst du dann zum Supermarkt? (Bank)
4. Ist das die Bank bei der Post? (Bahnhof)
5. Fährst du morgen zur Arbeit? (Schule)
6. Lädst du Gabi zum Essen ein? (Fete)

9. Dative case: indirect object

	INDIRECT OBJECT	DIRECT OBJECT
Ingrid gibt	**ihrem Freund**	eine Platte.
Ingrid is giving	*her friend*	a record.

In German and English some verbs can have both a direct object and an indirect object. The indirect object is the person to whom or for whom something is done, given, shown, bought, said, and so on.

In German, the indirect object of a verb is in the dative case.

N. Jürgen und Gabi. Beide machen viel. Sag oder frag, was sie machen und benutze das andere Wort!

▶ Jürgen kauft seiner Schwester   *Jürgen schenkt seiner*
   ein Buch. (schenken)   *Schwester ein Buch.*

1. Er bringt seinen Großeltern Blumen. (geben)
2. Was schenkt er seiner Mutter zum Geburtstag? (kaufen)
3. Gabi schreibt ihrem Freund alles. (sagen)
4. Sagt sie ihrer Freundin alles? (erzählen)
5. Sie bringt ihrer Mutter das Bild vom Markt. (zeigen)

O. Sie machen viel. Auch diese Leute machen viel. Sag oder frag, was sie machen und benutze das andere Wort!

▶ Ich gebe _____ ein Radio. (mein Freund)   *Ich gebe meinem Freund ein Radio.*

1. Paul schreibt _____ einen Brief. (seine Freundin)
2. Sie bringt _____ Blumen. (ihre Mutter)
3. Die Großmutter erzählt _____ viele Geschichten. (die Kinder)
4. Tatjana schenkt _____ ein Buch zum Geburtstag. (ihr Vater)
5. Ich kaufe _____ Theaterkarten für Samstag. (meine Eltern)
6. Birgit zeigt _____ ihre Bücher. (die Lehrerin)

P. Viele Geschenke. Sarah hat Geld verdient. Jetzt möchte sie Geschenke für die Familie und die Freunde kaufen. Sag, was Sarah den Leuten schenkt!

▶ Ihr Bruder möchte einen   *Sie schenkt ihrem Bruder*
  Kugelschreiber.   *einen Kugelschreiber.*

1. Ihre Mutter braucht eine Tasche.
2. Ihr Vater braucht einen Regenschirm.
3. Ihre Schwester möchte ein Poster.
4. Ihre Großeltern möchten eine Schallplatte.
5. Ihr Freund Bruno braucht einen Gürtel.
6. Ihre Freundin Meike braucht eine Bluse.

Grammatische Übersicht

Accusative of personal pronouns (A–B)

	SINGULAR					
Nominative	ich	du	Sie	er	es	sie
Accusative	mich	dich	Sie	ihn	es	sie

	PLURAL			
Nominative	wir	ihr	Sie	sie
Accusative	uns	euch	Sie	sie

The nominative and accusative forms of personal pronouns correspond as above.

Accusative of **wer**

Nominative	**Wer** ist der Junge da?	*Who* is the boy there?
Accusative	**Wen** meinst du?	*Whom* do you mean?

The accusative of **wer** is **wen.**

Noun-pronoun relationship (C–D)

NOMINATIVE		ACCUSATIVE		
Der Junge **Der** Pulli	**Er** ist nicht hier.	Suchst du	**den** Jungen **den** Pulli	**ihn?**
Das Kind **Das** Kleid	**Es** ist nicht hier.	Suchst du	**das** Kind **das** Kleid	**es?**
Die Frau **Die** Bluse	**Sie** ist nicht hier.	Suchst du	**die** Frau **die** Bluse	**sie?**
Die Männer **Die** Schuhe	**Sie** sind nicht hier.	Suchst du	**die** Männer **die** Schuhe	**sie?**

The nominative pronouns **er, es,** and **sie** and the accusative pronouns **ihn, es,**
and **sie** may refer to either persons or things.

Verb in second position in statements (E)

1	2	3	4
Ich	**habe**	gestern abend	ferngesehen.
Gestern abend	**habe**	ich	ferngesehen.

In a German statement the verb is always in second position, even when an
element other than the subject is in first position (for example, an adverb or
prepositional phrase). When an element other than the subject is in first position
(e.g., **gestern abend**), the subject follows the verb.

Forms of the dative case (F–I)

der Pulli
dem Pulli
diesem Pulli
einem Pulli
ihrem Pulli

das Kleid
dem Kleid
diesem Kleid
einem Kleid
ihrem Kleid

die Bluse
der Bluse
dieser Bluse
einer Bluse
ihrer Bluse

die Schuhe
den Schuhen
diesen Schuhen
—
ihren Schuhen

The definite and indefinite articles, **dieser**-words, and **ein**-words change their form in the dative case. The plural form of a noun in the dative case adds **-n,** unless the plural already ends in **-n** or **-s.**

Using the dative definite articles as pronouns (J)

Hast du **mit Herrn Braun** gesprochen?

Hast du **mit Frau Braun** gesprochen?

Nein, **mit dem** kann man nicht sprechen.

Ja, **mit der** kann man sprechen.

The dative definite articles may be used as pronouns. They are called demonstrative pronouns and may be used in place of personal pronouns.

	SINGULAR			PLURAL
Nominative	der	das	die	die
Accusative	den	das	die	die
Dative	dem	dem	der	**denen**

The forms of the demonstrative pronouns are the same as the forms of the definite articles, except that dative plural **den** becomes **denen.** Demonstrative pronouns usually occur at or near the beginning of a sentence.

Prepositions with the dative case (K–L)

aus	Christl kommt **aus** dem Zimmer.	Christl comes *out of* the room.
	Heidi kommt **aus** der Schweiz.	Heidi comes *from* Switzerland.
außer	**Außer** meinem Bruder kommen wir alle mit.	*Except for* my brother we're all coming.
	Was trinkst du **außer** Milch?	What do you drink *besides* milk?
bei	Frank wohnt **bei** seinem Onkel.	Frank lives *with* his uncle.
	Er arbeitet **bei** einem Bäcker.	He works *at* a bakery.
	Wir wohnen **bei** der Kirche.	We live *near* the church.
	Willst du **bei** mir Hausaufgaben machen?	Do you want to do your homework *at* my house?
mit	Ich spiele **mit** Gabi Tennis.	I'm playing tennis *with* Gabi.
	Fährst du **mit** dem Zug?	Are you going *by* train?
nach	Wir fahren **nach** Hamburg.	We're going *to* Hamburg.
	Nach dem Essen gehen wir ins Theater.	*After* dinner we're going to the theater.
seit	**Seit** Oktober habe ich einen Job.	I've had a job *since* October.
	Erik arbeitet **seit** zwei Monaten im Supermarkt.	Erik has been working at the supermarket *for* two months.
von	Wann kommst du **von** Hamburg zurück?	When are you returning *from* Hamburg?
	Wir haben gerade **von** dir gesprochen.	We were just talking *about* you.
	Das ist ein Freund **von** mir.	That is a friend *of* mine.
zu	Gerd lädt uns **zu** seiner Party ein.	Gerd is inviting us *to* his party.
	Frank geht **zu** seinem Freund.	Frank is going *to* his friend's house.
	Dann kommt er **zu** mir.	Then he is coming *to* my house.

Prepositional contractions (M)

Ingrid arbeitet **beim** Elektriker.	bei dem > beim
Wann kommst du **vom** Markt zurück?	von dem > vom
Ich fahre **zum** Bahnhof.	zu dem > zum
Fährst du **zur** Schule?	zu der > zur

The contractions above are frequently used.

Wie oft gehen sie auf den Markt? Jeden Tag?

Indirect object (N–P)

	INDIRECT OBJECT	DIRECT OBJECT
Inge schenkt Inge is giving	**ihrem Bruder** *her brother*	eine Platte. a record.

In both German and English some verbs take two objects: a direct object and an indirect object. The indirect object is normally a person and answers the question to whom or for whom something is done.

The indirect object in German is in the dative case. The direct object is in the accusative case.

Inge schenkt **ihrem Bruder**   Inge is giving a record *to her*
  eine Platte.   *brother.*

German never uses a preposition with the indirect object.
    Below is a list of some verbs that can have both direct and indirect objects.

bringen empfehlen erzählen	geben kaufen sagen	schenken schreiben zeigen

Wiederholung

A. Werbung. Read the commercial and answer the questions that follow.

FRAU ROTH	Können Sie mir bitte sagen, wie spät es ist?
FRAU LEHNERT	Gern. Viertel nach zehn.
FRAU ROTH	Entschuldigen Sie°, bitte! Ihr Kugelschreiber zeigt Ihnen die Zeit?
FRAU LEHNERT	Na klar. Außerdem° das Datum° und den Wochentag. Das ist eben° „ZiK".
FRAU ROTH	Unglaublich.
STIMME° UND BILD	Ja, der ZiK ist unglaublich.

excuse me

in addition/date
of course

voice

STIMME° UND BILD ... ZiK — Zeit im Kugelschreiber.
Von Nebelmann. Unser Tip: Nimm ZiK!
Der Kugelschreiber mit Uhr, Datum und Wochentag. Jetzt in Ihrem Fachgeschäft°.
Nur DM 24,95.

specialty store

1. Was möchte Frau Roth wissen?
2. Warum ist der ZiK unglaublich?
3. Wo kann man ihn kaufen?
4. Was ist ein ZiK?
5. Wieviel kostet er?
6. Wer macht ihn?
7. Man kann Zeit und Datum sehen. Was noch?

B. Werbung. With the help of the commercial above and the one on pages 60–61, write a commercial for one of the products shown below. Work in small groups. When you are satisfied with what you have written, practice acting out the commercial in your group before you present it to other groups.

C. Geburtstagsgeschenke. What did the people give their friends and relatives on their birthdays?

▶ *Bernd hat seinem Freund Peter einen Pulli geschenkt.*

Für Mutter, von Ilse

Für meine Schwester
Sandra, von Dieter

Für Vater, von Hans und
Inge

Für Oma, von Christine

Für meinen guten Freund
Manfred, von Claudia

Für unsere lieben Eltern,
von Jens und Erika

D. Franz aus Wien. Complete the sentences with one of the appropriate prepositions.

aus   bei   durch   für   mit   nach   seit   von   zu

1. Franz ist Österreicher und kommt _____ Wien.
2. Er wohnt jetzt _____ seinen Großeltern in Bonn.
3. Er arbeitet _____ einem Jahr in Bonn.
4. Am Wochenende macht er _____ seiner Freundin Ausflüge.
5. Sie fahren oft _____ dem Rad.
6. Manchmal fahren sie _____ dem Zug _____ Köln.
7. Dort bummeln sie _____ die Stadt.
8. In der Fußgängerzone kauft Franz ein Geschenk _____ seine Großeltern.

E. Unsere Radtour. Begin each of the following sentences with the italicized word or phrase.

1. Wir haben *im Sommer* eine Radtour durch Österreich gemacht.
2. Wir haben *natürlich* gezeltet.
3. Es hat *oft* Gewitter gegeben.
4. Alles ist *dann* naß geworden.
5. Wir haben *schließlich* nur noch in Scheunen geschlafen.
6. Wir haben *abends* immer erst die Bauern gefragt.

F. Rock im Jugendzentrum. Ask your classmates questions based on the following dialogue. Use the following question words.

wann   was   wen   wer   wo   wohin

CLAUDIA   Wollen wir heute abend ins Jugendzentrum gehen? Die *Hot Dogs* spielen um 8 Uhr.
DIETER   Das finde ich prima. Hoffentlich können wir noch Karten bekommen.
CLAUDIA   Kein Problem. Mein Bruder hat vier Karten, aber seine Freunde können heute abend nicht. Sollen wir Stefan und Irmgard einladen?
DIETER   Ja, natürlich. Ich rufe sie an. Um wieviel Uhr holst du mich ab?
CLAUDIA   Ich komme um 7. Also, bis später!

G. Und dann? Supply your own ending to the *Diebstahl-Krimi.* Begin where Udo and Claudia go to the salesman to report the theft.

You may wish to begin: *Die beiden gehen also zu einem Verkäufer . . .*

H. Land und Leute.

Name at least four differences between television in the United States and in the Federal Republic.

Vokabeln

Substantive

der Arm, —e arm
- **der Dieb, —e** thief, robber
der Krimi, —s detective show; mystery novel
der Ladendiebstahl shoplifting
der Tip, —s tip
der Trick, —s trick
der Waschsalon, —s laundromat

Substantive (cont.)

das Ende, —n end
das Gesicht, —er face
das Waschmittel, — laundry detergent

die Armbanduhr, —en wristwatch
die Polizei police
- **die Reklame, —n** commercial; advertisement
die Sekunde, —n second

Verben

ab·hauen *(slang)* to take off, clear out
auf·passen to watch out
erzählen (von) to tell (about), relate
packen to grab
schenken to give, present *(a gift)*
stehlen (ie; gestohlen) to steal
verschwinden (ist verschwunden) to
  disappear
warten to wait
weg·laufen (äu; ist weggelaufen) to run away
zeigen to show

Andere Wörter

baff *(slang)* puzzled, confused
genau exact(ly)
gleich the same
hinterher behind; following
irgendwo somewhere
jedenfalls in any case, anyway
nonchalant casually
phantastisch fantastic

Andere Wörter (cont.)

plötzlich suddenly
sauber clean
schmutzig dirty
strahlend sparkling, shiny
trotzdem nevertheless
unglaublich unbelievable
unwahrscheinlich improbable
verrückt crazy
während *(conj.)* while

Besondere Ausdrücke

ach wo! come on!
das gibt's doch nicht that's not possible
etwas anderes something different, another
  matter
nein, so was! you don't say!
OK O.K.
so ein such a
wie geht's? wie steht's? *(slang)* how goes it?
  what's new?

Kapitel 4

Aus der Zeitung

Was wollen Teenager in ihren Zeitschriften lesen?

Leserbriefe: Was halten Sie von Teenagerzeitschriften?

Solche Zeitschriften gefallen ihr nicht.

Mir gefallen diese Zeitschriften nicht. Was für Themen bringen sie denn? Da gibt es zum Beispiel:
Udo Behrens: sein Leben mit vielen Fotos;
Guido Boehm: einen Ring für Anna Rohr — heiraten sie?
Schon mit zehn Jahren auf einem heißen Ofen.
Junge Leute lesen meistens nicht kritisch genug. Sie folgen einfach ihren Idolen°. idols
Sie imitieren sie gedankenlos. Sie haben Starposter im Zimmer. Sie tragen Jeans wie Udo Behrens. Sie schenken ihrem Mädchen einen Ring wie Guido Boehm. Sie wollen auch einen heißen Ofen fahren.
Solche Zeitschriften helfen mir nicht, unabhängig zu denken. Wirkliche Probleme — Energie° und Politik° zum Beispiel — gibt es hier nicht. energy / politics

Astrid H., 18 Jahre

Fragen

1. Wie gefallen Astrid die Teenagerzeitschriften?
2. Findet Astrid die Themen interessant?
3. Wem folgen die Jugendlichen in ihrem Leben? Gib Beispiele!
4. Warum helfen diese Zeitschriften den Jugendlichen nicht?

Sie findet die Zeitschriften interessant.

Ich kaufe diese Zeitschriften, weil ich sie interessant finde. Da gibt es bestimmte Themen, zum Beispiel Motorräder, Musik, Stars, Poster, Mode. Solche Themen gefallen mir, und andere Zeitschriften bringen sie nicht oder nur selten. Außerdem gibt es immer ein paar Problemseiten. Da sieht man, daß viele Teenager die gleichen Probleme haben. Die Antworten helfen mir dann natürlich auch. Denn mit meinen Eltern kann ich über diese Probleme nicht diskutieren. Sie verstehen mich oft nicht. Weil ich Teenagerzeitschriften so gut finde, schenke ich sie manchmal meinen Freunden.

Ute S., 16 Jahre

Fragen

1. Welche Themen gefallen Ute?
2. Welche Seiten helfen ihr?
3. Warum braucht sie diese Hilfe?
4. Wem schenkt sie manchmal die Teenagerzeitschriften?

Diese Zeitschriften wollen Images verkaufen.

Das Ziel° bei diesen Zeitschriften ist: Man will den Teenagern soviel wie möglich verkaufen. Nicht nur die Reklame soll verkaufen, sondern auch Text und Bilder. Die Starbilder haben mit Musik nichts zu tun; sie geben dem Star ein Image. Durch das Image soll er Modell für die Leser werden. Die Leser sollen diesen Lebensstil° imitieren. Dann kaufen sie Kosmetik, Schmuck, Kleidung, Bücher und Platten.

goal

life-style

Matthias N., 17 Jahre

Fragen

1. Wem wollen diese Zeitschriften soviel wie möglich verkaufen?
2. Wen soll der Leser imitieren?
3. Was soll der Leser kaufen?

Land und Leute

Approximately 410 daily newspapers **(Tages-zeitungen),** 54 weeklies **(Wochenzeitungen),** and over 10,000 journals and magazines are published in the Federal Republic of Germany.

Frankfurter Allgemeine
ZEITUNG FÜR DEUTSCHLAND

As in the U.S., newspapers tend to be regional and local. There are, however, five so-called "supra-regional" daily papers, which enjoy circulation throughout the country: the **Frankfurter Allgemeine Zeitung** and the **Frankfurter Rundschau,** Munich's **Süddeutsche Zeitung,** the **Bild Zeitung** from Hamburg, and **Die Welt** from Bonn. An impor-

tant weekly is **Die Zeit,** published in Hamburg, which offers essays on politics, art, and culture, as well as in-depth analyses of current international affairs. **Stern** and **Bunte** are two of a wide selection of illustrated magazines **(Illustrierte)** covering stories about current events and famous people. **Der Spiegel** is a weekly news magazine **(Nachrichtenmagazin)** read by over a million people.

DIE WELT
UNABHÄNGIGE TAGESZEITUNG FÜR DEUTSCHLAND

Beim Frühstück hat der Wiener Zeit, Zeitung zu lesen.

Du hast das Wort

1. **Amerikanische Teenagerzeitschriften.** Discuss these questions in small groups. One person in your group will ask each question, making sure that everyone has expressed an opinion about it. One person will act as secretary and write down the main ideas discussed. When you are finished with the discussion, your secretary will report about your discussion to another group or to the class.

Discussing the media

Wie gefallen dir amerikanische Teenagerzeitschriften?
Welche Themen bringen sie?
Helfen dir die Problemseiten? Erkläre bitte!
Welche Starnamen haben die Zeitschriften in den letzten Monaten gebracht?
Was wollen die Zeitschriften amerikanischen Teenagern verkaufen?
Geben die amerikanischen Zeitschriften den Stars ein Image? Wie sieht so ein Image aus?

2. **Nein, wirklich nicht!** A friend has heard some rumors about your plans, but they're wrong. Protest and ask what she/he can be thinking of.

Denying rumors

Verkaufst du dein Mofa?	Nein, wo hast du denn das gehört?
Arbeitest du nächsten Sommer auf einem Bauernhof?	Nein, das kommt doch nicht in Frage!
Fliegst du nächste Woche nach Wien?	Ich und | mein Mofa verkaufen?
Lernst du windsurfen?	auf einem Bauernhof arbeiten?
Besuchst du deinen Brieffreund in Dänemark?	nach Wien fliegen?
Mußt du jede Woche das Haus putzen?	windsurfen lernen?
Kaufst du ein Motorrad?	

3. **Ist das wahr°?** Now you have heard some rumors about the plans of a classmate. With a partner, write out some possible rumors.

true

Verkaufst du _____?
Arbeitest du _____?
Fliegst du _____?
Lernst du _____?
Besuchst du _____?
Mußt du _____?
Kaufst du _____?
Liest du _____?

Now approach a classmate and ask if the rumors are true. She/he will protest and ask what you can be thinking of.

Schmuck

a. Kette, Silber DM 78,—
b. Schickes Kettchen DM 54,—
c. Anhänger, Gold DM 58,—
   mit Tierkreiszeichen (Gold) DM 65,—
d. Hübscher Goldarmreif DM 349,—
e. Armband, Silber DM 56,—
            Gold DM 120,—

f. Ohrringe DM 27,80
g. Ohrstecker DM 19,90
h. Ohrclips DM 15,—
i. Damenring, Gold DM 170,—
j. Herrenring, Gold DM 190,—
k. Damenuhr DM 210,—

Du hast das Wort

1. **Trägst du gern Schmuck?** Discuss the following questions with your partner. Then look at the catalogue on p. 91. Ask your partner whether she/he likes the jewelry shown.

   Then look at the catalogue on p. 91.

   Welchen Schmuck trägst du gern?
   Wieviel kostet ein Paar° Ohrringe? Ein Armband? Ein Ring?
   Hast du ein Armband mit Anhängern?
   Was für Schmuck möchtest du haben?
   Gefällt dir dieses Armband?

2. **Tragen Sie gern Schmuck?** Ask your teacher appropriate questions from Exercise 1.

3. **Geschenke.** Write a gift list of jewelry you'd like to give your family and friends.

   Meinem Vater schenke ich . . .
   Meine Mutter bekommt . . .
   Ich kaufe meinem Freund Gerd . . .

Expressing personal preferences

Möchtest du hier ein Schmuckstück kaufen?

Aussprache

[ts]   ganz, Platz, geht's, zehn
[z]   sein, sehr, Bluse, gesund
[s]   es, essen, weiß, heißen

The letter **z** is pronounced [ts]. Before a vowel the letter **s** represents the sound [z]. In most other positions **s** represents [s]. The letters **ss** and **ß** are both pronounced [s].

A.   Practice vertically in columns and horizontally in pairs.

[ts]: FINAL	[ts]: INITIAL	[z]	[ts]
Tanz	Zeit	so	Zoo
März	Zone	sehen	zehn
Sitz	Zinn	Seile	Zeile

B.   Practice the following words horizontally.

[z]	[s]	[ts]
reisen	reißen	reizen
heiser	heißer	Heizer
Geisel	Geiß	Geiz
weisen	weißen	Weizen

C.   Practice the sounds [s], [z], and [ts]. Read the sentences aloud.

1. Warum haben Sie zwei Gläser, und Sabine hat nur ein Glas?
2. Sie müssen doch wissen, was Sie essen sollen.
3. Kann man wirklich zu viel lesen?

Böse Zungen reden gern.

1. Verbs that take the dative case

INFINITIVE	PRESENT TENSE	
gefallen	Das Bild **gefällt** meiner Schwester nicht.	My sister *doesn't like* the picture.
helfen	Samstags **hilft** Gerd seinem Vater.	Gerd *helps* his father on Saturdays.
antworten	Sie **antwortet** ihm nicht.	She *doesn't answer* him.

Some verbs take objects in the dative case. A few common dative verbs are **antworten, danken, folgen, gefallen, helfen, schmecken.**

A. Hilft Monika? Die ganze Familie ist fleißig. Gestern hat Monika gesagt, sie will helfen. Frag jetzt, ob sie der Familie hilft!

▶ Monikas Bruder mäht den Rasen. *Hilft sie ihrem Bruder?*

1. Ihr Vater macht die Gartenarbeit.
2. Ihre Mutter kocht.
3. Ihre Schwester wäscht ab.
4. Ihr Bruder trocknet ab.
5. Ihre Schwester saugt Staub.

B. Letzten Sommer. Sabine erzählt, was einige Leute in den Ferien gemacht haben. Frag Sabine, ob es den Leuten gefallen hat!

▶ Mein Bruder hat auf einem Bauernhof gearbeitet. *Hat es deinem Bruder gefallen?*

1. Meine Schwester ist durch den Schwarzwald gefahren.
2. Meine Eltern waren in Österreich.
3. Mein Freund Paul ist in der Schweiz gewandert.
4. Meine Freundin Uschi war in Dänemark.

C. Sag den Satz. Christina hört im Bus Leute sprechen. Sie versteht aber nicht alles, denn es ist laut. Du hörst alles. Sag die ganzen Sätze!

▶ Er antwortet _____ nicht. (sein Freund) *Er antwortet seinem Freund nicht.*

1. Der Kuchen ist toll. Er hat auch _____ gut geschmeckt. (meine Freunde)
2. Wir haben _____ bei der Arbeit geholfen. (meine Mutter)
3. Sie hat _____ gedankt. (ihre Kinder)
4. Diese Arbeit gefällt _____ nicht. (meine Schwester)
5. _____ hat der Nachmittag gut gefallen. (unser Vater)

Wanderer auf der Bachalp bei Grindelwald (Schweiz).

2. Dative case of personal pronouns

mir/dir

NOMINATIVE
Ich erzähle Klaus alles. **Du** erzählst Inge alles.

DATIVE
Klaus erzählt **mir** alles. Inge erzählt **dir** alles.

Personal pronouns used as indirect objects are in the dative case.

Kommst du **zu mir?**   Ja, ich komme **zu dir.**

Personal pronouns are also in the dative when they are used with one of the dative prepositions.

Hilf mir bitte!   Gern. Wie kann ich **dir helfen?**

Dative pronouns may also be the objects of dative verbs.

Wer hilft hier wem?

D. Schmeckt es nicht? Oliver mag das Essen nicht. Du willst wissen, warum. Frag Oliver, ob das Essen nicht schmeckt!

▶ Die Suppe ist dünn.   *Schmeckt sie dir nicht?*

1. Der Fisch ist nicht frisch.
2. Das Brot ist trocken.
3. Der Braten ist kalt.
4. Der Apfel ist sauer.
5. Die Milch ist warm.

E. Bitte gib mir . . . Du hast deine Schulsachen vergessen. Julia fragt, ob du dies und das haben willst. Sag, sie soll dir diese Sachen geben!

▶ Brauchst du einen Bleistift?   *Ja. Gib mir bitte einen Bleistift!*

1. Brauchst du auch Papier?
2. Willst du auch einen Radiergummi?
3. Möchtest du einen Kugelschreiber?
4. Und ein Heft?
5. Und eine Mappe?

uns/euch

NOMINATIVE
Wir erzählen Ute alles.
Ihr erzählt Dieter alles.

DATIVE
Ute erzählt **uns** alles.
Dieter erzählt **euch** alles.

F. Habt ihr Lust? Martin und Regina möchten etwas mit dir machen. Sag, daß ihr das gern machen wollt!

▶ Möchtet ihr zu uns kommen?   *Zu euch? Gern.*

1. Möchtet ihr mit uns Tennis spielen?
2. Möchtet ihr dann bei uns essen?
3. Möchtet ihr morgen mit uns einkaufen gehen?
4. Möchtet ihr von uns zwei Konzertkarten kaufen?

G. Die Sammlung. Du bist mit Michael bei Helmut. Er hat eine große Sammlung. Sag, daß ihr sie sehen wollt!

▶ Ich sammle Bierdeckel.   *Oh, zeig uns mal deine Bierdeckel!*

1. Ich sammle auch Ansichtskarten.
2. Ich habe viele interessante Briefmarken.
3. Ich habe auch viele Poster.
4. Ich bastle auch Flugzeugmodelle.

Kirchtürme (church towers) *in Salzburg.*

ihm/ihr

NOMINATIVE
Der Mann hilft mir.
Das Kind hilft mir.
Die Frau hilft mir.

DATIVE
Ich helfe **ihm.**
Ich helfe **ihm.**
Ich helfe **ihr.**

H. Postkarte aus Salzburg. In den Ferien bist du mit Bruno in Salzburg. Ihr seid in einem Café und Bruno will, daß du allen Leuten zu Hause eine Postkarte schreibst. Sag, du hast das schon gemacht!

▶ Hast du Andrea geschrieben?   *Ja, ich habe ihr gestern geschrieben.*

1. Hast du auch Uwe geschrieben?
2. Und deinem Vater?
3. Und auch deiner Mutter?
4. Aber hast du Silke geschrieben?
5. Und Herrn Kluge?

ihnen

NOMINATIVE	DATIVE
Die Eltern helfen Paul.	Er hilft **ihnen**.

I. Eine große Familie. Deine Familie ist groß. Am Wochenende willst du alle sehen. Nicole fragt, was du vorhast. Was sie glaubt, ist richtig. Sag ihr das!

▶ Bist du heute abend bei deinen Eltern?　　*Ja, ich bin heute abend bei ihnen.*

1. Fährst du morgen zu den Großeltern?
2. Sprichst du morgen abend mit deinen Freunden?
3. Bekommt ihr Geld von den Großeltern?
4. Fahrt ihr mit dem Auto zu Trudi und Jens?

Ihnen

NOMINATIVE	DATIVE
Frau Lenz, haben **Sie** Elke geschrieben?	Hat Elke **Ihnen** geschrieben?

J. Nicht so interessant. Herr Wagner hat zu viele Themen, wenn er erzählt. Du findest es langweilig und wiederholst immer nur, was er sagt!

▶ Frau Weiß arbeitet jetzt bei mir.　　*So? Sie arbeitet jetzt bei Ihnen?*

1. Herr Mann hat gestern mit mir Tennis gespielt.
2. Manns haben bei uns Kaffee getrunken.
3. Lessings kommen morgen zu uns.
4. Sie fahren nächste Woche mit uns nach Österreich.

K. Ich möchte etwas sagen. Du bist mit vielen Leuten in einem Zimmer. Du möchtest jedem etwas sagen. Sag das!

▶ Rudi　　　　*Ich möchte dir etwas sagen.*

▶ Herr Weiß　　*Ich möchte Ihnen etwas sagen.*

1. Frau Busch
2. Marianne
3. Helmut und Rita
4. Herr und Frau Lange
5. Jochen
6. Inge und Heinz-Dieter

L. Wie sagt man das? Fred soll seinen Freunden von seiner Reise erzählen. Aber alle wissen ein paar deutsche Wörter nicht. Hilf ihnen!

1. Erzähl _____ bitte von Italien, Fred! *(me)*
2. Ja, ich erzähle _____ gern von meiner Reise. *(you sg.)*
3. Oh, und zeig _____ auch dein Fotoalbum! *(us)*
4. Das habe ich _____ doch schon gezeigt. *(you pl.)*
5. Ja, aber Oliver hat es noch nicht gesehen. Zeigst du es _____? *(him)*
6. Gabi will es auch sehen. Gibst du es _____? *(her)*
7. Ich koche jetzt Kaffee. Könnt ihr _____ helfen? *(me)*
8. Ja, ich helfe _____ gern, Frau Keller. *(you)*

3. Dative case of **wer**

Nominative Dative	**Wer** schenkt die Blumen? **Wem** schenkst du die Blumen?	*Who*'s giving the flowers? *To whom* are you giving the flowers?

The dative form of the interrogative **wer** is **wem**.

M. Das stimmt nicht. Thomas glaubt, du hast letzte Woche mit einigen Leuten etwas gemacht. Aber das stimmt nicht. Sag das!

▶ Du hast mit Ute Tennis gespielt, nicht?   *Mit wem? Mit Ute? Nein.*

1. Du bist mit Jens segeln gegangen, nicht?
2. Du hast bei Inge zu Abend gegessen, nicht?
3. Du bist am Sonntag zu Schmidts gegangen, nicht?
4. Du hast bei Frau Behr gearbeitet, nicht?
5. Du hast die Platte von Paula bekommen, nicht?

4. Word order of direct and indirect objects

	INDIRECT OBJECT	DIRECT NOUN OBJECT
Gibst du	deinem Bruder	die Kette?
Gibst du	ihm	die Kette?

The direct (accusative) object determines the order of objects. If the direct object is a noun, it usually follows the indirect (dative) object.

Wem wollen sie die Kette schenken?

N. Was hat Gisela mitgebracht? Gisela war in der Schweiz und hat Geschenke mitgebracht. Uwe glaubt, er weiß, was. Sag, daß es stimmt!

▶ Was hat Gisela Erika mitge-   *Ja, sie hat Erika Ohrringe*
    bracht? Ohrringe?   *mitgebracht.*

1. Was hat sie Walter mitgebracht? Ein Silberkettchen?
2. Was hat sie ihrer Mutter mitgebracht? Einen Pulli?
3. Was hat sie ihrem Vater mitgebracht? Einen Ring?
4. Was hat sie ihren Großeltern mitgebracht? Ein Bild?

O. Geburtstagsgeschenke. Anja fragt, ob du den Leuten dies und das zum Geburtstag gegeben hast. Was sie sagt, stimmt. Sag das!

▶ Was hast du Erik gegeben?   *Ja, ich habe ihm eine Platte*
    Eine Platte?   *gegeben.*

1. Was hast du Marta gegeben? Ein Armband?
2. Was hast du deinem Bruder gegeben? Einen Gürtel?
3. Was hast du deiner Schwester gegeben? Einen Pulli?
4. Was hast du deiner Mutter gegeben? Ein Buch?
5. Was hast du deinem Vater gegeben? Ein Hemd?

	DIRECT PRONOUN OBJECT	INDIRECT OBJECT
Gibst du	sie	deinem Bruder?
Gibst du	sie	ihm?

If the direct (accusative) object is a pronoun, it always precedes the indirect (dative) object.

P. Geburtstagsgeschenke. Thomas will wissen, wem du diese Geschenke kaufst. Was er glaubt, stimmt. Sag es ihm!

▶ Wem schenkst du das Armband?   *Ja, ich schenke es meiner*
     Deiner Mutter?   *Mutter.*

1. Wem schenkst du die Ohrringe? Deiner Schwester?
2. Wem schenkst du die Kette? Deinem Bruder?
3. Wem schenkst du den Regenschirm? Deinem Vater?
4. Wem schenkst du die Platte? Uwe?

Land und Leute

An interesting feature of many German newspapers and magazines is the section containing advertisements **(Anzeigenteil)**. This section is split up into different categories.

Men and women seeking partners for special hobbies, dating, or even marriage advertise in such categories as **Bekanntschaften** (acquaintances) or **Heiratsanzeigen** (marriage ads). These ads are sent to the newspaper either by a dating/marriage agency or by individual people, and they include a description of the person seeking a partner as well as of the desired partner.

City magazines **(Stadtmagazine)** very often have categories such as **Tauschbörse** (exchange market), where people trade goods, or **Workshops,** where theater, crafts, sports, music, and many other kinds of workshops are offered. In a few magazines, readers like to communicate with each other in the **Anzeigenteil:** they set up appointments with their friends, send congratulations, and even play chess by putting their moves in ads.

Q. Wer hat es dir gegeben? Ralf will wissen, wer dir diese Sachen gegeben hat. Was er sagt, ist falsch. Sag das!

▶ Petra hat dir die Silberkette gegeben, nicht? *Nein, Petra hat sie mir nicht gegeben.*

1. Rita hat dir den Ring gegeben, nicht?
2. Ulli hat dir die Platte gegeben, nicht?
3. Stefan hat dir das Buch gegeben, nicht?
4. Lotte hat dir das Bild gegeben, nicht?
5. Petra hat dir den Kugelschreiber gegeben, nicht?
6. Hans hat dir die Briefmarken gegeben, nicht?
7. Dieter hat dir das Poster gegeben, nicht?
8. Silke hat dir den Pulli gegeben, nicht?
9. Anja hat dir die Uhr gegeben, nicht?

Schmuck und Uhren von individueller Vielfalt.

Nittel

IHR JUWELIER UND GOLDSCHMIED
KAISER-JOSEPH-STRASSE 228, AM BERTOLDSBRUNNEN
D-7800 FREIBURG, TELEFON 0761/36777

Grammatische Übersicht

Verbs that take the dative case (A–C)

INFINITIVE	PRESENT TENSE	
antworten	Inge **antwortet** ihrer Mutter.	Inge *answers* her mother.
danken	Erik **dankt** seinem Bruder.	Erik *thanks* his brother.
folgen	**Folgen** Sie dem Mann da!	*Follow* that man!
gefallen	Das Bild **gefällt** meinem Bruder.	My brother *likes* the picture.
glauben	**Glaubst** du dem Mädchen?	Do you *believe* the girl?
helfen	Ich möchte der Frau **helfen**.	I'd like to *help* the woman.
schmecken	Das Essen **schmeckt** dem Kind nicht.	The child *doesn't like* the food.

Most German verbs take objects in the accusative case. A few verbs take objects in the dative. The dative object is usually a person. For convenience such verbs can be classified as dative verbs.

The dative verbs familiar to you are listed with examples in the chart above.

Glaubst du **dem Mann?**   Do you believe *the man?*
Glaubst du **es?**   Do you believe *it?*

Glauben always takes personal objects (e.g., **dem Mann**) in the dative case. It can also take impersonal objects (e.g., **es**) in the accusative case.

Dative case of personal pronouns (D–L)

Forms

SINGULAR						
Nominative	ich	du	Sie	er	es	sie
Accusative	mich	dich	Sie	ihn	es	sie
Dative	**mir**	**dir**	**Ihnen**	**ihm**	**ihm**	**ihr**

PLURAL				
Nominative	wir	ihr	Sie	sie
Accusative	uns	euch	Sie	sie
Dative	**uns**	**euch**	**Ihnen**	**ihnen**

Uses

Ute hat **mir** diese Kette geschenkt.	Ute gave *me* this chain.
Ich habe **ihr** eine Platte gekauft.	I bought *her* a record.

Personal pronouns used as indirect objects are in the dative case.

Was hast du **von mir** erzählt?	What did you tell *about me?*

Personal pronouns are also in the dative case when they are used with dative prepositions.

Das **gefällt mir** nicht.	I *don't like* that.

Dative personal pronouns may also be the object of dative verbs.

Dative case of **wer** (M)

Nominative	**Wer** schenkt die Kette?	*Who*'s giving the chain?
Dative	**Wem** schenkst du die Kette?	*To whom* are you giving the chain?

The dative form of the interrogative **wer** is **wem.**

Word order of direct and indirect objects (N–Q)

	INDIRECT OBJECT	DIRECT NOUN OBJECT
Schenkst du	deiner Schwester	den Ring?
Schenkst du	ihr	den Ring?

The direct (accusative) object determines the order of objects. If the direct object is a noun, it usually follows the indirect (dative) object.

	DIRECT PRONOUN OBJECT	INDIRECT OBJECT
Schenkst du	ihn	deiner Schwester?
Schenkst du	ihn	ihr?

If the direct (accusative) object is a pronoun, it always precedes the indirect (dative) object.

Wiederholung

A. Claudia in Basel. Restate in the conversational past.

1. Claudia verbringt die Ferien in der Schweiz.
2. Sie verdient das Geld selbst.
3. Sie besucht ihre Freundin Renate in Basel.
4. Renate erzählt Claudia etwas von Basel.
5. Das Baseldeutsch versteht Claudia nicht.
6. Renate erklärt ihr alles.

B. Teenagerzeitschriften. Complete each sentence with an appropriate word from the list:

**Antworten   diskutieren   Fotos   gefallen
Teenagerzeitschriften   verstehen**

1. Viele Teenager lesen gern _____.
2. Themen wie Motorräder, Musik und Mode _____ ihnen.
3. Die Zeitschriften sind leicht zu _____.
4. Es gibt viele _____ von ihren Lieblingsstars.
5. Sie finden dort auch oft _____ auf ihre Fragen.
6. Diese Fragen wollen sie nicht mit ihren Eltern _____.

C. Sag das! Make up six original sentences by choosing verbs, subjects, and objects from the lists below.

VERBS: anrufen bringen erzählen folgen füttern
       geben gefallen helfen schenken schmecken
       verstehen zeigen

PERSONS: Bruder Dieb/in Junge Schüler/in Polizei
         Mutter Schwester Vater Verkäufer/in

THINGS: Armband Bild Pommes frites Blume Geld
        Geschichte Hund Hausaufgaben Zeitung

▶ *Der Junge erzählt eine Geschichte.*

▶ *Die Geschichte gefällt seinem Vater nicht.*

▶ *Der Hund bringt der Mutter die Zeitung.*

D. Ich habe es ihnen verkauft. You've had a busy day in the jewelry store, but there seem to be problems. The manager asks who sold, recommended, or showed various items. Say you did.

▶ Wer hat Frau Wolf dieses   *Ich habe es ihr verkauft. Ist*
    Kettchen verkauft?   *etwas los?*

1. Wer hat Frau Fischer diesen Ring verkauft?
2. Wer hat Herrn Wagner dieses Armband gezeigt?
3. Wer hat Frau Meier diese Ohrringe empfohlen?
4. Wer hat Herrn Neumann diese Uhr gezeigt?
5. Wer hat Inge Schmidt diesen Anhänger verkauft?
6. Wer hat Frau Müller diese Damenuhr gezeigt?

E. Ein Geschenk für Ute. Prepare a narrative based on the following dialogue.

INGE   Was meinst du? Sollen wir Ute diesen Anhänger zum Geburtstag schenken?

MEIKE   Nein. Er gefällt mir nicht. Und Ute trägt sowas nicht.

INGE   Was sollen wir ihr denn schenken?

MEIKE   Ich hab's. Einen Pulli.

INGE   Mensch! Bist du verrückt? Meinst du vielleicht, ich hab' soviel Geld?

MEIKE   Wieviel hast du denn?

INGE   Ich habe gerade genug für eine Platte.

MEIKE   Schön. Dann kaufen wir ihr die neue Platte von Udo Behrens.

You may wish to begin: *Inge und Meike wollen . . .*

F. Deine Meinung. Answer according to your own preference or experience.

1. Wie gefallen dir die Rockstars von heute?
2. Wie heißen deine Lieblingsstars?
3. Kaufst du ihre Platten oder Kassetten?
4. Findest du, daß die Stars ein gutes Image für Teenager sind? Warum (nicht)?

G. Du bist Verkäufer/in. Take the role of a clerk at a clothing store who wants to sell a customer an expensive piece of clothing. Make up a conversation.

Ihm gefällt die „Morgenpost". Ihnen auch.

H. Land und Leute.

1. Name some German illustrated magazines, weekly news magazines, national daily papers, and magazines for young people. Try to get a copy of one or more of the German magazines and compare them to magazines in the United States.
2. What are **Heiratsanzeigen?** If you ran an ad under **Bekanntschaften** what would you hope to find? What five things would you list in your own personal ad?

Vokabeln

Substantive

der Leser,–/die Leserin, -nen reader

der Armreif,–e bangle
der Anhänger,– pendant, charm
der Ofen,-̈ stove; oven; **der heiße Ofen** motorcycle *(slang)*
der Ohrclip,–s clip-on earring
der Ohrring,–e earring
der Ohrstecker,– earring post
der Ring,–e ring
der Schmuck jewelry
der Star,–s star *(film, TV)*

das Armband,-̈er bracelet
das Beispiel,–e example
das Foto,–s photograph
das Gold gold
das Image,–s image
das Kettchen,– small chain bracelet or necklace
das Leben life
das Paar,–e pair
das Problem,–e problem
das Silber silver
das Tierkreiszeichen,– sign of the zodiak

die Antwort,–en answer
die Halskette,–n necklace
die Kette,–n chain, necklace
die Kosmetik cosmetics
die Mode,–n fashion
die Seite,–n page
die Zeitung,–en newspaper

die Leute *(pl.)* people

Verben

antworten *(+dat.)* to answer; **auf eine Frage antworten** to answer a question
danken *(+dat.)* to thank
erklären to explain
folgen (ist gefolgt) *(+dat.)* to follow
gefallen (ä; gefallen) *(+dat.)* to like, be pleasing *(to)*; **das Buch gefällt mir** I like the book
halten (von) (hält; gehalten) to think of, have an opinion regarding; **was hältst du von Irene?** what do you think of Irene?
heiraten to marry
imitieren to imitate
verkaufen to sell

Andere Wörter

ander other *(different one)*
außerdem besides
gedankenlos without thinking
genug enough
kritisch critical
meistens mostly; most of the time
möglich possible
selten seldom; rare *(stamps, etc.)*

Besondere Ausdrücke

die Antwort auf *(+acc.)* **eine Frage** the answer to a question
zum Beispiel for example
das kommt nicht in Frage that's out of the question

Kapitel 5 **Die Wohnung**

Haus des deutschen Architekten Gropius in Lincoln, MA

Wohnungsmarkt

Familie mit zwei Kindern sucht Haus oder Wohnung: 4 Zimmer, Küche, Bad. Sofort. Zuschriften° unter Z°4077 an: Kurier-Verlag°

responses
code letter for address / publishers

Berufstätige° Dame sucht im Stadtzentrum 2-Zimmer-Wohnung mit Küche und Bad. Ab° März. Zuschriften unter X4178 an: Kurier-Verlag.

working outside the home

from

Studentin sucht Zimmer. Nähe° Universität. Mit Küchenbenutzung°. Miete bis S 2000.–. Sofort. Zuschriften unter V4167 an: Kurier-Verlag.

near

kitchen privileges

Wohnung zu vermieten

Familie Schneider sucht eine Wohnung. Sie hat auf ihre Anzeige° im Wiener Kurier *einige Telefonnummern bekommen. Frau Schneider ruft eine von den Nummern an.*

ad

HERR SALZMANN	Salzmann.
FRAU SCHNEIDER	Guten Tag, Herr Salzmann. Hier Schneider. Ich habe Ihre Telefonnummer vom *Kurier* bekommen. Sie haben eine Wohnung zu vermieten?
HERR SALZMANN	Ja, das stimmt. Eine Fünfzimmerwohnung.
FRAU SCHNEIDER	Und wo ist die Wohnung?
HERR SALZMANN	In der Spittelberggasse. Das ist eine ruhige Straße im 19. Bezirk°.
FRAU SCHNEIDER	Das ist sehr schön. Können Sie die Wohnung bitte etwas beschreiben?
HERR SALZMANN	Ja, gern. Die Wohnung ist in einem modernen Zweifamilienhaus. Sie hat einen großen Flur, Wohnzimmer, Eßzimmer, Küche und WC im Erdgeschoß. Drei Schlafzimmer und ein Bad mit Badewanne und WC sind im ersten Stock. Ein großer Keller gehört auch zur Wohnung.
FRAU SCHNEIDER	Das ist genau das, was wir suchen. Wieviel soll die Wohnung denn kosten?

19th district

HERR SALZMANN	14.500 Schilling kalt°.	heat not included

HERR SALZMANN	14.500 Schilling kalt°.	heat not included
FRAU SCHNEIDER	Gut. Und wann können wir die Wohnung sehen?	
HERR SALZMANN	Wie wäre es mit morgen um 18 Uhr?	
FRAU SCHNEIDER	Ja, das wäre gut. Welche Nummer in der Spittelberggasse?	
HERR SALZMANN	Nummer 18.	
FRAU SCHNEIDER	Gut. Bis morgen abend um sechs dann. Spittelberggasse 18.	
HERR SALZMANN	Einen Moment bitte. Ich habe noch eine Frage. Wir möchten gern unsere Möbel in der Wohnung lassen. Wäre das möglich?	
FRAU SCHNEIDER	Ja, das wäre uns recht.	
HERR SALZMANN	Gut. Dann also bis morgen, Frau Schneider.	
FRAU SCHNEIDER	Auf Wiederhören, Herr Salzmann.	

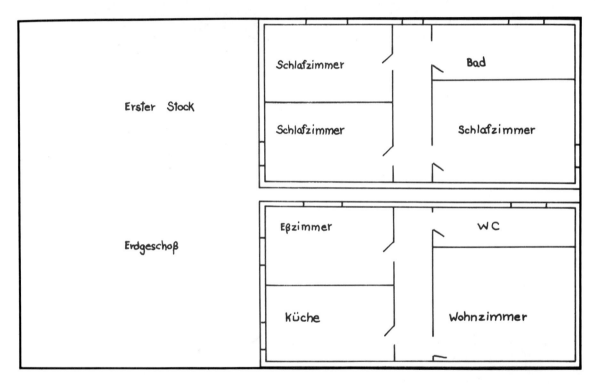

Die Wohnung von
Familie Salzmann

Fragen

1. In welcher Zeitung hat Frau Schneider die Anzeige gelesen?
2. In was für einem Haus ist die Wohnung?
3. Wo steht das Haus?
4. Welche Zimmer sind im Erdgeschoß? Im ersten Stock?
5. Gibt es auch einen Keller?

Möchtest du in diesem Zimmer wohnen?

6. Wieviel kostet die Wohnung im Monat?
7. Wann kann man die Wohnung sehen?
8. Warum brauchen Schneiders keine Möbel?

Du hast das Wort

1. **Wie wohnt ihr?** Draw a plan of the house or apartment you live in. Use it to answer questions your partner will ask.

   Describing your home

   Wohnt ihr in einem neuen oder in einem älteren Haus?
   In was für einer Straße steht das Haus?
   Wieviel Familien wohnen in dem Haus?
   Wieviel Zimmer habt ihr?
   Welche Zimmer sind im Erdgeschoß? Im ersten Stock?
   Habt ihr einen Keller?
   Wie ist eure Adresse?
   Wie ist eure Telefonnummer?

2. **Wie soll das Haus sein?** Your partner's family is looking for a house. Ask your partner what kind of house the family wants. Then write an ad using the ads on page 109 as models.

Land und Leute

The physical layout of cities in the German-speaking countries is generally different from that of cities in the United States. Although foreign workers and their respective cultures contribute to the character of some German, Swiss, and Austrian cities, ethnic neighborhoods are not as common as in cities in the U.S. The concept of building large suburbs and shopping malls around a city is also uncommon. A city **(Großstadt)** or town **(Stadt)** in German-speaking countries is organically structured with a center containing office buildings as well as apartment houses, stores and places for cultural events. The residential areas of a city are usually not merely residential, but also contain stores, cinemas, and restaurants. These areas are connected to the city center by convenient public transportation. Villages **(Dörfer)** sometimes have the function of suburbs **(Vororte),** in the sense that people commute to a nearby town from there.

An diesem Platz findet man Geschäfte und Wohnungen.

Wohnung gemietet

Wien, den 3.° Dezember **dritten:** third

Sehr geehrter° Herr Salzmann! dear

Vorgestern habe ich die Miete für Februar auf Ihr Postscheckkonto° eingezahlt°. postal checking account/ deposited
5 Aber es waren nur S 12.120. Den Rest brauche ich für den Elektriker, denn die
Waschmaschine, der Kühlschrank und der Herd waren kaputt. Die Reparaturen° repairs
kosten S 2.380. Die Rechnung schicke ich nächsten Monat.
   Mit Ihrer Wohnung haben wir wirklich Glück gehabt. Wir wohnen sehr gern
hier. In den letzten Tagen haben wir übrigens ein paar Kleinigkeiten° in der Woh- small things
10 nung geändert. Unsere beiden Jungen schlafen jetzt in *einem* Zimmer. Beide Bet-
ten, Kleiderschränke, Kommoden und Nachttische stehen jetzt in diesem Zimmer. Es ist nun ein bißchen eng da, aber die Jungen sind ja noch klein. Aus dem
anderen Schlafzimmer haben wir ein Arbeitszimmer gemacht. Wir haben die
Bücherregale, einen Stuhl, den Fernseher und den Couchtisch aus dem Wohnzim-
15 mer nach oben ins Arbeitszimmer gestellt. Die Stehlampe auch. Hier sitzen wir
jetzt abends gemütlich vor dem Fernseher. Im Wohnzimmer ist nun mehr Platz.
Das Sofa steht jetzt an der Wand zwischen den beiden Fenstern, und die Sessel
stehen in der Ecke links, unter Ihren Bildern.

Zu meinem Geburtstag habe ich zwei große Bilder bekommen. Wir haben sie ins Wohnzimmer gehängt. Das Problem war nur, daß das Rot in den Bildern nicht
20 zu Teppich und Vorhängen paßt. Wir haben daher den Teppich in den Keller gebracht und neue Vorhänge gekauft. Die alten Vorhänge liegen auf dem Dachboden.

In der Küche haben wir fast nichts geändert. Herd und Spüle sind — natürlich! — noch an ihrem alten Platz. Aber den Kühlschrank haben wir neben
25 den Küchenschrank gestellt. Das ist sehr viel praktischer. In den Weihnachtsferien wollen wir die Küche streichen. Die Wände sind ein bißchen schmutzig. Hoffentlich haben Sie nichts gegen Gelb. Gelb ist meine Lieblingsfarbe. Hoffentlich haben Sie in Rom auch eine so schöne Wohnung gefunden wie wir hier.

Mit herzlichen Grüßen

Maria Schneider

Briefe, Pakete, aber auch Telegramme, Telefon und Geld — die Post macht's.

Land und Leute

The German Federal Postal System (**Deutsche Bundespost**) offers a variety of services. People pay their television and radio bills to the federal post office, which is also in charge of installing cable TV. The telephone network is part of the postal system as well. The **Bundespost** sells the phones, installs them, and collects the fees. Every post office offers local and long distance phone service as well as telegram and banking services. The **Postsparbuch** (postal savings account) can be used to withdraw money in any country belonging to the European Community. With the **Postscheckkonto** (postal checking account) one can pay for goods and services (for example, rent) by transferring money from one's own account to that of someone else, rather than sending a personal check, as is common in the U.S. The advantage of such an account is that the federal post office is open on Saturdays and has numerous branches all over the Federal Republic, even in the smallest towns. The **Bundespost** also runs a bus system that connects many cities and towns.

Fragen

1. Wann hat Frau Schneider die Miete auf Salzmanns Postscheckkonto einbezahlt?
2. Für wen hat sie Geld gebraucht?
3. Was haben Schneiders in den letzten Tagen gemacht?
4. Wo schlafen die beiden Jungen jetzt?
5. Was steht jetzt im Jungenschlafzimmer?
6. Wohin haben Schneiders die Bücherregale gestellt?
7. Wo steht der Fernseher jetzt?
8. Wohin haben sie das Sofa gestellt? Und die Sessel?
9. Wo hängen die zwei neuen Bilder?
10. Wo liegt der Teppich jetzt?
11. Wohin haben Schneiders die Vorhänge gebracht?
12. Wo steht der Kühlschrank?

Du hast das Wort

Mein Traumhaus. Draw a picture or find a picture in a magazine of your ideal house. You may want to consider the following questions.

Describing your ideal house

Wieviel Zimmer hat dein Haus?
Welche Farben haben die Zimmer?
Was für Bilder hängen an den Wänden? Oder hast du Poster?
Wo steht der Fernseher? Oder willst du keinen Fernseher?
Hast du Telefon? Warum (nicht)?

Now show your house to a partner and describe it.

Von diesem Zimmer hat man einen besonders schönen Blick auf (view of) *die Burg in Salzburg.*

115

The verbs **legen/liegen, stellen/stehen, hängen,** and **stecken**

Inge **legt** das Buch **auf den Tisch.**

Das Buch **liegt auf dem Tisch.**

Herr Schumann **stellt** die Lampe **in die Ecke.**

Die Lampe **steht in der Ecke.**

Dieter **hängt** das Poster **an die Wand.**

Das Poster **hängt an der Wand.**

Sabine **steckt** die Zeitung **in die Tasche.**

Die Zeitung **steckt in der Tasche.**

In English the all-purpose verb for movement to a position is *to put,* and the all-purpose verb for the resulting position is *to be.* In German there are several different verbs for each.

to put	**legen** to lay	**stellen** to place upright	**hängen** to hang	**stecken** to stick (in)
to be	**liegen** to be lying	**stehen** to be standing	**hängen** to be hanging	**stecken** to be (inserted)

The use of **legen** *(to put horizontally)* and **stellen** *(to put vertically)* is generally clear-cut. For **liegen** and **stehen** the distinction is more complex, since the meanings can be either literal or figurative:

Ich **liege** im Bett.   Ingrid **steht** vor der Tür.
Die Stadt **liegt** am See.   Der Teller **steht** auf dem Tisch.

A. Die neue Wohnung. Du bist mit deiner Mutter in der neuen Wohnung. Sie fragt, was man ändern kann. Gib Antwort und benutze immer drei von diesen Wörtern!

Bleistift   Buch   Fernseher   Geld   Heft   Kleiderschrank Kommode   Lampe   Papier   Poster   Postkarte Regenschirm   Sessel   Stadtplan   Stereoanlage Stuhl   Tasche   Tisch   Uhr

1. Was kann man auf einen Tisch legen?
2. Was kann man in die Ecke stellen?
3. Was kann auf einem Tisch liegen?
4. Was kann in der Ecke stehen?
5. Was kann man an die Wand hängen?
6. Was kann man in die Tasche stecken?

B. Jetzt räumen wir auf! Eva, Karl und Peter räumen auf. Du hilfst. Sag, wohin die Sachen gehören! Benutze eine Form von *legen, liegen, stecken, stellen, stehen* oder *hängen!*

▶ Er _____ das Buch auf den Tisch.   *Er legt das Buch auf den Tisch.*

1. Ich _____ das Poster an die Wand.
2. _____ du bitte den Sessel in die Ecke?
3. Die Lampe muß über dem Tisch _____.
4. Kannst du bitte die Hefte auf die Kommode _____?
5. Bitte _____ die Tasche neben die Tür!
6. _____ das Geld in die Tasche!
7. Wir _____ den Regenschirm in den Schrank.
8. Wo soll der Fernseher _____?
9. Das Papier _____ immer auf dem Tisch.

Although most people in the Federal Republic live in apartments, many live in single- and two-family homes. A typical house has stucco-coated walls and a tile or slate roof. Normally there is a full basement which is used primarily for storage or as a work area. The ground floor contains a central corridor. Rooms are arranged around it. Each room has a door that leads into the corridor. This door is generally kept shut for privacy. What is called the first floor in the United States is called **das Erdgeschoß**; the floor above that is **der** erste Stock (literally "first floor"). If an apartment or house has two floors, the bedrooms and bathroom are usually found upstairs.

Vieles ist an diesem Haus in Bayern charakteristisch: Dach, Fenster, Blumen, Zaun *(fence)*, und Garten.

[ʃp]   spielen, Sport, versprechen
[ʃt]   Stunde, Straße, verstehen, Bleistift

These two sounds occur at the beginning of a word or word stem.

A.   Practice vertically in columns.

[ʃ]	[ʃp]	[ʃt]
Schiff	Spaten	Stein
Schein	Spule	still
waschen	spinnen	Start
Fisch	Sport	stehlen

In medial or final position, the letters —**sp** and —**st** represent the sounds [sp] and [st]: li**sp**eln, Kno**sp**e; ko**st**en, Lu**st**.

B.   Practice horizontally in pairs.

[sp]	[ʃp]	[st]	[ʃt]
Knospe	Sprossen	leisten	steil
Espen	spenden	List	still
Haspe	Spatz	Küste	Stücke
Wespe	abspringen	best	bestellen
lispeln	verspielen	Meister	verstimmt

Der Apfel fällt nicht weit vom Stamm.

C. Practice the sounds [ʃp] and [ʃt]. Read the sentences aloud.

1. Hat Stephanie das Geschirr gespült?
2. Kirstin hat ihre Schwester nicht verstanden.
3. Stefans Schlafzimmer ist im ersten Stock.
4. Die Studenten haben über Sport gesprochen.

Übungen

1. Inseparable-prefix verbs

PRESENT
Verstehst du die Dame? Sie **erklärt** die Sache. Was **empfiehlt** sie? **Gefällt** es dir?

CONVERSATIONAL PAST
Hast du die Dame **verstanden?** Sie hat die Sache **erklärt.** Was hat sie **empfohlen?** Hat es dir **gefallen?**

Some prefixes (including **be-, emp-, er-, ge-, ver-**) are never separated from the verb. Inseparable-prefix verbs add no **ge-** in the past participle.

A. Ferienpläne. Die Ferien im letzten Jahr haben dir gut gefallen. In diesem Jahr willst du alles genau so machen. Sag das!

▶ Ich habe einen Tag in   *Ich verbringe einen Tag in*
   Hamburg verbracht.   *Hamburg.*

1. Ich habe meinen Freund Erik besucht.
2. Das hat mir sehr gefallen.
3. Ich habe ihm von unserer Radtour erzählt.
4. Auf der Radtour habe ich großen Durst bekommen.
5. Im Café habe ich eine Limonade bestellt.
6. Ich habe diese Radtour auch meinem Freund empfohlen.
7. Ich habe ihm erklärt, wo man zelten kann.
8. Dann bin ich wieder verschwunden.
9. Ich habe die Limonade nicht bezahlt.

B. Du und Günter. Du sprichst mit Monika über Günter. Monika sagt, daß Günter dies und das macht. Du weißt aber, daß er diese Dinge letztes Jahr gemacht hat. Sag das!

► Zum Geburtstag bekommt   *Zum Geburtstag hat Günter*
   Günter ein Fahrrad.   *ein Fahrrad bekommen.*

1. Er versucht diesen Sport.
2. Er verkauft sein Mofa.
3. Er erklärt es mir.
4. Ich verstehe es aber nicht.
5. Er verliert bald die Lust.
6. Er verbringt den ganzen Sommer zu Hause.
7. Ich besuche ihn oft.
8. Das gefällt ihm.

2. Either–or prepositions

an   at; on; to

Ingrid geht **ans Fenster.**   Ingrid goes *to the window.*
Mark steht schon **am Fenster.**   Mark is already *at the window.*
Mark hat Ingrids Bild **an die**   Mark hung Ingrid's picture *on*
   Wand gehängt.   *the wall.*
Ihr Bild hängt **an der Wand.**   Her picture is hanging *on the wall.*

A number of prepositions take either the accusative or the dative case.
   The accusative is used when the verb expresses movement toward a location; the preposition helps answer the question **wohin?**
   The dative is used when the verb does not express change of location; the preposition helps answer the question **wo?**
   The contraction **ans** is commonly used for **an das,** and the contraction **am** for **an dem.**

C. Dein neues Zimmer. Deine Freunde helfen dir in der neuen Wohnung. Du sagst ihnen, was sie machen sollen, aber sie haben es schon gemacht. Sie sagen das.

▶ Stellt das Sofa an die Wand!   *Es steht schon an der Wand.*

▶ Hängt das Foto an die Wand!   *Es hängt schon an der Wand.*

1. Stellt den Sessel an die Wand!
2. Stellt den Tisch ans Fenster!
3. Stellt den Stuhl an den Tisch!

4. Hängt das Bild an die Wand!
5. Hängt die Uhr an die Wand!
6. Hängt das Poster an die Tür!

auf   on, on top of; to

Leg deine Jacke **aufs Bett!**   Put your jacket *on the bed!*
Sie liegt doch schon **auf dem Bett.**   It's already *on the bed.*
Gehst du **auf die Post?**   Are you going *to the post office?*

The contraction **aufs** is commonly used for **auf das.**

D. Wo sollen die Sachen liegen? Du und Petra bereiten° ein Theaterstück vor. Petra fragt, ob die Sachen da liegen, wo sie liegen sollen. Anworte mit nein und frag, ob du die Sachen dahin° legen sollst!

vorbereiten: prepare

there

▶ Liegt die Tasche auf dem Stuhl?   *Nein, soll ich sie auf den Stuhl legen?*

1. Liegt die Uhr auf der Kommode?
2. Liegt die Zeitung auf dem Tisch?
3. Liegt die Mappe auf dem Bett?

4. Liegen die Bücher auf dem Schrank?
5. Liegen die Karten auf dem Tisch?

in   in; to; at

Ist dein Rad **in der Garage?**   Is your bicycle *in the garage?*
Gehst du heute **ins Kino?**   Are you going *to the movies* today?
Nein, ich war gestern **im Kino.**   No. I was *at the movies* yesterday.

The contraction **ins** is commonly used for **in das,** and **im** for **in dem.**

E. Wo sind die Freunde? Hans will mit ein paar Freunden sprechen. Er glaubt, er weiß, wo sie sind. Er hat recht. Sag ihm, daß sie gerade dahingegangen° sind!

gone there

▶ Ist Christl im Wohnzimmer?   *Ja. Sie ist gerade ins Wohnzimmer gegangen.*

1. Ist Bruno im Keller?
2. Ist Dieter in der Küche?
3. Ist Elfriede im Schlafzimmer?

4. Ist Heidi in der Garage?
5. Ist Thomas im Eßzimmer?

F. Wo arbeiten die Freunde? Tanja weiß, wohin ihre Freunde gehen. Sie weiß aber nicht, daß sie dort arbeiten. Sag es ihr!

▶ Geht Michael zum Supermarkt?   *Ja. Er arbeitet doch im Supermarkt.*

1. Geht Jan zum Kaufhaus?
2. Geht Kai zum Museum?
3. Geht Ingrid zum Restaurant?
4. Geht Ute zum Musikgeschäft?
5. Geht Andrea zum Rathaus?
6. Geht Gabi zum Waschsalon?

vor   in front of

Inge geht **vor das Haus.**   Inge goes *in front of the house.*
Ihr Auto steht **vor dem Haus.** Her car is *in front of the house.*

G. Was wollen wir nächste Woche machen? Christa fragt, was ihr nächste Woche machen wollt. Sie hat eine Idee, wo ihr hingehen könnt. Sag, daß du die Idee gut findest, und daß du vor dem Gebäude° auf sie wartest!   building

▶ Wollen wir Freitag abend zusammen in den Western Club?   *Ja. Ich warte dann vor dem Club auf dich.*

1. Wollen wir Samstag abend zusammen in die Disco?
2. Wollen wir Sonntag zusammen ins Museum?
3. Wollen wir Sonntag abend zusammen ins Kino?
4. Wollen wir am Montag zusammen im Kaufhaus einkaufen gehen?
5. Wollen wir am Donnerstag zusammen ins Jugendzentrum?

Wollen sie ins Museum oder waren sie schon im Museum?

123

hinter   in back of

Carsten stellt die Stühle **hinter den Tisch.**	Carsten puts the chairs *behind the table*.
Sie stehen jetzt **hinter dem Tisch.**	They are now *behind the table*.

Land und Leute

Tenants and landlords of apartment buildings are governed by a number of regulations. In general, tenants are responsible for the condition of their apartments as well as all repairs up to a total amount agreed upon in the lease. When a tenant moves out, the apartment must be left in the same condition in which it was found. This often means repapering or painting. Tenants usually share the task of keeping the **Treppenhaus** (stairwell) clean. Tenant and landlord agree in the lease how many people may inhabit an apartment. According to custom it is understood that "quiet hours" are to be maintained during the **Mittagszeit** (1:00 to 3:00 P.M.) and from 10:00 P.M. to 7:00 A.M.

Ein Wohnhaus in Hamburg

H. Wo wohnen deine Freunde? Der neue Lehrer will wissen, wo die Schüler wohnen. Er nennt Gebäude. Sag, daß die Schüler eigentlich hinter diesen Gebäuden wohnen!

▶ Gerd wohnt bei der Schule, nicht? *Ja, eigentlich hinter der Schule.*

1. Inge wohnt beim Museum, nicht?
2. Claudia wohnt beim Jugendzentrum, nicht?
3. Melanie wohnt beim Supermarkt, nicht?
4. Mark wohnt bei der Post, nicht?
5. Nicole wohnt bei der Bank, nicht?
6. Julia wohnt bei der Kirche, nicht?

unter   under, beneath

Kirstin hat ihre Schuhe **unters Bett** gestellt.
Sie stehen immer noch **unterm Bett.**

Kirstin put her shoes *under the bed.*
They are still *under the bed.*

The contractions **unters (unter das)** and **unterm (unter dem)** are frequently used.

I. Ihr sucht den Schmuck. Giselas ganzer Schmuck ist von der Kommode gefallen. Sie fragt, ob er unter diesen Möbeln liegt. Aber du siehst dort nichts. Sag das!

▶ Liegt mein Ring unterm Bett? *Nein, ich sehe nichts unterm Bett.*

1. Liegen meine Ohrringe unterm Bücherregal?
2. Liegt meine Halskette unterm Sessel?
3. Liegt mein Armband unterm Schrank?
4. Liegt mein Anhänger unter der Kommode?
5. Liegen meine Ohrclips unterm Teppich?

J. Wo sind denn die Sachen? Uwe sagt, er hat ein paar Sachen auf andere gelegt. Du weißt aber, daß sie unter den anderen Sachen liegen. Sag das!

▶ Ich habe das Poster auf die Zeitung gelegt. *Es liegt jetzt aber unter der Zeitung.*

1. Ich habe die Zeitung auf das Fotoalbum gelegt.
2. Und das Fotoalbum habe ich auf das Heft gelegt.
3. Das Heft habe ich auf das Buch gelegt.
4. Und das Buch habe ich auf die Mappe gelegt.
5. Und die Mappe habe ich auf den Tisch gelegt.

über   over, above; across

Inge hängt das Bild **übers Sofa.**
Es hängt jetzt **überm Sofa.**

Inge hangs the picture *over the sofa.*
It's now hanging *over the sofa.*

The contractions **übers (über das)** and **überm (über dem)** are frequently used.

K.   Wohin hat Jens die Sachen gehängt?   Ihr seid in der neuen Wohnung.
Ulrike fragt, ob Jens die Sachen dahin gehängt hat, wo du sie haben willst. Sag,
daß die Sachen dort nicht hängen!

▶   Hat Jens das Poster übers   *Nein, es hängt nicht überm*
      Bücherregal gehängt?   *Bücherregal.*

1. Hat er das Bild vom Rhein übers Bett gehängt?
2. Hat er die Lampe über den Tisch gehängt?
3. Hat er die Uhr über die Kommode gehängt?
4. Hat er das Poster übers Sofa gehängt?
5. Hat er das Foto über den Sessel gehängt?

neben   near, next to, beside

Ute hat den Stuhl **neben das
   Sofa** gestellt.
Der Stuhl steht **neben dem Sofa.**

Ute put the chair *next to the
   sofa.*
The chair is *next to the sofa.*

L.   Wo haben die Freunde im Rockkonzert gesessen?   Du bist gestern
mit Freunden im Rockkonzert gewesen. Petra fragt, wer neben wem gesessen
hat. Was sie denkt, ist falsch. Sag das!

▶   Wo hast du gesessen? Neben Ute?   *Nein, nicht neben ihr.*

1. Wo hat Gerd gesessen? Neben Gretl?
2. Wo hat Ursel gesessen? Neben Bernd?
3. Wo hat Beate gesessen? Neben Uwe?
4. Wo hat Tina gesessen? Neben dir?

zwischen   between

Inge hat das Sofa **zwischen
   die Bücherregale** gestellt.
Das Sofa steht **zwischen den
   Bücherregalen.**

Inge put the sofa *between the
   bookcases.*
The sofa is *between the bookcases.*

Diese jungen Schweizer gehen abends gern ins Konzert.

M. Stehen die Möbel wirklich dort? Jochen ist sauer, weil er glaubt, daß du die Möbel anders gestellt hast. Du kannst nicht glauben, daß die Möbel wirklich dort stehen. Sag es ihm!

▶ Hast du das Sofa zwischen   *Nein, steht es wirklich*
   die Fenster gestellt?   *zwischen den Fenstern?*

1. Hast du den Sessel zwischen die Bücherregale gestellt?
2. Hast du den Tisch zwischen die Türen gestellt?
3. Hast du die Stehlampe zwischen die Sessel gestellt?
4. Hast du den Küchenschrank zwischen Herd und Kühlschrank gestellt?
5. Hast du die Kommode zwischen Kleiderschrank und Bett gestellt?

N. Sarah besucht ihre Freunde. Darryl erzählt, was Sarah heute macht. Er kann nicht alles auf deutsch sagen. Hilf ihm!

▶ Er stellt den Tisch _____.   *Er stellt den Tisch neben den Fernseher.*
(neben / der Fernseher)

1. Sarah geht heute _____.   (zu / ihr Freund Oliver)
2. Sarah geht _____.   (über / die Straße)
3. _____ steht ein Haus.   (an / die Straße)
4. _____ stehen vier Fahrräder.   (vor / die Tür)
5. _____ ist ein Garten.   (hinter / das Haus)
6. _____ sitzen ihre Freunde.   (in / der Garten)
7. Sie spricht _____.   (mit / ihre Freunde)
8. Sie stellt ihren Stuhl _____.   (neben / der Stuhl von Oliver)
9. Sarah hat ein Geschenk _____.   (für / ihr Freund Oliver)
10. Olivers Bruder kommt _____.   (aus / das Haus)
11. Er hat _____ einen Kuchen gebacken.   (für / sein Bruder)
12. Er stellt den Kuchen _____.   (auf / der Tisch)   Ah, der schmeckt!

3. Word order with expressions of time and place

	TIME	PLACE
Robert fährt	heute	in die Stadt.
Gisela kommt	um fünf	nach Hause.

In German, time expressions generally precede place expressions.

O. Was macht ihr? Thomas fragt dich und Silke, was ihr macht. Ihr macht beide das gleiche. Aber Silke sagt es so, und du sagst es anders.

▶ Heute nachmittag fahren   *Wir fahren heute nachmittag*
wir in die Stadt.   *in die Stadt.*

1. Dann gehen wir ins Kino.
2. Morgen abend essen wir im Restaurant.
3. Um acht gehen wir auf eine Fete.
4. Am Samstag fahren wir an den See.
5. Am Sonntag gehen wir ins Museum.

P. Wann machst du das? Du hast viel vor. Petra weiß nicht mehr genau, wann du alles machen willst. Sie fragt dich, und alles, was sie denkt, ist richtig. Sag ihr das!

▶ Wann gehst du zur Post? Morgen?   *Ja, ich gehe morgen zur Post.*

1. Wann fährst du in die Stadt? Heute?
2. Wann gehst du in die Apotheke? Am Nachmittag?
3. Wann gehst du ins Café? Heute mittag?
4. Wann gehst du zur Bank? Später?
5. Wann kommst du zum Sportplatz? Nach den Hausaufgaben?
6. Wann gehst du ins Kino? Heute abend?
7. Wann kommst du wieder nach Hause? Um zehn?

Grammatische Übersicht

Inseparable-prefix verbs (A–B)

INFINITIVE	PRESENT TENSE	CONVERSATIONAL PAST
bestellen	Was **bestellst** du?	Was hast du **bestellt**?
empfehlen	Was **empfiehlst** du?	Was hast du **empfohlen**?

Some prefixes are never separated from the verb stem. These prefixes are **be-, emp-, ent-, er-, ge-, ver-, zer-**. Inseparable-prefix verbs do not add **ge-** in the past participle. You already know the following verbs:

Weak verbs: **bestellen, besuchen, bezahlen, erklären, gehören, verdienen, verkaufen, versuchen.**

Strong verbs: See the chart below.

INFINITIVE	PAST PARTICIPLE
bekommen	bekommen
beschreiben	beschrieben
bestehen	bestanden
empfehlen	empfohlen
gefallen	gefallen
gewinnen	gewonnen
vergessen	vergessen
verlieren	verloren
verschwinden	(ist) verschwunden
verstehen	verstanden

Either–or prepositions (C–N)

an	Ute geht **an** die Tür. Sie steht **an** der Tür.	Ute goes *to* the door. She's standing *at* the door.
auf	Uwe legt das Buch **auf** den Tisch. Es liegt **auf** dem Tisch.	Uwe lays the book *on* the table. It's lying *on* the table.
hinter	Jens stellt den Stuhl **hinter** den Tisch. Der Stuhl steht **hinter** dem Tisch.	Jens puts the chair *behind* the table. The chair's *behind* the table.
in	Ilse fährt **in** die Stadt. Sie arbeitet **in** der Stadt.	Ilse drives *to* town. She works *in* town.
neben	Jan stellt die Lampe **neben** das Sofa. Sie steht **neben** dem Sofa.	Jan puts the lamp *next to* the sofa. It's standing *next to* the sofa.
über	Eva hängt eine Lampe **über** den Tisch. Sie hängt **über** dem Tisch. Gabi geht **über** die Straße.	Eva hangs a lamp *over* the table. It's hanging *over* the table. Gabi goes *across* the street.
unter	Kurt stellt seine Schuhe **unter** die Kommode. Sie stehen **unter** der Kommode.	Kurt puts his shoes *under* the dresser. They are *under* the dresser.
vor	Hugo stellt den Couchtisch **vor** das Sofa. Der Tisch steht **vor** dem Sofa.	Hugo puts the coffee table *in front of* the sofa. The table is *in front of* the sofa.
zwischen	Paula legt das Papier **zwischen** die Bücher. Das Papier liegt **zwischen** den Büchern.	Paula puts the paper *between* the books. The paper is *between* the books.

The prepositions above take either the accusative or the dative. The accusative is used for the meaning *place to which*, in answer to the question **wohin?**

The dative is used for the meaning *place where,* in answer to the question **wo?**

Prepositional contractions

Andrea geht **ins** Zimmer. Rudi steht **am** Fenster. Sie hängen ein Bild **übers** Sofa.	in das > ins an dem > am über das > übers

Most of the either–or prepositions may contract with **das** and **dem.** Possible contractions are **ans, am, aufs, hinters, hinterm, ins, im, übers, überm, unters, unterm, vors,** and **vorm.**

an and **auf** = on

| Das Bild hängt **an der Wand.** | The picture is *on the wall.* |
| Mein Buch liegt **auf dem Tisch.** | My book is *on the table.* |

An and **auf** can both be equivalent to *on.*
An (*on the side of*) is used in reference to vertical surfaces.
Auf (*on top of*) is used in reference to horizontal surfaces.

an, auf, and **in** = to

Fährst du **an den See?**	Are you going *to the lake?*
Nein, ich gehe jetzt **auf den Markt.**	No, I'm going *to the market* now.
Willst du heute abend **ins Kino?**	Do you want to go *to the movies* tonight?

The prepositions **an, auf,** and **in** can all be equivalent to English *to.* Each prepositional phrase should be learned as it is introduced.

Word order with expressions of time and place (O–P)

	PLACE	TIME
Ilse is going	to a party	*tonight.*
She's coming	home	*at twelve.*

In English sentences with both a time expression and a place expression, the time expression generally follows the place expression.

	TIME	PLACE
Ilse geht	**heute abend**	auf eine Party.
Sie kommt	**um zwölf**	nach Hause.

In German, however, time expressions normally precede place expressions.

Erik holt Inge **heute abend um acht** ab.

Erik is picking Inge up *at eight tonight*.

In German, when a sentence contains two time expressions, the more specific one follows the more general one.

Wiederholung

A. Das weiß doch jeder! How's your common sense? Try it out on the following questions.

1. Was tut man im Eßzimmer? Im Schlafzimmer? In der Küche?
2. Was hängt man in einen Kleiderschrank?
3. Wieviel Familien wohnen in einem Zweifamilienhaus?
4. Wann frühstückt man?
5. Wie ist die Temperatur in einem Kühlschrank?

B. Eine Detektivgeschichte. Choose a proper verb and complete the sentences with the correct form.

legen   liegen   hängen   sitzen   stecken   stehen   stellen

Der Detektiv Martin Kluge _____ an der Tür und sieht ins Zimmer. Auf dem Boden _____ ein Mann. Er scheint nicht mehr am Leben zu sein. In seiner Jackentasche _____ eine Zeitung. Seine nassen Schuhe _____ neben ihm. Auf einem Stuhl _____ sein nasser Mantel. Am Fenster _____ zwei Frauen. Eine Frau ist ein Filmstar. Sie heißt Inge Stern. In einem Sessel _____ ein Mann. Auf dem Couchtisch _____ vier Gläser und unter dem Tisch _____ eine Uhr. An der Wand _____ sechs wertvolle Uhren und zwei Poster.

Herr Kluge hat viele Fragen.

„Wer hat die Uhr unter den Tisch _____?" Keine Antwort.

„Wer hat die Poster an die Wand _____?" Keine Antwort.

„Wer hat die Gläser auf den Tisch _____?" Keine Antwort.

Der Detektiv geht zum Wandschrank und macht ihn auf. Da _____ ein Regenschirm. Er ist naß. „Wer hat den Regenschirm in den Schrank _____?" fragt Herr Kluge.

„Das ist dein Regenschirm, Inge", sagt der Mann im Sessel.

„Aha", sagt der Detektiv. „Frau Stern, Sie müssen mitkommen."

C. Petras Schultag. Construct sentences from the guidelines.

1. Petra Müller / wohnen / in / die Agnesstraße
2. um 7 Uhr / sie / kommen / aus / das Haus
3. sie / wollen / in / die Schule

4. sie / fahren / mit / das Rad
5. sie / schreiben / heute / eine Mathearbeit
6. nach / die Schule / sie / gehen / in / ein Lokal

D. In welchem Zimmer? Tell where the following items are found in your home.

▶ Wo steht das Sofa? *Im Wohnzimmer.*

1. Wo steht dein Bett? Der Herd? Der Couchtisch?
2. Wo stehen Sessel? Stehlampen? Bücherregale? Nachttische?
3. Wo liegen Teppiche? Wo hängen Vorhänge?

E. Wo sind die Briefmarken? A strong wind has scattered Anke's stamp collection all over the living room. Describe where the stamps are. Can you find all thirteen? (Use the verb **liegen**.)

Describing
spatial relations

▶ Eine Briefmarke liegt auf dem Sessel.

F. Land und Leute.

1. In addition to mail delivery, the **Deutsche Bundespost** offers a number of other services. What are they?

2. Tenants in apartments in the Federal Republic have certain agreements with their landlords. What are some of the terms of the agreements? Try to find out about agreements between tenants and landlords of apartments in your area. How do they compare to German agreements?
3. There are some important differences between typical cities in the United States and typical cities in the German-speaking countries. Name several.

Vokabeln

Substantive

der Boden, ⸚ floor; attic
der Couchtisch, —e coffee table
der Dachboden, ⸚ attic
der Flur, —e hallway
der Herd, —e kitchen stove
der Keller, — cellar, basement
der Kleiderschrank, ⸚e wardrobe
der Küchenschrank, ⸚e kitchen cupboard
der Kühlschrank, ⸚e refrigerator
der Nachttisch, —e night table
der Rest, —e remainder, rest
der Schilling, —e Austrian unit of currency
der Schrank, ⸚e closet, wardrobe
der Sessel, — armchair
der Stock, Stockwerke *(pl.)* floor *(of a building)*
der Stuhl, ⸚e chair
der Teppich, —e rug, carpet
der Vorhang, ⸚e drape, curtain

das Bad, ⸚er bath; bathroom
das Bett, —en bed
das Bücherregal, —e bookshelf, bookcase
das Eßzimmer, — dining room
das Erdgeschoß, Erdgeschosse *(pl.)* ground floor
das Schlafzimmer, — bedroom
das Sofa, —s couch, sofa
das Telefon, —e telephone
das WC, —s toilet (*literally* water closet)
das Weihnachten, — Christmas (*used mostly in plural:* **fröhliche Weihnachten!** Merry Christmas!)
das Wohnzimmer, — living room
das Zweifamilienhaus, ⸚er two-family house

Substantive (cont.)

die Badewanne, —n bathtub
die Dusche, —n shower
die Kommode, —n chest of drawers, vanity
die Küche, —n kitchen
die Miete, —n rent
die Nummer, —n number
die Rechnung, —en bill, invoice
die Spüle, —n sink
die Stehlampe, —n floor lamp
die Wand, ⸚e wall *(indoor)*
die Waschmaschine, —n washing machine
die Wohnung, —en apartment

Verben

ändern to change
gehören (+ *dat.*) to belong to
hängen to hang; **hängen (gehangen)** to be hanging
lassen (ä; gelassen) to leave
legen to put, lay
liegen (gelegen) to lie
mieten to rent
passen (zu) to match, go with
schicken to send
sitzen (gesessen) to sit
stecken to stick (in), to put; to be (inserted)
stehen (gestanden) to stand
stellen to put, place
streichen (gestrichen) to paint
vermieten to rent out

Andere Wörter

daher therefore
eng narrow, crowded
gemütlich cozy, comfortable
hinter in back of, behind
modern modern
ruhig quiet, peaceful
sofort immediately, right away
übrigens by the way, incidentally
vorgestern day before yesterday
wenig a small amount, a few

Besondere Ausdrücke

auf Wiederhören good-by *(on the telephone)*
  (literally, until we hear each other again)
das wäre uns recht that would be all right with
  us
es ist mir recht it's all right with me
Glück haben to be lucky
im ersten Stock on the second floor
nach oben (going) upstairs
wie wäre es mit . . . how about . . .
zum Geburtstag for one's birthday

Die schönste Form von Eigentum ist das eigene Heim.

Kapitel 6　　**Ferien**

Ferienwetter

Schöne Tage in Österreich

Liebe Inge!

Straßburg in Kärnten,
den 20.° August

zwanzigsten: twentieth

Wenn ich nicht bald schreibe, bin ich eher in Lübeck als dieser Brief. Ich bin seit letzter Woche auf einem Hof in Kärnten und finde es prima. Aber ich fange besser von vorne an.

5 Wie Du weißt, sind wir von Lübeck nach München mit dem Autoreisezug° gefahren. Das Auto wurde schon um halb neun auf den Zug geladen.° Dann haben wir bis zehn Ferienanfang gefeiert, mit einem guten Essen im Bahnhofsrestaurant. Die Fahrt war klasse — ich bin zum ersten Mal im Schlafwagen° gefahren. Morgens um sieben waren wir in München. Von da sind wir dann mit dem Auto nach Velden am Wörthersee gefahren.

10 Velden hat uns allen sehr gefallen. Meine Eltern sind von morgens bis abends spazierengegangen. Mein Vater ist, wie Du weißt, ein Frischluftfanatiker°. In der ersten Woche haben sie uns öfter mitgenommen. Wir sind auch etwas gesegelt, und wir haben ein paar Ausflüge mit dem Auto gemacht, nach Klagenfurt und Gurk. (Wie findest Du den Namen?) Gurk an der Gurk°. Da haben wir den Dom

15 angesehen. Romanisch°. Und auf Hochosterwitz sind wir gewesen. Tolle Burg.

Jetzt bin ich also eine Woche auf diesem Bauernhof bei Straßburg. Meine Eltern sind natürlich in Velden geblieben. Es gefällt mir hier. Der Misthaufen vor der Tür und Kühe und Menschen unter einem Dach sind ja am Anfang etwas ungewöhnlich. Wir suchen vorm Frühstück die Eier im Hühnerstall, und wir können

20 warme Milch trinken — frisch von der Kuh (ich hasse warme Milch).

Die Bäuerin geht fast nie einkaufen. Auf dem Hof gibt es fast alles: Obst, Gemüse und Fleisch. Das Brot bäckt die Bäuerin selbst. Wurst und Speck° räuchert° sie in einem besondern Rauch-Ofen°. Ich helfe der Bäuerin bei der Arbeit — Hühner füttern z.B. oder Kühe auf die Weide° treiben°. Abends bin ich

25 hundemüde. Aber alles macht viel Spaß.

Nächste Woche holen meine Eltern mich hier wieder ab.

Bis bald also!

car train

wurde geladen: was
loaded

sleeper

fresh-air fiend

the Gurk River

romanesque

bacon

smokes / smoke oven

pasture / drive

Fragen

1. Wie lange ist Beate schon auf dem Bauernhof in Kärnten?
2. In was für einem Wagen ist Beate zum ersten Mal gefahren?
3. Was hat Beates Familie in den Ferien gemacht?
4. Was haben sie in Gurk gesehen?
5. Was findet Beate auf dem Bauernhof ungewöhnlich?
6. Welche Arbeit macht Beate?
7. Warum braucht die Bäuerin fast nie einkaufen zu gehen?

Du hast das Wort

1. **Urlaub mit der Familie.** You want to find out how five of your classmates spent their last family vacation. Prepare a grid based on the following questions. Then ask your questions and fill in the grid by noting the answers. **Discussing vacations**

   Wohin seid ihr gefahren? Wie? Mit dem Auto?
   Was habt ihr gesehen? Wo liegt das?
   Was habt ihr sonst gemacht?
   Wie lange seid ihr dort gewesen?
   Wo habt ihr geschlafen? Im Hotel? Oder habt ihr gezeltet?
   Wer hat gekocht? Oder habt ihr im Restaurant gegessen?

WOHIN	WIE	WAS GESEHEN	WAS GEMACHT	WIE LANGE	WO GESCHLAFEN	WAS GEGESSEN

2. **Wie war Ihr Urlaub?** Ask your teacher about her/his vacation.

Land und Leute

Germans, Swiss, and Austrians love to be outdoors. Taking walks, hiking, and exercising in the fresh air are not just hobbies for some people, but a way of life. Folk songs and a wide range of **Naturgedichte** (nature poetry) attest to this love of nature.

In the Federal Republic, city dwellers often have gardens at the outskirts of the city, called **Schrebergärten.** On weekends or after work the family goes out to tend the garden or just sit and enjoy the sun. The gardens are full of flowers and fresh vegetables. Actually one can see flowers everywhere. It seems that every window has a box with flowers, and even simple restaurants often have fresh flowers on the table.

Dieser Schrebergarten hat schöne Blumen.

Land und Leute

In addition to hitchhiking, other popular ways of travelling on a tight budget are organized car-pooling and reduced-fare train rides. All large cities and many towns in the Federal Republic have car-pool agencies **(Mitfahrzentralen)** that match car drivers with passengers bound for the same destination. Each **Mitfahrer** shares gas expenses with the car owner. **Stadtmagazine** (city magazines) also contain ads by people offering or looking for a car ride **(Mitfahrgelegenheit),** even to foreign countries. Travelling by train is also very popular since there are reduced fares for students and people under twenty-six years of age.

Trampen und Wandern am Rhein: aus Jens' Fotoalbum

Jens und Werner sind in Bielefeld zu Hause. Sie haben Urlaub und wollen den Rhein sehen. Aber sie haben wenig Geld, denn sie sind noch Azubis. Daher wollen sie trampen and wandern.

Auf einer Straße nach Osnabrück

Wir haben gewartet und gewartet. Kein Fahrer hat gehalten. Ich wollte° zur Tankstelle gehen und da Autofahrer fragen. Werner hat Angst gehabt, daß ein Fahrer vielleicht ja sagt, obwohl er lieber nein sagen möchte.

wanted to

Endlich haben wir Glück!

Dieser Fahrer hat uns nach Mainz mitgenommen. Von da war es nicht weit nach Bingen. Da hat unsere Wanderung nach Koblenz begonnen. (Wenn nette Autofahrer uns mitgenommen haben, sind wir auch mal ein paar Kilometer gefahren.)

Jugendherberge Burg Stahleck

Am Rheinufer

Von Bacharach nach Oberwesel sind es nur sieben Kilometer. Wir haben die Stadtmauer angesehen und sind in der alten Stadt herumgebummelt. Am Rheinufer kann man sehr schön sitzen und die vielen Schiffe auf dem Fluß beobachten.

In Bacharach haben wir in dieser Burg geschlafen. Die Burg Stahleck ist heute eine Jugendherberge. Billig und sehr romantisch. Tolle Aussicht auf den Rhein und andere Burgen und Städte.

Fragen

1. Wo wohnen Jens und Werner?
2. Warum wollen sie trampen und wandern?
3. Warum haben sie lange an der Osnabrücker Straße gestanden?
4. Warum sind sie nicht in die Tankstelle gegangen?
5. Wie sind sie nach Mainz gekommen?
6. Wo beginnt die eigentliche Wanderung?
7. Haben sie nein gesagt, wenn ein Fahrer gehalten hat?
8. Wo haben sie in Bacharach geschlafen?
9. Was kann man von der Jugendherberge aus sehen?
10. Wie weit läuft man von Bacharach nach Oberwesel?
11. Was haben sie in Oberwesel gemacht?
12. Was kann man auf dem Rhein sehen?

Du hast das Wort

Talking about travel plans

Wohin möchtest du reisen? Think about where you would like to travel. Now ask a partner if she/he would like to travel to these places and continue the conversation using the following questions.

Möchtest du einmal [den Rhein] sehen?
Möchtest du trampen und wandern? Warum [nicht]?
Was möchtest du sehen? [Alte Städte? Romantische Burgen?]
Wo möchtest du lieber schlafen? [In einer Jugendherberge? Oder im Zelt?]
Möchtest du selbst kochen, oder ißt du lieber im Restaurant?

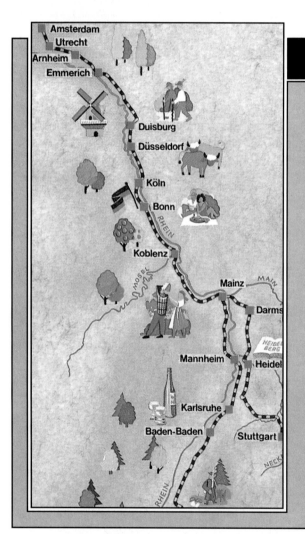

Land und Leute

Long celebrated for its natural grandeur, the Rhine River (**der Rhein**) is also Europe's main commercial waterway. It begins its 725-kilometer journey in the Swiss alps, flows through the Federal Republic of Germany (where it initially forms the border with France), and empties into the North Sea near Rotterdam, Holland. For each of these countries the river is an important route for transporting raw materials. With increasing industrialization, the ecological survival of the **Rhein** has become a major public concern in Europe.

Still the **Rhein** retains its scenic beauty. The villages, medieval castles, and vineyards lining its banks provide a picturesque setting for passenger cruises. A favorite spot is the Lorelei cliff. Here the river suddenly narrows and curves sharply, making it difficult to navigate. The many accidents that occurred here gave rise to a famous legend. It tells of a maiden named Lorelei who lived on top of the cliff. Whenever a boat went by, Lorelei sang so sweetly that sailors forgot to steer while they listened, and their boats were destroyed on the rocks. Heinrich Heine's poem about the Lorelei has become a famous German folksong.

Lorelei bei St.
Goarshausen am Rhein.

Text: Heinrich Heine (1823)
Musik: Friedrich Silcher (1838)

Die schönste Jungfrau[6] sitzet
dort oben wunderbar[7];
ihr gold'nes Geschmeide[8] blitzet[9],
sie kämmt ihr gold'nes Haar;
sie kämmt es mit goldenem Kamme[10]
und singt ein Lied dabei[11],
das hat eine wundersame[12],
gewaltige[13] Melodei[14].

Den Schiffer[15] im kleinen Schiffe
ergreift es mit wildem Weh[16],
er sieht nicht die Felsenriffe[17],
er schaut nur hinauf in die Höh'[18].
Ich glaube, die Wellen[19] verschlingen[20]
am Ende Schiffer und Kahn[21],
und das hat mit ihrem Singen
die Lorelei getan.

---

1. **das . . . Sinn:** I can't put it out of my mind 2. twilight is falling 3. flows 4. peak 5. is glittering 6. maiden 7. wonderfully 8. jewelry
9. sparkles 10. comb 11. all the while 12. wondrous 13. compelling 14. melody 15. boatman 16. **ergreift . . . Weh:** is seized with a
wild feeling 17. submerged rocks 18. **schaut . . . Höh:** gazes up into the heights 19. waves 20. swallow up 21. boat

Tiere auf dem Land

1. der Hund, –e	3. die Katze, –n	5. die Kuh, ‥e	7. das Pferd, –e
2. das Schwein, –e	4. das Kalb, ‥er	6. das Huhn, ‥er	8. die Gans, ‥e

A. Viele Fragen. Du machst Ferien auf einem Bauernhof. Der Sohn des Bauern hat viele Fragen. Sag ihm, was du denkst!

1. Hast du einen Hund?
2. Magst du Katzen?
3. Trinkst du gern Milch frisch von der Kuh?
4. Reitest du gern? Hast du ein Pferd? Möchtest du ein Pferd haben?
5. Welches Fleisch kommt vom Schwein? Vom Kalb?
6. Was ißt du lieber — Huhn oder Gans?

Infinitives used as nouns

Trampen ist manchmal gefährlich.

Hitchhiking is sometimes dangerous.

Zelten macht Spaß.

Camping is fun.

Infinitives may be used as nouns. They are always **das-**nouns. Such infinitives are used mostly without the definite article. The English equivalent is often a gerund, that is, a verb ending in *-ing* used as a noun (for example, *camping*).

B.   Was bedeutet das?   Karin und Jessica möchten mit dir über Zelten reden°.   talk
Karin spricht nur Deutsch, Jessica nur Englisch. Hilf Jessica und sag auf englisch, was Karin erzählt.

1. Trampen macht Spaß.
2. Beim Wandern ist das Kochen oft ein Problem.
3. Das Geschirrspülen ist auch nicht leicht.
4. Zelten bei einem Gewitter ist oft aufregend.
5. Das Aufstehen ist jeden Morgen schwer.

Urlaub auf einem Bauernhof — man muß die Gänse füttern.

Aussprache

[pf] **Pf**eife, **Pf**erd, **Pf**und
[kn] **Kn**ie, **Kn**oten, **kn**acken

A. Practice the following words horizontally in pairs.

[f]	[pf]
fand	Pfand
feil	Pfeil
flogen	pflogen
Flug	Pflug
Fund	Pfund

B. Practice the following words horizontally in pairs.

[n]	[kn]
Nabe	Knabe
Narren	knarren
nicken	knicken
nie	Knie
Noten	Knoten

Wer den Pfennig nicht ehrt,
ist des Talers nicht wert.

C. Practice the sounds [pf] and [kn]. Read the sentences aloud.

1. Ein Pfund Äpfel kostet 90 Pfennig.
2. Frag mal Frank, ob er sein Pferd gefüttert hat!
3. Der Amerikaner sagt nie *Knie* für „knee".
4. Das deutsche Wort für „knot" ist *Knoten.*

Übungen

1. Dependent clauses

Er **kommt** morgen zu uns.
Jens sagt, **daß** er morgen zu uns **kommt.**

A dependent clause is introduced by a subordinating conjunction such as **daß** or **ob.** It cannot stand alone as a complete sentence.

   In a dependent clause, the verb is in final position.

A. Monikas neue Wohnung. Anna erzählt dir, was Monika in ihrer neuen Wohnung alles machen will. Erzähle, was Monika gesagt hat!

▶ Sie ändert viel in der   *Monika sagt, daß sie viel in der*
    Wohnung.   *Wohnung ändert.*

1. Sie streicht das Wohnzimmer weiß.
2. Sie kauft einen neuen Teppich.
3. Sie hängt neue Bilder an die Wand.
4. Sie stellt Bücherregale in die Ecke.
5. Sie kauft aber keine Vorhänge.
6. Sie hat zuwenig Geld.

Sie **kauft** in der Stadt **ein.**
Petra sagt, **daß** sie in der Stadt **einkauft.**

In a dependent clause, the separable prefix is attached to the base form of the verb, which is in final position.

AOK
**wir möchten,
daß sie gesund
bleiben.**

B. Was machen die Eltern? Jürgen erzählt, was seine Eltern in den Ferien machen. Sag Martina, was Jürgen erzählt!

▷ Sie stehen morgens spät auf.   *Jürgen sagt, daß sie morgens spät aufstehen.*

1. Sie kaufen nach dem Frühstück ein.
2. Sie gehen nachmittags spazieren.
3. Sie laden Freunde zum Kaffee ein.
4. Sie holen sie um vier ab.
5. Sie sehen abends fern.
6. Sie gehen am Wochenende aus.

Sie **muß** im Sommer **arbeiten.**
Petra sagt, **daß** sie im Sommer **arbeiten muß.**

In a dependent clause, the modal auxiliary follows the infinitive and is in final position.

C. Ferienpläne. Alle Freunde sagen, was sie in den Ferien vorhaben. Erzähle Birgit, was jeder sagt!

▷ Nicole möchte nach Österreich   *Nicole sagt, daß sie nach*
    fahren.   *Österreich fahren möchte.*

1. Uwe möchte auf einem Bauernhof arbeiten.
2. Jens möchte am Rhein wandern.
3. Werner möchte am Rhein trampen.
4. Tanja muß in den Ferien arbeiten.
5. Stefan will windsurfen lernen.
6. Sabine darf in die Schweiz fahren.

Urlaub auf dem Bauernhof

Hat Inge gestern **gearbeitet?**
Markus fragt, **ob** Inge gestern **gearbeitet hat.**

In a dependent clause, the auxiliaries **haben** and **sein** follow the past participle and are in final position.

D. Was hat Ute gemacht? Jens will wissen, was Ute letzten Sommer gemacht hat. Du weißt es nicht und sagst das. Aber Jens fragt immer weiter°.   on and on

▷ Hat Ute einen Job gehabt?   *Ich weiß nicht, ob sie einen Job gehabt hat.*

1. Hat sie bei ihrem Onkel gearbeitet?
2. Hat sie eine Radtour gemacht?
3. Ist sie mit ihren Eltern weggefahren?
4. Ist sie viel schwimmen gegangen?
5. Hat sie windsurfen gelernt?
6. Ist sie von Bonn nach Bingen gewandert?

Wir **gehen** ins Kino.

Wenn du Lust hast, **gehen** wir ins Kino.

A dependent clause may begin a sentence. When this occurs, the dependent clause is followed directly by the verb of the independent clause.

E. Letzten Sommer. Du hast Bärbel schon erzählt, was du letzten Sommer in den Ferien gemacht hast. Du willst es ihr noch einmal erzählen. Deshalb° fange   therefore mit *Wie du weißt* . . . an.

▶   Wir haben am Montag gepackt.   *Wie du weißt, haben wir am Montag gepackt.*

URLAUB
Tips für Ihre Ferienreise

1. Wir sind erst am Mittwoch weggefahren.
2. Wir sind mit dem Autoreisezug gefahren.
3. Wir waren zwei Wochen in Velden.
4. Ich habe dann eine Woche auf einem Bauernhof gearbeitet.
5. Ich bin gern draußen.

2. Subordinating Conjunctions

bevor   before

Bevor ich die Arbeit mache, mußt du mir alles erklären.

F. Heute nachmittag. Heute abend willst du ins Kino. Aber du mußt heute nachmittag noch viel arbeiten. Sag, was du noch machen mußt, bevor du ins Kino gehst!

▶   Ich mache meine Hausaufgaben.   *Bevor ich ins Kino gehe, mache ich meine Hausaufgaben.*

1. Ich mache Geschichte.   4. Ich spüle das Geschirr.
2. Ich räume mein Zimmer auf.   5. Ich trage den Mülleimer raus.
3. Ich staube die Möbel ab.

obwohl   although

Obwohl es keine gute Sendung gibt, sehe ich heute abend fern.

G. Das Wetter war schlecht. In den Ferien war das Wetter schlecht. Sag, was ihr gemacht habt, obwohl das Wetter schlecht war!

▶   Wir sind an den   *Obwohl das Wetter schlecht war, sind*
    Wörthersee gefahren.   *wir an den Wörthersee gefahren.*

1. Wir haben gezeltet.   3. Wir sind auf dem See gesegelt.
2. Wir sind schwimmen gegangen.   4. Wir haben viele Picknicks gemacht.

weil   because

Viele Leute sehen nicht fern, **weil** die Sendungen langweilig sind.

H.   Warum eine neue Wohnung?   Beates Familie will in eine neue Wohnung. Sie sagt, warum die alte Wohnung nicht gut ist. Du willst es ganz genau wissen und fragst noch einmal. Benutze *weil*.

▶   Wir haben zuwenig Platz.   *Weil ihr zuwenig Platz habt?*

1. Die Zimmer sind zu klein.
2. Die Wände sind schmutzig.
3. Es ist sehr laut.
4. Mein Vater fährt zwei Stunden zur Arbeit.
5. Die Miete ist zu hoch.

da   because, since

Da ich müde bin, kann ich nicht arbeiten.

I.   Ferien am Rhein.   Sybille erzählt, daß Jens und Werner Ferien am Rhein machen. Sie sagt es in zwei Sätzen. Sag es in einem Satz! Benutze *da*.

▶   Sie haben Urlaub.   *Da sie Urlaub haben,*
     Sie fahren an den Rhein.   *fahren sie an den Rhein.*

1. Sie sind Azubis. Sie haben wenig Geld.
2. Sie haben wenig Geld. Sie trampen nach Bingen.
3. Es gibt in Bacharach eine Jugendherberge. Sie wandern nach Bacharach.
4. Es ist nach Oberwesel nicht weit. Sie laufen auch nach Oberwesel.
5. Es gibt viele Burgen am Rhein. Sie machen viele Bilder.
6. Die Aussicht ist schön. Sie sitzen gern am Rheinufer.

Da die Burgen hoch oben über dem Rhein stehen, ist die Aussicht schön.

seit / seitdem   since (the time that)

Seit Inge Briefmarken sammelt, weiß sie mehr über Deutschland.

J. Teenagerzeitschriften. Du findest, daß Mark ganz anders geworden ist, seit er Teenagerzeitschriften liest. Sag, was anders ist!

▶ Er hat Starposter   *Seit Mark Teenagerzeitschriften liest,*
im Zimmer.   *hat er Starposter im Zimmer.*

1. Er kauft alle Hits von   3. Er trägt Jeans wie Udo Behrens.
Behrens.   4. Er fährt einen heißen Ofen.
2. Er imitiert die Stars.

wenn   when, whenever

Wenn ein netter Fahrer uns mitgenommen hat, sind wir auch mal ein paar
Kilometer gefahren.

K. Camping. Deine Freunde zelten oft. Sie erzählen, wie das Wetter
manchmal ist. Frag, was sie dann machen!

▶ Es ist gewöhnlich schön.   *Was macht ihr, wenn es schön ist?*

1. Es ist oft heiß.
2. Manchmal ist es aber kalt.
3. Es regnet natürlich auch.
4. Manchmal kommt ein Gewitter.
5. Unsere Sachen werden dann naß.

wenn   if

Wenn ich nicht bald schreibe, bin ich eher wieder in Lübeck als dieser Brief.

L. Ein Ausflug in die Natur. Barbara sagt, was ihr am Wochenende machen
könnt. Sag, daß du es machen willst, wenn sie Lust hat!

▶ Wir können einen Ausflug   *Gut. Wenn du Lust hast,*
machen.   *machen wir einen Ausflug.*

1. Wir können an den Fluß fahren.
2. Wir können am Fluß spazierengehen.
3. Wir können schwimmen.
4. Wir können die Schiffe beobachten.
5. Wir können ein Picknick machen.
6. Wir können Fußball spielen.

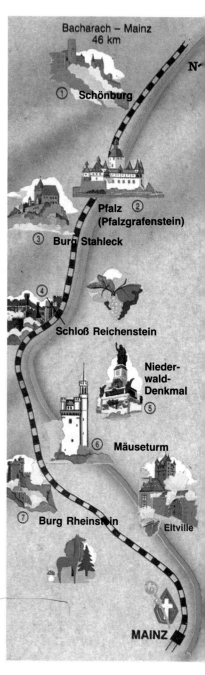

*Wenn man mit dem Rad
fährt, sieht man mehr.*

M. Radfahren ist toll! Jenny erzählt von ihrem Rad. Sie macht das in zwei
Sätzen. Sag es in einem Satz! Benutze die Konjunktion!

▶ Ich bin mit dem Rad gefahren.　　*Ich bin mit dem Rad gefahren,*
　　Das Wetter war schlecht.　　　　*obwohl das Wetter*
　　(obwohl)　　　　　　　　　　　*schlecht war.*

1. Ich fahre mit dem Rad in die Schule. Ich wohne in der Stadt.　 (seit)
2. Das macht viel Spaß. Das Wetter ist schön.　 (wenn)
3. Mein Fahrrad fährt sehr gut. Es ist schon alt.　 (obwohl)
4. Ich bin immer mit dem Bus gefahren. Ich habe in der Stadt gewohnt.
　 (bevor)
5. Das war nicht so schön. Der Bus muß so oft halten.　 (weil)
6. Ich sehe immer viele Freunde. Ich fahre mit dem Rad.　 (wenn)

3. The conversational past of **bleiben** and **sein**

INFINITIVE	PAST PARTICIPLE	CONVERSATIONAL PAST
bleiben	ist geblieben	Inge ist zu Hause geblieben.
sein	ist gewesen	Sie ist nur einmal am Rhein gewesen.

In the conversational past the verbs **bleiben** and **sein** require the auxiliary **sein,**
even though they show no change in location or condition.

N. Ein Wochenende in der Schweiz. Letztes Wochenende warst du mit der Familie in der Schweiz. Deine Schwester spricht, als ob° ihr jetzt in der Schweiz wäret.° Sag es richtig! Folge dem Mustersatz!

as if
were

▶ Wir bleiben drei Tage in Bern.　*Wir sind drei Tage in Bern geblieben.*

1. Claudia bleibt nur zwei Tage da.
2. Wir bleiben nicht lange in Zürich.
3. Bleibst du länger in Zürich?
4. Warum bleibt Stefan zu Hause?

O. Wer ist es gewesen? Du hast gestern eine Party gegeben. Heute ist alles verrückt. Deine Eltern wollen wissen, wer dies und das gemacht hat. Sag, daß du nur weißt, wer es nicht gewesen ist!

▶ Hast du die Vorhänge kaputt gemacht?　*Nein, ich bin es nicht gewesen.*

1. Hast du die Spüle schmutzig gemacht?
2. Hast du den Kühlschrank repariert?
3. Hat Petra den Teppich in den Keller gestellt?
4. Hat Klaus dieses Bild ins Wohnzimmer gehängt?
5. Haben deine Freunde gestern abend um elf angerufen?

Grammatische Übersicht

Dependent clauses (A–E)

INDEPENDENT CLAUSE	CONJUNCTION	DEPENDENT CLAUSE
Ich möchte wissen, Erik sagt,	ob daß	Erik uns morgen helfen kann. er leider keine Zeit hat.

A dependent clause cannot stand alone as a complete sentence. It is introduced by a subordinating conjunction such as **ob** or **daß**. In written German, dependent clauses are always set off by commas.

Verb in final position

1. In a dependent clause, the verb is in final position:

   Gabi sagt, daß sie am Samstag **kommt.**

2. A separable prefix is attached to the base form of the verb, which is in final position:

   Sie glaubt, daß Bruno **mitkommt.**

3. A modal auxiliary follows the infinitive and is in final position:

   Sie meint, daß sie nicht vor acht **kommen können.**

4. In the conversational past, the auxiliary verb **haben** or **sein** follows the past participle and is in final position:

   Sie sagt, daß Bruno sie gestern **angerufen hat.**

Da ich müde bin, bleibe ich zu Hause.
Obwohl er krank war, ist er zur Arbeit gegangen.

A dependent clause may begin a sentence. When it does, the dependent clause is followed directly by the conjugated verb (main verb, modal auxiliary, or auxiliary verb **haben** or **sein**) of the independent clause.

Subordinating Conjunctions (F–M)

bevor	before
da	because
daß	that

ob	whether, if
obwohl	although
seitdem	since (*time*)

seit	since (*time*)
weil	because
wenn	when, whenever, if

da/weil

The conjunctions **da** and **weil** are equivalent to *because*. **Da**-clauses usually begin the sentence.

seit/seitdem

As a conjunction, **seit** is synonymous with **seitdem.** The two words are interchangeable.

„Wenn ich die Wahl habe, fliege ich mit Lufthansa."

Originalzitat eines Lufthansa-Passagiers.

Lufthansa

wann / wenn

Gabi hat gefragt, **wann** wir ins Theater gehen.	Gabi asked *when* we are going to the theater.
Wir gehen immer um sieben, **wenn** wir ins Theater gehen.	We always go at seven *when* we go to the theater.

Wann introduces an indirect question.
Wenn introduces a clause concerned with present and future events.

wenn / ob

Martina hat gefragt, **ob** du morgen Zeit hast.	Martina asked *if [whether]* you have time tomorrow.
Wir können schwimmen gehen, **wenn** du Zeit hast.	We can go swimming *if* you have time.

Ob introduces an indirect general question.
Wenn, in the meaning of *if,* introduces a conditional sentence.

Conversational past of **bleiben** and **sein**   (N–O)

Inge **ist** nur einmal in Wien **gewesen.**	Inge *was* in Vienna only once.
Wie lange **ist** sie **geblieben?**	How long *did* she *stay?*

The verbs **bleiben** and **sein** require **sein** as an auxiliary in the conversational past, even though they show no change in location or condition.

Conversational past	Wo **bist** du **gewesen?**	Where were you?
Narrative past	Wo **warst** du?	Where were you?

You have now learned two past tenses for **sein.** The meaning is the same for both. However, the narrative past tense of **sein (war)** is used more commonly than the conversational past of **sein (ist gewesen).**

Wiederholung

A. Urlaubspläne. Organize the following hurried conversation about weekend plans by combining the sentence pairs with the conjunction in parentheses.

1. Sollen wir an den Wörthersee fahren?
   Sollen wir zu Hause bleiben?   (oder)
2. Ich möchte zelten.
   Das Wetter soll nächste Woche schön sein.   (denn)
3. Ich weiß nicht.
   Sollen wir das machen?   (ob)
4. Es regnet immer.
   Wir zelten am Wörthersee.   (wenn)
5. Ein Hotel am Wörthersee ist zu teuer.
   Wir müssen aber zelten.   (da)
6. Wir können segeln.
   Ich möchte windsurfen lernen.   (und)

B. Eine Woche auf dem Bauernhof. Complete each sentence with one of the following prepositions or prepositional contractions.

am   auf   bei   im   mit   unter   von   vor

1. Beate ist _____ ihrer Familie nach München gefahren.
2. Sie ist zum ersten Mal _____ Schlafwagen gefahren.
3. _____ München sind sie nach Velden gefahren.
4. Velden liegt _____ Wörthersee.
5. Dann hat Beate eine Woche _____ einem Bauernhof gearbeitet.
6. Den Misthaufen _____ der Tür hat sie ungewöhnlich gefunden.
7. Es war für sie auch ungewöhnlich, daß Tiere und Menschen _____ einem Dach waren.
8. Es hat ihr aber gefallen, und sie hat der Bäuerin _____ der Arbeit geholfen.

C. Ausflug nach Köln. Complete the following sentences with a word from the list below.

Ausflug   Aussicht   Fahrt   hundemüde
Jugendherberge   Mal   romantisch

1. Gestern hat die Klasse 6B einen _____ nach Köln gemacht.
2. Die _____ mit dem Bus hat drei Stunden gedauert.
3. Viele Jugendliche waren zum ersten _____ in Köln.
4. Der Bummel durch die Altstadt war für viele sehr _____.
5. Die _____ vom Dom hat ihnen auch gut gefallen.
6. Sie sind früh zu Bett gegangen, denn sie waren alle _____.
7. Sie haben in einer _____ geschlafen.

D. Logisch. Pick one of the following responses and make up four statements or questions which could logically precede your response.

1. Da hast du ja mal wieder Glück gehabt!
2. Nein, danke.
3. Selbstverständlich!
4. Das kommt nicht in Frage!
5. Das ist ja klasse.
6. Du spinnst!
7. Prima!
8. Meinst du?
9. Ja, bitte.
10. Das gibt's doch nicht!

E. Erzähle! Talk to a partner about your last vacation, your family, your family's apartment or house, your hobbies and interests. She/he can ask questions for clarification. A third classmate will listen and take brief notes on what you are discussing. She/he will periodically summarize what you have been talking about.

Restating conversational exchanges

DU	Ich bin mit meiner Familie nach New Orleans gefahren.
GESPRÄCHSPARTNER/IN	Wann bist du gefahren?
DU	Wir sind im April gefahren.
DRITTE PERSON	Andrea sagt, daß sie im April nach New Orleans gefahren ist.

F. Eine Geschichte. Make up a story based on the picture below. You may wish to use some or all of the following words or phrases:

**zelten   im Wald   Gewitter   regnen   Wind
in die Scheune flüchten   nasse Sachen haben**

*Der Mäuseturm im
Rhein ist bei Bingen.*

G.   Eine alte Geschichte.   On an island in the Rhine River near Bingen, there
is a tower called the *Mäuseturm.* Jens and Werner heard a story *(Sage)* about it
and its owner Hatto, who lived many centuries ago. Read the story and answer
the questions.

Hatto ist ein sehr reicher° Mann, denn für jedes Rheinschiff bekommt er Zoll°.   rich / duty
Aber die Bauern am Rhein sind arm°. Sie haben nicht genug zu essen. Sie haben   poor
so großen Hunger, daß sie in die Stadt kommen und den Bäckern Brot stehlen
wollen. Da sagt Hatto zu ihnen: „Geht in meine Scheune. Da ist Brot genug." Als
5 die Bauern in der Scheune sind, macht er alle Türen zu und zündet° die Scheune   **zündet an:** sets afire
an.
    Die Bauern schreien°, aber Hatto lacht° nur und sagt: „Hört, wie die Mäuse°   scream / laughs / mice
pfeifen°!" Da kommen plötzlich Tausende von Mäusen aus der Scheune. Hatto   squeak
flüchtet in einem Boot° und verschwindet in seinem Turm° im Rhein. Aber die   boat / tower
10 Mäuse können schwimmen und fressen° den bösen° Hatto. Daher heißt der Turm   eat / evil
heute noch „der Mäuseturm".

1. Warum hat Hatto soviel Geld?
2. Warum stehlen die Bauern Brot?
3. Wo sollen die Leute Brot holen?
4. Was sagt Hatto, als die Leute schreien?
5. Warum flüchtet Hatto?
6. Wie kommen die Mäuse in den Turm am Rhein?

H.   Was sagen sie?   You are a go-between for two friends who want to go to
the movies together. Report to each one what the other has said.

▶   Oliver fragt, ob du morgen ins Kino gehen möchtest?
     Birgit sagt, daß sie morgen abend nicht gehen kann.

I. Land und Leute.

1. Locate the Rhine River on a map. Why is it important in European commerce? What are some tourist attractions along it?
2. Name ways in which Germans, Austrians, and Swiss demonstrate their love of nature.

Vokabeln

Substantive

der/die Azubi, –s (*abbreviation for* **der/die Auszubildende**) apprentice
der Fahrer, –/die Fahrerin, –nen driver

der Anfang, ¨e beginning
der Ausflug, ¨e trip, outing; **einen Ausflug machen** to go on an excursion
der Dom, –e cathedral
der Fluß, Flüsse *(pl.)* river
der Hof, ¨e farm(yard)
der Misthaufen, – manure pile
der Rhein the Rhine River
der Stall, ¨e stall, stable
der Urlaub vacation; **in Urlaub gehen [fahren]** to go on vacation; **im Urlaub sein** to be on vacation

das Dach, ¨er roof
das Huhn, ¨er chicken
das Mal, –e time
das Tier, –e animal
das Ufer, – shore; bank *(of a river);* **am Ufer** on the bank

die Aussicht, –en view
die Burg, –en castle, fortress
die Fahrt, –en trip, drive
die Gans, ¨e goose
die Jugendherberge, –n youth hostel
die Kuh, ¨e cow
die Mauer, –n wall *(outside)*
die Wanderung, –en hike; **eine Wanderung machen** to take a hike

Verben

an·fangen (ä; angefangen) to begin
an·sehen (ie; angesehen) to look at
beobachten to watch
halten (ä; gehalten) to stop
hassen to hate
trampen to hitchhike

Andere Wörter

besser better
bevor before *(conj.)*
eher sooner
herum around
hundemüde dead tired
morgens mornings, in the morning
nie never
öfter repeatedly
romantisch romantic

Besondere Ausdrücke

bis bald until later, see you later
ein paar a few
zu Hause sein to be at home
Angst haben to be afraid
etwas von [der Jugendherberge] aus sehen to have a view of something from [the youth hostel]
von vorne from the beginning
zum ersten Mal for the first time

NOCH EINMAL

A

Unsere Klassenzeitung. Put out an edition of a class newsletter in German. Include feature stories, advertisements and want ads, interviews, and fillers based on interesting trivia. The following list may give you some ideas for possible topics:

- Interview with a teacher about her/his summer plans
- School events for the past month
- Coming events at school
- Reviews of movies or concerts in town
- Original short stories
- Ads selling jewelry or looking for apartments
- Column describing a classmate and asking others to guess who it is

B

Fernsehsendungen. Prepare a series of television programs to be produced by groups of three or four students. Scripts can include musical groups performing German songs, quiz shows like **Was bin ich von Beruf** or **Zwanzig Fragen,** commercials, original **Krimis,** or interviews about summer vacation. Present the programs live to the class, or video-tape them if a camera is available.

Mittwoch, 28.10.	Donnerstag, 29.10.
15.35 Tagesschau 15.45 Die Stadt, das Geld und die Zukunft 16.45 Moskito – nichts sticht besser 17.30 Die Trickfilmschau 17.45 Tagesschau 17.55 Regionalprogramm 20.00 Tagesschau	15.50 Tagesschau 16.00 Der gute Engel

20.15 750 Jahre Berlin: Festakt anläßlich der Eröffnungsfeier des Kammermusiksaals der Berliner Philharmonie Herbert von Karajan dirigiert das Berliner Philharmonische Orchester. Die Solo-Violine in Vivaldis „Vier Jahreszeiten" spielt Anne Sophie Mutter. **21.45 Brennpunkt** **22.30 Tagesthemen** **23.00 Ohne Filter.** Felix Parbs präsentiert Cliff Richard und Terence Trent D'Arby **0.00 Tagesschau** **0.05 Nachtgedanken**	16.45 Die Tintenfische aus dem zweiten Stock 17.10 Kein Tag wie jeder andere 17.30 Klemens und Klementinchen 17.45 Tagesschau 17.55 Regionalprogramm 20.00 Tagesschau 20.15 Sowjetunion: Die Revolution wird 70 21.00 Der 7. Sinn 21.03 Super Drumming Special. Die größten Schlagzeuger der Welt und ihre Musik. 22.00 Titel, Thesen, Temperamente 22.30 Tagesthemen 23.00 Operation Gomorrha. Hamburg im Feuersturm 1.00 Tagesschau 1.05 Nachtgedanken

C

Traumurlaub. Write a short paragraph describing your favorite summer or winter vacation, comparing your preferences to one of the activities shown in the photographs in this Stage. Describe a spot you would particularly like to visit and a new sport or hobby you would like to learn.

D

Wundertiere. From magazine clippings, draw or paste up a mythical animal, combining parts of two or three real animals. Post the pictures above the blackboard, and have classmates label them. You might want to "invent" **der Kuh–Tiger, das Hund–Elefanten–Pferd,** or **die Huhn–Katze.** (Remember to use the definite article of the last animal named.)

E

Die ideale Stadt. In small groups, plan the ideal community. Decide where you will put houses, apartments, the movie theater, the sports center (**die Sporthalle**), the school, and the library (**die Bibliothek**). Describe your plan to another group.

Stufe 5

Hinaus in die Ferne

Kapitel 7

Andere Länder, andere Sitten

Solche Blumenläden gibt es viel.

Sechs Nelken? Wirklich?

Paula Steiner ist Amerikanerin. Sie ist Austauschschülerin in Bonn. Dort wohnt sie bei einer Familie. Nach einigen Monaten hat sie viele Anekdoten über die Bundesrepublik zu erzählen. Was hat sie interessant und anders gefunden?

Ich war erst seit kurzer Zeit in Deutschland. Ich war zum Kaffee eingeladen. Es war bei der Familie von Gerda, meiner ersten Freundin hier. Ich bin also am Morgen in ein Blumengeschäft gegangen und habe zu der Verkäuferin gesagt: „Sechs von den roten Nelken bitte." — „Sie wollen wirklich sechs?" hat sie gefragt. „Ja, bitte." Erst später habe ich gelernt, daß man hier drei oder fünf oder sieben nimmt. Sie sollen in der Vase schöner aussehen. Na ja.

Fragen

1. Warum ist Paula Steiner in Bonn?
2. Wo wohnt sie?
3. Wer ist Gerda?
4. Warum kauft Paula Blumen?
5. Wieviel Blumen kauft Paula?
6. Warum findet die Verkäuferin das nicht richtig?

Land und Leute

It is customary for a guest invited to a home in a German-speaking country to bring a small gift (**Mitbringsel**). It could be a box of chocolates or a bottle of wine, but most often it is a small bouquet of flowers (**Blumenstrauß**) for the hostess and some candy for the children.

Am Wochenende kauft man oft Blumen auf dem Markt: Winterfeldplatz, Berlin (West).

*Ein junger Mann kauft
Blumen auf dem Markt.*

Du hast das Wort

Blumen für Frau Lohe. Present the following skits with a classmate. Vary them as you wish.

Im Blumengeschäft

VERKÄUFERIN	Was darf es sein?
MARK	Ich bin zum Kaffee eingeladen. Ich möchte Blumen mitbringen.
VERKÄUFERIN	Hier sind schöne rote Nelken — ganz frisch.
MARK	Ja, sie sind wirklich sehr schön. Was kosten die roten Rosen da?
VERKÄUFERIN	2 Mark 50 das Stück. Darf ich Ihnen etwas empfehlen? Rote Rosen sind vielleicht nicht so ganz richtig. Die gibt man nur seiner Freundin. Rote Nelken sind eigentlich besser.
MARK	Ja? Dann geben Sie mir sechs rote Nelken.
VERKÄUFERIN	Sechs? Darf ich . . . Also gut. Sechs rote Nelken.

Bei Familie Lohe

	Mark klingelt. Frau Lohe kommt an die Tür.
MARK	Guten Abend, Frau Lohe! Ich bin Mark Wagner.
FRAU LOHE	Guten Abend, Mark. *(Gibt ihm die Hand.)* Schön, daß du gekommen bist.
MARK	*(Gibt Frau Lohe die Blumen.)* Vielen Dank für die Einladung.
FRAU LOHE	Oh, was für schöne Blumen! Vielen Dank. Nelken sind meine Lieblingsblumen.

Welche Tür ist die Wohnzimmertür?

Paula Steiner erzählt weiter:

Wir haben uns beim Kaffee sehr nett unterhalten. Irgendwann habe ich Gerda dann gefragt, wo das Badezimmer ist. Ich habe gesagt, ich will mich ein bißchen frisch machen. Ich bin also ins Bad gegangen und habe mir die Hände gewaschen und die Haare gekämmt. Aber dann komme ich wieder in den Flur und stehe vor acht Türen. Sie sind alle zu. Ich frage mich, welche Tür denn nun die Wohnzimmertür ist. Aber ich kann mich nicht erinnern. Schließlich habe ich an jeder Tür gehorcht. Hinter einer Tür habe ich laute Stimmen gehört. Die habe ich dann vorsichtig aufgemacht. Ich habe Glück gehabt. Es war die Wohnzimmertür.

Fragen

1. Wo hat Paula sich frisch gemacht?
2. Hat sie sich die Haare gekämmt?
3. Warum hat sie nicht gewußt, welche Tür die Wohnzimmertür ist?
4. Wie hat sie die Wohnzimmertür gefunden?

Land und Leute

The closing of doors inside homes and office buildings is one aspect of the protection of privacy that plays a large part in the lives of German-speaking people. There is no single word for "privacy" in German; it is a concept taken for granted. In schools and offices, open doors are rare; they are interpreted as signs of disorder. Family homes are surrounded by fences and hedges, and even in apartment houses balconies and terraces are preferably constructed so that strangers cannot see into them.

Die Leute auf den Balkons kann man nicht oder nicht leicht sehen.

Das ist . . . You are at a party. Take your partner around the room, introducing her/him to your friends.

MARK   Guten Tag, Gerda!
GERDA   Guten Tag, Mark. Das ist Günter. Er ist ein Freund von mir.
MARK   *(Gibt Günter die Hand.)* Guten Tag, Günter.
GÜNTER   Guten Tag, Mark.

Ist hier noch frei?

Dann erzählt Paula:

Ich erinnere mich noch sehr gut an meinen ersten Besuch in einer Konditorei. Zuerst muß man sich Kuchen aussuchen. Aber ich habe kaum gewußt, was ich bestellen soll: Obstkuchen oder Obsttorte, mit Sahne oder ohne Sahne, Sahnetorte oder Cremetorte, Nußtorte oder Apfelkuchen. Ich habe schließlich Obsttorte mit Sahne genommen, mich an einen freien Tisch gesetzt und mir einen Kaffee bestellt.

Ich habe mich gerade über die frischen Blumen gefreut, da kommt ein junges Paar und fragt: „Entschuldigung, ist hier noch frei?" Was soll man da sagen? Ich habe wohl „Ja, bitte" gesagt. Sie haben sich jedenfalls zu mir an den Tisch gesetzt und haben mich dann ignoriert. Jeder hat nur eine Tasse Kaffee bestellt. Und dann haben sie Zeitung gelesen. Ich habe mir dann auch eine Zeitung geholt. Ich habe mich gewundert, daß man bei einer Tasse Kaffee so lange sitzen darf. Schließlich haben sie doch noch ein Gespräch mit mir begonnen. Wir haben über Musik diskutiert.

Fragen

1. An welchen Besuch erinnert sich Paula?
2. Was hat sie sich ausgesucht?
3. Warum hat sie kaum gewußt, was sie bestellen soll?
4. Was sagt man, wenn man sich zu jemand an den Tisch setzen will?
5. Wer hat sich an ihren Tisch gesetzt?
6. Was haben die beiden nur bestellt?
7. Warum haben die beiden sich nicht sofort mit Paula unterhalten?
8. Was hat Paula sich geholt?
9. Mit wem hat sie sich unterhalten?

Land und Leute

Austrians were first introduced to coffee when the Turks were defeated at Vienna in the 17th century and left behind their supply. Legend has it that a Pole named Kolschitzky, who was given the coffee as a reward for helping the Austrians, opened the first **Kaffeehaus,** called **Zur blauen Flasche** (At the Sign of the Blue Bottle). **Cafés** have since become popular places to spend an hour or two meeting friends, reading a newspaper, or playing cards. Recipes for the elaborate pastries are often closely guarded secrets. The **Sachertorte,** a light, moist chocolate cake first created in the early 19th century for Prince Metternich, was the cause of a seven-year legal battle. In 1962 the Austrian courts ruled that only the Hotel Sacher, named after the creator of the cake, could use the term **Original Sachertorte,** while other **Konditoreien** could call their version only **Sachertorte.**

Sachertorte: Im Hotel Sacher, Wien.

Du hast das Wort

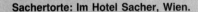

In einer Konditorei.   Practice the following dialogue with your partner.

Ordering in a pastry shop

VERKÄUFERIN	Bitte sehr?
PAULA	Ich möchte mir ein Stück Kuchen aussuchen.
VERKÄUFERIN	Was soll es denn sein — Kuchen oder Torte?
PAULA	Ein Stück Obstkuchen vielleicht.
VERKÄUFERIN	Wir haben nur noch Apfel oder Zwetschgen°. Ich kann aber die Cremetorte besonders empfehlen.
PAULA	Hmm. Die Cremetorte sieht gut aus. Ich nehme aber doch ein Stück Apfelkuchen.
VERKÄUFERIN	Mit oder ohne Sahne?
PAULA	Mit Sahne bitte. *(Bleibt stehen.)*
VERKÄUFERIN	Der Ober bringt Ihnen dann den Kuchen.
	Paula will sich einen Platz in der Konditorei suchen.
VERKÄUFERIN	Einen Moment. Hier ist Ihr Zettel. Geben Sie ihn bitte dem Ober!

plum

Der Körper

1. der Arm, —e	5. der Fuß, ⸚e	9. der Kopf, ⸚e
2. das Auge, —n	6. das Ohr, —en	10. der Mund, ⸚er
3. das Bein, —e	7. das Gesicht, —er	11. die Nase, —n
4. der Finger, —	8. das Haar, —e	12. der Zahn, ⸚e

A. Wie ist er/sie? Denk an eine Person, die° du besonders magst und sag,   whom
wie sie ist! Lies diese Fragen und sag es in vier Sätzen!

1. Ist die Person groß oder klein?
2. Sind die Haare blond, braun, rot oder schwarz?
3. Und die Nase? Ist sie klein oder groß?
4. Sind die Augen blau, grün, grau oder braun?
5. Und die Beine? Sind sie lang oder kurz?

Was macht Thomas jeden Tag?

Morgens

Er duscht sich.
Er rasiert sich.
Er putzt sich
die Zähne.
Er zieht sich an.
Er kämmt sich.

 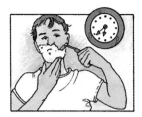 

Abends

Er zieht sich aus.
Er wäscht sich.
Er putzt sich wieder
die Zähne.

Übungen

1. The reflexive construction

Accusative reflexive pronouns

ich **wasche mich**		wir **waschen uns**
du **wäschst dich**	Sie **waschen sich**	ihr **wascht euch**
er/es/sie **wäscht sich**		sie **waschen sich**
wasch dich!	**waschen Sie sich!**	**wascht euch!**

A reflexive pronoun is used when the object of the verb is the same person or
thing as the subject. A reflexive pronoun is in the accusative case when it functions as a direct object.

A. Wann macht ihr das? Eure Eltern sind in Urlaub gefahren. Deshalb ist Tante Lisa zwei Wochen bei euch. Sie will wissen, wann ihr dies und das macht. Eigentlich weiß sie schon alles. Sag, daß sie recht hat!

▶ Wäschst du dich morgens? *Ja, ich wasche mich morgens.*

1. Duschst du dich abends?
2. Ziehst du dich vor dem Frühstück an?
3. Kämmst du dich vor der Schule?

▶ Wäscht sich Peter morgens? *Ja, er wäscht sich morgens.*

4. Duscht er sich abends?
5. Rasiert er sich morgens?
6. Zieht sich Ute vor dem Frühstück an?

B. Sie duschen sich abends. In der Jugendherberge gibt es nur wenige Duschen. Deshalb duschen sich einige Jugendliche morgens, die anderen abends. Sag, wer sich abends duscht!

▶ Veronika *Veronika duscht sich abends.*

1. Gabi und Rolf
2. du
3. ich
4. wir
5. ihr
6. Uwe

71% der Männer in Deutschland, die sich trocken rasieren, tun das mit einem Braun.

Braun micron plus. Sanft und gründlich

BRAUN

Reflexive verbs

Ich **erinnere mich an** die Fete.	I *remember* the party.
Wunderst du **dich?**	*Are* you *surprised?*
Gerd **freut sich auf** die Ferien.	Gerd *is looking forward to* his vacation.
Ich **freue mich über** meine neue Uhr.	I'*m happy about* my new watch.
Wir **unterhalten uns** gern.	We enjoy *chatting with each other.*
Setzt euch zu uns!	*Sit down* with us.
Ich **frage mich,** ob Ute kommt.	I *wonder* if Ute's coming.

Some German verbs regularly take reflexive pronouns, while their English equivalents do not.

C. Alle haben Ferien gern. Am Frühstückstisch sprechen alle von den Ferien. Sag, wer sich auf die Ferien freut und wer sich gern an die Ferien erinnert!

▶ Bruno   *Bruno freut sich auf die Ferien.*

1. Silke   3. wir
2. ich   4. seine Freunde

▶ Ute   *Ute erinnert sich gern an die Ferien.*

5. wir   7. Bernd
6. meine Eltern   8. Christl

D. Eure tolle Party. Jörg war krank und konnte letzte Woche nicht zu deiner Party kommen. Deshalb fragt er jetzt viel. Sag, daß alles was er sagt, stimmt!

▶ Erinnerst du dich an die Party?   *Ja, ich erinnere mich an die Party.*

1. Hast du dich mit Inge unterhalten?
2. Hast du dich mit ihrem Bruder unterhalten?
3. Hast du dich über ihren Besuch gefreut?
4. Hast du dich zu deinen Freunden gesetzt?
5. Freust du dich auf die nächste Party?
6. Fragst du dich, ob Inge kommt?

E. Die Einladung. Deine Eltern haben Freunde zum Essen eingeladen. Der Tisch ist groß und schön. Deine Mutter will, daß du allen Leuten sagst, wo sie sitzen sollen. Mach das!

▶ Frau Lenz   *Setzen Sie sich bitte dahin!*

1. Herr Wagner   4. Frau Schmidt
2. Günter   5. Jens und Tanja
3. Claudia   6. Vater und Mutter

Du hast das Wort

1. Freuen Sie sich auf . . . ? Ask your teacher the following questions.

Expressing states of mind

Freuen Sie sich auf | das Wochenende?
das Basketballspiel am Freitag?
das Konzert am Samstag?
den Tanzabend nächste Woche?
Ihren Geburtstag?
die Ferien?
das Fußballspiel am Sonntag?
die Party bei Brigitte und Hans-Dieter?

2. **Was würdest du sagen?** Complete the following sentences.

Ich erinnere mich an _____.
Ich wundere mich über _____.
Ich freue mich über _____.
Mein/e Freund/in und ich unterhalten uns gern über _____.
Ich frage mich, ob _____.

Share your sentences with your partner. She/he may want to ask you for more information about each idea.

DU   GESPRÄCHSPARTNER/IN

Ich erinnere mich an den Urlaub.   Wann war der Urlaub?

Freuen Sie sich auf
Kärnten. *Urlaub bei Freunden.*

Dative reflexive pronouns

ich **kaufe mir** ein Radio		wir **kaufen uns** ein Radio
du **kaufst dir** ein Radio	Sie **kaufen sich** ein Radio	ihr **kauft euch** ein Radio
er/es/sie **kauft sich** ein Radio		sie **kaufen sich** ein Radio
Kauf dir ein Radio!	**Kaufen Sie sich** ein Radio!	**Kauft euch** ein Radio!

A reflexive pronoun is in the dative case when it functions as the indirect object.

F. Einkäufe im Urlaub. Deine Tante hat dich zum Skilaufen nach Österreich eingeladen. Christa will wissen, was du dir dort kaufen willst. Sag es ihr!

▶ Kaufst du dir einen Ring?   *Ja, ich möchte mir einen Ring kaufen.*

1. Kaufst du dir eine Kette?
2. Und eine Jacke?
3. Kaufst du dir auch Poster?
4. Und kaufst du dir Ansichtskarten?

G. Neue Möbel. Julia sagt, ihre Familie kauft viele neue Möbel für die neue Wohnung. Du kannst es gar nicht glauben. Frag immer wieder, ob sie sich diese Möbel kaufen!

▶ Wir bestellen uns einen Teppich.   *Oh, ihr bestellt euch einen*
                                        Teppich?

1. Wir bestellen uns auch einen Kühlschrank.
2. Wir kaufen uns auch einen Sessel.
3. Wir kaufen uns auch eine Waschmaschine.
4. Wir holen uns auch Poster.
5. Wir holen uns auch Vorhänge.

Möchtest du dir in diesem Juweliergeschäft ein Schmuckstück kaufen?

H. Kaufen sie Poster? Im Sommer ist Schulfest. Dort kann man viele Poster kaufen. Frag einige Leute, ob sie Poster kaufen!

▶ du *Kaufst du dir auch Poster?*

1. Ute und ich
2. Hans-Dieter
3. wir
4. Frau Lange
5. Silke und Erik

Du hast das Wort

1. **Was möchtest du dir kaufen?** Think of three things you would like to buy for your room and three articles of clothing you would like to buy. What kind of car would you like to buy? Now with a partner ask each other the following questions.

   Was möchtest du dir für dein Zimmer kaufen?
   Was möchtest du dir zum Anziehen° kaufen?
   Was für ein Auto möchtest du dir kaufen?

   Expressing wants

   to wear

2. **Was möchten Sie sich kaufen?** Now ask your teacher the same questions.

   Was möchten Sie sich für Ihre Wohnung kaufen?
   Was möchten Sie sich zum Anziehen kaufen?
   Was für ein Auto möchten Sie sich kaufen?

2. Definite article with parts of the body

Ich möchte **mir die Hände**   I'd like to wash *my hands.*
   waschen.

Hast du **dir die Haare** gekämmt?   Did you comb *your hair?*

Ute hat **sich die Zähne** geputzt.   Ute brushed *her teeth.*

In referring to parts of the body, German may use a definite article and a dative reflexive pronoun.
   English uses a possessive adjective.

I. Ein schmutziges Mofa. Silvia hat ihr Mofa repariert. Jetzt sieht sie, daß sie ganz schmutzig ist. Sag, sie soll waschen, was schmutzig ist!

▶   Meine Hände sind schmutzig,   *Ja, du mußt dir die Hände*
      nicht?   *waschen.*

1. Meine Arme sind auch schmutzig, nicht?
2. Und meine Beine auch, nicht?
3. Ist mein Gesicht auch schmutzig?
4. Und meine Haare?

J. Vor dem Frühstück. Wenn du morgens zum Frühstück kommst, bist du immer schon fertig für die Schule. Sag das!

▶   Hände waschen   *Ich wasche mir die Hände vor dem Frühstück.*

1. Gesicht waschen
2. Haare waschen
3. Haare kämmen
4. Zähne putzen

Tägliche Routine. Ask two other classmates about their daily habits.

1. Duschst du dich morgens oder abends?
2. Wann putzt du dir die Zähne?
3. Wie oft wäschst du dir die Hände?
4. Putzt du dir die Zähne, bevor du ins Bett gehst?
5. Wann ziehst du dich an?
6. Wie oft kämmst du dich am Tag?

3. Verbs ending in -ieren

PRESENT
Ich **repariere** mein Mofa.
Wir **diskutieren** über Politik.

CONVERSATIONAL PAST
Ich **habe** mein Mofa **repariert**.
Wir **haben** über Politik **diskutiert**.

Verbs ending in **-ieren** have no **ge-** in the past participle.

K. Der Plattenspieler ist wie neu! Der Plattenspieler war kaputt. Aber jetzt kannst du wieder Musik hören. Sag, wer ihn repariert hat!

▶ Gisela und Frank   *Gisela und Frank haben den Plattenspieler repariert.*

1. ich
2. wir
3. du

4. ihr
5. Tanja

L. War es wie immer? Wolfgang hat gestern gearbeitet und ist nicht ins Jugendzentrum gekommen. Er fragt, ob alle über ihre Lieblingsthemen gesprochen haben. Sag, daß er recht hat!

▶ Haben Gerd und Lotte über   *Ja, sie haben wieder über*
  Musik gesprochen?   *Musik diskutiert.*

1. Haben Stefan und Inge über Sport gesprochen?
2. Haben Silke und Rita über Udo Behrens gesprochen?
3. Haben Jan und Mark über Fußball gesprochen?
4. Haben Hans und Dieter über Energieprobleme gesprochen?
5. Haben Susanne und Gabi über Politik gesprochen?
6. Haben Jens und Monika über Herrn Schmidt gesprochen?

4. Past participles of irregular weak verbs

INFINITIVE	CONVERSATIONAL PAST
bringen	Gerd hat Blumen **gebracht**.
denken	Das habe ich auch schon **gedacht**.
kennen	Hast du Frau Wagner gut **gekannt**?
nennen	Schmidts haben das Kind nach der Großmutter **genannt**.
wissen	Das habe ich nicht **gewußt**.

The past participles of several weak verbs have stem-vowel changes; a few have consonant changes as well.

M. Picknick. Alle sollen etwas zum Picknick mitbringen. Ein paar Freunde kommen später. Du hoffst, daß sie an die Sachen gedacht haben. Sag das!

▶ Michael soll die Limonade mitbringen.   *Hoffentlich hat er an die*
   Limonade gedacht.

1. Daniel soll das Obst mitbringen.
2. Barbara soll die Tomaten mitbringen.
3. Anja soll das Geschirr mitbringen.
4. Mark soll den Kaffee mitbringen.
5. Sabine soll den Käse mitbringen.

In der Fußgängerzone in Hannover kann man schöne Blumen kaufen.

N. Das Essen ist super! Das Picknick macht Spaß und das Essen ist super! Du kannst gar nicht glauben, daß diese Leute so gutes Essen gebracht haben. Sag das!

▶ Jutta hat den Kartoffelsalat gemacht.   *Wirklich? Jutta hat den Kartoffelsalat gebracht?*

1. Jürgen hat die Schinkenbrote gemacht.
2. Thomas hat die Torte gebacken.
3. Christl hat das Gemüse gekocht.
4. Dieter hat den Obstsalat gemacht.
5. Margit hat das Brot gebacken.

O. Waren sie Freunde von dir? Ein paar Mitschüler sind jetzt in einer anderen Schule. Deine Eltern fragen, ob sie Freunde von dir waren. Sag, daß du sie kaum gekannt hast!

▶ War Monika Lange eine   *Nein, ich habe sie kaum gekannt.*
    Freundin von dir?

1. War Andrea Klein eine Freundin von dir?
2. War Helmut Wagner ein Freund von dir?
3. War Jan Schmidt ein Freund von dir?
4. War Julia Dieckmann eine Freundin von dir?
5. Waren Jörg und Ilse Lange Freunde von dir?

P. So furchtbar weit . . . Die Klasse geht wandern. Dieter ist sauer, weil niemand ihm gesagt hat, daß es so weit ist. Sag, daß niemand es gewußt hat!

▶ Warum hat Dieter mir nicht gesagt,   *Er hat's nicht gewußt.*
    daß es so weit ist?

1. Warum hat Heidi es mir nicht gesagt?
2. Warum habt ihr es mir nicht gesagt?
3. Warum haben Inge und Lotte es mir nicht gesagt?
4. Warum hast du es mir nicht gesagt?
5. Warum hat Stefan es mir nicht gesagt?

Q. Was sagen sie? Auf einer Fete hörst du viele Leute sprechen. Jeder sagt etwas anderes. Du weißt nicht, ob sie von heute oder vom letzten Monat sprechen. Sag diese Sätze, als ob sie vom letzten Monat sprächen°!   were speaking

▶ Gerd denkt an Christine.   *Gerd hat an Christine gedacht.*

1. Charlotte bringt einen Kuchen.
2. Wir nennen unsere Fete „Blumenparty".
3. Oliver bringt Mineralwasser.
4. Ich denke auch an Gabriele.
5. Aber ich weiß ihre Telefonnummer nicht.

Grammatische Übersicht

The reflexive construction (A–H)

Ich **wasche mich.**	I'm *washing (myself)*.
Ich **kaufe mir** eine Jacke.	I'm *buying (myself)* a jacket.
Gabi **fragt sich,** was sie tun soll.	Gabi *wonders* what she should do.

A reflexive pronoun is an object pronoun that indicates the same person or thing as the subject.

A reflexive pronoun may be in the accusative or dative case.

Forms of reflexive pronouns

	ich	du	er/es/sie	wir	ihr	sie	Sie
Accusative reflexives	mich	dich	sich	uns	euch	sich	sich
Dative reflexives	mir	dir	sich	uns	euch	sich	sich

The reflexive pronoun corresponding to **er/es/sie, sie** *(pl.)* and **Sie** is **sich;** for all other forms, the reflexive pronoun is the same as the personal pronoun.

Use of accusative reflexive pronouns

Ich **habe mich gewaschen.**	I *washed (myself)*.
Gerd **rasiert sich** abends.	Gerd *shaves (himself)* in the evening.

A reflexive pronoun is in the accusative case when it functions as the direct object.

Use of dative reflexive pronouns

Ich **möchte mir** einen Pulli **kaufen.**	I'd *like to buy myself* a sweater.
Das **sage** ich **mir** auch immer.	I always *tell myself* that too.

A reflexive pronoun is in the dative case when it functions as the indirect object.

Reflexive verbs

I *got dressed.*
Sit down.

‍...‍ have a reflexive pronoun as part of the verb pat-
‍...‍f such verbs often do not have a reflexive pronoun.
‍...‍s used more frequently in German than in English.
‍...‍German reflexive verbs whose equivalents in English

to get dressed	Ich möchte **mich** nicht **anziehen.**
to get undressed	Ich **ziehe mich aus.**
to put on	Ich **habe mir** die Schuhe **angezogen.**
to take off	Ich **ziehe mir** das Hemd **aus.**
to remember	Ich **erinnere mich** noch gut **an** den Ausflug.
to be happy about *(über)*	Ich **freue mich über** deine Pläne.
to look forward to *(auf)*	Ich **freue mich auf** unseren Urlaub.
to sit down	**Setz dich,** bitte!
to converse	Wir **haben uns** lange **unterhalten.**
to be surprised	Ich **habe mich** schon **gewundert.**

‍...‍ parts of the body (I–J)

I'd like to wash *my hands.*

‍...‍utzt? Did you brush *your teeth?*
‍...‍ämmt. She combed *her hair.*

‍...‍ody, German often uses a definite article

‍...‍ adjective.

Früher putzte man sich die Zähne.
Heute läßt man putzen.

BRAUN

‍...‍eren (K–L)

CONVERSATIONAL PAST
Ute **hat** ihr Mofa **repariert.**
Wir **haben** über Sport **diskutiert.**

‍...‍t have the prefix **ge-** in the past participle. These
‍...‍verbs borrowed from French and Latin and are often

Past participles of irregular weak verbs (M–Q)

INFINITIVE	PAST PARTICIPLE
bringen	gebracht
denken	gedacht
kennen	gekannt
nennen	genannt
wissen	gewußt

A few weak verbs are irregular. Their past participles have the prefix **ge-** and the ending **-t,** but there is also a change in the stem vowel and occasionally in the consonants.

Wiederholung

A. Peter ist eingeladen. Complete each sentence with one of the following words.

**Ausländer   Austauschschüler   Blumengeschäft
eingeladen   erinnert sich   freut sich   Nelken**

1. Peter ist nicht von hier. Er ist ____.
2. Er ist ____ an einem Gymnasium in Zürich.
3. Gerdas Mutter hat ihn zum Abendessen ____.
4. Er ____ an die Sitte, daß man Blumen mitbringt.
5. Er geht in ein ____.
6. Er kauft sieben ____ für Gerdas Mutter.
7. Gerdas Mutter ____ über die Blumen.

B. Was bedeutet das? The following sentences contain some unfamiliar verbs ending in *-ieren.* Restate in the conversational past and give the English equivalents of the new sentences.

1. Ich telefoniere gerade mit meinem Onkel.
2. Wir dividieren alles durch drei.
3. Die Deutschen exportieren viel Bier.
4. Sie importieren viel Obst.
5. Wir konsumieren zuviel.

C. Aus dem Fernsehprogramm. The following is a scene from a TV story. A reporter interviews the victim of a hold-up. Take the part of the victim.

▶ Hat Ihnen jemand Ihre Uhr   *Ja, jemand hat sie mir gestohlen.*
    gestohlen?

1. Kennen Sie den Dieb?
2. Sind Sie dem Dieb gefolgt?
3. Ist die Polizei gekommen?
4. Hat die Polizei den Dieb gefunden?
5. Haben Sie Ihre Uhr gefunden?

D. Paulas Erlebnisse in der Konditorei. In the skit *In einer Konditorei* on page 169 Paula learned how one orders cake in a *Konditorei*. Summarize her experience in a short paragraph. You may wish to include the following points, interpreting her actions as you wish.

1. Was für Kuchen will Paula?
2. Was für Kuchen gibt es noch?
3. Was empfiehlt die Verkäuferin?
4. Welchen Kuchen bestellt Paula? Warum?
5. Nimmt sie den Kuchen mit oder ohne Sahne? Warum?
6. Warum gibt sie dem Ober den Zettel?

E. Wie sagt man das? Give the German equivalents of the following conversational exchanges.

1. Lotte, why haven't you gotten dressed?
   — It's still early. I'll get dressed later.
2. Did you wash your face?
   — Of course. I took a shower.
3. Please sit down, Erna.
   — Thanks. I'll sit on the sofa.
4. What did Uncle Jürgen say about his vacation?
   — I don't know. I can't remember.
5. I'm glad that Gerd has come along.
   — Me, too. I like chatting with him.
6. I wonder where Susanne is.
   — Maybe she's still at home.

F. Logische Antwort. Choose a logical response to each of the following questions or statements.

Was will Jan denn hier?

Ich weiß nur, daß Hilde Frank geholfen hat.

Ich weiß nicht mehr, wie er heißt.

Wie lange sollen wir denn hier noch stehen?

Sie ist wirklich eine interessante Person.

Und was ißt du?

Ich finde dieses Mofa ausgezeichnet.

Wie spielt man denn das?

Willst du jetzt frühstücken?

Das Wetter ist heute furchtbar, nicht?

Ja, ich wasche mich später.

Man fängt so an: Jeder nimmt sich fünf Karten.

Ja, mit ihr unterhalte ich mich sehr gern.

Ich kann mich auch nicht erinnern.

Ich habe mich schon gewundert, daß Frank soviel weiß.

Ich habe mir ein Schnitzel bestellt.

Das möchte ich mir auch kaufen.

Ich setze mich einfach hin.

Das frage ich mich auch.

Ja, und morgen soll es auch regnen.

G. Letzten Samstag. Make up a calendar page for last Saturday and write in several activities and the times you did them. You may wish to include some of the following.

1. sich duschen
2. sich anziehen
3. Platten spielen
4. Zimmer aufräumen
5. Hausaufgaben machen
6. auf eine Fete gehen

H. Land und Leute.

1. You are in an Austrian café. Describe the scene. You might order a piece of **Sachertorte.** Tell briefly about its history.

2. In this chapter you have noted some differences in the lives and customs of people in the German-speaking countries and people in the United States. What are some of these differences?

Vokabeln

Substantive

der Amerikaner, – / die Amerikanerin,
 —nen American
der Ausländer, – / die Ausländerin,
 —nen foreigner
der Austauschschüler, – / die
 Austauschschülerin, —nen exchange student

der Finger, – finger
der Fuß, ̈-e foot
der Kopf, ̈-e head
der Mund, ̈-er mouth
der Zahn, ̈-e tooth
der Zettel, – ticket, slip of paper

das Auge, —n eye
das Bein, —e leg
das Gesicht, —er face
das Gespräch, —e conversation
das Haar, —e hair
das Ohr, —en ear
das Paar, —e pair, couple

die Anekdote, —n anecdote, story
die Hand, ̈-e hand
die Konditorei, —en pastry shop and café
die Nase, —n nose
die Nelke, —n carnation
die Nuß, Nüsse (pl.) nut
die Person, —en person
die Sitte, —n custom
die Vase, —n vase

Verben

sich an·ziehen (angezogen) (acc.) to get
 dressed: ich ziehe mich an; (dat.) to put
 on: ich ziehe mir die Schuhe an
aus·suchen to select

Verben (cont.)

sich aus·ziehen (ausgezogen) (acc.) to get
 undressed: ich ziehe mich aus; (dat.) to
 take off: ich ziehe mir die Schuhe aus
sich duschen to take a shower
sich erinnern (an + acc.) to remember; ich
 erinnere mich an ihn I remember him
sich fragen to wonder; ich frage mich, ob . . .
 I wonder if . . .
sich freuen to be happy, glad; sich freuen
 über (+acc.) to be happy about; sich freuen
 auf (+acc.) to look forward to
holen to fetch, get
horchen to listen, eavesdrop
ignorieren to ignore
sich kämmen to comb (one's hair)
klingeln to ring
sich rasieren to shave
sich setzen to sit down
sich unterhalten (unterhalten) to converse,
 talk; sich unterhalten über (+acc.) to talk
 about
sich wundern to be amazed; to be surprised; to
 marvel

Andere Wörter

blond blond
einige a few
erst first
irgendwann sometime
kaum hardly
lange for a long time
laut loud
vorsichtig cautious, careful

Besondere Ausdrücke

bitte sehr? what may I do for you?
ist hier noch frei? is this seat taken?
sich frisch machen to freshen up

Kapitel 8

Bodensee: Internationaler Feriensee

Bodensee: Der Hafen (harbor) *von Lindau*

BODENSEE

BUNDESREPUBLIK
DEUTSCHLAND

Meersburg

Konstanz
Mainau
Friedrichshafen

Kreuzlingen
Bodensee
Lindau

Rhein

Bregenz

SCHWEIZ

ÖSTERREICH

Alpen

Rhein

Statistische° Information: statistical

400 m über dem Meeresspiegel°   deutsches Ufer: 158 km   sea level
76 km lang   österreichisches Ufer: 27 km
14 km breit   schweizerisches Ufer: 70 km

Ein See, drei Länder, tausend Möglichkeiten

    Am Bodensee treffen drei Länder zusammen: die Bundesrepublik, die Schweiz
und Österreich. Aber die Grenzen zwischen den drei Ländern stören nicht. Hier
kann man ins Ausland fahren und braucht keine fremde Sprache zu lernen.
    Weil zwischen den drei Ländern alles so unkompliziert ist, ist der Bodensee *der*
5 internationale Feriensee geworden. Hier gibt es für jeden Geschmack° etwas, für   taste
den Wanderer 1600 km markierte° Wanderwege, für den Fitnessfan Trimm-dich-   marked
Pfade, für den Windsurfer Windsurfschulen. Oder die weniger aktiven Feriengäste fahren mit den weißen Bodenseeschiffen von einem Ufer, von einem Land
zum anderen; sie fahren zum Essen, zum Kaffeetrinken, zum Spazierengehen, ins
10 Theater, ins Konzert.

So ist der Bodensee und das Land um den See ein Beispiel für den Inter-
nationalismus°. Die Leute fahren und gehen hin und her, wie sie wollen. Für die   internationalism
Segler ist es zum Beispiel selbstverständlich, daß sie bei den plötzlichen und
gefährlichen Stürmen ans nächste Ufer fahren. Da gibt es keine Probleme, wenn
15 sie dann im Ausland sind. In Konstanz läuft ein Drahtzaun° durch die Stadt, die   wire fence
Grenze zwischen dem deutschen Konstanz und dem schweizerischen Kreuz-
lingen. Der Zaun hat aber vier Tore. Die Leute kommen und gehen, wie sie
wollen.

Fragen

1. Wie groß ist der Bodensee?
2. Wie lang ist das deutsche Ufer? Das schweizerische Ufer?
3. Welche Länder liegen am Bodensee?
4. Warum braucht man keine fremde Sprache zu lernen, wenn man am
   Bodensee ins Ausland fährt?
5. Was können die aktiven Feriengäste tun?
6. Und die weniger aktiven Gäste?
7. Wohin fahren die Segler bei gefährlichen Stürmen?
8. Wie sieht die deutsch-schweizerische Grenze in Konstanz aus?

Trimm Dich. Die schönste Freizeit.

Land und Leute

Lake Constance, called **der Bodensee** in German, lies at the eastern end of the Swiss Pla-
teau, at the border of the Federal Republic of
Germany, Switzerland, and Austria. The lake
covers 208 square miles, and its level rises
and falls with the melting of ice and snow in
the neighboring alps. Vineyards, orchards,
and nature parks frame the lake's shore and
contribute to its popularity among tourists
from many countries. **Meersburg** and
Konstanz, two old towns on the German side
of the lake, attract visitors with their beautiful
location and medieval architecture.

Meersburg: Die schöne Steigstraße mit alten Fach-
werkhäusern (half-timbered houses)

Grüße aus Meersburg!

Grüße aus Meersburg am Bodensee! Am Bodensee liegt die Stadt Meersburg, eine richtige Ferienstadt, klein und romantisch. Auf vielen Bildern von Meersburg sieht man die alte Burg und im Hintergrund° die Alpen. Die Berge liegen auf der anderen Seite vom See in der Schweiz, während Meersburg in Deutschland liegt.

background

Meersburg, auf der deutschen Seite des Bodensees, mit Uferpromenade (boardwalk) *und Burg*

Insel Mainau — Palmen am Schloß

Blumeninsel im Bodensee

Auf der Insel Mainau können Sie einen Hauch° von Ausland und Exotik° erleben.   whiff / exoticism
Diese Insel hat einmal dem Großherzog° von Baden° gehört. Durch seine Toch-   grand duke / *a province in Germany*
ter, die Königin von Schweden, ist sie in die schwedische Königsfamilie gekom-
men. Noch heute gehört sie Verwandten des° schwedischen Königs. Sie haben   of the
aus dieser kleinen Insel mit dem milden Klima ein Blumenparadies° gemacht. Hier   flower paradise
wachsen tropische° Bäume wie Orangen, Zitronen und Palmen. Und hier kann   tropical
man im Frühling sechshundert verschiedene Tulpensorten sehen.

Fragen

1. Wem hat die Insel Mainau einmal gehört?
2. Wem gehört die Insel heute?
3. Aus welchem Land ist die Königin von Schweden gekommen?
4. Warum nennt man Mainau ein Blumenparadies?
5. Was für Bäume wachsen auf Mainau? Warum?

Frag!

Frag einen Freund/eine Freundin,

wohin er/sie in den Ferien fährt!
was er/sie in den Ferien machen möchte!
ob er/sie an den Bodensee fahren möchte!
ob er/sie die Insel Mainau besuchen möchte!

Internationales Jugendlager am Bodensee

Inge und Erika sind in den Ferien in einem Zeltlager am Bodensee. Jeden Morgen gibt es Seminare° mit Diskussionen und Rollenspielen über aktuelle° Themen wie Arbeitslosigkeit° oder „Frau und Mann in Beruf und Familie". Nachmittags machen sie Ausflüge, oder sie gehen schwimmen.

seminars / current
unemployment

Am Anfang hat jeder durch Los einen geheimen Freund bekommen. Den muß man verwöhnen°. Aber der geheime Freund weiß natürlich nicht, wer das Los mit seinem Namen bekommen hat. Das darf man erst am Ende sagen.

spoil

Erika und Inge in ihrem Zelt:

ERIKA	Du, schau mal her! Auf meinem Koffer liegt schon wieder ein Bonbon.
INGE	Das ist bestimmt von deinem geheimen Freund.
ERIKA	Ich möchte wirklich gern wissen, wer es ist.
INGE	Vielleicht Gerd. Er ist ja immer besonders nett zu dir.
ERIKA	Oder Bill. Er fragt mich immer, ob er mir noch was zu essen holen kann. Er hat es schwer mit ‚mir' und ‚mich'. Aber man versteht, was er meint.
INGE	Wen magst du denn lieber, Gerd oder Bill?
ERIKA	Das ist schwer zu sagen. Gerd ist netter, aber Bill ist interessanter, auch wenn er noch nicht so gut Deutsch kann. Wen hast du denn als geheimen Freund?
INGE	Das dürfen wir doch nicht sagen.
ERIKA	Mir kannst du es doch sagen.
INGE	Nein, kommt nicht in Frage.
ERIKA	Ist er denn wenigstens nett?
INGE	Sehr nett.
ERIKA	Da hast du ja mehr Glück als ich. Mein geheimer Freund ist schrecklich stur. Es ist richtig schwer, nett zu ihm zu sein.
INGE	Du, noch mal was anderes. Hast du dich schon auf das Rollenspiel vorbereitet — als Mutter von drei Kindern? Ich muß doch den Vater spielen.
ERIKA	Ja, ein bißchen. Ich habe ein paar Ideen gesammelt.
INGE	Was denn?
ERIKA	Ich bin also Hausfrau, ich habe drei Kinder, einen Beruf und einen Mann. Ich will zeigen, daß mir das alles zuviel ist. Ich will am Abend nicht noch kochen und putzen.
INGE	Das paßt ja prima. Ich will nämlich einen typischen Vater spielen. Den Garten und das Auto will ich wohl machen. Aber die Hausarbeit ist für die Frau.
ERIKA	Na, dann wird es morgen ja bestimmt interessant.

Fragen

1. Wo sind Inge und Erika?
2. Was für Seminare gibt es dort?
3. Wie haben die Mädchen ihren geheimen Freund bekommen?

4. Was hat Erika auf ihrem Koffer gefunden?
5. Warum meint Inge, daß Gerd Erikas geheimer Freund ist?
6. Was ist für Bill schwer?
7. Warum will Inge nicht sagen, wen sie als geheimen Freund hat?
8. Was hat Erika gegen ihren geheimen Freund?
9. Wie hat Erika sich auf das Rollenspiel vorbereitet?
10. Wen soll sie spielen?
11. Wen soll Inge spielen?
12. Warum wird das Rollenspiel bestimmt interessant?

Du hast das Wort

Draw lots for a secret friend. A secret friend is nice to you and will be agreeable and helpful. Try to tell who your secret friend is by noting the reactions from your classmates to your questions or statements. Someone who is not your friend won't be very helpful.

Monitoring reactions

Willst du mir dein Fahrrad verkaufen?
Kannst du mir bei den Matheaufgaben helfen?
Ich möchte heute abend ins Kino. Willst du mit?
Ich habe ein Stück Torte. Möchtest du es?
Ich habe eine neue Schallplatte. Möchtest du sie mal hören?
Ich habe meinen Kugelschreiber verloren.
Ich gebe am Samstag eine Fete. Du bist eingeladen.
Mein Mofa ist kaputt. Ich kann es selbst nicht reparieren.
Hast du für heute abend etwas vor?
Ich muß Gartenarbeit machen und die Garage aufräumen.
Ich habe Durst, habe aber kein Geld für eine Cola.
Ich bin krank und muß zu Hause bleiben.

Possible responses:

Nein. Ich brauche es selbst.
Nein. Ich habe keine Zeit.
Nein. Danke.
Ich habe auch [kein Geld].
Ich kann es auch nicht.
Schade.
Wirklich?
Das tut mir leid.
Viel Spaß!
Das ist ja interessant.
Ja, gern.
Ja, was ist denn los?
Darf ich? Danke.

Wann?
Willst du [mein Mofa] haben?
Prima!
Toll!
Wie nett!
Kann ich dir helfen?
Können wir etwas zusam-
men machen?
Ich zahle für dich.

Inhabitants of cities or countries

Hamburg	Dieter ist **Hamburger.**	Christl ist **Hamburgerin.**
Schweiz	Bruno ist **Schweizer.**	Heidi ist **Schweizerin.**

The suffix **-er** is added to the name of a city or country to indicate a male inhabitant. The additional suffix **-in** indicates a female inhabitant. To identify inhabitants of a city or country, German uses the noun directly after a form of **sein** or **werden.** The indefinite article **ein(e)** is not used.

A.   Viele Menschen — viele Länder.   Die Jugendlichen im internationalen Jugendlager machen ein Spiel: Ein paar Leute sagen, wo sie wohnen. Sag, wie man die Menschen dort nennt! Andere sagen, wie man die Menschen dort nennt. Nenne die Stadt oder das Land!

▶   Norbert kommt aus Österreich.   *Er ist Österreicher.*

▶   Cornelia ist Kölnerin.   *Sie wohnt in Köln.*

1. Astrid kommt aus Berlin. Sie ist _____.
2. Benno kommt aus der Schweiz. Er ist _____.
3. Uwe kommt aus Nürnberg. Er ist _____.
4. Barbara ist Amerikanerin. Sie wohnt in _____.
5. Jürgen ist Wiener. Er wohnt in _____.
6. Thomas ist Engländer. Er wohnt in _____.
7. Sabine ist Bonnerin. Sie wohnt in _____.

Hotels
Pensionen
Gaststätten
Stadtplan

Herzlich willkommen in Konstanz

The prefix un-

Erik ist endlich wieder **glücklich.**
War er denn **unglücklich?**

Erik is finally *happy* again.
Oh, was he *unhappy?*

As in English, the prefix **un-** gives an adjective or adverb a negative or opposite meaning.

B. Ganz anders! Du sprichst mit Gerald über dies und das. Du hast aber immer eine ganz andere Meinung als er. Sag das und benutze das Präfix *un-!*

▶ Dieser Satz ist ganz logisch.   *Dieser Satz ist ganz* unlogisch.

1. Es ist *möglich,* daß er um sechs schon hier ist.
2. Ich glaube, daß er sehr *gern* kommt.
3. Diese Geschichte ist *interessant.*
4. Weißt du, warum Günter so *glücklich* ist?
5. Dieser Weg ist wirklich *gefährlich.*
6. Es ist ziemlich *wahrscheinlich,* daß wir im Sommer nach Österreich fahren.
7. Was meinst du? Ist Schwimmen bei diesem Wetter *gesund?*

Übungen

1. hin and her

Der Bodensee ist schön. Ich fahre
    nächsten Sommer
    bestimmt **hin.**
Ich brauche dich, Rudi.
    Komm bitte mal **her!**

Lake Constance is beautiful.
    I'm going *there* for sure next
    summer.
I need you, Rudi. Please come
    here.

Hin expresses motion away from the speaker. **Her** expresses motion toward the speaker. **Hin** and **her** occupy last position in the sentence.

A. Am Bodensee. Max weiß, daß die Jungen heute wegfahren. Und die Mädchen? Sag, daß sie morgen fahren!

▶ Lutz fährt also heute an den Bodensee.   *Sie fährt morgen hin.*
    Und Erika?

1. Gerd fährt heute nach Mainau. Und Trudi?
2. Manfred geht heute ins Jugendlager. Und Silke?
3. Kurt segelt heute nach Lindau. Und Eva?
4. Klaus fährt heute in die Schweiz. Und Ute?

Land und Leute

Switzerland **(die Schweiz)** is host to many visitors every year. Excellent roads, punctual trains, and well-equipped hotels contribute to Switzerland's reputation as a hospitable and efficient country. With its long history of political neutrality, it is a natural choice for international conferences with participants from all over the world. Tourists from Europe and overseas **(Übersee)** are drawn by the beautiful lakes and snow-capped mountains of the Alps, which cover more than sixty percent of Swiss territory and offer many opportunities for summer and winter sports. **Mont Blanc, Jungfrau,** and **Matterhorn** are the highest peaks of the Alps, and **Zermatt** and **St. Moritz** are two of the most popular ski resorts.

Schweizer Alpen: Bergrestaurant und Skiläufer

B. Ein Ausflug nach Konstanz. Morgen willst du einen Ausflug nach Konstanz machen. Jens hilft dir. Er fragt, ob er dies und das machen soll. Sag, daß er es soll!

▶ Soll ich dir den Stadtplan von Konstanz bringen?   *Ja, bitte, bring ihn mal her!*

1. Soll ich dir die Ansichtskarten bringen?
2. Soll ich dir die Lampe holen?
3. Soll ich dir das Papier holen?
4. Soll ich Jochen zu dir schicken?

Wohin fährst du in den Ferien? — *Where* are you going on your vacation?

Dieses Jahr kann ich nicht **dorthin.** — I can't go *there* this year.

Hin and **her** may be combined with several parts of speech, including interrogatives (for example **wo**) and adverbs (for example **dort**).

C. Woher kommen sie? Im internationalen Jugendlager sagt jeder, woher er/sie kommt. Du willst ganz sicher sein. Frag Anna noch einmal, woher die Leute kommen!

▶ Ute kommt aus Dänemark. *Woher kommt Ute?*

1. Hans-Dieter kommt aus Österreich.
2. Beate kommt aus der DDR.
3. Michael kommt aus der Schweiz.

D. Was macht Erika? Jutta erzählt, was Erika vorhat. Sie sagt, daß Erika an den Bodensee will. Du verstehst nicht alles. Frag, wann Erika dorthin fährt!

▶ Erika fährt am Donnerstag an den Bodensee. *Wann fährt sie dorthin?*

1. Sie segelt am Freitag nach Mainau.
2. Sie wandert am Wochenende nach Friedrichshafen.
3. Sie fährt nächste Woche in die Schweiz.

2. Adjectives preceded by definite articles or dieser-words

Nominative singular

Der / Dieser	alte Pulli ist noch gut.
Das / Dieses	alte Hemd ist noch gut.
Die / Diese	alte Jacke ist noch gut.

In the nominative singular, an adjective preceded by the definite article or by a **dieser**-word ends in **-e.**

E. Lena vergißt immer ein Wort. Lena lernt für ein Theaterstück. Sie soll morgen spielen, aber sie vergißt in jedem Satz ein Wort. Hilf ihr! Sag die Sätze mit dem Wort!

▶ Ist dieser Gürtel noch gut? (braun)   *Ist dieser braune Gürtel noch gut?*

1. schwarz
2. alt
3. lang
4. rot

▶ Gehört dieses Armband dir? *(hübsch)*   *Gehört dieses hübsche Armband dir?*

5. schick
6. modern
7. schwer
8. teuer

▶ Ist diese Vase wertvoll? (häßlich)   *Ist diese häßliche Vase wertvoll?*

9. klein
10. kaputt
11. furchtbar
12. verrückt

Accusative singular

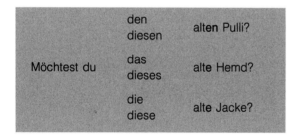

Möchtest du	den diesen	alten Pulli?
	das dieses	alte Hemd?
	die diese	alte Jacke?

In the accusative singular, an adjective preceded by the definite article **den,** or by the corresponding accusative form of a **dieser-**word, ends in **-en.**

An adjective preceded by the definite articles **das** or **die,** or by the corresponding form of a **dieser-**word, ends in **-e.**

KONSTANZ
STADT DER BÄDER
Freizeitbad Jakob

Im Frühjahr, Sommer und Herbst:
● Beheiztes Sportschwimmerbecken (21 x 50 m)
● Beheiztes Nichtschwimmerbecken (je 24° – 26°)
● Kinderplanschbecken   ● Liegewiesen
● Seeschwimmbad
Ganzjährig:
● Thermalbewegungsbecken (33°)
● Aufwärmehalle   ● Solarium   ● Restaurant
Zu erreichen mit der Omnibuslinie 5

*In Meersburg möchten
alle Besucher dieses
schöne alte Haus sehen.*

F. Urlaub am Bodensee. Bruno war am Bodensee im Urlaub, wo er viele Sachen gekauft hat. Jetzt sind die Sachen weg. Frag Bruno, welche Sachen er sucht! Die neuen?

▶ Wo ist das Fotoalbum? *Suchst du das neue Fotoalbum?*

1. Wo ist der Stadtplan?
2. Wo ist das Buch über den Bodensee?
3. Wo ist das Briefmarkenalbum?
4. Wo ist die Mappe?
5. Wo ist das Poster?
6. Wo ist der Koffer?
7. Wo ist die Ansichtskarte von Meersburg?
8. Wo ist das Bild von Lindau?

G. Meinst du dies hier? Ingrid ist im Kaufhaus und sucht Sachen zum An- ziehen. Sie sagt, wie sie die Sachen findet. Die sind aber alle gleich. Frag, welche sie meint!

▶ Der braune Gürtel ist toll. *Meinst du diesen braunen Gürtel?*

1. Das rote Hemd ist schick.
2. Die weiße Hose ist klasse.
3. Die graue Jacke ist warm.
4. Der gelbe Pulli ist hübsch.
5. Der schwarze Mantel ist schwer.
6. Das blaue Kleid ist preiswert.
7. Die grüne Bluse ist dünn.
8. Der braune Rock ist schön.

Du hast das Wort

A friend asks you what you are looking for. Describe the article.

▶ Was suchst du?   *Mein Heft.*

Kugelschreiber	Radio	Mantel
Armband	Jacke	Fotoalbum
Plattenspieler	Pulli	CD-Spieler

▶ Welches?   *Das kleine, blaue.*

klein	warm	blau
groß	wertvoll	braun
modern	hübsch	schwarz
alt	rot	
neu	grün	

Dative singular

Was willst du denn mit	dem diesem	alten Pulli?
	dem diesem	alten Hemd?
	der dieser	alten Jacke?

In the dative singular, an adjective preceded by the definite article or by a **dieser-** word ends in **-en.**

H.   Udo zeigt Fotos.   In der Schule zeigt Udo Fotos von seiner Reise an den Rhein. Was er sagt, ist aber nicht genau. Frag, was diese Fotos genau zeigen!

▶ Das ist ein Bild von der   *Von welcher romantischen* romantischen Stadt.   *Stadt?*

1. Das ist ein Bild von der alten Mauer.
2. Hier ist eins von dem großen Tor.
3. Und hier eins von dem hübschen Brunnen.
4. Das ist ein Bild von der alten Kirche.
5. Hier ist eins von der kleinen Insel.
6. Und hier eins von dem schönen Garten.
7. Das ist ein Bild von der alten Burg.
8. Das ist ein Bild von dem modernen Haus.

Plural

Nominative		Die Diese	alten Pullis sind doch noch gut.
Accusative	Möchtest du	die diese	alten Hemden mitnehmen?
Dative	Was willst du denn mit	den diesen	alten Jacken?

In the plural, an adjective preceded by a definite article or by a **dieser**-word ends in **-en.**

I. Welche Sachen meinst du? Als Rita zehn Jahre alt war, hat sie Wien besucht. Sie hat dort viele Sachen gekauft. Sie sucht sie jetzt. Hilf ihr!

▶ Ich kann meine Bilder nicht finden. *Meinst du diese alten Bilder?*

1. Ich kann meine Ansichtskarten nicht finden.
2. Ich kann meine Bücher nicht finden.
3. Ich kann meine Briefmarken nicht finden.
4. Ich kann meine Platten nicht finden.
5. Ich kann meine Poster nicht finden.

J. Bei Jutta zu Hause. Martin erzählt dir von Jutta und was Jutta macht. Er sagt das in zwei Sätzen. Sag es in einem Satz!

▶ Jutta spricht mit der Tochter der   *Jutta spricht mit der kleinen*
Familie. Die Tochter ist klein.   *Tochter der Familie.*

1. Tanja sitzt gern auf dem Sofa in Juttas Zimmer. Das Sofa ist alt.
2. Sie sehen sich zusammen das Buch an. Das Buch ist interessant.
3. Die kleine Tanja will auch die Fotos sehen. Die Fotos sind neu.
4. Jutta zeigt ihr auch die Bilder von der Reise nach Österreich. Die Reise war toll.
5. Dann gehen die beiden in den Garten. Der Garten ist groß.
6. Auf dem Tisch steht Limonade für die Mädchen. Der Tisch ist klein.

3. The **da**-compounds

Hast du schon mal etwas **von Mainau**   Ja, Inge hat **davon** erzählt.
   gehört?

Hat sie **über das Jugendlager**   Ja, sie spricht oft **darüber.**
   gesprochen?

German uses a compound consisting of **da-** and a preposition to refer to things or ideas just mentioned.

Da- expands to **dar-** when the preposition begins with a vowel: **darüber.**

K. Lieber Brieffreund . . .   Du schreibst an deinen Brieffreund in der Bundesrepublik. Jutta will wissen, ob du viel über den Urlaub schreibst. Sag, daß du das machst!

▶   Schreibst du über deinen Urlaub?   *Ja, darüber schreibe ich auch.*

1. Schreibst du über den Bodensee?
2. Erzählst du von der Insel Mainau?
3. Erzählst du von den vielen Blumen?
4. Schreibst du über das Jugendlager?

L. Was gibst du mir dafür?   Frank will ein paar Sachen von dir kaufen. Frag ihn, was er dir dafür gibt!

▶   Verkaufst du mir dein Fahrrad?   *Gern, was gibst du mir dafür?*

1. Verkaufst du mir deinen Plattenspieler?
2. Verkaufst du mir dein Mofa?
3. Verkaufst du mir deine Gitarre?
4. Verkaufst du mir dein Motorrad?
5. Verkaufst du mir dieses Poster?

Erzählt Inge oft **von ihrem Urlaub?**	Ja, sie erzählt oft **davon.**
Erzählt sie gern **von ihrer Freundin?**	Ja, sie erzählt gern **von ihr.**

The **da-**compounds cannot be used to refer to persons. For persons, a combination of preposition and pronoun must be used.

M. Spricht Karin viel über den Bodensee?   Jan ist mit Karin im Jugendlager gewesen. Jetzt besucht er sie zu Hause. Er hat viele Fragen. Was er sagt, stimmt. Sag das!

▶   Spricht sie viel über Windsurfen?   *Ja, darüber spricht sie viel.*

▶   Spricht sie oft über die Windsurfer?   *Ja, über die spricht sie oft.*

1. Erzählt sie viel über das Jugendlager?
2. Erzählt sie viel über die Jugendlichen?
3. Erinnert sie sich noch gut an das Jugendlager?
4. Erinnert sie sich noch an ihren geheimen Freund?
5. Liest sie gern Bücher über den Bodensee?
6. Liest sie gern etwas über die Könige von Schweden?

4. The wo-compounds

Wovon hat Erika erzählt? **Von ihren Ferien.**
Worüber hat sie gestern gesprochen? **Über das Jugendlager.**

German uses a compound consisting of **wo-** and a preposition to ask questions about things or ideas.

Wo- expands to **wor-** when the preposition begins with a vowel: **woran.**

N. Marks Brief. Rolf ruft dich an. Er erzählt, daß er einen Brief von Mark bekommen hat. Du hörst ihn kaum und mußt ganz viel fragen. Mach das!

▶ Mark hat über einen Ausflug geschrieben. *Worüber hat er geschrieben?*

1. Er hat vom Rhein erzählt.
2. Er hat von einer alten Burg erzählt.
3. Er hat über die Jugendherbergen geschrieben.
4. Einmal ist er mit dem Schiff gefahren.
5. Er weiß ziemlich viel über alte Burgen.
6. Aber er erinnert sich nicht an alle Städte.
7. Er denkt oft an diesen Ausflug.

Woran erinnerst du dich noch gut? **An das Jugendlager.**
An wen erinnerst du dich noch gut? **An die Österreicher** im Jugendlager.
Mit wem hast du oft gesprochen? **Mit Jutta.**

The **wo**-compounds cannot be used to refer to persons.

To refer to persons, use the forms **wen** or **wem** in combination with a preposition.

O. Was machen diese Leute? Deine Schwester kommt gerade von einer Fete. Sie erzählt dir von den Leuten dort und was sie machen. Deine Schwester spricht zu schnell. Immer wieder mußt du fragen, was sie sagt. Mach das!

▶ Susanne spricht über das Jugendlager am Bodensee. *Worüber spricht sie?*

▶ Sie spricht über die Ausländer. *Über wen spricht sie?*

1. Dieter erzählt von seinen Freunden.
2. Er erzählt von seinem letzten Ausflug.
3. Claudia spricht über die Ferien.
4. Sie arbeitet für Frau Buhl.
5. Mark freut sich auf seinen Urlaub in Kärnten.
6. Er fährt mit Thomas hin.
7. Silke erinnert sich noch gut an den Schwarzwald.
8. Sie schreibt oft über ihre Radtour.

Land und Leute

The 250 registered spas **(Kurorte)** in the Federal Republic are popular vacation spots. Places that have names beginning with **Bad** signify the location of a spa, some dating back to Roman times. Some well-known examples are Bad Ems, Bad Neuenahr, and Baden-Baden. There is a town named Baden bei Wien in Austria and a town named Baden in der Schweiz in the Aargau district of Switzerland. Many people visit spas to receive natural treatments for ailments such as rheumatism or heart problems and to drink the spa's mineral water. Very often their health insurance **(Krankenversicherung)** covers the cost of room, board, and medical treatment.

Kurorte always provide a variety of entertainment and recreation for visitors. Swimming, dancing, walking, theater performances, and concerts **(Kurkonzerte)** are some typical activities, most of which take place in the spa's **Kurpark.**

Hier trinkt man Mineralwasser. (Baden-Baden)

Ask your partner the following questions.

Woran erinnerst du dich noch gut?
Worüber hat dein/e Lehrer/in heute gesprochen?
Worüber spricht dein/e Freund/in immer?
Wohin fährst du dieses Jahr in den Ferien?
Worauf freust du dich?
Woran denkst du oft?
Worüber liest du gern?

Grammatische Übersicht

hin and her (A–D)

Meine Großeltern wohnen nicht hier.	My grandparents don't live here.
Sie wohnen in Hamburg.	They live in Hamburg.
Wir fahren einmal im Jahr **hin.**	We go *there* once a year.
Und zweimal im Jahr kommen sie **her.**	And twice a year they come *here.*

Hin and **her** are used to show direction. **Hin** indicates direction away from the speaker; **her** indicates direction toward the speaker.

Hin and **her** occupy last position in the sentence.

Wohin gehen Sie jetzt?	*Where* are you going *(to)* now?
Woher kommen Sie?	*Where* do you come *from?*
Morgen fahren wir **dorthin.**	Tomorrow we'll drive *there.*
Kommen Sie bitte **hierher!**	Please come *here.*
Da wollen wir einmal wieder **hinfahren.**	We want to *go there* again sometime.
Wer hat die Blumen **hergebracht?**	Who *brought* the flowers *here?*

Hin and **her** may be combined with several parts of speech, including interrogatives, adverbs, and verbs. When combined with verbs, **hin** and **her** are treated like separable prefixes.

Note that **hier, da,** and **dort** by themselves can only be used to express location. To express direction, they must be combined with **hin** and **her.**

Auf ihrer Radtour können sie das Rad in einigen Zügen mitnehmen.

Predicate adjectives

Die Burg ist **alt.**
Die Radtour wird **schön.**

The castle is *old.*
The bike trip will be *nice.*

Predicate adjectives are adjectives that follow the verbs **sein** or **werden** and modify the subject. Predicate adjectives do not take endings.

Preceded adjectives (E–J)

Ich habe nur Bilder von diesem **kleinen** See.
Das ist ein **schöner** See.

I only have pictures of this *small* lake.
That is a *beautiful* lake.

Adjectives that are preceded by an article, a **dieser**-word, or an **ein**-word take endings.

	SINGULAR			PLURAL
Nominative	der neu**e** Pulli	das neu**e** Hemd	die neu**e** Jacke	die neu**en** Schuhe
Accusative	den neu**en** Pulli	das neu**e** Hemd	die neu**e** Jacke	die neu**en** Schuhe
Dative	dem neu**en** Pulli	dem neu**en** Hemd	der neu**en** Jacke	den neu**en** Schuhen

Adjectives preceded by the definite article or by a **dieser**-word end in **-e** or **-en**. These endings may be summarized as follows:

	SINGULAR			PLURAL
	(der)	(das)	(die)	
Nominative	-e	-e	-e	-en
Accusative	-en	-e	-e	-en
Dative	-en	-en	-en	-en

The adjectives **teuer** and **hoch**

Die Bluse ist zu **teuer.**

Ich kann diese **teure** Bluse nicht kaufen.

The adjective **teuer** becomes **teur-** when it has an adjective ending.

Die Preise sind zu **hoch.**

Ich finde diese **hohen** Preise furchtbar.

The adjective **hoch** becomes **hoh-** when it has an adjective ending.

The **da**-compounds (K–M)

Erzählt Gabi oft **von ihrem Ausflug?**

Ja, sie erzählt oft **davon.**

Erzählt sie gern **von ihren Freunden?**

Ja, sie erzählt gern **von ihnen.**

In German, pronouns after prepositions normally refer only to persons. To refer to things or ideas, German generally uses a **da**-compound, consisting of **da** plus preposition.

Schreibst du gerade **über die Insel Mainau?**

Ja, ich schreibe gerade **darüber.**

Erinnerst du dich noch **an die vielen Blumen?**

Ja, ich erinnere mich noch **daran.**

Da- expands to **dar-** when used with a preposition beginning with a vowel.

The **wo**-compounds (N–O)

Wovon erzählt Gabi?
Von wem erzählt Gabi?

Von ihrem Ausflug.
Von ihren Freunden.

The interrogative pronoun **wen** or **wem** is used with a preposition to refer to persons. To ask questions referring to things or ideas, German generally uses a **wo**-compound, consisting of **wo** plus preposition.

Worüber schreibst du?	**Über die Insel Mainau.**
Woran erinnerst du dich?	**An die vielen Blumen.**

Wo- expands to **wor-** when used with a preposition beginning with a vowel.

Wo arbeitet Uwe?	**Auf einem Bauernhof.**
Wohin fährst du in den Ferien?	**An den Bodensee.**

Wo-compounds consisting of **wo** plus preposition are *not* used to inquire about position or destination. To inquire about position ("in what place"), **wo** is used; to inquire about destination ("to what place"), **wohin** is used.

Seit wann wohnt Dieter in München?	Seit September.

Wo-compounds are *not* used to inquire about time. To inquire about time, **wann, seit wann, bis wann,** and **wie lange** are used.

Im Frühling kann man auf der Insel Mainau 600 Tulpensorten sehen.

207

Wiederholung

A. Welches Wort? Choose the word in column B that fits best with each word in column A.

A	B
Ausland	Antwort
Dieb	Camping
Fluß	Grenze
Frage	kämmen
Gespräch	Nelken
Haar	Polizei
Insel	See
Tiere	Stall
Vase	Ufer
Zelt	sich unterhalten

B. Sag das! Construct sentences from the elements given.

1. Petra Müller / wohnen / in / die Agnesstraße
2. um 7 Uhr / sie / kommen / aus / das Haus
3. sie / gehen / in / die Schule
4. sie / fahren / mit / das Rad
5. sie / schreiben / heute / eine Mathearbeit
6. nach / die Schule / sie / gehen / in / ein Lokal
7. sie / sprechen / mit / ihre Freunde
8. sie / sprechen / über / die Mathearbeit

C. Zum Rockkonzert nach Hamburg. Restate in the *ich*-form.

Julia freut sich auf heute abend. Sie fährt mit einer Freundin nach Hamburg zum Rockkonzert. Zuerst duscht sie sich und wäscht sich die Haare. Dann zieht sie sich an. Nach dem Abendessen putzt sie sich die Zähne und kämmt sich. Es ist aber noch zu früh. Sie setzt sich ans Fenster und wartet auf ihre Freundin.

D. Auf dem Bauernhof. Connect the sentence pairs using the conjunction in parentheses.

1. Karsten schreibt uns.
   Er ist auf einem Bauernhof bei Straßburg. (daß)
2. Er muß morgens die Hühner füttern.
   Er muß auch den Hühnerstall sauber machen. (und)
3. Nachmittags streicht er die Scheune.
   Es regnet nicht. (wenn)

4. Es gefällt ihm bei dem Bauern.
   Er muß schwer arbeiten.   (obwohl)
5. Er ißt gern ein Wurstbrot.
   Er fängt morgens an.   (bevor)
6. Die Bäuerin kauft keine Wurst.
   Sie macht sie selbst.   (sondern)

E. Die Einladung.   Retell the anecdote, beginning each sentence with the words in italics.

Gestern hat mich *Gerdas Mutter* zum Kaffee eingeladen. Heute morgen gehe *ich* zum Blumengeschäft. Dort kaufe *ich* Nelken und gehe später zu Gerda. Um vier Uhr bin *ich* dort. Ich klingele *viermal*. Eine halbe Stunde später stehe *ich* aber immer noch vor der Tür. Schließlich gehe *ich* wieder nach Hause. Das Telefon klingelt, *als ich mir eine Cola aus dem Kühlschrank hole*. Es ist Gerda. „Du, Erik, denkst du daran? Morgen kommst *du* zum Kaffee, nicht?"

F. Warum ein internationales Jugendlager?   Give six to eight sentences listing the advantages *(Vorteile)* and disadvantages *(Nachteile)* of a three-week stay at an international youth camp.

G. Land und Leute.

1. Switzerland is host to many visitors each year. Give several reasons why this is so.
2. On a map locate Baden-Baden, Baden bei Wien and Baden in Switzerland. What are these towns known for? What can one do in these places? Try to find out about similar places in the United States and compare them with those in German-speaking countries.

Substantive

der Segler, –/die Seglerin, –nen sailor *(in a sailboat)*

der/die Verwandte *(noun declined like adjective)* relative

der Wanderer, –/die Wanderin, –nen hiker

der Windsurfer, –/die Windsurferin, –nen windsurfer

der Baum, ⸚e tree
der Berg, –e mountain
der Beruf, –e occupation
der Fitnessfan, –s physical fitness fan
der Gast, ⸚e guest
der Koffer, – suitcase
der König, –e king
der Sturm, ⸚e storm
der Trimm-dich-Pfad, –e jogging path
der Weg, –e path

das Ausland foreign country or countries
das Bonbon, –s piece of candy
das Lager, – camp
das Los, –e chance *(in a lottery)*
das Rollenspiel, –e role-playing; skit

die Grenze, –n border, boundary
die Idee, –n idea
die Insel, –n island
die Jugend youth; young people
die Königin, –nen queen
die Möglichkeit, –en possibility
die Sorte, –n kind, variety
die Sprache, –n language
die Tulpe, –n tulip
die Zitrone, –n lemon

Verben

stören to disturb; bother
treffen (i; getroffen) to meet
sich vor·bereiten to prepare (oneself)
wachsen (ä; ist gewachsen) to grow

Andere Wörter

aktiv active
breit wide
fremd foreign
gefährlich dangerous
geheim secret
her (to) here
hin (to) there
international international
mild mild
normal normal(ly)
schrecklich terrible, terribly
schwedisch Swedish
schweizerisch Swiss
selbstverständlich obvious
stur stubborn
verschieden different

Besondere Ausdrücke

am Ende in the end
hin und her back and forth

Kapitel 9

Die Deutsche Demokratische Republik

Brandenburger Tor und Zentrum von Berlin (Ost)

Über die DDR

Die DDR ist etwas größer als Ohio.
Die DDR hat 17 Millionen Einwohner.
Grenzen: Ostsee, Polen, Tschechoslowakei, Bundesrepublik Deutschland
Deutsch-deutsche Grenze: 1345,9 km lang

       7 Eisenbahnübergänge°   crossings via railroad
       9 Straßenübergänge°   crossings via highway

Hauptstadt: (Ost-)Berlin
Einige wichtige Städte: Dresden, Leipzig, Karl-Marx-Stadt,
  Erfurt, Wittenberg, Weimar
Verwaltungsbezirke°: Rostock, Schwerin, Neu-Brandenburg, Magdeburg,   administrative units
  Potsdam, Frankfurt, Erfurt, Halle, Leipzig, Cottbus, Suhl, Gera,
  Karl-Marx-Stadt, Dresden, Berlin

Zwei deutsche Staaten: ein besonderes Problem

Die Bürger in beiden deutschen Staaten sind Deutsche. Ein Deutscher hat
wenigstens theoretisch die Wahl° zwischen zwei deutschen Staaten: der DDR und   choice
der Bundesrepublik. Die DDR ist für die Bundesrepublik wohl ein selbständiger°   independent
Staat, aber dieser Staat ist kein Ausland. Wenn ein DDR-Bürger aus Dresden
nach Hannover kommt und bleiben will, hat er das Recht, hier ein Bürger zu sein
wie jeder andere Bürger. Wenn ein Bürger der Bundesrepublik in die DDR geht
und bleiben will, kann die DDR ihm die DDR-Staatsangehörigkeit° geben, muß es   citizenship
aber nicht.

Fragen

Indicate whether the following statements describe the DDR or the Bundesrepublik.

1. Das Land ist so groß wie Illinois und Indiana zusammen.
2. Das Land hat über 60 Millionen Einwohner.
3. Das Land ist etwas größer als Ohio.
4. Das Land hat 17 Millionen Einwohner.
5. Die Hauptstadt ist (Ost-)Berlin.
6. Das Land hat drei Nachbarländer.
7. Die Hauptstadt ist Bonn.
8. Der Bürger aus dem anderen deutschen Staat hat das Recht, hier Bürger
   zu sein.
9. Das Land hat neun Nachbarländer.

The German Democratic Republic was established in 1949. For economic and political reasons many of its citizens went to the Federal Republic of Germany. Since the area had been predominantly agricultural, the development of industry became a principal goal. To prevent the loss of workers, the authorities gradually built a barrier along the entire western border, today the most heavily guarded frontier in Europe. The last exit, via Berlin, was closed in 1961 with the building of the Wall **(Berliner Mauer)**.

Lengthy negotiations between the two Germanys have led to an easing of travel restrictions. West Germans and West Berliners may now visit relatives or friends, upon application by their hosts to the authorities of the GDR, for an annual total of thirty days. Travel of citizens of the GDR to the West is usually restricted to official visits, emergencies, and travel by retired persons.

An der Mauer in Kreuzberg, Berlin (West)

Meine Eltern

Ich heiße Robert Wängler und bin 18 Jahre alt. Es ist eigentlich ein Zufall°, daß ich heute in Köln, d.h.° in der Bundesrepublik lebe.

Es war im Jahr 1961. Meine Eltern waren 20 Jahre alt und lebten in der DDR. Sie kannten einander aber nicht. Sie reisten Ende Juli über Berlin in die Bundesrepublik. Das machten ja damals viele. Sie wollten den „Westen" nur kennenlernen und dann wieder in die DDR zurück. Sie wollten zu Hause, in Dresden, studieren. Aber dann passierte etwas: der Mauerbau° vom 13. August 1961. Sie konnten nicht wieder nach Hause.

Mein Vater und meine Mutter waren plötzlich ganz allein in einem fremden oder doch ziemlich fremden Land. Sie lernten einander kennen. Sie heirateten. Und jetzt wohnen sie in Köln. Ich auch.

coincidence
das heißt: *that is*

the building of the Berlin Wall

Fragen

1. Wo wohnt Robert?
2. Wo wohnten Roberts Eltern, als sie 20 waren?
3. Warum reisten sie in die Bundesrepublik?
4. Wo wollten sie studieren?
5. Wo heirateten sie?

Onkel Karl

So kommt es, daß meine Verwandten alle in der DDR leben. Wir fahren ziemlich oft hin. Es ist ja nicht schwer, ein Visum° zu bekommen. Man braucht also ein Visum, und man muß Geld eintauschen° — eins zu eins°. Unsere Verwandten dürfen uns aber nicht besuchen. Nur meine Großeltern dürfen es, denn sie sind Rentner°.

Als wir das letzte Mal in Dresden bei meinem Onkel Erich waren, hat uns Onkel Karl besucht. Er ist Chemiearbeiter in Halle und ist ziemlich stolz auf den Lebensstandard in der DDR. Er meinte, daß sie ja vielleicht etwas weniger haben als die Leute in der Bundesrepublik. Aber dann sagte er, daß sie in der DDR einen sichereren Arbeitsplatz haben, daß jeder ein Recht auf Arbeit hat und daß die Preise stabiler° sind. Onkel Karl findet es gut, daß der Staat die Preise kontrolliert.

visa
exchange / each West-Mark = one East-Mark
retired persons

more stable

Fragen

1. Was braucht man, wenn man in die DDR fahren will?
2. Warum dürfen Roberts Großeltern in die Bundesrepublik fahren?
3. Was ist Onkel Karl von Beruf?
4. Was gefällt ihm in der DDR?

*Obst- und Gemüsemarkt
in Berlin (Ost)*

Tante Gerda und Kusine Hanna

Meine Tante Gerda, Onkel Karls Frau, ist wohl auch zufrieden. Aber sie sagte
außerdem, daß man sich eben daran gewöhnen muß, daß nicht alles immer zu
haben ist. Wenn es zum Beispiel keinen Reis gibt, muß sie Nudeln kaufen. Oder
wenn kein Rindsbraten da ist, muß sie versuchen, Schweinefleisch zu bekommen.

Tante Gerda ist Kranführer — oder muß ich „Kranführerin" sagen? Und sie
scheint keine Ausnahme° zu sein. In der DDR sind fast alle Frauen berufstätig°.
Und immer mehr arbeiten auch in Berufen, die° bisher „Männerberufe" waren,
wie Kranführer, Busfahrer, Richter und Chirurg.

Meine Kusine Hanna ist auch zu Besuch gekommen. Sie hat an der Humboldt-
Universität in Ost-Berlin Physik studiert. Jetzt arbeitet sie in der Industrie. Sie ist
in der DDR nicht unzufrieden. Nur eine Sache stört sie wirklich: daß sie nicht in
den „Westen" reisen kann. Sie sagte zu mir: „Ich will ja gar nicht in den Westen.
Ich will ja nur mal in den Westen können."

exception / employed
 outside the home
that

Fragen

1. Ist Tante Gerda mit dem Lebensstandard in der DDR zufrieden?
2. Was kauft sie, wenn es keinen Reis gibt?
3. Was ist Tante Gerda von Beruf?
4. In welchen „Männerberufen" arbeiten heute mehr Frauen?
5. Was hat Kusine Hanna studiert?
6. Wo arbeitet sie jetzt?
7. Ist sie zufrieden?
8. Will sie in den Westen?

Located on the Elbe river, Dresden was once considered one of the most beautiful cities in Germany. During World War II, the inner city was completely destroyed and is therefore new today.

However, many of the most important architectural treasures of the past have been or are being restored. Today tourists can once again visit the **Zwinger,** a group of buildings from the 18th century that create an open space once used for court festivities. It is a magnificent example of baroque architecture. One wing houses one of the world's finest art galleries, reminding the visitor of Dresden's tradition as a center of art and architecture.

Music also has a long and splendid history in Dresden. The **Kreuzchor** is the famous boys' choir of the **Kreuzkirche.** It is the city's oldest musical institution and has performed in many countries, including Japan and the United States.

In addition, Dresden is a center of science and industry. It is the home of electronics and machine-building industries and of a major technical university **(Technische Universität).** Today Dresden has a population of 500,000.

Eine Tanzgruppe im Dresdener Zwinger

Du hast das Wort

1. **Wer ist es?** Indicate to whom the statements refer.

**Robert   Roberts Eltern   Roberts Verwandte
Roberts Großeltern   Onkel Karl   Tante Gerda
Kusine Hanna**

Sie möchte das Recht haben, in den Westen zu fahren.
Sie hat einen „Männerberuf."
Er ist mit dem Leben in der DDR zufrieden.
Er besuchte Onkel Erich, als Roberts Eltern auch da waren.
Er ist 18 Jahre alt.
Sie leben alle in der DDR.
Sie wollten in der DDR studieren.
Sie ist Kranführerin.
Er ist Chemiearbeiter.
Sie heirateten in der Bundesrepublik.
Sie arbeitet in der Industrie.
Sie hat sich daran gewöhnt, daß nicht alles immer zu haben ist.
Sie haben vielleicht etwas weniger als die Leute in der Bundesrepublik.
Er erzählte, daß er einen sicheren Arbeitsplatz hat.
Sie dürfen in die Bundesrepublik reisen.
Als sie 20 waren, lebten sie in der DDR.
Sie dürfen Roberts Eltern nicht besuchen.

2. **Bist du zufrieden?** Ask a classmate whether she/he is satisfied with today's standard of living.

Expressing personal opinions

Bist du mit dem Lebensstandard
   zufrieden?

Ich muß eigentlich sagen, ja.
Ja, man verdient ganz gut.
Ja, ich habe Glück gehabt.
Klar.
Ja, du auch, nicht?
Nein. Es gibt zu viele arme° Leute.
Entschuldigung. Ist das eine ernste
   Frage?
Bist du verrückt?

Die Ordnungszahlen

1. erst-	6. sechst-	21. einundzwanzigst-
2. zweit-	7. siebt-	32. zweiunddreißigst-
3. dritt-	8. acht-	43. dreiundvierzigst-
4. viert-	9. neunt-	100. hundertst-
5. fünft-	10. zehnt-	1000. tausendst-

ZUM ERSTEN
ZUM ZWEITEN
ZUM DRITTEN

Ordinals are numbers used as adjectives. They are formed by adding:
   -t to numbers one through nineteen and **-st** to numbers beyond nineteen.
Exceptions: **erst-, dritt-, siebt-,** and **acht-.**

Das ist die **4.** Fete diese Woche!   That's the *4th* party this week!

In German, a period follows the numeral to indicate that it is an ordinal.
Ordinals take adjective endings.

DOROTHEUM
Eines der großen Auktionshäuser der Welt.

Das Datum

Den wievielten haben wir heute?   *What's the date* today?
Heute haben wir **den**   Today is *October 1 (the*
   ersten Oktober.   *first of October).*

In German, dates are expressed with ordinals and the definite article.

A. Welches Datum?   Christa hat viele Pläne. Sie muß immer das genaue
Datum wissen. Hilf ihr!

1. Den wievielten haben wir heute?
2. Den wievielten haben wir morgen?
3. Den wievielten haben wir heute in acht Tagen?
4. Den wievielten haben wir heute in zwei Wochen?

Lore hat am **6.** April Geburtstag.   Lore's birthday is the *6th* of April.

In German dates, the day precedes the month. **Am** is used in time expressions.

Du hast das Wort

Wann ist das?   Ask a classmate when her/his birthday is.   *Giving dates*

DU   GESPRÄCHSPARTNER/IN
Wann hast du Geburtstag?   Am [20. November].

Familie Wängler

Hermann und Erika Wängler

Hilde Lenz und Manfred Wängler

Gerda Wängler und Karl Brinckmann

Robert Wängler

Hanna Brinckmann

Hermann und Erika Wängler haben zwei Kinder, Manfred und Gerda. Manfred hat Hilde Lenz geheiratet; sie wohnen in der Bundesrepublik. Die beiden haben einen Sohn, Robert. Gerda hat Karl Brinckmann geheiratet. Sie haben eine Tochter, Hanna. Sie wohnen in der DDR.

Hanna ist Roberts Kusine, und Robert ist ihr Vetter. Gerda ist Roberts Tante; ihr Mann ist sein Onkel. Robert ist Onkel Karls Neffe. Hanna ist die Nichte von Roberts Vater Manfred. Hermann und Erika Wängler sind Roberts und Hannas Großeltern. Er ist der Großvater (Opa); sie ist die Großmutter (Oma).

B. Answer the following questions.

1. Wie heißt Roberts Tante?
2. Wer ist Roberts Großvater? Hannas Großmutter?
3. Wo wohnt Roberts Tante? Hannas Onkel?
4. Wer ist Hannas Vetter?

Du hast das Wort

Deine Familie.   Identify the members of your family for your partner. She/he will try to draw your family tree. Use the reading about **Familie Wängler** as a model.

Describing your family

Übungen

1. Time expressions with **am** and **im**

With **am**

Wir kommen **am** 4. Januar.	We're coming *on* January 4.
Am Montag fahren Ute und ich nach Berlin.	*On* Monday Ute and I are going to Berlin.

Am is used in time expressions when a specific day or date is indicated.

A.   Wann ist das?   Gabi fragt, wann einige Sachen passieren. Was sie sagt, ist falsch. Alles passiert einen Tag später. Sag das!

▶   Fangen die Ferien nicht am dritten März an?   *Nein, am vierten.*

1. Fährst du nicht am 4. März weg?
2. Kommst du nicht am 18. März zurück?
3. Gehst du nicht am Freitag Ski laufen?
4. Gibst du nicht am Samstag eine Fete?
5. Besuchst du Inge nicht am Sonntag?
6. Gehst du nicht am 24. wieder in die Schule?
7. Schreibst du nicht am 30. eine Arbeit?

With **im**

Im Jahr 1961 reisten Roberts Eltern in die Bundesrepublik.	*In* 1961, Robert's parents traveled to the Federal Republic.
Es war **im** Juli.	It was *in* July.

Im is used in time expressions when just the month or year is indicated. Note that the equivalent of the English construction *in 1961* is **im Jahr 1961.**

220   *German Today, 2*

B. Wann war das? Deine Familie war oft im Urlaub. Anja will alles darüber wissen. Antworte, wann das alles gewesen ist!

▶ In welchem Jahr hast du auf einem Bauernhof   *Im Jahr 1987.*
      gearbeitet? (1987)

1. In welchem Monat bist du hingefahren? (Juli)
2. Wann bist du zurückgekommen? (August)
3. In welchem Jahr waren deine Eltern in Österreich? (1988)
4. In welchem Monat sind sie in Urlaub gefahren? (Mai)
5. Wann sind sie zurückgekommen? (September)

Land und Leute

One of the most important towns in the GDR is Wittenberg, **die Lutherstadt.** The University of Wittenberg was founded in 1502 and soon became one of the leading centers of learning in Europe. The monk Martin Luther began teaching theology and philosophy there in 1508.

Today Luther's house is a museum. The living room has been carefully restored, with wall and ceiling decorations dating from around 1600. The museum houses the world's most significant collection relating to the history of the Reformation.

Of similar historical importance is the **Wartburg,** an impressive castle near the town of Eisenach. There Luther began his translation of the Bible into German, laying the foundation of the modern German language.

Marktplatz in Wittenberg mit Lutherdenkmal *(monument)* **und Melanchthondenkmal**

2. Adjectives preceded by indefinite articles or ein-words

Nominative singular

Ein Mein	guter Mantel ist teuer.
Ein Mein	gutes Hemd ist teuer.
Eine Meine	gute Jacke ist teuer.

In the nominative singular, an adjective preceded by an indefinite article or by an **ein**-word ends in:

   -er before a **der**-noun,

   -es before a **das**-noun,

   -e before a **die**-noun.

C. Die neuen Möbel. Tante Martha zeigt dir ihre neuen Möbel und sagt, wie sie die findet. Sag, daß du sie auch so findest!

▶ Der Teppich ist schön, nicht?   *Ja, das ist ein sehr schöner Teppich.*

1. Der Sessel ist schwer, nicht?
2. Dieser Tisch ist schön, nicht?
3. Das Sofa ist modern, nicht?
4. Das Bücherregal ist groß, nicht?
5. Diese Lampe ist hübsch, nicht?
6. Diese Kommode ist praktisch, nicht?
7. Die Uhr ist schön, nicht?

D. Du hast schöne Sachen! Astrid findet die Kleidungsstücke im Kaufhaus toll. Sag ihr, daß sie solche Sachen schon hat und daß sie noch schöner sind!

▶ Dieser rote Pulli ist schön.   *Ja, aber dein roter Pulli ist noch schöner.*

1. Dieses gelbe Hemd ist schön.
2. Diese schwarze Jacke ist schön.
3. Dieser braune Mantel ist schön.
4. Diese blaue Hose ist schön.
5. Dieser braune Gürtel ist schön.
6. Dieses grüne Kleid ist schön.
7. Dieser rote Rock ist schön.

Du hast das Wort

Verschwunden. You have lost something. Tell a friend what it is. Your friend will ask you to describe it.

Describing objects

GESPRÄCHSPARTNER/IN	DU
▶ Was hast du denn°?	*Mein Heft ist weg.*

Kugelschreiber	Mappe
Armband	Jacke
Regenschirm	Fotoalbum

▶ Was für ein Heft war das?	*Ein kleines, blaues.*

klein	hübsch
groß	rot
modern	grün
alt	blau
neu	braun
warm	schwarz

Die Zeit hat ein neues Gesicht.

RADO
DiaStar

Accusative Singular

| Ich suche | einen
meinen | neu**en** Mantel. |
|---|---|---|
| | ein
mein | neu**es** Hemd. |
| | eine
meine | neu**e** Jacke. |

In the accusative singular, an adjective preceded by an indefinite article or by an **ein**-word ends in:

   -en before a **der**-noun,
   -es before a **das**-noun,
   -e before a **die**-noun.

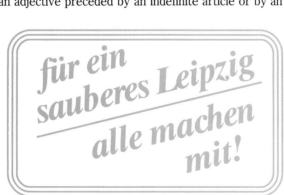

für ein
sauberes Leipzig
alle machen
mit!

E. Ich brauche das nicht! Deine Großmutter sieht im Kaufhaus viele Kleidungsstücke und will sie dir kaufen. Sag, daß du diese Sachen nicht brauchst!

▶ Diese leichte Jacke ist preiswert.   *Ja, aber ich brauche keine leichte Jacke.*

1. Diese kurze Hose ist phantastisch.
2. Dieses grüne Hemd ist schick.
3. Dieser dicke Mantel ist billig.
4. Dieser braune Pulli ist praktisch.
5. Dieser schwarze Gürtel ist schön.

F. Wo sind meine Sachen? Dieter räumt endlich sein Zimmer auf. Er findet viele Sachen nicht und fragt Petra, wo sie sind. Petra hofft, daß er die Sachen nicht verloren hat. Sag das!

▶ Wo ist mein neuer Ring?   *Du hast deinen neuen Ring doch nicht verloren?*

1. Und meine neue Uhr ist weg.
2. Und mein neuer Gürtel auch.
3. Wo ist mein neuer Regenschirm?
4. Und mein neuer Kugelschreiber?
5. Wo ist mein neues Fotoalbum?

Du hast das Wort

Was habt ihr gesehen? Form a group of four, collect items from members of the group and describe them: *„Das ist eine neue rote Jacke."* Once you have described the items, hide them and see how much members of the group can remember about the items: *„Ich habe eine neue rote Jacke gesehen."*

Describing objects

Dative singular

	einem seinem	tollen Urlaub
Peter erzählt von	einem seinem	tollen Picknick
	einer seiner	tollen Fete

In the dative singular, an adjective preceded by an indefinite article or by an **ein**-word ends in **-en**.

G. Eine interessante Woche. Andrea sagt, daß sie letzte Woche jeden Tag etwas Interessantes gemacht hat. Sag, sie soll davon erzählen!

▶ Am Samstag habe ich ein   *Erzähl mal von deinem tollen*
  tolles Konzert gehört.   *Konzert!*

1. Am Sonntag habe ich einen interessanten Krimi gesehen.
2. Am Montag habe ich eine tolle Fete gegeben.
3. Am Dienstag habe ich eine phantastische Rockband gehört.
4. Am Mittwoch habe ich mit Anja ein schönes Picknick gemacht.
5. Am Donnerstag habe ich mit Klaus einen langen Ausflug gemacht.
6. Am Freitag habe ich ein neues Theaterstück gesehen.

Plural

Nominative	Wo sind meine neu**en** Schuhe?
Accusative	Ich suche meine neu**en** Schuhe.
Dative	Was willst du mit meinen neu**en** Schuhen?

In the plural, an adjective preceded by an **ein-**word ends in **-en,** in all cases.

H. Wo sind meine Sachen? Dieter hat noch nicht alles gefunden. Ein paar Sachen sind immer noch weg. Sag, daß es hoffentlich nicht die neuen Sachen sind!

▶ Hast du meine Schuhe gesehen?   *Du suchst doch nicht deine*
                                     neuen Schuhe?

1. Hast du meine Sachen gesehen?
2. Hast du meine Bücher gesehen?
3. Hast du meine Kassetten gesehen?
4. Hast du meine Platten gesehen?

NEUES GEWANDHAUS LEIPZIG   ABRISS

Gewandhaus zu Leipzig   Chorkonzert   Großer
              Freitag, d. 15. 5. 1987, 20.00 Uhr   Saal

              – Großer Saal –

              Parkett Mitte   M 10,—

Eingang **G** Reihe **8** M 10,— Sitz **8**   III/18/135 LpG 501

I. Das Schloß im Garten. Als du ein Kind warst, hat dir deine Großmutter eine Geschichte erzählt. Erzähle die Geschichte deinen Mitschülern. Mach aus zwei Sätzen einen Satz!

▶ Ich erzähle euch eine Geschichte.   *Ich erzähle euch eine kurze*
    Sie ist kurz.   *Geschichte.*

1. Gestern war ich in einem Garten. Er ist groß.
2. In dem Garten steht ein Schloß. Es ist alt.
3. Dort gibt es ein Zimmer. Es ist klein.
4. Das Zimmer hat ein Fenster. Es ist kaputt.
5. Durch das Fenster sieht man einen Wald. Er ist schwarz.
6. Dort sitzt oft ein Mann. Er ist alt und traurig.

3. Narrative past

Inge **wollte** Kaffee trinken.   Inge *wanted* to drink coffee.
Sie **setzte sich** an einen   She *sat down* at an empty table.
  freien Tisch.
Sie **bestellte** eine Tasse Kaffee.   She *ordered* a cup of coffee.
Dann **holte** sie **sich** eine Zeitung.   Then she *got* a newspaper.

The narrative past is used to narrate a series of connected events that took place in the past.

Regular weak verbs

INFINITIVE	STEM	TENSE MARKER	NARRATIVE PAST
spielen	spiel-	-te	spielte
tanzen	tanz-	-te	tanzte
bestellen	bestell-	-te	bestellte

ich **spielte**			wir **spielten**
du **spieltest**	Sie **spielten**		ihr **spieltet**
er/es/sie **spielte**			sie **spielten**

The narrative past of weak verbs is formed by adding the tense marker **-te** to the infinitive stem.

All forms except the **ich-** and **er/es/sie-**forms add endings to the **-te** tense marker.

J. Auf dem Bauernhof. Birgit erzählt von ihren Ferien auf dem Bauernhof. Sag deinem Freund Rainer, was sie alles gemacht hat! Folge dem Mustersatz!

▶ Morgens suchte ich die Eier   *Morgens suchte sie die Eier*
   im Hühnerstall.   *im Hühnerstall.*

1. Dann frühstückte ich mit der ganzen Familie.
2. Später fütterte ich die Hühner.
3. Nachmittags reparierte ich dies oder das.
4. Oder ich machte Gartenarbeit.
5. Manchmal kochte ich dann eine Suppe.
6. Abends holte ich die Kühe.
7. Nach dem Essen spielte ich mit den Kindern.

K. Die Wohnung ist jetzt anders. Frau Schneider erzählt, daß sie in ihrer Wohnung alles anders gemacht hat. Sag deiner Schwester, was Schneiders gemacht haben! Folge dem Mustersatz!

▶ Ich legte den Teppich auf   *Schneiders legten den Teppich*
   den Dachboden.   *auf den Dachboden.*

1. Ich machte aus einem Schlafzimmer ein Arbeitszimmer.
2. Ich stellte die Bücherregale ins Arbeitszimmer.
3. Ich hängte neue Bilder ins Wohnzimmer.
4. Ich kaufte neue Vorhänge.

Land und Leute

Berlin is a divided city; East and West are separated by a wall. East Berlin is the capital of the German Democratic Republic. This part of the city encompasses the center of prewar Berlin: the **Alexanderplatz** (a large open square), the tree-lined boulevard **Unter den Linden,** the **Dom** (cathedral), the **Humboldt-Universität,** and many old museums and theaters, attracting visitors from both East and West.

In the center of West Berlin the **Gedächtniskirche,** a church that was left in ruins after World War II, serves as a war memorial. Here the famous **Kurfürstendamm** (a boulevard also known as the **Ku-damm**) begins. Nearby is the **Bahnhof Zoo,** the city's main train station, located next to Germany's oldest zoo.

Despite its special legal status and geographic location within East Germany, West Berlin, with its 1.9 million inhabitants, has strong economic, financial, and cultural ties to the Federal Republic. This **Inselstadt** (island city, as West Germans sometimes refer to it) has developed into an important cultural and intellectual center. The **Freie Universität Berlin** and the **Technische Universität Berlin** contribute a great deal to academic research and to the life of the city. Films, plays, museums, clubs, and festivals, such as the **Berliner Filmfestspiele, Berliner Jazztage, Theatertage,** and **Sommernachtstraum** (various cultural events during the summer months), make West Berlin a very lively city.

Links: Berlin (Ost) — Unter den Linden und Dom; rechts: Berlin (West) — Ku-damm und Gedächtniskirche

L. Urlaub mit Freunden. Du sitzt mit Freunden in einem Café. Gestern bist du aus dem Ferienlager zurückgekommen. Erzähle deinen Freunden, was du im Urlaub gemacht hast! Folge dem Mustersatz!

▶ Wir segeln oft auf dem See.   *Wir segelten oft auf dem See.*

1. Wir besuchen eine alte Burg.
2. Jeder macht eine bestimmte Arbeit.
3. Monika repariert die Fahrräder.
4. Uwe und Dirk kochen für alle.
5. Ich spüle Geschirr.

Weak verbs with tense marker -ete

ich arbeitete		wir arbeiteten
du arbeitetest	Sie arbeiteten	ihr arbeitetet
er/es/sie arbeitete		sie arbeiteten

The tense marker **-te** expands to **-ete** when added to verbs with a stem ending in **-d** or **-t,** or to verbs with a stem ending in **-n** preceded by another consonant, for example **regnen** > **regnete.**

M. Wir arbeiten viel! Du bist sauer. Deine Eltern sagen, daß die ganze Familie zu wenig arbeitet. Du findest, das stimmt nicht. Sag, was alle gemacht haben!

▶ Ute arbeitet viel.   *Ute arbeitete immer viel.*

1. Thomas arbeitet auch viel.
2. Wir arbeiten den ganzen Tag.
3. Du arbeitest morgens.
4. Ich arbeite abends.
5. Ihr arbeitet zusammen.
6. Inge arbeitet allein.

N. Ein schreckliches Wochenende. Letztes Wochenende warst du mit Freunden zelten. Es war schrecklich. Sag Ute, was passiert ist!

▶ Wir warten zwei Stunden auf   *Wir warteten zwei Stunden auf*
den Bus.   *den Bus.*

1. Die Karten kosten 10 Mark.
2. Wir zelten weit vom See.
3. Es regnet den ganzen Tag.
4. Bernd und ich kochen für alle.
5. Es schmeckt den anderen nicht.
6. Wir arbeiten schwer.
7. Sie danken uns aber nicht.

Separable-prefix verbs

PRESENT
Kirstin räumt auf.
Udo staubt ab.
Sabine kauft ein.

NARRATIVE PAST
Kirstin **räumte auf.**
Udo **staubte ab.**
Sabine **kaufte ein.**

In the narrative past, as in the present, the separable prefix is separated from the base form of the verb and is in final position.

O. Ich war fleißig. Heute abend kommt Besuch. Deshalb warst du besonders fleißig. Sag, was du gemacht hast!

▶ das Wohnzimmer aufräumen   *Ich räumte das Wohnzimmer auf.*

1. die Möbel abstauben
2. nach dem Essen abräumen
3. das Geschirr abtrocknen
4. in der Stadt einkaufen
5. Gisela abholen
6. die Garage aufräumen

Grammatische Übersicht

Time expressions with **am** and **im** (A–B)

With **am**

Hast du **am Samstag** Geburtstag?
Nein, mein Geburtstag ist **am 5. Februar.**

Am is used in time expressions when a specific day or date is indicated.

With **im**

Im Jahr 1961 reisten Roberts Eltern in die Bundesrepublik.
Es war **im Juli.**

Im is used when just the month or year of a date is indicated. Note that the equivalent of the English construction *in 1961* is **im Jahr 1961.**

Adjectives preceded by indefinite articles or ein-words (C–I)

	SINGULAR			PLURAL
Nom.	ein neuer Rock	ein neues Hemd	eine neue Hose	meine neuen Jeans
Acc.	einen neuen Rock	ein neues Hemd	eine neue Hose	meine neuen Jeans
Dat.	einem neuen Rock	einem neuen Hemd	einer neuen Hose	meinen neuen Jeans

Adjectives preceded by an indefinite article or by an **ein**-word end in **-er, -es, -e,** or **-en.** The endings may be summarized as follows:

	SINGULAR			PLURAL
	(der)	(das)	(die)	
Nominative	-er	-es	-e	-en
Accusative	-en	-es	-e	-en
Dative	-en	-en	-en	-en

These endings differ in only three instances from the endings of adjectives preceded by a definite article or by a **dieser**-word. Compare with the summary on page 205 to see the differences in nominative singular of **der-** and **das**-forms and accusative singular of **das**-forms.

Nouns declined like adjectives

Erik ist **ein Verwandter** von mir.
Ich habe **einen Verwandten**
   in der DDR.
Was hörst du von **deinem**
   Verwandten in Österreich?

Erika ist **eine Verwandte** von mir.
Ich habe **eine Verwandte**
   in der DDR.
Was hörst du von **deiner**
    Verwandten in Österreich?

Meine Verwandten in Österreich haben nicht geschrieben.
Ich habe **meine Verwandten** schon lange nicht mehr gesehen.
Wie oft hörst du von **deinen Verwandten?**

Nouns derived from adjectives retain adjective endings in all cases.

Land und Leute

Leipzig, with around 600,000 residents, is the GDR's second largest city. Its location at a crossroads of major European trading routes has led to a long tradition as a commercial and industrial center. The famous **Leipziger Messe** (Leipzig Fair) recently celebrated its 800th anniversary. The fair is held twice a year **(Frühjahrsmesse, Herbstmesse),** and has a significant position in East-West commerce.

Leipzig is especially famous for its publishing houses. The arts flourished early here; Johann Sebastian Bach was musical director of the **Thomaskirche** for many years, and the writers Goethe and Lessing studied at the University of Leipzig. The city's cultural life is still quite vigorous, with five theaters performing daily, a world-class orchestra, and a lively intellectual life centering around the university. A visitor today should not miss a performance at one of the cabarets, where social problems are satirized in songs and humorous sketches.

Thomaskirche und Bachdenkmal in Leipzig

Forms of the narrative past (J–O)

Regular weak verbs

INFINITIVE	STEM	TENSE MARKER	NARRATIVE PAST
glauben	glaub-	-te	glaubte
spielen	spiel-	-te	spielte
tanzen	tanz-	-te	tanzte

ich glaubte		wir glaubten	
du glaubtest	Sie glaubten	ihr glaubtet	
er/es/sie glaubte		sie glaubten	

The narrative past of weak verbs is formed by adding the tense marker **-te** to the infinitive stem.

All forms except the **ich-** and **er/es/sie**-forms add endings to the **-te** tense marker.

Weak verbs with tense marker **-ete**

INFINITIVE	STEM	TENSE MARKER	NARRATIVE PAST
arbeiten	arbeit-	-ete	arbeitete
warten	wart-	-ete	wartete
regnen	regn-	-ete	regnete

The tense marker **-te** expands to **-ete** when added to verbs with a stem ending in **-d** or **-t** or to verbs with a stem ending in **-n** preceded by another consonant (except **l** or **r**).

Separable-prefix verbs

PRESENT	NARRATIVE PAST
Ich **räume** nach dem Essen **ab**. Ich **trockne** das Geschirr **ab**.	Ich **räumte** nach dem Essen **ab**. Ich **trocknete** das Geschirr **ab**.

In the narrative past, as in the present tense, the separable prefix is separated from the base form of the verb and is in final position.

Erfurt, a city of roughly 200,000 in Thüringen, is an economic and cultural center of the area. It is widely known as a **Blumenstadt,** a city of flowers. As a horticultural center, it is the home of **"iga" — Internationale Gartenbauausstellung** (International Horticultural Exhibition).

Erfurt's medieval inner city is almost entirely preserved. Since there were no street names or house numbers in the Middle Ages, many private residences had names. Some are still used: **Zum Breiten Herd** (At the Sign of the Broad Hearth), **Zum Roten Ochsen** (At the Sign of the Red Ox), **Zum Großen Paradies und Esel** (At the Sign of the Great Paradise and Donkey).

Uses of the narrative past

The narrative past, like the conversational past, describes events or actions in the past. However, the narrative past and the conversational past are used in different situations.

Vor dem Jahr 1961 **lebten** Roberts Eltern in der DDR. Ende Juli **reisten** sie in die Bundesrepublik. Das **machten** ja damals viele.

The narrative past is used to narrate a series of connected events in the past. It is commonly used in formal writing (literature or expository prose).

HEIKE **Hast** du deine Schulaufgaben **gemacht?**
TANJA Nein. Ich **habe** Tennis **gespielt.**

The conversational past is used in a two-way exchange to talk about events in the past. It is also used in informal writing, such as letters.

The **du-, ihr-,** and **Sie-**forms are frequently used in questions. Since questions are "conversation" rather than "narration," these forms are used more often in the conversational past than in the narrative past.

Wiederholung

A. Welches Wort? Complete the sentences with one of the following words.

**Ausland   bisher   Grenze   Kranführerin   gewöhnt
Staat   stolz   Universität**

1. Rolf Hofmann ist _____ auf den Lebensstandard in der DDR.
2. Die Preise sind nicht zu hoch, denn der _____ kontrolliert die Preise.
3. Er hat sich daran _____, daß nicht alles immer zu haben ist.
4. Rolfs Tochter arbeitet als _____.
5. Das war _____ ein „Männerberuf".
6. Sein Sohn Frank ist Student an der Humboldt-_____.
7. Rolfs Verwandte wohnen nicht in der DDR, sondern im _____.
8. Er sieht sie selten, denn es ist nicht leicht, über die _____ zu kommen.

Humboldt-Universität in Berlin (Ost)

B. Roberts Besuch in der DDR. Answer questions about Robert's trip to the DDR. Use demonstrative pronouns or *da*-compounds in place of the italicized phrases.

▶ Hat Robert *seine Verwandten* in der DDR besucht?   *Ja, die hat er besucht.*

▶ Hat er *von dem Besuch* erzählt?   *Ja, davon hat er erzählt.*

1. Hat er *seinen Onkel Erich* besucht?
2. Sein Onkel ist stolz *auf den Lebensstandard in der DDR,* nicht?
3. Hat Robert *über das Leben in der DDR* geschrieben?
4. Jeder hat ein Recht *auf Arbeit,* nicht?
5. Hat er von *seiner Kusine Hanna* erzählt?
6. Gefällt es *seiner Kusine* in der DDR?

C. Besuch aus Amerika. Make the following passage more descriptive by using adjectives with the italicized nouns. You may use an adjective more than once.

**alt   amerikanisch   freundlich   groß   gut   klein   modern
nett   neu   romantisch   schön   schwarz   weiß**

Ich wohne in einer *Stadt.* Mein *Freund* Jack besucht mich im Moment. Er möchte alles sehen — das *Rathaus,* das *Museum,* und die *Kirche* neben dem Museum. Er hat auch Interesse an Bauernhöfen. Ein Verwandter von uns (ein Vetter von meinem Vater) hat einen *Bauernhof.* Wir fahren mit meinem *Auto* hin. Jack wundert sich, daß Menschen und Tiere unter einem Dach leben. In Amerika ist es anders. Unser Vetter hat viele Tiere — einen *Hund* und eine *Katze,* Kühe und Pferde. Jack reitet gern. Ich auch. Jack sucht sich ein *Pferd* aus, und ich suche mir ein *Pferd* aus. Es ist ein schöner Nachmittag.

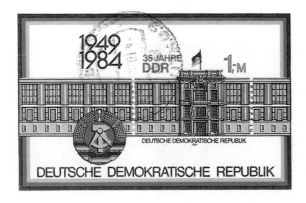

D. Das Fahrrad mit der gelben Tasche. Read the passage and answer the questions that follow.

Vor dem Mauerbau von 1961 war es möglich, daß Ost-Berliner in West-Berlin arbeiteten. Aus dieser Zeit erzählt man eine kleine Geschichte: An einem schönen Morgen um halb sieben will ein junger Mann über die Grenze nach West-Berlin. Er hat ein Fahrrad mit. Am Rad hängt eine gelbe Tasche. Der Grenzbeamte° border official
5 kontrolliert die Tasche ganz genau. Er findet nur ein Käsebrot und eine Thermosflasche° Tee. Sonst nichts. Der junge Mann passiert° nonchalant die Grenze. thermos bottle / crosses Der Beamte fragt sich: Kann dieser Mann ein Schmuggler° sein? smuggler

So ist es jeden Tag. Pünktlich um halb sieben kommt der junge Mann mit dem Fahrrad und der gelben Tasche. In der Tasche hat er immer ein Käsebrot und eine
10 Thermosflasche Tee. Der Beamte gewöhnt sich langsam an den jungen Mann. Aber er ist immer noch unzufrieden: Der junge Mann ist bestimmt ein Schmuggler. Aber was schmuggelt er? Das ist die Frage.

Zwei Jahre später — der Grenzbeamte lebt jetzt in West-Berlin — sehen sich beide in einem West-Berliner Straßencafé. Sie unterhalten sich. Da sagt der
15 ehemalige° Grenzbeamte: „Etwas möchte ich gern von Ihnen wissen. Ich habe ja former nie etwas bei Ihnen gefunden. Aber ich bin heute noch sicher, daß Sie geschmuggelt haben. Was war es?" — „Ja, ich habe geschmuggelt", antwortet der junge Mann und lacht°. „Das habe ich getan." — „Aber was?" fragt der Beamte. laughs „Fahrräder", sagt der junge Mann.

1. Wann konnten Ost-Berliner noch in West-Berlin arbeiten?
2. Zu welcher Zeit kommt der junge Mann immer an die Grenze?
3. Welche Sachen hat der junge Mann jeden Tag mit?
4. Warum ist der Grenzbeamte unzufrieden?
5. Wo unterhalten sich die beiden nach zwei Jahren?
6. Welche Antwort bekommt der ehemalige Beamte auf seine alte Frage?

E. Letzte Woche. Tell what various people did last week, changing the verbs to the narrative past and adding phrases like *jeden Tag, am Mittwoch,* etc.

▶ Ute macht Gartenarbeit.   *Ute machte jeden Tag Gartenarbeit.*
                              Ute machte am Mittwoch Gartenarbeit.

1. Gisela arbeitet drei Stunden.
2. Du arbeitest eine Stunde.
3. Bernd spült Geschirr.
4. Ihr trocknet ab.
5. Wir kaufen ein.
6. Inge und Hugo stauben Möbel ab.
7. Otto putzt Fenster.
8. Ich mache Hausaufgaben.

F. Ein Artikel über die DDR. When Robert Wängler returned home, he was asked to write an article listing the advantages *(Vorteile)* and disadvantages *(Nachteile)* of life in the DDR. Write the article for him.

G. Die Geschichte von . . . Write a story.   Writing a story

1. Wer ist in deiner Geschichte? Ein Schmuggler? Eine Prinzessin? Ein Beamter? Ein junger Mann?
2. Wo passiert deine Geschichte? In einem Turm? In einem Schloß? In einer Stadt?
3. In welchem Jahrhundert und in welchem Land leben diese Leute?
4. Was machen diese Leute?
5. Was ist passiert?

H. Land und Leute.

1. Certain restrictions limit travel between East and West Germany. What are some of them? How does the **Berliner Mauer** relate to these restrictions?

2. You have read about a few of the larger cities in the German Democratic Republic. Name them and describe the characteristics that make these cities interesting.

Substantive

der Bürger, – / die Bürgerin, –nen citizen
der Chirurg, –en, –en / die Chirurgin,
–nen surgeon
der Einwohner, – / die Einwohnerin,
–nen inhabitant
der Kranführer, – / die Kranführerin,
–nen crane operator
der Richter, – / die Richterin, –nen judge

der Bau, –ten construction, building
der Großvater, ∸ grandfather
der Lebensstandard standard of living
der Neffe, –n nephew
der Opa, –s grandpa
der Preis, –e price; prize
der Reis rice
der Staat, –en state, country
der Vetter, –n cousin *(male)*

das Nachbarland, ∸er neighboring country
(das) Polen Poland
das Recht, –e right

die Eisenbahn, –en railroad
die Großmutter, ∸ grandmother
die Industrie, –n industry
die Kusine, –n cousin *(female)*
die Million, –en million
die Nichte, –n niece
die Nudel, –n noodle
die Oma, –s grandma
die Ostsee Baltic Sea
die Tschechoslowakei Czechoslovakia
die Universität, –en university

Verben

sich gewöhnen (an + *acc.*) to get used (to)
kennen·lernen to get to know, meet
kontrollieren to control; to check, inspect
leben to live
passieren (ist passiert) *(dat.)* to happen
reisen (ist gereist) to travel
studieren to study; to go to college

Andere Wörter

als *(conj.)* when
arm poor
bisher formerly, up till now
damals at that time
einander one another, each other
stolz (auf + *acc.*) proud (of)
unzufrieden dissatisfied
über by way of; **über Berlin** by way of Berlin

Besondere Ausdrücke

ein Recht auf (+ *acc.*) a right to (something)
immer mehr more and more
was hast du denn? what's wrong?

Kapitel 10

Fasching —
Fastnacht —
Karneval

Fasnacht in Basel

Fasnacht in Basel

An den Tagen vor Aschermittwoch feiert man Fastnacht. In München nennt man es Fasching und in Köln Karneval. In Basel sagt man Fasnacht und feiert erst eine Woche später.

Wir kamen am Sonntag abend in Basel an. Nach Mitternacht füllten° sich Straßen und Plätze mit Menschen. Um vier Uhr morgens gingen auf den Straßen die Lichter aus. Große Erwartung° lag in der Luft. Der „Morgestraich"° begann.

5 Plötzlich sahen wir größere und kleinere Laternen° um eine Ecke kommen. Sie marschierten zum Rhythmus von Trommeln und Pfeifen°. Immer mehr wurden es — ein ganzes Lichterheer°. Dann erkannten wir, daß es Gruppen von Masken waren, von grotesken Masken und lustigen, bunten Kostümen. Die Gruppen heißen „Cliquen" hier.

Am Montag nachmittag sahen wir den großen Umzug. Jetzt konnten wir die 10 kunstvollen° Masken und Kostüme erst richtig sehen und bewundern. Die Cliquen verteilten° bunte Papierfahnen° mit Spottversen° in Baseldütsch°, die „Zeedel".

Am Dienstag zogen den ganzen Tag große und kleine Gruppen von Masken durch die Stadt, auch Kinder. Am Abend gingen wir zu einem „Guggemusik"°-15 Konzert. Eine „Gugge" ist eine Tüte. Wir sahen phantastische selbstgebastelte Instrumente. Sie machten eine jaulende°, krächzende° Musik. Ein großer Spaß!

Am Mittwoch gab es dann noch einmal einen großen Umzug. Da es kalt war, gingen wir in eine Gaststätte und wärmten° uns an dem traditionellen Fasnachtsessen: braune Mehlsuppe° und Zwiebelkuchen°.

20 Als wir am Donnerstag morgen zum Bahnhof gingen, war die Stadt wieder so sauber und ordentlich wie vor der Basler Fasnacht. Der schöne Wahnsinn° war wieder einmal vorbei.

filled

expectation / morning music to start festivities
lanterns

fifes
sea of lights

artistic
distributed / paper streamers / mocking verses / Basel German

music played on home-made horns

whining / screeching

warmed
burnt-flour soup / onion quiche

insanity

Richtig oder falsch?

1. In Deutschland feiert man Karneval nach Aschermittwoch.
2. Karneval und Fasching feiert man zur gleichen Zeit.
3. Die Basler Fasnacht feiert man nach Aschermittwoch.
4. Die Basler Fasnacht beginnt um 16 Uhr.
5. Die „Cliquen" trugen viele Laternen.
6. Beim „Morgestraich" konnte man die Masken nicht so gut sehen wie beim großen Umzug.
7. Die „Guggemusik" brauchte die „Zeedel" für ihr Konzert.
8. Baseldütsch ist ein deutscher Dialekt.
9. Kinder dürfen in Basel keine Masken tragen.
10. „Guggemusik"-Instrumente kann man im Musikgeschäft kaufen.
11. Nur die Basler essen von der Mehlsuppe und dem Zwiebelkuchen.
12. Am Donnerstag war die Stadt wieder ganz normal.

The **Fastnacht** season begins officially at 11:11 a.m. on November 11. In January and February there are many parties, dances, and performances of satirical skits and songs. The main events, however, take place during the week preceding **Aschermittwoch** (Ash Wednesday) in February or March. On **Fetter Donnerstag** (Maundy or Holy Thursday), known as **Weiberfastnacht** (women's carnival) in some regions, women get together to celebrate. On Friday and Saturday large formal costume balls take place. In some regions, the highlight of **Fastnacht** is the parade on **Rosenmontag.** Mainz and Cologne have the best-known and largest parades, with around 150 floats and 2500 musicians. Many people have the day off from work or school. On **Aschermittwoch** the festivities are over and Lent **(die Fastenzeit)** begins.

Each region has its own carnival cheer. In the Rhineland people shout **Helau** or **Alaaf,** while in Munich one hears **Eins, zwei, g'suffa** (one, two, chug-a-lug).

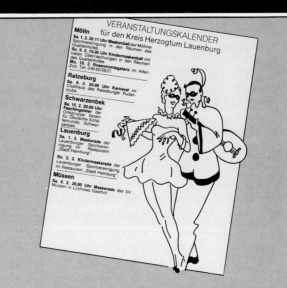

The **Fasnacht** parades in Basel feature intricately carved wooden masks and elaborate historic costumes.

Rosenmontagszug in Köln

Wie kommen wir ins Künstlerhaus?

Jürgens Vater ist Ober im Künstlerhaus°. Jedes Jahr findet dort in der Fa- *restaurant and gallery:
"House of the Artist"*
schingszeit ein berühmter Kostümball statt. Jürgens Vater hat oft davon erzählt.
Da ist immer viel los. Es gibt heiße Musik, so daß man toll tanzen kann, und vor
allem viele gute Sachen zu essen: russische Eier°, verschiedene Salate, jede *hard-cooked eggs with
sauce*
5 Sorte Würstchen, Sardinen, Kaviar, Fisch . . . Bis jetzt konnte Jürgen von
diesem Ball nur träumen. Denn der Eintritt° kostet 60 Mark. Und soviel Geld *admission*
konnte er für einen Ball nicht ausgeben.

Jürgen erzählte seinen Freunden Fritz und Peter von dem Ball: „In zwei
Wochen ist wieder Kostümball im Künstlerhaus. Da kann man immer toll tanzen.
10 Und vor allem gibt es da immer erstklassige° Sachen zu essen. Aber der Eintritt *first-class*
kostet leider 60 Mark."

„Schade", sagte Fritz. „Ich habe ein Cowboykostüm. Aber 60 Mark für einen
Ball — das ist zuviel."

„Das finde ich auch", sagte Peter. „Wißt ihr was? Wir sind Idioten! Warum
15 kaufen wir drei nicht *eine* Karte? Jeder zahlt nur 20 Mark und darf als Cowboy
anderthalb° Stunden auf dem Ball tanzen und essen. Mit der einen Karte kommen *one and a half*
wir alle rein!"

„Mensch, Peter, du bist ein Genie!" sagte Fritz.

Die Kapelle im Künstlerhaus spielte laut. Die Masken lachten viel, sangen
20 Faschingsschlager, tanzten wie wild und tranken und aßen so viel, daß der Ober
die russischen Eier, die Würstchen und die Getränke gar nicht schnell genug
bringen konnte. Der Ober bemerkte allerdings°, daß der Cowboy kaum vom Büf- *to be sure*
fet° wegging und enorme Portionen° Würstchen and Salat aß. Das heißt, zweimal *buffet / portions*
war der Cowboy etwas länger weg. Aber dann kam er jedes Mal mit großem
25 Appetit wieder. Um zwölf spielte die Kapelle einen Tusch°. Alle nahmen ihre *fanfare*
Masken ab, nur der Cowboy wollte lieber essen als die Maske abnehmen. Da ging
der Ober zu ihm hin und nahm ihm die Maske ab: Der Cowboy lächelte ihn
freundlich an. Es war sein Sohn Jürgen.

Richtig oder falsch?

1. Der berühmte Kostümball ist nur für Künstler.
2. Jürgen konnte die Eintrittskarte nicht bezahlen.
3. Fritz hatte genug Geld für drei Eintrittskarten.
4. Die drei Freunde bekamen billige Karten zu 20 Mark.
5. Die Masken tanzten soviel, daß sie nur wenig aßen.
6. Der Ober bemerkte, daß der Cowboy besonders viel aß.
7. Um zwölf kam der Cowboy mit großem Appetit wieder.
8. Alle nahmen ihre Masken ab, nur der Cowboy wollte sie nicht abnehmen.
9. Um zwölf nahm der Ober seine Maske ab.

Frag!

Frag,
| wo der Ball stattfand!
| was es zu essen gab!
| wieviel eine Eintrittskarte kostete!
| wieviel jeder Junge bezahlen mußte!
| was für ein Kostüm Fritz hatte!
| wann alle Gäste ihre Masken abnahmen!
| warum Jürgen seine Maske nicht abnahm!
| wer Jürgen die Maske abnahm!

Land und Leute

During **Fastnacht** one sees many wild and fantastic costumes with ugly and frightening masks. The reasons for this are found in the origins of **Fastnacht** or **Karneval.**

This pre-Lenten celebration has its roots not in Christianity, but in pre-Christian myths, in which spring drives out the demons of winter. People believed that if they dressed up as spirits, witches, wild men, or animals they could better fight the demons. **Der wilde Mann** has a significant part in the **Fasnacht** celebration in Basel. A man dressed in animal skins floats on a boat down the Rhine; with his departure winter is supposed to depart as well.

Favorite **Fasching** costumes of children are those of cowboys, Indians, pirates, and clowns. But another popular costume is that of the chimney sweep (**Schornsteinfeger** or **Kaminkehrer**). The chimney sweep with his black suit and black top hat is a familiar figure in Germany. It is supposed to be good luck to touch a chimney sweep or even just meet one on the street.

Kostüme und Masken in Elzach im Schwarzwald

Du hast das Wort

Talking about recent activities

1. **Auf der letzten Fete.** Tell a classmate what you did at the last party you attended.

Was hast du auf deiner letzten
   Fete gemacht?

Es war toll. Wir haben getanzt.
Ich habe viel gegessen.
Ich habe zuviel gegessen.
Wir haben uns unterhalten.
Ich habe von meinem Urlaub
   erzählt.
Wir haben Platten gehört.
Wir haben Rockmusik gespielt.

2. **Kostümball im Künstlerhaus.** Supply titles for the pictures describing the experiences of the three boys at the *Künstlerhaus*.

Feiertage

Neujahr ist am 1. Januar.

Ostern fällt gewöhnlich in den April. **Ostermontag,** der 2. Feiertag, ist dieses Jahr am 9. April.

Der 1. Mai ist der **Tag der Arbeit** und **Maifeiertag.**

Pfingsten ist dieses Jahr am 27. und 28. Mai. Die Schulkinder haben in einigen Ländern Ferien. Manche fahren in Urlaub.

Weihnachten fällt dieses Jahr auf einen Montag. Dienstag, der 26. Dezember, ist der 2. Feiertag.

Silvester ist am 31. Dezember.

Du hast das Wort

Viele Feiertage. Answer according to your personal experience or preference. Then ask your teacher the questions.

Discussing holidays

Wie feierst du Silvester?

Was machst du am Neujahrstag?

Wann ist Aschermittwoch?

In welchen Monat fällt Ostern dieses Jahr? Wann ist Ostern?

Was hast du Ostern gemacht?

Auf welchen Tag fällt Weihnachten dieses Jahr?

Was hast du zu Weihnachten bekommen?

Was hast du Weihnachten gemacht?

Land und Leute

The German-speaking countries celebrate numerous religious and secular holidays. Christmas **(Weihnachten)** is one of the most important ones. The season starts with the first day of Advent on the fourth Sunday before Christmas. In many homes an **Adventskranz** (advent wreath) and **Adventskalender** are set up until Christmas. Special markets create a festive Christmas atmosphere in many town squares. On December 6, **Sankt Nikolaus** (Santa Claus) brings small gifts such as candies, nuts, and fruit to good children and sometimes a **Rute** (switch) to naughty ones. Christmas Eve is usually celebrated with the immediate family. Only then is a Christmas tree set up and decorated in the living room and presents are opened. The following two days are Christmas holidays.

Common greetings on Christmas cards are **Frohes Fest, Frohe Weihnachten und viel Glück im neuen Jahr,** and **Fröhliche Weihnachten.**

New Year's Eve **(Silvester)** is celebrated with parties. At midnight fireworks are often set off and everyone says **Prost Neujahr!** (a toast to the new year).

Christkindlesmarkt in Nürnberg

One of the secular holidays observed in Europe is May 1, a day of celebration in honor of workers.

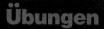

1. Narrative past of modal auxiliaries

INFINITIVE	NARRATIVE PAST	
dürfen	durfte	Ich **durfte** bleiben.
können	konnte	Du **konntest** nicht kommen.
mögen	mochte	Er **mochte** keinen Kaffee.
müssen	mußte	Wir **mußten** früh aufstehen.
sollen	sollte	Ihr **solltet** gestern kommen.
wollen	wollte	Sie **wollten** spazierengehen.

The modals form the narrative past by adding the weak verb tense marker **-te** to the infinitive stem. All forms except the **ich-** and **er/es/sie**-forms add endings to the **-te** tense marker.

Dürfen, können, and **müssen** lose the umlaut in the narrative past tense. **Mögen** loses the umlaut and also undergoes a consonant change: **mögen** > **mochte.**

A. Was für ein Tag! Gerd erzählt, daß er gestern einen schlechten Tag hatte. Frag ihn, warum!

▶   Ich mußte früh aufstehen.   *Warum mußtest du früh aufstehen?*

1. Ich wollte Inge um acht abholen.
2. Wir sollten den Faschingsumzug sehen.
3. Ich konnte sie dann doch nicht abholen.
4. Ich mußte im Café arbeiten.
5. Ich sollte um zwei fertig sein.
6. Ich durfte aber erst um fünf nach Hause.
7. Ich wollte dann nicht mehr anrufen.

B. Probleme mit den Sachen. Deine Freunde erzählen, daß sie gestern Probleme mit ihren Sachen hatten. Wiederhole, was sie sagen, mit dem anderen Wort!

▶   Christl mußte neue Handschuhe   *Ich mußte neue Handschuhe*
    kaufen. (ich)   *kaufen.*

1. Tanja wollte einen Pulli kaufen, nicht? (du)
2. Ich sollte eine Jacke tragen. (Dieter)
3. Ich mochte die Jacke nicht. (wir)

4. Wir durften ohne Hemd nicht ins Restaurant.   (ihr)
5. Jürgen mußte ein Hemd kaufen.   (ich)
6. Wir konnten keins finden.   (Fritz und Inge)

C. Der Ausflug fand nicht statt.   Letzte Woche wolltest du mit deinen Freunden einen Ausflug machen. Aber dann konnte er nicht stattfinden. Erzähle, was passiert ist!

▶   Ich will einen Ausflug machen.   *Ich wollte einen Ausflug machen.*

1. Du willst mitkommen, nicht?
2. Tanja kann nicht mitkommen.
3. Günter muß arbeiten.
4. Du sollst um neun bei mir sein.
5. Du kannst aber nicht mitfahren.
6. Ich muß daher allein fahren.
7. Ich darf aber nicht allein fahren.
8. Ich will keine Pläne mehr machen.

Faschingskapelle in Zürich

2. Narrative past of irregular weak verbs and **haben**

INFINITIVE	NARRATIVE PAST	
bringen	brachte	Frank **brachte** Erik nach Hause.
denken	dachte	Gisela **dachte** an uns.
kennen	kannte	Wir **kannten** ihre Verwandten.
nennen	nannte	Sie **nannten** das Kind nach der Tante.
wissen	wußte	Er **wußte** viel über den Bodensee.
haben	hatte	Ich **hatte** großen Hunger.

Irregular weak verbs have a stem-vowel change in the narrative past. **Haben** has a consonant change. The verbs **bringen** and **denken** also have a consonant change. The tense marker **-te** is added to the stem. All forms except the **ich-** and **er/es/sie-**forms add endings to the **-te** tense marker.

Die Fastnacht in Rottweil und ihre Masken sind berühmt.

D. Picknick ohne Getränke. Letztes Wochenende warst du mit Freunden zum Picknick. Aber ihr seid früh nach Hause gegangen. Sag, was passiert ist!

► Ich bringe die Wurst mit.   *Ich brachte die Wurst mit.*

1. Gisela bringt die Butter mit.
2. Aber kein Mensch denkt an das Brot.
3. Keiner denkt an die Getränke.
4. Wir haben Hunger und Durst.
5. Dieter nennt uns Idioten.
6. Er hat natürlich recht.
7. Das wissen wir auch.
8. Wir haben keine Lust mehr.

3. Narrative past of strong verbs

INFINITIVE	NARRATIVE PAST STEM
gehen	ging
sehen	sah

ich **ging**		wir **gingen**
du **gingst**	Sie **gingen**	ihr **gingt**
er/es/sie **ging**		sie **gingen**

A strong verb undergoes a stem change in the narrative past. The tense marker **-te** is not added to strong verbs in the narrative past. The **ich-** and **er/es/sie-** forms have no verb endings.

E. Jeden Abend fernsehen. Im Urlaub wolltest du mit einigen Leuten Fußball spielen. Aber sie haben jeden Abend ferngesehen. Schließlich auch du. Sag, daß alle ferngesehen haben! Folge dem Mustersatz!

► Frau Schneider sah jeden Abend   *Thomas sah jeden Abend*
   fern. (Thomas)   *fern.*

1. Herr Schneider
2. Inge
3. ich
4. du

5. wir
6. ihr
7. unsere Freunde
8. Beate und Kurt

INFINITIVE	NARRATIVE PAST STEM	INFINITIVE	NARRATIVE PAST STEM
essen	aß	sprechen	sprach
geben	gab	liegen	lag
lesen	las	kommen	kam
nehmen	nahm	sitzen	saß
sehen	sah	tun	tat

F. Besuch bei Freunden. Am Sonntag warst du bei Gerd und Sabine zu Besuch. Es gab Kaffee und Kuchen. Sag, was dort passiert ist!

▶ Am Sonntag sehen wir unsere Freunde. *Am Sonntag sahen wir unsere Freunde.*

1. Gerds Mutter kommt an die Tür.
2. Ich gebe ihr die Hand.
3. Sie nimmt die Blumen.
4. Gerd und Sabine sitzen schon am Tisch.
5. Ich gebe allen die Hand.
6. Ansichtskarten vom Schwarzwald liegen auf dem Tisch.
7. Wir sprechen über unsere Radtour durch den Schwarzwald.
8. Gerds Vater liest ein Buch über den Schwarzwald.
9. Dann bekommen wir Kaffee und Kuchen.
10. Ich esse von jedem Kuchen ein kleines Stück.

INFINITIVE	NARRATIVE PAST STEM	INFINITIVE	NARRATIVE PAST STEM
beginnen	begann	helfen	half
finden	fand	stehen	stand
trinken	trank		

G. Volker braucht Hilfe in Mathe. Gestern hast du versucht, Volker bei den Matheaufgaben zu helfen. Erzähle, wie es war!

▶ Volker steht früh auf. *Volker stand früh auf.*

1. Er beginnt um acht mit der Arbeit.
2. Ich helfe ihm dabei.
3. Wir finden die Arbeit schwer.
4. Wir verstehen die Aufgaben nicht richtig.
5. Wir trinken eine Cola.
6. Das hilft aber auch nicht viel.

INFINITIVE	NARRATIVE PAST STEM
bleiben	blieb
scheinen	schien
schreiben	schrieb
gefallen	gefiel

INFINITIVE	NARRATIVE PAST STEM
halten	hielt
schlafen	schlief
laufen	lief

H. Skifahren im Schwarzwald. Im Februar warst du eine Woche zum Skifahren im Schwarzwald. Sag, wie es war und was du gemacht hast!

▶ Ich bleibe eine Woche im Schwarzwald. *Ich blieb eine Woche im Schwarzwald.*

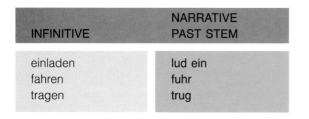

1. Ich laufe jeden Tag Ski.
2. Ich schlafe gut.
3. Die Sonne scheint jeden Tag.
4. Die anderen Gäste gefallen mir gut.
5. Abends unterhalten wir uns über Musik und Filme.
6. Ich schreibe keine Karten.
7. Das gefällt meinen Freunden zu Hause nicht.
8. Sie schreiben aber auch nicht.

INFINITIVE	NARRATIVE PAST STEM
einladen	lud ein
fahren	fuhr
tragen	trug

INFINITIVE	NARRATIVE PAST STEM
fliegen	flog
ziehen	zog
gehen	ging

I. Elke fliegt nach Berlin. Elke hat mit Lore ihre Großeltern in Berlin besucht. Dort hatten sie viel Spaß. Erzähle, was sie dort gemacht haben!

▶ Elkes Großeltern laden sie nach Berlin ein. *Elkes Großeltern luden sie nach Berlin ein.*

1. Elke fliegt am Samstag nach Berlin.
2. Ihre Freundin Lore fliegt mit.
3. Am Tag gehen sie einkaufen oder ins Museum.
4. Sie tragen Jeans.
5. Am Abend gehen sie ins Theater.
6. Sie ziehen ihre schönsten Kleider an.
7. Sie fahren mit dem Taxi zum Theater.
8. Später gehen sie essen.

werden

INFINITIVE	NARRATIVE PAST STEM
werden	wurde

ich **wurde**		wir wurden
du wurdest	Sie wurden	ihr wurdet
er/es/sie **wurde**		sie wurden

The narrative past stem of **werden** is **wurde**.

J. Welchen Beruf haben sie? Die alte Schulklasse macht eine Fete. Alle haben jetzt einen Beruf. Sag Christian, was sie geworden sind!

▶ Robert / Förster   *Robert wurde Förster.*

1. Christl / Verkäuferin
2. Klaus / Lehrer
3. Inge / Ärztin
4. Gabi / Mechanikerin
5. Dieter / Verkäufer
6. Silke / Lehrerin
7. Hans und Jochen / Arbeiter
8. Ute und Meike / Apothekerin

K. Eine Reise nach Österreich. Beate und ihre Familie sind aus Lübeck. Letztes Jahr sind sie mit dem Auto und dem Flugzeug nach Wien gereist. Du findest das toll und willst es jemand erzählen. Sag, was sie gemacht haben!

▶ Wir fahren mit dem Zug von   *Sie fuhren mit dem Zug von*
  Lübeck nach München.   *Lübeck nach München.*

1. Morgens um sieben sind wir in München.
2. Von da fahren wir nach Velden.
3. Velden gefällt uns allen sehr.
4. Meine Eltern gehen gern spazieren.
5. Sie nehmen uns öfter mit.
6. Wir segeln auch.
7. Manchmal machen wir Ausflüge mit dem Auto.
8. Wir besuchen Gurk an der Gurk.
9. Da sehen wir uns den Dom an.
10. Dann fliegen wir nach Wien.
11. Wir bleiben eine Woche.
12. Ich finde die Stadt sehr schön.

Fastnacht or **Fasching** would be unthinkable without **Faschingslieder.** Radio stations, juke boxes, and bands play carnival songs throughout the week of **Fasching,** and people often sing along. The tunes are very catchy and the lyrics often silly. **Ramadamadam** is such a song.

Ramadamadam

1. Er stammt aus einem Nachbarland[1]
   und ist als Käse dort bekannt[2].
   Man nennt ihn Ramadamadam.
   Ein Freund von mir fuhr in die Stadt,
   von der der Käs' den Namen hat,
   und die heißt Ramadamadam.

   Er kam aus Ramadamadam mit einem Ramadamadam.
   Und dieser Ramadamadam lag im Gepäck[3].
   Doch weil der Ramadamadam zu warm
      wurd' — Ramadamadam —
   da lief der Ramadamadam auf einmal weg.
   Ja, so'n warmer Käse läuft und läuft in einer
      Tour[4],
   und so mancher fragt sich:
      Warum läuft der nur?

2. Im Abteil[5] von der Eisenbahn
   da fing er schon zu laufen an
   'ner Dame mitten auf'n Hut[6].
   Der Hut verlor sehr bald die Form.
   Der Duft[7] im Abteil war enorm.
   Die Dame schäumte[8] voller[9] Wut.[10]

   Er kam aus Ramadamadam mit . . .

1. neighboring country 2. known 3. baggage (rack)
4. continually 5. compartment 6. hat 7. smell
8. seethed 9. full of 10. rage

Text und Musik: Jupp Schmitz

1. Er stammt aus ei-nem Nach-bar-land und ist als Kä - se dort be-kannt. Man nennt ihn Ra-ma-da-ma-dam. Ein Freund von mir fuhr in die Stadt, von der der Käs' den Na-men hat, und die heißt Ra-ma-da-ma-dam.

L. Trampen und wandern am Rhein. Jens und Werner haben beim Trampen am Rhein Stefanie kennengelernt. Die Jungen sind jetzt in Köln, aber Stefanie ist schon zurück von der Reise. Sie erzählt jetzt, wie es war. Was sagt Stefanie?

▶ Jens und Werner warten an der Straße.　　*Jens und Werner warteten an der Straße.*

1. Sie gehen nicht in die Tankstelle.
2. Endlich haben sie Glück.
3. Ein Fahrer nimmt sie mit nach Mainz.
4. Erst hinter Koblenz beginnt ihre Wanderung.
5. In Bacharach schlafen sie in einer Burg.
6. Sie besuchen auch Oberwesel.
7. Sie sehen sich die Stadtmauer an.
8. Sie sitzen am Rhein.
9. Sie beobachten die vielen Schiffe.
10. Alles gefällt ihnen sehr.

4. Uses of **als** and **wenn**

Als Paula gestern in Hamburg war, besuchte sie ihre Tante.　　*When* Paula was in Hamburg yesterday, she visited her aunt.

Wenn Erik in Hamburg war, besuchte er immer seinen Onkel.　　*When (whenever)* Erik was in Hamburg, he always visited his uncle.

Wenn Renate in Hamburg ist, geht sie viel ins Theater.　　*When (whenever)* Renate is in Hamburg, she goes to the theater a lot.

Als and **wenn** are both equivalent to English *when*, but they are not interchangeable. **Als** is used to introduce a clause concerned with a single event or block of time in the past. **Wenn,** equivalent to *whenever*, is used to introduce a clause concerned with repeated events in past time; it is also used for single or repeated events in present or future time.

M. Beate hatte ein interessantes Erlebnis. Im Urlaub hat Beate viele schöne Sachen gemacht und gesehen. Sie hat viel Interessantes erlebt. Sag das!

▶ Beate fuhr mit dem Autoreisezug.　　*Als Beate mit dem Autoreisezug fuhr, erlebte sie etwas Interessantes.*

1. Sie fuhr zum ersten Mal im Schlafwagen.
2. Sie war am Wörthersee.
3. Sie machte einen Ausflug nach Gurk.
4. Sie besuchte den Dom dort.
5. Sie arbeitete auf einem Bauernhof.

N. Wenn man in die DDR fährt . . .   Du besuchst oft deine Verwandten in der DDR. Du weißt viel über das Land. Sag, was du weißt und sag es in einem Satz! Fange den Satz mit „wenn" an!

▶   Man fährt in die DDR.   *Wenn man in die DDR fährt,*
    Man muß ein Visum haben.   *muß man ein Visum haben.*

1. Man fährt in die DDR.
   Man muß Geld eintauschen.
2. Wir sind bei meinem Onkel.
   Alle Verwandten kommen zu uns.
3. Wir sind alle zusammen.
   Wir sprechen immer über das Leben in der DDR.
4. Es gibt keinen Reis.
   Tante Gerda kauft Nudeln.
5. Es gibt keinen Rindsbraten.
   Sie essen Schweinefleisch.

Junge Leute in der DDR: sie wollen auf einen Faschingsball.

Although the German-speaking countries have become highly industrialized in the twentieth century, some customs bear evidence of their rural origins. Many of the German folk festivals are celebrated in autumn, the time following the harvest. The most famous and largest folk festival is the **Oktoberfest** in Munich. It takes place from late September until early October, and it offers a great variety of live entertainment, dancing, food, and drink. The villages and towns along the Rhine, Moselle, Neckar, and Danube rivers celebrate the new wine every autumn with a **Weinfest.**

Originally, folk festivals were local events, but now they play a major part in the tourism industry **(Fremdenverkehr),** and visitors from many countries join in the celebrations.

Oktoberfest (München)

Narrative past of modal auxiliaries (A–C)

PRESENT		NARRATIVE PAST	
wir dürfen	we may	wir durften	we were allowed to
wir können	we can	wir konnten	we were able to
wir mögen	we like	wir mochten	we liked
wir müssen	we must	wir mußten	we had to
wir sollen	we are supposed to	wir sollten	we were supposed to
wir wollen	we want to	wir wollten	we wanted to

The modals form the narrative past by adding the weak-verb tense marker **-te** to the infinitive stem. The modals **dürfen, können, mögen,** and **müssen** lose the umlaut in the narrative past tense. **Mögen** also has a consonant change. All forms except the **ich-** and **er/es/sie-**forms add endings to the **-te** tense marker.

Narrative past of irregular weak verbs and **haben** (D)

INFINITIVE	NARRATIVE PAST
bringen	ich brachte
denken	ich dachte
kennen	ich kannte

INFINITIVE	NARRATIVE PAST
nennen	ich nannte
wissen	ich wußte
haben	ich hatte

Heute
Faschingsball
im Sportheim Hüttenheim
Beginn 20 Uhr

Irregular weak verbs have a stem-vowel change in the narrative past. **Haben** has a consonant change. The verbs **bringen** and **denken** also have a consonant change. All forms except the **ich-** and **er/es/sie-**forms add endings to the **-te** tense marker.

du-, ihr-, and Sie-forms in the narrative past

Warst du gestern auf der Party?	**Mußten Sie** arbeiten?
Hattest du keine Lust?	**Wußten Sie** das letzte Woche
Konntet ihr nicht kommen?	schon?

In Chapter 9 you learned that the **du-, ihr-,** and **Sie**-forms are rarely used in the narrative past. Exceptions to this practice are the narrative past of modals, **haben, sein,** and often **wissen.** Even in conversational exchanges the narrative past of these verbs is more common than the conversational past.

Narrative past of strong verbs (E–L)

INFINITIVE	NARRATIVE PAST
gehen	ging
sehen	sah
schreiben	schrieb

ich **ging**	Sie **gingen**	wir **gingen**	
du **gingst**		ihr **gingt**	
er/es/sie **ging**		sie **gingen**	

Strong verbs undergo a stem change in the narrative past. They do not take the past tense marker **-te.** The **ich-** and **er/es/sie-**forms have no verb endings.

In the vocabularies of this book, the narrative past is printed after the infinitive, followed by the past participle: **finden (fand, gefunden).** A list of strong verbs used in *German Today, One, Fourth Edition* and *German Today, Two, Fourth Edition,* is found in the Reference Section at the end of this book.

Uses of als and wenn (M–N)

Als ich Ingrid gestern sah, sagte sie kein Wort über die Party.	*When* I saw Ingrid yesterday, she didn't say a word about the party.
Wenn Gerd und ich zusammen waren, sprachen wir immer über Fasching.	*When (whenever)* I was with Gerd, we always talked about Fasching.
Wenn Astrid mich sieht, spricht sie immer von dem Ball.	*When (whenever)* Astrid sees me, she always talks about the ball.

Als and **wenn** are both equivalent to English *when,* but they are not interchangeable. Each word has a specific use.

Als is used to introduce a clause concerned with a single event or block of time in the past.

Wenn is used to introduce a clause concerned with repeated events in past time; it is equivalent to *whenever.* **Wenn** is also used for single or repeated events in present or future time.

Wiederholung

A. Hinter den Masken. Make the following anecdote more interesting by using one or more of the following adjectives with the italicized words.

groß **grotesk** **heiß** **klein** **lang** **laut** **lustig**
müde **russisch** **schlank** **schön** **toll** **verrückt** **wild**

Eine *Prinzessin* unterhält sich mit einer *Ballettänzerin* auf einem *Faschingsball.* Renate, die *Prinzessin,* und Margit, die *Tänzerin,* sind allein gekommen. Ihre Freunde konnten nicht mitkommen, denn sie hatten kein Geld.
   Eine *Kapelle* spielt *Musik.* Alle tanzen. Jeder Tänzer trägt eine *Maske.* Auf einem *Tisch* steht viel zu essen. Am Tisch stehen ein *Cowboy* und ein *Windsurfer.* Die beiden essen so viel, daß der *Ober* die *Eier* und die *Würstchen* gar nicht schnell genug bringen kann. Renate sagt: „Siehst du den *Cowboy* und den *Windsurfer?* Das sind doch Mark und Frank, nicht?" Die *Mädchen* nehmen den Jungen die Masken ab. Fremde Gesichter. Die *Mädchen* lachen. Die *Jungen* lachen. Am Ende tanzt der *Cowboy* mit der *Prinzessin* und der *Windsurfer* mit der *Ballettänzerin.*

B. Ferien auf dem Bauernhof. Make up sentences in the narrative past, using the guidelines provided.

▶ Peters Eltern / wollen / Ferien   *Peters Eltern wollten in*
    machen / in Dänemark   *Dänemark Ferien machen.*

1. Peter / dürfen / arbeiten / auf / ein Bauernhof
2. er / wollen / bleiben / eine Woche
3. die Arbeit / gefallen / er
4. er / müssen / suchen / die Eier / in / Hühnerstall
5. er / können / trinken / warme Milch / von / die Kuh
6. er / dürfen / helfen / der Bauer / bei / die Arbeit
7. seine Eltern / sollen / abholen / er / nach / eine Woche

C. Auf dem Rosenmontagszug. Restate in the narrative past.

Frank und Monika wollen sich den Rosenmontagszug ansehen. Sie ziehen sich schnell an und gehen früh weg. Es sind schon viele Menschen da. Aber Monika und Frank bekommen noch einen guten Platz. Plötzlich hören sie Musik; man spielt die Faschingsschlager. Viele kennen die Worte und singen mit. Und da kommen die ersten Masken. Sie sitzen und stehen auf einem Wagen. Einige laufen hinter dem Wagen her. Die Leute lachen über die tollen Kostüme und die Masken.

D. Teenagerzeitschriften damals und heute. Herr Breitner is talking about magazines for teenagers. Restate what he says, but combine the sentences with *als* or *wenn* as appropriate.

▶ Ich war jung.   *Als ich jung war, las ich*
  Ich las Teenagerzeitschriften gern.   *Teenagerzeitschriften gern.*

1. Wir lasen etwas Interessantes über die Stars.
   Wir imitierten sie.
2. Unser Idol kaufte einen heißen Ofen.
   Wir wollten auch einen haben.
3. Guido Boehm schenkte seiner Freundin einen Ring.
   Jedes Mädchen mußte auch so einen Ring haben.
4. Ich wurde sechzehn.
   Ich kaufte diese Zeitschriften nicht mehr.
5. Junge Leute lesen Teenagerzeitschriften.
   Sie lesen sie meistens nicht kritisch.

E. Till Eulenspiegel. Read the story and answer the questions that follow.

Vor 600 Jahren lebte in Deutschland ein junger Bauer. Er hieß Till Eulenspiegel. Für ihn war fast jeden Tag Fasching. Er wanderte durch das Land und machte lustige Streiche°.   tricks

Einmal war Till Eulenspiegel in Magdeburg. Die guten Bürger sprachen viel von ihm und wollten etwas Interessantes sehen. „Gut", sagte Till. „Ich zeige euch etwas, was ihr noch nie gesehen habt. Ich fliege vom Rathausdach herab."

Bald war der Platz vor dem Rathaus voll von Menschen. Till stand auf dem Dach und bewegte° die Arme. Die Leute standen unten mit offenem° Mund und   moved / open glaubten, daß Till herabfliegen wollte.

Plötzlich lachte Till. „Ihr nennt mich einen Narren°, ihr Leute von Magdeburg.   fool Das ist lustig. Aber ihr seid die Narren. Ich weiß, daß ihr nicht fliegen könnt. Warum glaubt ihr denn nun, daß ich fliegen kann? Ich sehe, die Stadt Magdeburg ist voll von Narren."

Danach kam er herunter und lief schnell weg.

1. Wann lebte Till Eulenspiegel?
2. Was machte er, als er durch das Land wanderte?
3. Was wollten die Bürger von Magdeburg sehen?
4. Was wollte Till ihnen zeigen?
5. Warum standen so viele Leute auf dem Platz?
6. Warum nannte Till die Magdeburger Narren?

F. Mein Erlebnis auf dem Kostümball. Retell the story about the ball at the *Künstlerhaus* (p. 243) as Jürgen would tell his friends. Use the narrative past.

G. Es war einmal . . . In small groups tell a story starting with the phrase *Es war einmal* . . . . Each person in the group contributes a new sentence to the story. When you are finished, tell another group what your story was about.

Telling a story

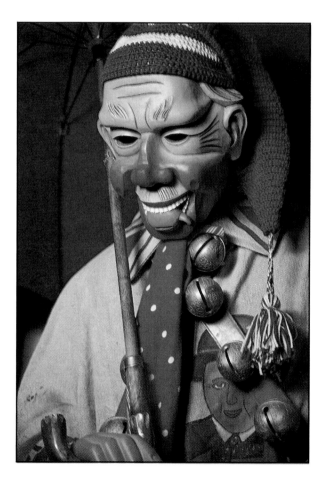

Eine Holzmaske aus dem Schwarzwald

H. Land und Leute.

1. Describe some *Fasching* customs. When does *Fasching* begin and what are some of the important dates during the celebration? There are similar celebrations in the United States. Do you know where they are held?

2. What are some of the important religious and secular holidays celebrated in the German-speaking countries? Compare them to holidays in the United States. What similarities and differences do you find?

Vokabeln

Substantive

der **Appetit** appetite
der **Aschermittwoch** Ash Wednesday
der **Ball, ¨e** ball; **auf dem Ball** at the ball
der **Fasching** Mardi gras
der **Feiertag, –e** holiday
der **Idiot, –en, –en** idiot
der **Karneval** Mardi gras
der **Schlager, –** hit (song)
der **Umzug, ¨e** parade

das **Genie, –s** genius
das **Kostüm, –e** costume

die **Fas(t)nacht** Mardi gras
die **Gaststätte, –n** inn, restaurant
die **Kapelle, –n** band
die **Luft** air
die **Maske, –n** mask; masked person
die **Mitternacht** midnight
die **Trommel, –n** drum
die **Tüte, –n** bag

Verben

ab·nehmen (i; nahm ab, abgenommen) to take off
an·kommen (kam an, ist angekommen) to arrive
aus·geben (i; gab aus, ausgegeben) to pay, spend *(money)*

Verben (cont.)

bemerken to notice
bewundern to admire
erkennen (erkannte, erkannt) to recognize
feiern to celebrate
an·lächeln to smile at
lachen (über + *acc.*) to laugh (about)
marschieren (ist) to march
statt·finden (fand statt, stattgefunden) to take place
träumen (von) to dream (of)
ziehen (zog, gezogen) to pull; to move

Andere Wörter

berühmt famous
bunt colorful
da *(conj.)* since, because
enorm enormous
grotesk grotesque
lustig funny
ordentlich orderly
rein (herein) in here, in there
vorbei over; **die Stunde ist vorbei** the class is over
wild wild

Besondere Ausdrücke

vor allem above all

Kapitel 11

Welchen Beruf
wählst du?

Er gießt (waters) *Blumen. (Rathaus Heidelberg)*

Was möchten Jugendliche am liebsten werden?

1. Förster/in — *forester*
2. Pilot/in — *airplane pilot*
3. Flugbegleiter/in (Steward/eß) — *flight attendant*
4. Krankenschwester/–pfleger — *nurse*
5. Polizist/in — *policeman/–woman*
6. Feuerwehrmann/–frau — *firefighter*
7. Matrose/Matrosin — *sailor*
8. Sekretär/in — *secretary*
9. Sänger/in — *singer*
10. Filmstar — *movie star*

Was werden sie nun eigentlich?

JUNGEN	BOYS	MÄDCHEN	GIRLS
Kfz-Mechaniker	*auto mechanic*	Verkäuferin	*salesclerk*
Elektriker	*electrician*	Friseurin	*hairdresser*
Maschinenschlosser	*fitter*	Bürokauffrau	*office clerk*
Tischler	*cabinet maker*	Arzthelferin	*doctor's assistant*
Maler	*house painter*	Industriekauffrau	*company clerk*
Maurer	*mason*	Zahnarzthelferin	*dental assistant*
Großhandelskaufmann	*wholesale clerk*	Bankkauffrau	*bank clerk*
Bäcker	*baker*	Bürogehilfin	*office assistant*
Werkzeugmacher	*tool and die maker*	Großhandelskauffrau	*wholesale clerk*
Landwirt	*farmer*	Rechtsanwaltsgehilfin	*legal assistant*

Du hast das Wort

1. **Was möchtest du werden?** Which career would you prefer? Select your first, second, and third choices from the lists below and on the previous page. Discussing careers

Arzt/Ärztin	*doctor*
Bankkaufmann/–frau	*bank clerk*
Diplomat/in	*diplomat*
Fabrikdirektor/in	*factory manager*
Informatiker/in	*computer scientist*
Ingenieur/in	*engineer*
Journalist/in	*journalist*
Lehrer/in	*teacher*
Mechaniker/in	*mechanic*
Musiker/in	*musician*
Atomphysiker/in	*nuclear physicist*
Politiker/in	*politician*
Programmierer/in	*computer programmer*
Rechtsanwalt/–anwältin	*lawyer*
Sekretär/in	*secretary*
Soldat/in	*soldier*

2. **Warum dieser Beruf?** Why would you choose the career you listed as first preference? Rate the importance of each of the following factors, according to the scale below.

1. Ich würde vielen Menschen helfen können.
2. Ich würde interessante Reisen machen.
3. Ich würde viel Geld verdienen.
4. Ich wäre unabhängig.
5. Ich hätte großes Prestige.
6. Die Arbeit wäre interessant.
7. Ich hätte viel Freizeit.
8. Ich hätte viel Einfluß.
9. Ich würde da wohnen können, wo ich will.
10. Ich wäre viel in der Natur.
11. Ich würde berühmt werden.
12. Die Arbeit wäre leicht.
13. Ich hätte viel Kontakt mit anderen Menschen.

RATING SCALE

5 Das ist wirklich wichtig°.
4 Das ist ziemlich wichtig.
3 Das spielt schon eine Rolle.
2 Das finde ich uninteressant.
1 Das ist unwichtig.
0 Das finde ich doof.

HEUTE TRÄUMT ER, FUSSBALLSTAR ZU WERDEN – MORGEN WIRD ER VIELLEICHT PILOT

Ganz gleich, welchen Beruf er später ausüben wird, die wichtigste Voraussetzung ist eine gute Ausbildung. Aber eine fundierte Ausbildung kann ganz schön »ins Geld gehen« und nicht selten wird es versäumt, rechtzeitig Vorsorge dafür zu treffen.

Deshalb sollten Sie jetzt die Zeit nutzen und seine Ausbildung mit einem Vorsorgesparplan absichern. Am besten, Sie fragen gleich einmal einen unserer Berater nach dem S-Vorsorgesparen.

Stadtsparkasse München ś
immer für Sie da, wenn's um Service + Leistung geht

Ein Maurer zeigt einem Azubi, wie man es macht.

Vier junge Leute im Beruf

Einige junge Leute nehmen an einer Konferenz teil. In einem Seminar berichten vier von ihnen über ihre Berufe.

Anke Pleuß

Ich bin Auszubildende bei einer Reederei° in Bremen. Ich will Reederei-Kauffrau° werden. Jeden Morgen fahre ich mit der Eisenbahn in die Stadt — ich wohne noch bei meinen Eltern auf dem Land — und bin um acht im Büro.

    Besonders interessant ist es, wenn ein Schiff von uns im Hafen von Bremen liegt. Manchmal darf ich an Bord°. Einige Schiffe kenne ich schon fast so gut wie ein Matrose. Hoffentlich kann ich eines Tages einmal mit einem von diesen Schiffen eine Reise nach Übersee° machen. Aber bis dahin muß ich noch viel lernen.

    Im Moment genieße ich das Leben in Bremen. In der Mittagspause gehe ich oft an der Weser spazieren, oder ich bummle über den alten Marktplatz mit dem Rathaus, dem Roland°, dem Dom und den Bremer Stadtmusikanten°.

shipping line / shipping clerk

board

overseas

statue of Roland / statue of the Musicians of Bremen

Fragen

1. Was will Anke werden? Was ist sie?
2. Wo wohnt sie? Wo arbeitet sie?
3. Wie fährt sie in die Stadt?
4. Was findet Anke besonders interessant?
5. Wohin möchte sie eines Tages einmal reisen? Wie?
6. Wo geht sie in der Mittagspause oft spazieren?

Michael Jahn

Ich bin Werkzeugmacherlehrling bei BMW° im Berliner Werk°. Wir machen die berühmten „heißen Öfen". Autos machen wir nicht. Die BMW-Autos kommen ja aus München.

    Als Azubi bekomme ich siebenhundert Mark im Monat. Da ich noch bei meinen Eltern wohne und also billig lebe, kann ich ganz schön sparen. Von meinem Taschengeld bezahle ich ab und zu Kino und Disco und auch meine Kleidung, aber das meiste gebe ich für Schallplatten aus. Besonders gern mag ich Popgruppen.

    Im Sommer mache ich mit Freunden eine Rallye° mit einem Volkswagen-Buggy° durch Deutschland.

Bayerische Motorenwerke / factory

rally
dune-buggy

Fragen

1. Was will Michael werden?
2. Was ist er jetzt?
3. Bei welcher Firma lernt er?
4. Was macht Michaels Firma?
5. Wieviel Geld verdient ein Werkzeugmacherlehrling im Monat?
6. Warum kann Michael viel sparen?
7. Was bezahlt er von seinem Taschengeld?
8. Wofür gibt er das meiste Taschengeld aus?
9. Was für Musik mag er sehr?
10. Was macht er im Sommer?

Ursel Möller

Ich bin Fremdsprachenkorrespondentin° bei einer Hamburger Holzimportfirma°. Ich arbeite jeden Tag — außer sonnabends natürlich — von acht bis fünf im Büro. Ich mache die englische und französische Korrespondenz in unserer Firma.

bilingual secretary / wood-importing firm

Ich habe Dolmetscherin und Übersetzerin an der Universität Heidelberg studiert. Und dann war ich auch im Ausland. Ich war einmal sechs Wochen in Amerika und öfter vierzehn Tage in England. Und dann habe ich einen guten Freund in Frankreich. Wir schreiben uns jede Woche einen schrecklich langen Brief. Das ist eine gute Übung.

Im Urlaub fahre ich nach Frankreich. Jean wohnt nicht weit von Paris. Ich freue mich immer darauf, Paris wiederzusehen.

Fragen

1. Was macht Ursel?
2. Was importiert Ursels Firma?
3. Welche Sprachen kann Ursel lesen und schreiben?
4. Wann arbeitet sie?
5. Was hat sie studiert? Wo?
6. Wie lange war sie in Amerika?
7. Wo hat sie einen Freund?
8. Wohin fährt sie in den Ferien?

BERUFE MIT ZUKUNFT

Planen Sie Ihre berufliche Zukunft mit uns. Entscheiden Sie sich für eine Ausbildung zum Fremdsprachen-Korrespondenten.Voraussetzung.inlingua Aufnahmetest nach Mittlerer Reife, Abitur o.ä. 2 Sprachen: Englisch, Französisch oder Spanisch. Dauer : Tages- oder Abend-kurse — ein bis zwei Jahre. Abschluß : inlingua Diplom. Förderung : gleichwertig mit dem Besuch einer öffentl. Berufsfachschule und als förderungswürdig im Rahmen des BAFÖG anerkannt.

inlingua Sprachschulen

FREMDSPRACHEN-KORRESPONDENT/IN

Martin Ewald

Ich bin Flugbegleiter bei der Lufthansa°. Ich habe meinen Lehrgang° von sieben Wochen gerade hinter mir.

German airline / instruction

Ich fliege auf zwei Maschinentypen, dem Jumbo 747 und dem Airbus. Jeden Monat bekomme ich einen neuen Arbeitsplan. Meistens habe ich einmal im Monat einen Langstreckenflug°, z.B. nach Tokio oder Boston.

long-distance flight

Mein Hobby ist Reisen. Wir können privat mit unserer Fluglinie° sehr billig fliegen. Ich habe also vor, in den nächsten Jahren möglichst viel von der Welt zu sehen.

airline

Fragen

1. Was ist Martin von Beruf?
2. Wie lange dauert ein Lehrgang für einen Flugbegleiter?
3. Auf welchen Maschinen fliegt Martin?
4. Wie oft bekommt er einen neuen Arbeitsplan?
5. Wie oft hat er einen Langstreckenflug?
6. Was hat er in den nächsten Jahren vor?

Land und Leute

The West German school system is divided into three paths after the **Grundschule** (primary school, grades 1–4): the **Hauptschule** (grades 5–9 or 10) usually leads to vocational school and a job in the trades or business; the **Realschule** (intermediate school, grades 5–10) leads to jobs in the trades as well as offices; the **Gymnasium** (grades 5–13) prepares students for further education at a university. Graduation from the **Gymnasium** requires a final exam **(das Abitur),** including oral and written tests in most subjects. Some states have established **Gesamtschulen** (grades 1–13), which offer a combination of these different types of schooling and allow students to change their educational path more easily.

Schüler in einem Münchner Gymnasium

Du hast das Wort

Dein Beruf. Consider the career you would like to pursue. What would your life be like if you worked in this profession? Prepare a short report describing your daily routine. When you are ready your partner will ask about your profession. Consider the following questions:

Describing work routines

Was bist du von Beruf?
Wann arbeitest du?
Bei welcher Firma arbeitest du? Oder bist du selbständig°?   self-employed
Hat dein Beruf großes Prestige?
Wieviel Geld verdienst du im Monat?
Wo wohnst du?
Wie kommst du zur Arbeit?
Wie oft fährst du in Urlaub?
Machst du interessante Reisen?
Wieviel Freizeit hast du, und was machst du in deiner Freizeit?

Wortschatzerweiterung

The suffix -los

Sprache	speech
sprach*los*	speech*less*

The German suffix **-los** is used to form adjectives and adverbs from nouns. Often equivalent to English *-less*, **-los** denotes *a lack of*.

Was ist hier los? In den Sätzen sind Wörter mit *-los*. Sag, von welchem Substantiv sie kommen! Sag den Satz auch auf englisch!

▶ Klassische Musik ist *zeitlos.*   *die Zeit; Classical music is*
                                                  timeless.

1. Seine Antwort ist *fraglos* die beste.
2. Herr Schmidt ist schon ein Jahr *arbeitslos.*
3. Ingrid antwortete nicht, sondern ging *wortlos* aus dem Zimmer.
4. Die Geschichte ist so langweilig, weil sie so *farblos* ist.
5. Müssen wir eigentlich *endlos* über diese Frage diskutieren?

1. Comparison of adjectives and adverbs

Comparative forms

| Base form | Mathe ist **leicht.** | Math is *easy.* |
| Comparative | Mathe ist **leichter** als Chemie. | Math is *easier* than chemistry. |

The comparative of an adjective or adverb is formed by adding **-er** to the base form.

The word **als** is equivalent to *than.*

A. Tolle Faschingskostüme. Auf dem Faschingsball siehst du Ingrids Kostüm und Renates Kostüm. Ingrids gefällt dir besser. Sag das!

▶ verrückt   *Ingrids Kostüm ist verrückter als Renates.*

1. toll
2. neu
3. phantastisch
4. schön

5. lustig
6. grotesk
7. bunt
8. wild

| Base form | groß | kalt |
| Comparative | **größer** | **kälter** |

Many one-syllable adjectives and adverbs add umlaut in the comparative form.

B. Auf dem Faschingsball. Du bist mit Peter auf dem Faschingsball. Er denkt an den Ball im letzten Jahr und sagt, daß der Ball in diesem Jahr anders ist. Du denkst anders. Sag das!

▶ Der Ball ist dieses Jahr kleiner, nicht?   *Unsinn. Er ist größer.*

1. Die Kapelle ist kleiner, nicht?
2. Die Pausen sind länger, nicht?
3. Die Tänze sind kürzer, nicht?
4. Die Leute sind älter, nicht?
5. Die Mädchen sind auch jünger, nicht?
6. Es ist im Künstlerhaus kühler, nicht?

Base form	gern	gut	hoch	viel
Comparative	lieber	besser	höher	mehr

A few adjectives and adverbs are irregular in the formation of their comparative forms.

C. Was machen sie? Dieter erzählt von euren Freunden. Er weiß viel, aber du weißt mehr. Sag, was du weißt und benutze den Komparativ!

▶ Erik macht gern Geschichte.   *Englisch macht er noch lieber.*
    Wie ist es mit Englisch?

▶ Jan liest viel.   *Gabi liest noch mehr.*
    Wie ist es mit Gabi?

1. Gisela macht gern Mathe. Wie ist es mit Chemie?
2. Sie kann gut Mathe. Wie ist es mit Physik?
3. Thomas spielt viel Geige. Wie ist es mit Klavier?
4. Sabine spielt gut Basketball. Wie ist es mit Hockey?
5. Dirk arbeitet viel. Wie ist es mit Ute?
6. Gisela springt ein Meter fünfzig hoch. Wie ist es mit Erika?

274

Malermeisterin mit zwei Malergesellen in Köln

Ich möchte . . .   Think of things you wish were different and tell a friend. Your friend may ask for more information. Reply, and ask what she/he would like to be different.

DU	GESPRÄCHSPARTNER/IN
Ich möchte gern mehr Zeit haben.	Warum?
Ich möchte mehr lesen. Was möchtest du?	Ich möchte . . .

Superlative forms

| Base form | Wien, Basel und München sind **alt**. | Vienna, Basel, and Munich are *old*. |
| Superlative | Welche Stadt ist die **älteste?** | Which city is the *oldest?* |

The superlative of an adjective or adverb is formed by adding **-st** to the base form. The **-st** is expanded to **-est** if the stem ends in **-d, -t,** or a sibilant. The adjectives and adverbs that add umlaut in the comparative also add umlaut in the superlative.

D.   Basel ist interessant.   Du bist mit Irma in Basel. Irma sagt, wie sie alles findet. Du findest, daß dies die aufregendsten Sachen in Basel sind. Sag das und benutze den Superlativ!

▶   Diese Mauer ist alt, nicht?   *Ja, sie ist die älteste in Basel.*

1. Dieser Garten ist schön, nicht?
2. Dieses Tor ist groß, nicht?
3. Dieser Park ist neu, nicht?
4. Dieser Platz ist interessant, nicht?
5. Dieses Lokal ist toll, nicht?
6. Dieser Brunnen ist hübsch, nicht?

Der kürzeste Weg nach Italien kann der preiswerteste sein.

Brenner Ferien Autobahn

Im Sommer ist das Wetter **am schönsten.**

Im Winter arbeitet Frau Greif **am schwersten.**

The weather is *nicest* in the summer.

Mrs. Greif works *hardest* in the winter.

Am + superlative + **-en** is the superlative construction used for adjectives not preceded by an article (**am schönsten**), and for all adverbs (**am schwersten**).

E. Ja, das stimmt. Du wartest beim Arzt. Eine Frau spricht mit dir, aber was sie sagt, ist uninteressant. Mach es interessanter und benutze den Superlativ!

▶ Im Sommer sind die Tage lang.   *Ja, im Sommer sind die Tage am längsten.*

1. Im Winter sind die Tage kurz.
2. Im Januar ist es kalt.
3. Im Herbst ist das Wetter schön.
4. Im Frühling sind die Blumen bunt.
5. Im Juli ist es heiß.
6. Zu Fasching sind die Kostüme häßlich.
7. Zu Weihnachten sind die Geschenke toll.

Base form	gern	gut	hoch	viel
Superlative	liebst-	best-	höchst-	meist-

The adjectives and adverbs that are irregular in the comparative are also irregular in the superlative.

F. Was machen sie am besten? Die Lehrerin kennt alle Schüler und kann viel von ihnen erzählen. Sie hat aber auch Fragen. Antworte und benutze den Superlativ!

▶ Heike macht lieber Physik als Mathe. Wie ist es mit Chemie?   *Chemie macht sie am liebsten.*

▶ Silke spielt besser Klavier als Margit. Wie ist es mit Karin?   *Karin spielt am besten.*

1. Frank spielt lieber Fußball als Basketball. Wie ist es mit Tennis?
2. Ingrid spielt besser Tennis als Frank. Wie ist es mit Claudia?
3. Jens schwimmt besser als Erik. Wie ist es mit Andreas?
4. Sandra arbeitet mehr als Nicole. Wie ist es mit Susanne?
5. Stefan liest mehr als Markus. Wie ist es mit Christian?
6. Torsten springt höher als Werner. Wie ist es mit Dieter?
7. Ilse macht lieber Bio als Englisch. Wie ist es mit Musik?
8. Michael spielt lieber Rock als Jazz. Wie ist es mit Pop?

Informatiker und Programmierer — interessante und populäre Berufe.

Preceded comparative and superlative adjectives

Hamburg hat einen **größeren** Hafen als Bremen.
Hamburg hat den **größten** Hafen in Deutschland.

Preceded comparative and superlative adjectives have regular adjective endings.

G. Nein, das möchte ich nicht. Im Kaufhaus fragt der Verkäufer, ob dir die Sachen gefallen. Sie gefallen dir nicht, und du möchtest etwas anderes. Antworte mit dem Komparativ!

▶ Ist dieser Plattenspieler gut genug?   *Nein, ich möchte einen besseren.*

1. Ist diese Stereoanlage gut genug?
2. Ist dieser Fernseher groß genug?
3. Ist dieser Kassettenrecorder billig genug?
4. Ist dieses Radio klein genug?
5. Ist diese Kassette billig genug?
6. Ist dieser CD-Spieler gut genug?

H. Fotos von Deutschland. Du zeigst Anne Fotos von deinem Urlaub in Deutschland. Sie hat Fragen, und was sie denkt, stimmt. Sag das und benutze den Superlativ!

▶ Ist Trier eine alte Stadt?   *Ja. Die älteste in Deutschland.*

1. Ist die Universität in Heidelberg eine alte Universität?
2. Ist Hamburg eine große Stadt?
3. Ist der Rhein ein langer Fluß?
4. Ist der Bodensee ein großer See?
5. Ist die Zugspitze ein hoher Berg?

Du hast das Wort

Viele Fragen.   You and your partner are discussing geography and have come up with some interesting questions. Using the cues below, write out the questions and ask another group.

Making comparisons

▶ Welcher Ozean / groß / / der Atlantik / der Pazifik

Welcher Ozean ist größer, der Atlantik oder der Pazifik?

1. Welches Land / groß / / Rußland / China
2. Welcher Berg / hoch / / der Mount Everest / der Sankt Gotthard
3. Welcher Fluß / lang / / der Mississippi / der Nil
4. Welches Land / klein / / Luxemburg / Monaco

Die Michaeliskirche in Hamburg steht nicht weit von der Elbe.

2. The **würde**-construction

Würdest du mir helfen?	*Would* you help me?
Ich **würde** das nicht machen.	I *would*n't do that.

German often uses a **würde**-construction where English uses a *would*-construction. It is used to speak about a potential or unlikely situation.

ich **würde** es machen		wir **würden** es machen	
du **würdest** es machen	Sie **würden** es machen	ihr **würdet** es machen	
er/es/sie **würde** es machen		sie **würden** es machen	

Würde is a special form of **werden** called subjunctive. The **würde**-construction consists of a form of **würde** plus an infinitive. The infinitive is in final position.

I. Niemand würde es glauben. Katja sagt, daß sie einen Brief von einem Rockstar bekommen hat. Sie will es allen erzählen. Sag, niemand würde es glauben!

▶ Thorsten *Thorsten würde es nicht glauben.*

1. Melanie	4. wir
2. deine Freunde	5. ich
3. meine Freunde	6. du

Uses of the **würde**-construction

Hypothetical conclusions	Ich **würde** das nicht **tun.**	I *would*n't *do* that (if I were you).
Wishes	Wenn du das nur **tun würdest!**	If only you *would do* that. (I wish you would.)
Polite requests	**Würdest** du das bitte **tun?**	*Would* you please *do* that?

J. Ich würde das nicht tun. Sabine muß jeden Tag schwer arbeiten. Du findest das nicht gut. Sag, daß du das alles nicht machen würdest!

▶ Sabine arbeitet in einem Büro. *Ich würde nicht in einem Büro arbeiten.*

1. Sie steht jeden Tag um sechs auf.	5. Nach der Arbeit kocht sie das Essen.
2. Sie fährt mit dem Bus zur Arbeit.	6. Abends putzt sie.
3. Sie arbeitet neun Stunden.	
4. Sie arbeitet Tag und Nacht.	

Diese Schülerinnen lernen technisches Zeichnen (drawing).

K. Alle müssen helfen. In einer Stunde kommt Besuch. Nichts ist gemacht. Wenn doch nur alle helfen würden! Sag das!

▶ Hoffentlich putzt Mark das   *Wenn Mark nur das Badezimmer*
    Badezimmer!   *putzen würde!*

1. Hoffentlich räumt Andreas auf!
2. Hoffentlich hilft Nicole!
3. Hoffentlich saugt Julia Staub!
4. Hoffentlich staubt Alexander ab!
5. Hoffentlich wäscht Ute ab!

L. Würdest du das bitte tun? Du und Dieter, ihr wollt beide, daß Jan zu Hause hilft. Dieter sagt es so, und du sagst es anders. Benutze *würde!*

▶ Räume bitte die Garage auf!   *Würdest du bitte die Garage*
                                          aufräumen?

1. Deck bitte den Tisch!
2. Trag bitte den Mülleimer raus!
3. Hilf mir bitte bei der Gartenarbeit!
4. Putze bitte die Fenster!
5. Mähe bitte den Rasen!

3. The subjunctive of **sein** and **haben**

Wenn ich nur älter **wäre!**	If only I *were* older!
Wenn ich nur mehr Zeit **hätte!**	If I only *had* more time!

Verbs other than **werden (würde)** also have subjunctive forms. The subjunctive forms of main verbs may be used in place of the **würde-**construction. With **sein** and **haben,** German prefers the subjunctive forms **wäre** and **hätte** to the **würde-**construction.

ich **wäre**		wir **wären**
du **wärest**	Sie **wären**	ihr **wäret**
er/es/sie **wäre**		sie **wären**

M.   Eine schreckliche Fete.   Im Jugendzentrum ist Fete. Tanja sagt, was sie alles schrecklich findet. Du findest, daß sie recht hat und wünschst, daß alles nicht so wäre. Folge dem Mustersatz!

▶   Die Band ist schlecht,   *Ja. Wenn die Band nur nicht*
    nicht?   *so schlecht wäre!*

1. Das Essen ist furchtbar, nicht?
2. Die Getränke sind warm, nicht?
3. Es ist voll, nicht?
4. Die Luft ist schlecht, nicht?
5. Es ist langweilig, nicht?
6. Es ist laut, nicht?

Du hast das Wort

Wie wäre das? You are visiting a friend. She/he will make some suggestions. Respond appropriately. Use the cues provided or make up your own responses.

Responding to suggestions

GESPRÄCHSPARTNER/IN

Ich kann dir gern helfen.
Heute abend können wir zusammen etwas machen.
Wenn du möchtest, gehen wir ins Kino.
Morgen können wir einen Ausflug machen.
Ich kann dir für den Ausflug mein Fahrrad geben.
Am Sonntag soll es wieder regnen.
Am Dienstag können wir zusammen ins Theater gehen.

DU

Das wäre | schön.
toll.
nett.
ganz prima.
gut.
schade.
schrecklich.
furchtbar.
langweilig.

Land und Leute

The improvement of working conditions has been a crucial part of political programs in Germany since the founding of a unified German national state in 1871. The foundation of German social legislation was laid at the time during which **Otto von Bismarck** (1815–1898) was chancellor. The German government introduced health insurance **(Krankenversicherung)**, workers' compensation **(Unfall- und Invalidenversicherung)**, and retirement pension **(Rentenversicherung)**. The costs were to be shared by the employer, the employee, and the government. The retirement age was set at sixty-five. Additional laws required time off for workers on Sundays and legal holidays, established rules for safety and health conditions in the work place, and restricted child labor.

Im Alter bekommen sie Geld von der Kranken- und von der Rentenversicherung.

ich hätte		Sie hätten	wir hätten
du hättest			ihr hättet
er/es/sie hätte			sie hätten

N. Was hättest du gern? Du bist auf einem Markt, wo man alles bekommen kann. Sag, was du gern hättest!

▶ ein halbes Pfund Reis   *Ich hätte gern ein halbes Pfund Reis.*

1. zwei Kilo Kartoffeln
2. 200 Gramm Tee
3. ein Pfund Kaffee
4. 250 Gramm Butter

5. zwei Zitronen
6. ein kleines Stück Wurst
7. 300 Gramm Käse
8. fünf Tomaten

O. Viele Fragen. Heute ist dein erster Tag in der neuen Schule. Du willst besonders freundlich sein und beginnst alle Fragen mit *hätte*. Folge dem Mustersatz!

▶ Hast du Zeit für mich?   *Hättest du Zeit für mich?*

1. Hast du vielleicht 20 Pfennig?
2. Hast du einen Bleistift für mich?
3. Haben Sie vielleicht noch ein Stück Papier?
4. Habt ihr noch Karten für uns?
5. Hast du bitte einen Moment Zeit?
6. Haben Sie bitte einen Stadtplan für mich?

Grammatische Übersicht

Comparison of adjectives and adverbs (A–H)

Regular forms

Base form	laut	loud	schön	beautiful
Comparative	lauter	loud*er*	schöner	*more* beautiful
Superlative	lautest-	loud*est*	schön*st*-	*most* beautiful

German forms the comparative of adjectives and adverbs by adding the suffix **-er** to the base form. It forms the superlative by adding the suffix **-st** to the base form. The ending **-est** is added to words ending in **-d (mildest-)**, **-t (leichtest-)**, or a sibilant **(heißest-)**. An exception is **größt-**.

English has two ways to compare adjectives and adverbs. It forms the comparative by adding the suffix *-er* to the base form or by using the modifier *more*. It forms the superlative by adding the suffix *-est* or by using the modifier *most*.

Forms with umlaut

Base form	alt	groß	jung
Comparative	älter	größer	jünger
Superlative	ältest-	größt-	jüngst-

Many one-syllable adjectives and adverbs add umlaut in the comparative and superlative. Some familiar words are **dumm, kalt, klug, krank, kurz, lang,** and **warm.** Adjectives and adverbs of this type are indicated in the vocabularies of this book as follows: **kalt (ä).**

Irregular forms

Base form	gern	gut	hoch	viel
Comparative	lieber	besser	höher	mehr
Superlative	liebst-	best-	höchst-	meist-

The comparative and superlative of a few adjectives and adverbs have irregular forms.

Preceded comparative and superlative adjectives

Ich habe nie **ein besseres** Konzert gehört.	I've never heard *a better* concert.
Das ist **das beste** Theater in Wien.	That is *the best* theater in Vienna.
Von allen Blumen sind Rosen **die schönsten,** nicht?	Of all flowers, roses are *the prettiest,* aren't they?

Preceded comparative and superlative adjectives have regular adjective endings.

Comparative with **als**

Hamburg ist **größer als** Bremen.	Hamburg is *bigger than* Bremen.
Hamburg hat **einen größeren** Hafen **als** Bremen.	Hamburg has *a bigger* harbor *than* Bremen.

In comparisons of inequality, **als** is equivalent to English *than*.

Am + superlative + **-en**

Im Frühling ist das Wetter hier **am schönsten.**	The weather here is *nicest* in the spring.

Am + superlative + **-en** is the superlative construction used for adjectives not preceded by an article.

Barbara schwimmt **am besten.**	Barbara swims *best*.

The superlative form of all adverbs is **am** + superlative + **-en.**

The **würde**-construction (I–L)

Ich **würde** das nicht **machen.**	I *would*n't *do* that.
Würden Sie dieses Buch **kaufen?**	*Would* you *buy* this book?

Würde is a special form of **werden** called subjunctive. It is equivalent to the English construction *would* + infinitive. The **würde**-construction consists of a form of **würde** plus an infinitive in final position.

Forms of the **würde**-construction

ich würde es machen		wir würden es machen
du würdest es machen	Sie würden es machen	ihr würdet es machen
er/es/sie würde es machen		sie würden es machen

Uses of the **würde**-construction

Hypothetical conclusions

Ich **würde** das nicht **tun.**	I *would*n't *do* that (if I were you).
Du **würdest** das auch nicht **glauben.**	You *would*n't *believe* that either (if someone told you).

Ein Töpfer ist ein Handwerker und oft auch ein Künstler (artist).

Wishes

Wenn er das nur **tun würde!**	If only he *would do* that!
Wenn du mir nur **helfen würdest!**	If you *would* only *help* me!

Polite requests

Würden Sie das für mich **tun?**	*Would* you *do* that for me?
Würdest du mir **helfen?**	*Would* you *help* me?
Würdest du bitte **hierherkommen?**	*Would* you please *come here?*

The subjunctive forms **wäre** and **hätte** (M–O)

wäre		
ich wäre	Sie wären	wir wären
du wärest		ihr wäret
er/es/sie wäre		sie wären

hätte		
ich hätte	Sie hätten	wir hätten
du hättest		ihr hättet
er/es/sie hätte		sie hätten

Verbs other than **werden (würde)** also have subjunctive forms. The subjunctive forms of main verbs may be used in place of the **würde**-construction. The subjunctive forms **wäre** and **hätte** are generally preferred to the **würde**-construction with **sein** and **haben**.

Wenn es nur nicht so kalt **wäre**!	If only it *were*n't so cold.
Das **wäre** schön.	That *would be* nice.
Wenn ich nur mehr Zeit **hätte**!	If only I *had* more time.
Hättest du Zeit für mich?	*Would* you *have* time for me?
Ich **hätte** gern ein Pfund Kaffee.	I *would like* a pound of coffee.

Wiederholung

A. Ein verrückter Traum. Summarize the content of the following conversation. Use the narrative past.

UWE	Letzte Nacht habe ich von dir geträumt.
DIETER	Wirklich?
UWE	Ja. Wir sind auf einem Schiff. Ich glaube, auf dem Rhein.
DIETER	Machen wir eine Schiffsreise?
UWE	Nein. Du willst ins Kino, hast aber kein Geld und willst dir ein Taschengeld verdienen.
DIETER	Was hat denn das alles mit dem Schiff zu tun?
UWE	Du hast zwei Pferde gekauft und willst sie in Basel verkaufen. Für den Fasnachtsumzug. Du transportierst sie auf dem Schiff.
DIETER	Das ist doch Unsinn.
UWE	Ja. Aber das Dumme ist, daß ich dir dabei helfe.
DIETER	Also gut. Hab' ich sie verkauft?
UWE	Nein, sie sind ins Wasser gefallen.
DIETER	Mensch! Und was ist dann passiert?
UWE	Nichts. Aber wir können nicht ins Kino.

You may wish to begin: *Letzte Nacht träumte Uwe von Dieter . . .*

B. Wer hat gewonnen? You are in charge of awarding the prizes at your school fair. Announce the contest winners, beginning with third place.

▶ Peter / Meike / Inge: viele Bananen essen

Peter hat viele Bananen gegessen.
Meike hat mehr Bananen gegessen.
Inge hat die meisten Bananen gegessen.

1. Paul / Rolf / Petra: laut lachen
2. Regina / Ute / Werner: lange auf einem Fuß stehen
3. Jens und Eva / Frank und Marta / Gerd und Astrid: gut tanzen
4. Rudi / Sabine / Horst: viele Bücher tragen

C. Wie möchtest du leben? What kind of life-style do you like? Indicate your preference in each of the following cases.

1. Wo würdest du lieber wohnen — in der Stadt oder auf dem Land?
2. Würdest du lieber in einem Einfamilienhaus oder in einer Wohnung wohnen?
3. Würdest du im Urlaub lieber zu Hause bleiben oder wegfahren?
4. Würdest du lieber mit dem Bus oder mit dem Auto in Urlaub fahren?
5. Was würdest du lieber kaufen — Platten oder Bücher?
6. Wo würdest du lieber Geburtstag feiern — zu Hause oder in einer Disco?
7. Was würdest du lieber studieren — Physik oder Deutsch?
8. Was hättest du lieber — einen praktischen oder einen theoretischen Beruf?

D. Traumberufe. Read the passage about dream careers, and then choose the phrase that best completes each of the statements that follow.

Eine Zeitung in Hamburg fragte vor einiger Zeit 250.000 junge Menschen zwischen 13 und 17 Jahren, welchen Beruf sie am liebsten wählen würden: „Was ist dein Idealberuf, dein Traumberuf?" 180.000 Jungen und Mädchen haben auf eine Postkarte geschrieben, welchen Beruf sie am interessantesten, am tollsten
5 finden.

Das Resultat war unglaublich: Auf Platz Eins — Förster; auf Platz Zwei — Fußballspieler. Dann kamen Berufe wie Arzt, Schauspieler, Bundespräsident und Geheimagent 007.

Wie soll man diese Liste verstehen? Wir brauchen doch Mechaniker,
10 Krankenschwestern, Werkzeugmacher und Kranführer mehr als Astronauten und Fußballspieler. Die Antwort ist ganz einfach. Die jungen Menschen haben eben wirklich nur geträumt. Sie wissen, daß diese Träume nicht viel mit der Wirklichkeit zu tun haben. Als zur gleichen Zeit 1.000 wirkliche Kochlehrstellen° in der Bundesrepublik frei waren, bewarben sich° 1.800 Jungen und Mädchen dafür. Sie
15 wissen genau, was Wirklichkeit und was Traum ist.

positions as apprentice cook / **sich bewerben:** to apply

1. Die Zeitung wollte wissen, . . .
   a. welchen Beruf die jungen Menschen hatten.
   b. was die jungen Menschen am liebsten werden würden.
   c. wieviel junge Menschen Postkarten schreiben können.
2. Die jungen Menschen träumen davon, . . .
   a. unabhängig und in der Natur zu arbeiten.
   b. als Krankenschwester anderen Menschen zu helfen.
   c. als Mechaniker Autos zu reparieren.
3. Man braucht heute . . .
   a. nur Mechaniker und Kranführer.
   b. mehr Fußballspieler.
   c. mehr Werkzeugmacher und Krankenschwestern.
4. Mädchen und Jungen . . .
   a. träumen, wenn sie ihren Beruf wählen.
   b. wissen, welche Berufe man braucht.
   c. interessieren sich nur für den Kochberuf.

Azubis bei Ford in Köln

E. Was wäre, wenn . . . ? Say what you would do if the following conditions were true.

▶ Wenn ich genug Geld hätte . . .   *Wenn ich genug Geld hätte,*
                                     würde ich eine Stereoanlage
                                     kaufen.

1. Wenn ich mehr Zeit hätte . . .
2. Wenn das Wetter schön wäre . . .
3. Wenn ich ein paar Jahre älter wäre . . .
4. Wenn ich in Deutschland wäre . . .
5. Wenn jetzt Fasching wäre . . .
6. Wenn ich ein neues Auto hätte . . .
7. Wenn wir keinen Fernseher hätten . . .
8. Wenn ich heute Geburtstag hätte . . .
9. Wenn jetzt Samstagabend wäre . . .

F. Sag das! Construct sentences based on the guidelines.

1. der Umzug / stattfinden / um 14.00 Uhr
2. wir / ankommen / um 13.00 Uhr
3. wir / können / feiern / Fasching / zusammen
4. ich / sich freuen auf / der Umzug
5. hoffentlich / wir / bekommen / gute Plätze
6. du / sich erinnern an / die Masken

G. Land und Leute.

1. The West German school system is divided into three paths. Describe them. How is this similar to or different from the American school system?

2. Many careers in the Federal Republic require an apprenticeship. Describe the steps an **Auszubildende/r** must take. Try to find out how this compares to professional training in the United States.

3. The Federal Republic has an extensive system of government-subsidized benefits. Describe the essential features of them, including their origins. Compare the system to that in the United States.

Vokabeln

Substantive

der/die Auszubildende (declined like
  adj.) apprentice (official term)
der Dolmetscher, – / **die Dolmetscherin,
  –nen** interpreter
der Flugbegleiter, – / **die Flugbegleiterin,
  –nen** flight attendant
der Kaufmann, –leute / **die Kauffrau, –en**
  merchant, businessperson
der Matrose, –n, –n / **die Matrosin,
  –nen** sailor
der Steward, –s / **die Stewardeß,
  Stewardessen** (pl.) steward / stewardess
der Übersetzer, – / **die Übersetzerin,
  –nen** translator
der Werkzeugmacher, – / **die
  Werkzeugmacherin, –nen** tool-and-die
  maker

der Hafen, −̇ harbor, port
der Lehrling, –e apprentice

das Büro, –s office
(das) Frankreich France
das Holz wood
das Taschengeld pocket money, allowance

die Firma, Firmen (pl.) company
die Gesellschaft, –en company
die Maschine, –n machine
die Natur nature
die Reise, –n trip; **eine Reise machen** to
  take a trip
die Übung, –en practice; exercise
die Welt world

Verben

genießen (genoß, genossen) to enjoy
hätte (subjunctive of **haben**) would have
sparen to save (money, time, etc.)
wählen to choose
würde (subjunctive of **werden**) would

Andere Wörter

französisch French
meist most
privat private(ly)
sonnabends Saturdays (North German)
wichtig important

Besondere Ausdrücke

ab und zu now and then
am liebsten best (or most) of all
auf dem Land in the country
bis dahin until then
eines Tages some day
einmal im Monat once a month
möglichst viel as much as possible

NOCH EINMAL

A

Die Familie. Prepare a family tree with photographs or drawings of your grandparents, parents, aunts, uncles, cousins, brothers, and sisters. Then tell the class how each person is related to you and to one other of the persons shown. Describe in a few sentences the personality and interests of each relative.

B

Elternbesuch. Invite your parents to an evening program. Decorate the classroom with scenic posters, homemade flags, or **Wappen** from German-speaking countries. Have each member of the class give a brief report on some aspect of life in the German-speaking countries — geography, customs, festivals, entertainment, or housing in cities or villages. Use slides and photos when possible, and play records or cassettes of German music. After the presentations, serve some German refreshments to your guests.

C

Eine Reisebroschüre. Write and illustrate with magazine clippings a travel brochure for some area in a German-speaking country. Tell what special opportunities the area offers for sports, music, and other forms of entertainment. You might advertise **Sommer am Bodensee, Karneval in Köln,** or **Ein Jugendlager in Dresden.**

Kleines Theater. Form a group with two or three of your classmates to write a skit about one of the customs in German-speaking countries that you have learned about. Make sure there is at least one German-speaking character and one American character in your skit. You might have the characters tell about their own experiences or express surprise at each other's views of what is appropriate. Perform the skit for the rest of the class. The following are key words and phrases that may help you think of a topic for your skit:

- **Kaffee und Kuchen**
- **Markt**
- **Herzlichen Glückwunsch**
- **Fußball**
- **Ist hier noch frei?**
- **Telefonieren**
- **Im Restaurant**
- **Mitbringsel**
- **Sie oder du?**
- **Auszubildende**
- **Einem die Hand geben**
- **Frische Luft**
- **Türen**
- **Blumen**

Ein Liederabend. Learn several German **Faschingslieder,** folk songs, or carols and perform them for other classes. Prepare programs that include text and music, notes on holiday customs, and illustrations relevant to the text or season, as well as performers' names and instruments.

Ein Klassenbrief. Your class has been chosen to host a German class that will be visiting your town soon. Compose a letter as a class to the German class, listing questions you would like them to answer while they're here. Ask them about their town, their customs (dates, dances, pocket money, holidays, and so on), and about their goals and preferences (jobs, vacations, housing).

Stufe 6

Was die Welt zusammenhält

Kapitel 12

Wissenschaftler und Techniker

Spezialistin für Limnologie (Max Planck Gesellschaft, Ploen)

Ohne Otto kein Auto

Der Erfinder des Vier-Takt°Ottomotors war Nikolaus Otto. Otto war eigentlich Kaufmann. Als Kaufmann war er viel unterwegs° und reiste oft mit der Postkutsche°. Da hatte er eines Tages eine Idee: Eine Kraftmaschine° sollte die Kutsche antreiben°. Otto war von seiner Idee so begeistert°, daß er seinen Beruf
5 aufgab und nur noch an seinem Motor arbeitete.

    Am Morgen des 9. Mai 1876 war es endlich soweit. Der Motor lief. Dieser erste Ottomotor produzierte° soviel Kraft° wie drei Pferde zusammen.

    Otto gründete° die erste Motorenfabrik der Welt. Er wurde durch seinen Motor ein reicher Mann. Viele seiner Techniker wurden später berühmt. Am
10 berühmtesten wurde wohl Gottlieb Daimler, der technische° Direktor der Fabrik. Er gründete später die Daimler-Motoren-Gesellschaft und baute die erfolgreichen° Mercedes-Autos.

    Der Ottomotor ist heute der am meisten gebaute Motor. Man hat ihn wohl im Laufe° der Jahre verbessert°, aber im Grunde° ist es noch der gleiche Motor wie
15 damals, obwohl er heute über hundert Jahre alt ist. In einem Jahr baut man heute auf der ganzen Erde etwa 25 Millionen Ottomotoren.

four-cycle

underway
stage coach / motor
drive / excited

produced / power

founded

technical

successful

in the course / improved / basically

Richtig oder falsch?

1. Nikolaus Otto war am Anfang Ingenieur.
2. Die Postkutschen fuhren mit Kraftmaschinen.
3. Otto baute auch die Mercedes-Autos.
4. Daimler arbeitete am Anfang in Ottos Fabrik.
5. Otto verdiente mit seinem Motor viel Geld.
6. Der Ottomotor von heute ist natürlich ganz anders als vor hundert Jahren.
7. In einem Jahr baut man jetzt viele Millionen Ottomotoren.

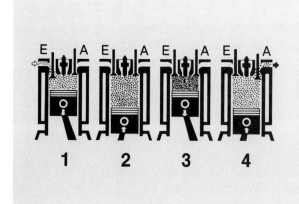

1 Der Kolben geht im Zylinder von oben nach unten und saugt das „Gas" durch das offene Einlaßventil (E) an (Ansaugtakt).
2 Der Kolben geht von unten nach oben. Da die Ventile geschlossen sind, verdichtet der Kolben das Gas (Verdichtungstakt).
3 Ein Funke zündet das Gas. Es verbrennt, und der Kolben geht nach unten (Arbeitstakt).
4 Das Auslaßventil (A) ist offen. Der Kolben geht von unten nach oben und drückt das verbrannte Gas hinaus (Auspufftakt).

Dr. med. Franziska Tiburtius (1848–1927)

Ärztin vor 100 Jahren: Dr. med. Franziska Tiburtius

Man schrieb das Jahr 1876. An einem Haus im Zentrum Berlins befestigten° zwei
Arbeiter ein Schild. Kurz danach standen mehr als ein Dutzend Berliner davor.
Einige lachten, andere schüttelten° den Kopf, wieder andere schienen böse zu
sein. Warum? Auf dem Schild stand: Dr. med. Franziska Tiburtius. Die Leute im
5   Berlin von 1876 fanden einen weiblichen° Arzt unmöglich.
    Dr. Tiburtius hatte° in Zürich studiert. Von dieser Universität hatte sie den
Doktortitel, aber sie durfte sich nicht Ärztin nennen. Sie durfte nur als
Heilkundige° eine Praxis° aufmachen und Patienten behandeln°.
    Da zuerst nur wenige Patienten kamen, hatte Dr. Tiburtius viel Zeit spazieren-
10   zugehen. Im Berliner Norden merkte° sie, daß es dort fast keine Ärzte gab.
Natürlich, denn die Arbeiter konnten nicht zahlen, und Krankenkassen° gab es
kaum. Dr. Tiburtius mietete eine Wohnung und machte eine zweite Praxis auf,
eine Praxis für Arbeiterfrauen. Dort brauchte sie nicht lange auf Patientinnen zu
warten. Bald hatte sie mehr, als sie behandeln konnte.
15   Mit Frauen wie Dr. Tiburtius begann in der Welt der Medizin und der Wissen-
schaften eine lange Entwicklung. 1894 ließen° die ersten Universitäten in
Deutschland Frauen als Gasthörer° zu. 1898 ließ man Frauen zum Staatsex-
amen° zu. 1912 gab es in Deutschland 175 Ärztinnen. Heute gibt es in der Bundesrepublik über 36.000 Ärztinnen. Das sind ungefähr ein Viertel aller Ärzte.

attached

shook

female

hatte studiert: had
  studied
healer / practice / treat

noticed
health insurance

ließen . . . zu: admitted
auditors
state boards

Fragen

1. Was stand auf dem Schild im Berliner Zentrum?
2. Was machten die Leute, als sie das Schild lasen?
3. Wo hat Franziska Tiburtius studiert?
4. Durfte sich Dr. Tiburtius Ärztin nennen?
5. Konnte sie Patienten behandeln?
6. Warum gab es wenige Ärzte im Berliner Norden?
7. Seit wann können Frauen in Deutschland Medizin studieren?
8. Wieviel Prozent aller Ärzte in der Bundesrepublik sind heute Frauen?

Du hast das Wort

Alles über Ärzte/Ärztinnen. A friend wants to know how you feel about medical treatment.

Gehst du lieber zu einem Arzt oder einer Ärztin?
Wieviel Ärzte kennst du? Wieviel Ärztinnen?
Wie lange dauert ein Medizinstudium in den USA?
Gibt es in den USA ein Staatsexamen? Ein Doktorexamen?
Ist deine Familie in einer Krankenkasse?
Was kostet bei euch jetzt ein Arztbesuch? Ist das teuer oder billig?

Discussing the
medical
profession

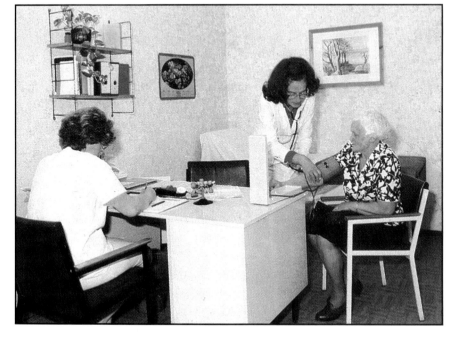

*Diese alte Dame geht
lieber zu einer Ärztin.*

The German-speaking countries have produced many famous scientists and engineers, including some important figures in the field of medicine:

Robert Koch (1843–1910), father of bacteriology, who developed the modern method of fighting infectious diseases like tuberculosis and cholera;

Emil von Behring (1854–1917), who developed the serums against diphtheria and tetanus and received the first Nobel Prize for medicine in 1901;

Wilhelm Conrad Röntgen (1845–1923), who also won a Nobel Prize for his discovery of the X-ray **(Röntgenstrahlen)**;

Otto Hahn (1879–1968), whose work in splitting the uranium atom made cobalt treatments for cancer possible;

Lise Meitner (1878–1968), pioneer in the field of nuclear fission, who collaborated with Otto Hahn for many years.

The field of transportation technology has also given us a number of important individuals, including:

Rudolf Diesel (1858–1913), who invented the diesel engine used in most trucks and some cars;

Otto Lilienthal (1848–1896), whose work with gliders and heavier-than-air craft contributed to the success of the Wright brothers.

Oben: Emil von Behring; unten (von links nach rechts): Otto Hahn, Lise Meitner, Rudolf Diesel

*Ein Musiker sagte zu
Einsteins Geigenspiel:
„Relativ gut."*

Einstein

Albert Einstein gehört zu den größten Genies dieses Jahrhunderts. Mit der
Relativitätstheorie° begann sein Ruhm. Er soll seine Theorie einem Nicht-
Physiker einmal so erklärt haben: „Wenn du eine Stunde neben einem süßen
Mädchen sitzt, so scheint die Stunde wie eine Minute. Wenn du aber eine Minute
5 auf einem heißen Ofen sitzt, so scheint die Minute wie eine Stunde."

    Einstein wurde 1879 in Ulm geboren. Während mehrerer Jahre in Zürich
entwickelte er die Grundlagen° seiner Arbeit. 1914 wurde er Direktor des Kaiser°-
Wilhelm-Instituts° für Physik in Berlin und Professor an der Berliner Universität.

    Obwohl er sehr berühmt war, fand er immer Zeit, jungen Leuten zu helfen. Er
10 sagte zu seinen Studenten: „Ich bin für Sie immer zu sprechen. Wenn Sie eine
Frage haben, so kommen Sie ruhig zu mir. Sie werden mich nie stören, denn
meine eigene Arbeit kann ich in jedem Moment unterbrechen und nach der Un-
terbrechung sofort wieder fortsetzen°."

    1933 kam Hitler an die Macht°, und Einstein als Jude° emigrierte° in die USA,
15 wo er in Princeton weiterarbeitete. Er war jetzt einer der berühmtesten Männer
des 20. Jahrhunderts.

    Einstein benutzte°, wie man weiß, kaum komplizierte Apparate und Maschinen.
Er dachte° über die Experimente von anderen nach und entwickelte so seine
Formeln° und Theorien. Als er einmal mit seiner Frau ein großes Observatorium°
20 besichtigte°, zeigten ihnen die Astronomen° ihre riesigen° Instrumente. Einer der
Wissenschaftler sagte stolz: „Mit diesen Apparaten versuchen wir, die Probleme
des unendlichen Weltalls° zu lösen°." „Du lieber Himmel°", sagte Frau Einstein,
„das macht mein Mann auf der Rückseite° alter Briefumschläge."

theory of relativity

fundamentals / emperor
Institute

continue
power / Jew / emigrated

used
dachte nach: thought
about / formulas /
observatory / viewed /
astronomers / huge

universe / solve / good
heavens / back

Fragen

1. Womit begann Einsteins Ruhm?
2. Was ist „länger" — eine Stunde mit einem interessanten Krimi oder eine Stunde beim Zahnarzt?
3. Wo wurde Einstein geboren? Wann?
4. In welchen Ländern hat Einstein gearbeitet?
5. An welcher deutschen Universität war er Professor?
6. Warum konnten die Studenten Einstein ruhig unterbrechen?
7. Warum ist Einstein 1933 aus Deutschland emigriert?
8. Wo arbeitete er dann weiter?
9. Was soll die Geschichte von Frau Einstein im Observatorium zeigen?

Du hast das Wort

Du bist berühmt. You are one of the famous personalities you have just read about. Prepare a short description of who you are, using your own words as much as possible. Present your description to your partner. She/he has to guess who you are.

Talking about famous people

Wortschatzerweiterung

The suffix -ung

wohnen	die **Wohnung**	apartment
erfinden	die **Erfindung**	invention
empfehlen	die **Empfehlung**	recommendation

The suffix **-ung** may be added to a verb stem to form a noun. All nouns ending in **-ung** are **die**-nouns.

The English equivalents of such nouns often end in *-tion*.

A. Sag das alles! Diese Sätze haben Substantive mit dem Suffix *-ung*. Nenne das Verb zu dem Substantiv und sag auch alles auf englisch!

 Die *Wohnung* ist für Schmidts zu klein.   *wohnen; The apartment is too small for the Schmidts.*

1. Darf ich bitte meine *Meinung* zu dieser Frage sagen?
2. Hast du diese Briefmarke in deiner *Sammlung*?
3. Diese Fotos sind eine *Erinnerung* an unseren Urlaub in Österreich.
4. Wir haben dieses Auto auf Dieters *Empfehlung* gekauft. Er ist ja Mechaniker.
5. Ich sehe selten fern, denn ich mag die vielen Reklame-*Unterbrechungen* nicht.
6. Wie hat dir die *Erzählung* vom Faschingsball gefallen?
7. Ich verstehe das nicht. Deine *Erklärung* ist zu kompliziert.
8. Übers Wochenende haben wir eine schöne *Wanderung* gemacht.
9. Vielen Dank für die *Einladung*.
10. Verstehen Sie die *Bedeutung* dieser Geschichte?

Übungen

1. Future tense

ich **werde** es **lernen**		wir **werden** es **lernen**
du **wirst** es **lernen**	Sie **werden** es **lernen**	ihr **werdet** es **lernen**
er/es/sie **wird** es **lernen**		sie **werden** es **lernen**

The future tense consists of a form of **werden** and a dependent infinitive. The infinitive is in final position.

A. Nächstes Jahr . . . Am Ende des Sommers fahren alle vom Ferienlager nach Hause. Sag, was ihr dann machen werdet! Benutze das Futur!

 Ich schreibe dir bestimmt.　　*Ich werde dir bestimmt schreiben.*

1. Schreibst du an mich?
2. Ich antworte immer.
3. Wir treffen uns bestimmt wieder.
4. Wir sehen uns in den Ferien.
5. Besucht Dietmar dich wieder?
6. Bleibt er wieder den ganzen Monat?

Ute weiß nicht, was sie nächstes Jahr **machen wird.**	Ute doesn't know what she *will do* next year.
Ihre Eltern sind aber sicher, daß sie **studieren wird.**	Her parents are sure, however, that she *will go to college.*

The auxiliary **werden** is in final position in a dependent clause. The forms of **werden** follow the infinitive.

B. Nächsten Sommer . . . Sabrina fragt, ob Roberts Familie vorhat, in die DDR zu fahren. Du glaubst, daß das stimmt. Sag das! Folge dem Mustersatz!

▶ Werden Roberts Eltern in die DDR fahren?   *Ja, ich glaube wenigstens, daß sie in die DDR fahren werden.*

1. Werden sie ein Visum bekommen?
2. Wird Robert mitfahren?
3. Werden sie Anfang August wegfahren?
4. Werden sie Verwandte besuchen?
5. Werden sie aufs Land fahren?
6. Werden sie Ende August zurückkommen?

Du hast das Wort

Ich werde das machen. Think of your plans for the next month, next summer, next year. Discuss your plans with a partner who will also tell you her/his plans.

Discussing future plans

▶ Ich werde für meinen Vater arbeiten.

▶ Ich werde Mathe und Physik lernen.

Am Elbufer in Dresden: Hofkirche und Opernhaus

2. The genitive case

Ich arbeite im Büro **meines Onkels.**   I work in *my uncle's* office.
Er ist Direktor **einer Fabrik.**   He's the manager *of a factory.*

German uses the genitive case to show possession or other close relationships. The genitive is used for things and ideas as well as for persons. The genitive generally follows the noun it modifies.

Die Jugend-Angebote der Bahn.

der- and das-nouns

Viele Patienten **des Arztes** waren Arbeiter.
Die Arbeit **eines Erfinders** ist interessant.

Der- and **das-**nouns of one syllable generally add **-es** in the genitive; nouns of two or more syllables add **-s.**

The corresponding articles, **dieser-**words, and **ein-**words end in **-es** in the genitive.

C.   Ist diese Arbeit interessant?   Der Lehrer fragt, was ihr werden wollt. Jeder nennt einen anderen Beruf. Frag, ob die Arbeit in diesen Berufen interessant ist!

▶   ein Werkzeugmacher   *Ist die Arbeit eines Werkzeugmachers interessant?*

1. ein Kranführer
2. ein Mechaniker
3. ein Verkäufer
4. ein Bäcker
5. ein Techniker
6. ein Kaufmann
7. ein Friseur
8. ein Metzger

D.   Kommen sie wirklich?   Dieses Jahr bekommst du viel Besuch. Katja kann es kaum glauben. Sag, daß die Besucher aber später kommen, als Katja denkt!

▶   Kommt Erika wirklich   *Ja, aber erst gegen Ende des Monats.*
     noch in diesem Monat?

1. Kommt Stefan wirklich noch dieses Jahr?
2. Kommt Udo wirklich im Sommer?
3. Kommt Anja wirklich im Herbst?
4. Kommt Alexander wirklich im Winter?

HOHNER Die Weltmarke der Musik

die-nouns and plural nouns

Herr Otto gründete die erste Motorenfabrik **der Welt.**
Viele **seiner Techniker** wurden berühmt.

Die-nouns and plural nouns do not add genitive endings. Corresponding articles, **dieser**-words, and **ein**-words end in **-er** in the genitive.

E. Was sind sie jetzt? Deine Tante kommt zu Besuch. Sie war seit zehn Jahren nicht in eurer Stadt. Sie will wissen, was ihre Freundinnen jetzt machen. Sag, daß sie jetzt Direktorinnen sind!

▶ Arbeitet Frau Lenz noch   *Ja. Aber sie ist jetzt Direktorin*
     bei dieser Firma?   *dieser Firma.*

1. Arbeitet Frau Schmidt noch in dieser Fabrik?
2. Ist Frau Weiß noch an dieser Schule?
3. Ist Frau Lange noch bei der Bank?
4. Ist Frau Holz noch bei der Polizei?

F. Was wollen sie machen? Melanie erzählt, was ihre Familie in den Ferien machen will. Du interessierst dich dafür. Zeige das und folge dem Mustersatz!

▶ Meine Mutter will in die Alpen.   *So? Das ist der Plan deiner*
                                                      Mutter?

1. Mein Vater will an den Bodensee.
2. Meine Schwester möchte auf einem Bauernhof arbeiten.
3. Meine Brüder wollen in den Ferien Geld verdienen.
4. Meine Freunde machen eine Radtour.
5. Mein Vetter möchte viel Tennis spielen.
6. Mein Onkel besucht Freunde in England.

Special der-nouns

Jean d'Ève

Kunst der Zeit

Die Erfindung **des Herrn Otto** machte das Auto möglich.
Die Berufspläne **eines Jungen** sind oft unrealistisch.

Special **der**-nouns that add **-n** or **-en** in the accusative and dative singular also add **-n** or **-en** in the genitive.

G. So ist das Leben! Gerd sagt, wie er das Leben einiger Leute findet. Du hast die gleiche Meinung. Sag das!

▶ Ein Student hat ein gutes Leben.   *Ja, das Leben eines Studenten ist gut.*

1. Ein Student hat auch ein lustiges Leben.
2. Ein Bauer hat ein schweres Leben.
3. Ein Matrose hat ein gefährliches Leben.
4. Ein Matrose hat auch ein interessantes Leben.

H. Wer ist das? Ihr seht euch ein Foto von Frau Lange und Herrn Schmidt und vielen anderen an. Astrid denkt, die anderen Leute sind Verwandte von Frau Lange, aber sie sind Verwandte von Herrn Schmidt. Sag das!

▶ Ist das Frau Langes Schwester?   *Nein, das ist Herrn Schmidts Schwester.*

1. Ist das Frau Langes Bruder?
2. Ist das Frau Langes Vetter?
3. Ist das Frau Langes Kusine?
4. Ist das Frau Langes Tochter?
5. Ist das Frau Langes Sohn?
6. Ist das Frau Langes Mutter?

*Was will sie werden? —
Wissenschaftlerin?
Laborantin?*

The interrogative pronoun **wessen**

Wessen Idee ist das?	*Whose* idea is that?
Wessen Handschuhe sind das?	*Whose* gloves are those?

The interrogative **wessen** is equivalent to English *whose*.

I. Wem gehört das alles?   Das Schulfest ist vorbei, und alle gehen nach Hause. Du räumst mit deinen Freunden auf. Alice findet viele Sachen und fragt, wem sie gehören. Sag, du weißt es nicht!

▶   Wem gehört dieser Kugelschreiber?   *Ich weiß nicht, wessen Kugelschreiber das ist.*

1. Wer hat diese Kette verloren?
2. Wem gehört diese Mappe?
3. Wer hat diese Handschuhe hier gelassen?
4. Wem gehört dieser Regenschirm?
5. Wer hat diesen Anhänger verloren?

Preceded adjectives in the genitive

Einstein war eins **der größten Genies** dieses Jahrhunderts.

In the genitive, a preceded adjective ends in **-en**.

J. Das soll schön sein?   In einem Museum in Wien schaut ihr euch ein altes Bild an. Lisa sagt, es gefällt ihr gut. Du kannst es kaum glauben! Dieses schreckliche Bild? Sag, was du denkst und folge dem Mustersatz!

▶   Wie findest du den alten Mann in diesem Bild?   *Das soll ein Bild eines alten Mannes sein? Also nein!*

1. Das ist eine schöne Frau hier, nicht?
2. Wie findest du das junge Mädchen?
3. Der kleine Junge ist toll, nicht?
4. Schau mal diese romantische Burg an! Phantastisch, nicht?
5. Und diese alte Scheune! Interessant, nicht?

Prepositions with the genitive

(an)statt	instead of	Kommt Inge (an)statt ihrer Schwester?
trotz	in spite of	**Trotz des Wetters** gehen wir schwimmen.
während	during	**Während des Sommers** bleiben wir in Hamburg.
wegen	on account of	**Wegen des schlechten Wetters** bleiben wir zu Hause.

(An)statt, trotz, während, and **wegen** require the genitive case.

K. Lesen macht Spaß. Du liest gern. Erika fragt, ob du in jeder Situation liest. Sag nein und benutze *während!*

▶ Liest du in den Ferien?   *Nein, nicht während der Ferien.*

1. Bei der Arbeit?
2. In der Pause?

3. Beim Fußballspiel?
4. Im Konzert?

L. Lieber etwas anderes. Dein Vater will dir etwas zum Geburtstag kaufen, aber du änderst immer deine Meinung. Antworte und folge immer dem Mustersatz!

▶ Erst wolltest du eine Jacke, und jetzt   *Ja, statt einer Jacke möchte*
willst du einen Pulli?   *ich lieber einen Pulli.*

1. Erst wolltest du eine Schallplatte, und jetzt willst du ein Buch?
2. Erst wolltest du einen Ring, und jetzt willst du eine Kette?
3. Erst wolltest du ein Fotoalbum, und jetzt willst du ein Heft?
4. Erst wolltest du eine Mappe, und jetzt willst du einen Regenschirm?

M. Das ist aber schade! Deine Tante ruft an und sagt, daß sie und dein Onkel nicht zu Besuch kommen. Zeige, daß du enttäuscht° bist! Folge dem Mustersatz!   disappointed

▶ Wir kommen leider nicht. Das Wetter   *Ach nein. Wegen des schlechten*
ist so schlecht.   *Wetters kommt ihr nicht?*

1. Die Zeit ist so kurz.
2. Der Weg ist auch sehr lang.
3. Du, die Straßen sind so schlecht.
4. Weißt du, das Auto ist leider kaputt.

N. Kommt doch trotzdem! Deine Tante und dein Onkel nennen viele Gründe, warum sie nicht zu Besuch kommen. Sag, sie sollen trotzdem kommen!

▶ Wir kommen leider nicht.   *Könnt ihr nicht trotz des*
Das Wetter ist zu kalt.   *kalten Wetters kommen?*

1. Aber die Zeit ist so kurz.
2. Der Weg ist auch sehr lang.

3. Die Straßen sind schlecht.
4. Das Auto ist leider kaputt.

O. Ferien in England. Erzähle, was du in den Ferien gemacht hast! Benutze die neuen Wörter!

▶ Wo warst du _____? (während / der Sommer)   *Wo warst du während des Sommers?*

1. Wo warst du _____? (während / die Ferien)
2. _____ war ich in England. (während / der erste Monat)
3. Dort hat es viel geregnet. _____ sind wir aber viel gewandert. (trotz / das Wetter)
4. Ich habe Pulli und Regenmantel _____ getragen. (statt / meine Sommersachen)
5. _____ sind wir nur vier Wochen geblieben. (statt / die ganzen Ferien)
6. Wir mußten auch _____ früher zurückfahren. Sie wurde krank. (wegen / meine Mutter)

Grammatische Übersicht

Future tense (A–B)

Jutta **wird** uns **besuchen.**   Jutta *will visit* us.
Wir **werden** unsere Freunde   We'*ll invite* our friends.
   einladen.
Wir **werden** eine Party **machen.**   We'*ll have* a party.

In German, the future consists of a form of **werden** plus an infinitive in final position.

Forms

ich werde es machen		wir werden es machen
du wirst es machen	Sie werden es machen	ihr werdet es machen
er/es/sie wird es machen		sie werden es machen

Erika sagt, daß sie es **machen wird.**
Glaubst du, daß sie es wirklich **tun wird?**

In a dependent clause, the auxiliary **werden** is in final position. It follows the infinitive.

Uses

Das **wird wohl** wahr **sein.**
Das **wird** er **schon machen.**
Wir **werden** ihn **bestimmt abholen.**

That *is probably* true.
He*'ll surely do* that.
We*'ll definitely pick* him *up*.

The future tense is regularly used to express present probability or anticipation. Adverbs like **wohl, sicher,** and **schon** are usually part of the sentence. Future tense is also used to express determination. **Bestimmt** is frequently used in this context.

Wir **kommen** morgen bestimmt.
Fliegen Sie nächstes Jahr nach Deutschland?

We*'ll come* tomorrow for sure.
Are you *going to fly* to Germany next year?

German generally uses the present tense to express future time if the time reference is clearly future.

The genitive case (C–O)

Forms

der Mann	das Mädchen	die Frau	die Eltern
des eines Mannes dieses	des eines Mädchens dieses	der einer Frau dieser	der seiner Eltern dieser

Herr Schmidt ist ein Freund **meines Vaters.**
Er ist Direktor **dieser Fabrik.**

In the genitive case **der-** and **das-**nouns of one syllable generally add **-es; der-** and **das-**nouns of two or more syllables add **-s;** the corresponding articles, **dieser-**words, and **ein-**words end in **-es.**

Die-nouns and plural nouns do not add a genitive ending. The corresponding articles, **dieser-**words, and **ein-**words end in **-er.**

CITROËN
Die Kraft der Kreativität.

Darstellung (display)
*eines Atoms im
Deutschen Museum in
München*

Special **der**-nouns

Nominative	der Herr	der Student
Accusative	den Herrn	den Studenten
Dative	dem Herrn	dem Studenten
Genitive	des Herrn	des Studenten

Ist das **Herrn Schmidts** Bruder?
Wie ist das Leben **eines Studenten?**

Special **der**-nouns that add **-n** or **-en** in the accusative and dative singular also add **-n** or **-en** in the genitive.

   Other special **der**-nouns familiar to you are: **Bauer, Junge, Kunde, Matrose, Mensch, Neffe, Patient.**

Proper names

Frau Schneider ist **Inges** Tante.
Herr Meier ist **Jens'** Onkel.

The genitive of proper names is formed by adding **-s.** If the name already ends in an **s**-sound, no **-s** is added.

   In written German, no apostrophe is used unless the name already ends in an **s**-sound **(Jens').**

The interrogative **wessen**

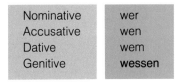

Nominative	wer
Accusative	wen
Dative	wem
Genitive	**wessen**

Wessen Buch ist das?　　　　　*Whose* book is that?

Wessen is the genitive form of the interrogative **wer,** and it is equivalent to English *whose.*

Preceded adjectives in the genitive

der alte Mann	das kleine Kind	die junge Frau	die guten Freunde
des eines　　alten Mannes dieses	des eines　　kleinen Kindes dieses	der einer　　jungen Frau dieser	der seiner　　guten Freunde dieser

Einstein gehört zu den größten Genies des **zwangzigsten** Jahrhunderts.
Daimler war Direktor einer **berühmten** Autofabrik.

In the genitive, an adjective preceded by the definite or indefinite article, **dieser-**word, or **ein**-word ends in **-en.**

Uses of the genitive case

Possession and other relationships

das Buch **meines Freundes**　　　　*my friend's* book
die Schwester **meines Freundes**　　*my friend's* sister
die Farbe **der Blumen**　　　　　　the color *of the flowers*

Genitive case is used to show possession and other close relationships.

der Name **der Frau**　　　　*the woman's* name
der Name **der Firma**　　　　the name *of the company*

In English, a possessive structure with *'s* is used mainly for persons. A phrase with *of* is often used to refer to things and ideas. In German, the genitive is regularly used with things and ideas as well as with persons. The genitive noun-phrase generally follows the noun it modifies.

Indefinite time

Eines Tages hatte Jutta eine Idee. *One day* Jutta had an idea.
Eines Abends kam Jutta zu mir. *One evening* Jutta came to my
house.

Time expressions that do not indicate a specific time, such as **eines Tages** and **eines Abends,** are in the genitive case.

Time expressions such as **einen Tag** or **einen Abend** that do indicate a definite time or period of time are in the accusative. (See *German Today, One,* Chapter 12.)

Prepositions

(an)statt	instead of	Statt eines Schirmes nimmt er seinen Regenmantel.
trotz	in spite of	Trotz des Regens geht er spazieren.
während	during	Während des Sommers geht er jeden Tag spazieren.
wegen	on account of	Wegen des schlechten Wetters geht er nicht spazieren.

A number of prepositions take the genitive. Four of the most common ones are **(an)statt, trotz, während,** and **wegen.**

Flugzeugsammlung im Deutschen Museum in München

Substitutes for the genitive

Das ist ein Freund **von meinem Vater.**
Das ist ein Freund **meines Vaters.**

Von with the dative case often replaces the genitive construction, especially in colloquial German.

Trotz dem Regen geht sie spazieren.
Wegen dem schlechten Wetter geht er nicht spazieren.

In colloquial German, many people use the dative instead of the genitive with the prepositions **statt, trotz,** and **wegen,** and sometimes **während.**

Wiederholung

A. Berühmte Erfinder. Restate as in the model.

▶ Nikolaus Otto hat 1876 den   *Nikolaus Otto war der Erfinder*
   Vier-Takt-Motor erfunden.   *des Vier-Takt-Motors.*

1. Karl Benz hat 1885 das Auto erfunden.
2. Drais von Sauerbronn hat circa 1816 das Fahrrad erfunden.
3. Die Wright Brüder haben 1903 das Flugzeug erfunden.
4. Thomas Edison hat 1877 den Plattenspieler erfunden.
5. Guglielmo Marconi hat 1895 das Radio erfunden.

B. Ganz bestimmt! Dirk is doubting your intentions. Tell him you're absolutely determined.

▶ Machst du diese Aufgabe   *Ja, ich werde sie bestimmt*
   wirklich allein?   *allein machen.*

▶ Die Arbeit ist zu schwer.   *Nein, ich werde bestimmt*
   Du gibst auf, nicht?   *nicht aufgeben.*

1. Gehst du wirklich allein hin?
2. Bezahlst du das Buch wirklich?
3. Deutsch ist zu schwer zu lernen, nicht?
4. Es ist schwer, den Weg allein zu finden, nicht?
5. Willst du das Lied wirklich singen?

C. Albert Einstein. Answer the questions using the cues.

1. Warum ist Einstein berühmt? (wegen / seine Relativitätstheorie)
2. Wann hat er die Grundlagen seiner Arbeit entwickelt? (während / die Jahre in Zürich)
3. Hat er immer Zeit für seine Studenten gehabt? (ja, trotz / seine eigene Arbeit)
4. Ist er ein einfacher Mann geblieben? (ja, trotz / sein Ruhm)
5. Wann hat Frau Einstein gesagt, daß ihr Mann keine komplizierten Apparate braucht? (während / ein Besuch im Observatorium)

D. Vergleiche!° Use your imagination to make some comparisons among each   compare
set of things.

▶ Sonntag, Samstag, Montag   *Am Sonntag war es kälter als*
                                am Samstag.
                                Am Montag war es am kältesten.

1. ein Volkswagen, ein Mercedes, ein Mofa
2. klassische Musik, Rock, Pop
3. Deutsch, Englisch, Mathematik
4. am See, in den Bergen, auf dem Land
5. der Mai, der August, der November
6. ein Plattenspieler, ein Kassettenrecorder, ein CD-Spieler
7. schwimmen, segeln, wandern

E. Deine Meinung. What is your opinion? Answer one of the following questions in eight to ten sentences:

1. Wie würden Leute ohne Autos leben?
2. Wie würden Leute ohne Fernsehen leben?

F. Weißt du es? You and your partner are preparing a trivia quiz to see how well your fellow classmates remember what they have read in this chapter. Your teacher will tell you if you are Team A or Team B. Write out questions for the answers given here, then add three questions of your own.

TEAM A

1. 1912
2. die erste Motorenfabrik der Welt
3. Ulm
4. über 36.000 Ärztinnen
5. Nikolaus Otto

TEAM B

1. 1876
2. Zürich
3. Einstein
4. Sie ließen Frauen als Gasthörer zu.
5. 175

G. Land und Leute.

The German-speaking countries have produced many scientists and engineers. Name the one who

1. invented the diesel engine.
2. discovered the X-ray.
3. received the first Nobel Prize for medicine in 1901.
4. is considered the father of bacteriology.
5. was a pioneer in the field of nuclear fission.

Vokabeln

Substantive

der Direktor, −en / die Direktorin, −nen manager
der Erfinder, − / die Erfinderin, −nen inventor
der Patient, −en, −en / die Patientin, −nen patient
der Physiker, − / die Physikerin, −nen physicist
der Professor, −en / die Professorin, −nen professor
der Techniker, − / die Technikerin, −nen technician
der Wissenschaftler, − / die Wissenschaftlerin, −nen scientist

der Anfang, ⁼e beginning; **am Anfang** in the beginning
der Apparat, −e apparatus
der Briefumschlag, ⁼e envelope
der Motor, −en motor
der Ofen, ⁼ stove; oven
der Ruhm fame
der Titel, − title

das Dutzend, −e dozen
das Jahrhundert, −e century

die Erde earth
die Erfindung, −en invention
die Fabrik, −en factory
die Wissenschaft, −en science

Verben

auf·geben (i; gab auf, aufgegeben) to give up
bauen to build
entwickeln to develop
erfinden (erfand, erfunden) to invent
weiter·arbeiten to continue working

Andere Wörter

(an)statt (+*gen.*) instead of
böse bad; angry; **böse auf** (+*acc.*) angry at
eigen own; **mein eigenes Auto** my own car
etwa about, approximately
geboren born; **wann bist du geboren?** when were you born?
mehrere several
reich rich
soweit that far
süß sweet
trotz (+*gen.*) in spite of
ungefähr about, approximately
während (+*gen.*) during
wegen (+*gen.*) because of
wohl indeed
zuerst at first

Besondere Ausdrücke

eines Tages one day; some day
kurz danach shortly afterward
in jedem Moment at any moment
kommen Sie ruhig zu mir feel free to come and see me

Kapitel 13   **Musik für alle**

Jugendorchester in Düsseldorf

Klassisches Konzert in der Stadthalle

PROGRAMM

Symphonieorchester Neustadt

LEITUNG: VOLKER REINEKE

I. WOLFGANG AMADEUS MOZART

Eine kleine Nachtmusik

1. Satz: Allegro
2. Satz: Romanze
3. Satz: Menuetto
4. Satz: Rondo

II. FRANZ SCHUBERT

Der Erlkönig

(TEXT VON J. W. VON GOETHE)

HANS FISCHER – BARITON
GERHARD MOHR – KLAVIER

PAUSE

III. LUDWIG VAN BEETHOVEN

Symphonie Nr. 6 (Pastorale)

1. Satz: Allegro ma non troppo
2. Satz: Andante molto espressivo
3. Satz: Allegro
4. Satz: Allegro
5. Satz: Allegretto

Aus dem Programmheft

In einem Brief an einen Freund hat Beethoven geschrieben: „Kein Mensch liebt die Natur wie ich . . . Die Natur ist wie eine Schule. Ich möchte ein Schüler in dieser Schule werden . . . Im Wald und auf den Bergen finde ich Frieden."

Die Sechste Symphonie nennt man „Pastorale". Sie zeigt Beethovens Liebe
5   zur Natur besonders klar. Im Sommer 1808 war Beethoven auf dem Land, und dort hat er die „Pastorale" komponiert.

In den ersten beiden Sätzen° fühlt man den Frieden auf dem Land. Die Vögel   movements
singen, und der Kuckuck° ruft. Im dritten Satz hört man, wie die Bauern° feiern   cuckoo / peasants
und tanzen. Hier kann man in der Symphonie fast die Volksmusik hören.

10   Im vierten Satz kommt plötzlich ein Gewitter. Es gibt keinen Frieden mehr in der Natur. Jetzt ist sie gefährlich und wild. Im fünften Satz hat dann die Natur ihren Frieden wiedergefunden. Die einfachen Melodien feiern diesen Frieden.

Fragen

1. An wen hat Beethoven geschrieben?
2. Wo findet Beethoven Frieden?
3. Welche Symphonie zeigt Beethovens Liebe zur Natur besonders klar?
4. Wie nennt man die Sechste Symphonie?
5. Wieviel Sätze hat die Sechste Symphonie?
6. Was fühlt man in den ersten beiden Sätzen?
7. Was kann man im dritten Satz hören?
8. Wie ist die Natur im vierten Satz?
9. Wie sind die Melodien im fünften Satz?

Alte Musik in einem alten Schloß ist besonders romantisch.

Wolfgang Amadeus Mozart (1756–1791) was born in Salzburg, Austria. His musical talent manifested itself early — he played the harpsichord at the age of four and was composing music at five. In his short life he wrote over 600 works, which include 22 operas and 40 symphonies. In spite of his early fame and great productivity, Mozart could barely support his family. For the last ten years of his life he lived in Vienna, where he died in poverty.

One of his masterpieces is the composition on our program, **Eine kleine Nachtmusik,** written in 1787. It is a serenade, originally an instrumental suite for outdoor performance.

Land und Leute

Franz Schubert (1797–1828) was born in Vienna, where he remained his entire life. He was composing by the age of thirteen and wrote his first symphony at sixteen. Like Mozart, Schubert was a prolific composer, writing symphonies, dances, overtures, and songs. The 606 songs he left behind are considered his greatest achievement. In a single year, 1815, at the age of eighteen, he wrote 140 songs, one of which is **Der Erlkönig,** the work on our program.

Although Schubert composed hundreds of pieces, only a few of them were published in his lifetime. He never gained real success and suffered like Mozart from continuous poverty.

Ludwig van Beethoven (1770–1827) was born in Bonn, but moved to Vienna in 1792 and lived there for the rest of his life. Beethoven did not suffer the poverty of Mozart and Schubert; he associated with members of the royalty, who paid for his works and regarded him as a friend. His great misfortune was that he began to lose his hearing at the age of twenty and eventually became totally deaf — he never heard his last compositions. In spite of his affliction, Beethoven wrote nine symphonies, five piano concerti, a violin concerto, many quartets, trios, violin and piano sonatas, and an opera (**Fidelio**). Beethoven is regarded as one of the founders of musical romanticism. Listeners tried to discover hidden meanings in his music. Beethoven himself encouraged this by adding descriptive titles to some of his works, for example **Pastorale** to his Sixth Symphony, the work on our program.

Ein Interview: Rock ist blöd?
Klassik ist klasse?

In der Sendung Teenager haben das Wort *diskutieren vier junge Leute über Musik. Das Thema für heute: Welche Musik hört ihr am liebsten?*

	MODERATOR	Also, beginnen wir mit zwei Fragen. Welche Musik gefällt euch am besten? Welche Lieder hört ihr am liebsten?
	UTE	Mir gefällt nur moderne Musik, das heißt Rock und Pop. Ich würde am liebsten den ganzen Tag Musik hören. Wenn ich von der Schule
5		nach Hause komme, mache ich das Radio an. Wenn ich meine Hausaufgaben mache, brauche ich Musik.
	KATRIN	Ich höre gern Rock, aber mir gefällt auch klassische Musik, zum Beispiel Beethoven und Mozart. Ich höre aber Musik nur in meiner Freizeit. Manchmal gehe ich auch in klassische Konzerte.
10	JAN	Bei mir ist es wie bei Ute. Ich würde gern jeden Tag Musik hören; aber meine Eltern sagen oft: „Hör auf mit dem Lärm!"

CHRISTIAN — Ich bin vor allem für klassische Musik. Von Rock halte ich nicht viel. Ich mag ihn eigentlich nur auf Feten. Vielleicht viermal in der Woche höre ich Musik, Schallplatten oder Kassetten. Außerdem mache ich aber auch selbst viel Musik. Ich spiele Geige und Klavier.

MODERATOR — Musik spielt für euch also eine große Rolle. Könnt ihr das erklären?

UTE — Also, ich könnte ohne Musik nicht leben. Ich könnte ohne Musik kaum meine Hausaufgaben machen. Mit Musik kann ich mich besser konzentrieren.

KATRIN — Für mich ist Musik vor allem Unterhaltung und Entspannung°. *relaxation*

JAN — Für mich auch.

CHRISTIAN — Unterhaltung, ja. Aber ich will mich auf eine Symphonie konzentrieren. Wenn ich gleichzeitig meine Hausaufgaben machte, könnte ich die Musik nicht genießen.

MODERATOR — Und warum magst du Rock nicht?

CHRISTIAN — Ist mir zu laut und zu primitiv. Die Texte sind meistens doof. Und der Rhythmus ist zu eintönig°. *monotonous*

MODERATOR — Und wie findest du klassische Musik, Ute?

UTE — Wenn ich klassische Musik höre, schlafe ich ein.

KATRIN — Dürfte ich auch etwas dazu sagen? Für mich ist die moderne Musik auch manchmal zu laut. Sie gefällt mir aber trotzdem besser, vor allem Chansons° und Protestsongs. Da sind die Themen wirklich aktuell°: Krieg, Frieden, Armut°. *songs* / *up-to-date / poverty*

JAN — Der Aufbau° der klassischen Werke ist oft faszinierend. Aber dieser Musik fehlt der Rhythmus. Rock paßt einfach besser zu uns. Wenn ich älter wäre, würde mir klassische Musik vielleicht besser gefallen. *structure*

Fragen

Place the arguments below into one or more of the following categories, as stated in the interview.

Für moderne Musik — **Gegen moderne Musik**
Für klassische Musik — **Gegen klassische Musik**

1. Der Rhythmus ist zu eintönig.
2. Die Texte sind aktuell.
3. Dabei schläft man ein.
4. Die Musik ist zu laut und primitiv.
5. Der Aufbau ist faszinierend.
6. Man hört diese Musik gern.
7. Sie hat keinen Rhythmus.
8. Die Texte sind doof.

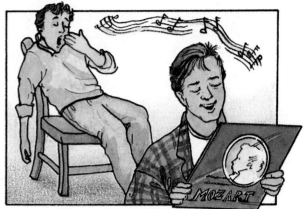

Du hast das Wort

1. **Deine Meinung.** In the interview many opinions were expressed. Classify the following list of opinions according to whether they are positive or negative. Compare your classification with your partner's. Then state whether you agree or disagree with these opinions, choosing from the responses given below them.

Rockmusik ist primitiv.
Rockmusik ist oft zu laut, aber sie gefällt mir.
Ich könnte den ganzen Tag Musik hören.
Die Texte der modernen Lieder sind oft blöd.
Wenn ich Hausaufgaben mache, höre ich Musik.
Mir gefallen Rock und klassische Musik.
Es macht Spaß, selber Musik zu machen.
Klassischer Musik fehlt der Rhythmus.
Der Rockrhythmus ist zu eintönig.
Bei Musik konzentriere ich mich besser.
Ich kann Musik nur genießen, wenn ich mich darauf konzentriere.
Von klassischer Musik halte ich nicht viel.
Klassische Musik ist klasse.
Bei klassischer Musik schlafe ich immer ein.
Ich mag Rock nur auf Feten.

Johann-Sebastian-Bach-Museum Leipzig

BOSEHAUS

Eintritt 1,00 M

Ich bin ganz deiner Meinung°.	Ich bin anderer Meinung°.
Das ist wirklich wahr°.	Das ist nicht wahr.
Das finde ich auch.	Das finde ich nicht.
Mir auch.	Mir nicht.
Ich auch.	Ich nicht.
Ja, sicher!	Ach, Mensch, hör auf! Quatsch!

324 *German Today, 2*

2. **Was meinen Sie?** Ask your teacher whether she/he agrees with each of the opinions in Exercise 1.

▶ Finden Sie Rockmusik primitiv?

▶ Könnten Sie den ganzen Tag Musik hören?

Wortschatzerweiterung

The suffix -lich

das Jahr	jährlich	yearly
das Ende	endlich	finally
fragen	fraglich	questionable

German adjectives and adverbs may be formed from some nouns and verbs by adding the suffix **-lich.** Sometimes stem vowels **a, o,** and **u** are umlauted when **-lich** is added. English equivalents often end in *-ly.*

A. Spiel mit Wörtern. Die Klasse macht eine lange Reise mit dem Zug. Es ist langweilig und deshalb spielt ihr ein Spiel: Jemand nennt ein Substantiv und jemand anders sagt das Adjektiv oder Adverb zu dem Substantiv. Ein anderer sagt alles auf Englisch. Vergeßt nicht den Umlaut bei Wörtern mit *!

1. der Freund
2. das Geschäft
3. das Glück
4. der Mann*
5. der Mensch
6. der Monat
7. die Mutter*
8. die Natur*
9. der Staat
10. der Tag*
11. der Vater*
12. das Wort*

© 1971 United Feature Syndicate, Inc.

B. Was bedeutet das? Deine deutsche Brieffreundin schreibt dir von ihrem Freund Erik. Du willst es deinem Vater erzählen, aber er spricht kein Deutsch. Sag alles auf Englisch und nenne die Verben oder Substantive zu den Wörtern mit *-lich!*

1. Letzten Sommer haben Erik und ich uns *täglich* gesehen.
2. Aber es ist *fraglich,* ob er nächstes Jahr wieder frei bekommen kann.
3. Es ist *unglaublich,* wieviel er im Sommer arbeitet.
4. Es ist ja *verständlich,* denn er braucht Geld zum Studieren.
5. Erik schreibt oft Postkarten, aber er schreibt immer so *unleserlich.*
6. Ich bin *glücklich,* wenn wir uns wiedersehen.

Land und Leute

Musical festivals are an important part of the cultural life of the German-speaking countries. Some famous ones are the **Wagner Festspiele** in Bayreuth, the **Berliner Jazztage,** and the Munich Opera Festival. In Austria numerous concerts are held during the **Bregenzer Festspiele** at the Bodensee, the **Salzburger Festspiele,** and the **Wiener Festwochen.** Switzerland has the well-known jazz festival at Montreux. In the summer months there are many open-air rock and folk festivals throughout the German-speaking countries.

Jazzfestival in Montreux, Schweiz

Present-time subjunctive

Verb endings

ich käme		wir kämen
du kämest	Sie kämen	ihr kämet
er/es/sie käme		sie kämen

The subjunctive endings above are used for all verbs. The subjunctive verb endings **-est** and **-et** often contract to **-st** and **-t: kämest > kämst; kämet > kämt.**

A. Wer käme gern mit? Cordula will in ein klassisches Konzert. Sie glaubt, die Freunde kämen gern mit. Sag, welche Freunde gern mitkämen!

▶ Paula? *Ja, Paula käme sicher gern mit.*

1. Lutz?
2. Julia und Beate?
3. Andreas und Mark?
4. du?
5. ihr?

B. Alle fänden das gut. Eva findet, daß die Klasse am Samstag ein Fest machen sollte. Sag, wer das gut fände!

▶ Ingrid? *Ja, Ingrid fände das gut.*

1. Paul?
2. du?
3. Bernd und Valerie?
4. ihr?
5. Sie?
6. wir?

Substitute for the **würde**-construction

Ich **würde** das nicht **tun.**
Ich **täte** das nicht.

I *would*n't *do* that.

Wenn Silke nur bald **kommen würde!**
Wenn Silke nur bald **käme!**

If only Silke *would come* soon!

The present-time subjunctive may be used in place of the **würde**-construction to express hypothetical conclusions, wishes, and polite requests.

C. Fenster putzen. Du hast im Radio gehört, daß es heute regnen wird. Jetzt sagt Maria, sie will Fenster putzen. Du tätest das nicht. Würden deine Freunde das tun? Sag, was deine Freunde tun würden!

▶ Mark würde das nicht tun.   *Mark täte das nicht.*

1. Du würdest das sofort tun.
2. Stefan würde es heute nachmittag tun.
3. Claudia würde das nie tun.
4. Ihr würdet es sicher gern tun.
5. Wir würden es bestimmt nicht tun.
6. Ich würde das auch nicht tun.

Subjunctive of strong verbs

NARRATIVE-PAST STEM	PRESENT-TIME SUBJUNCTIVE
ging	ginge
las	läse
fuhr	führe
verlor	verlöre
war	wäre

The present-time subjunctive of a strong verb is formed by adding subjunctive endings to the narrative-past stem of the verb. An umlaut is added to the narrative-past stem vowels **a, o,** or **u.**

D. Was hat Ute gemacht? Am Wochenende hat Ute viel getan. Sag, daß du das auch tätest, wenn du Zeit hättest!

▶ Ute ging oft ins Theater. *Ich ginge auch oft ins Theater.*

1. Sie fuhr mit dem Bus.
2. Sie traf im Theater Freunde.
3. Sie sprach über das Stück.
4. Sie fand alles schön.
5. Sie aß im Restaurant.
6. Sie war sehr zufrieden.

Auch alte Menschen machen im Park Musik.

329

Wenn ich ein Vöglein wär

Wenn ich ein Vög-lein wär und auch zwei Flü-gel hätt,

flög ich zu dir. Weils a-ber nicht kann sein,

weils a-ber nicht kann sein, bleib ich all-hier.

E.   Wenn nur . . .   Der Lehrer will, daß ihr einige Sachen macht. In seinen Sätzen benutzt er das Verb *würde.* Sag es ohne *würde,* wie im Mustersatz!

▶   Wenn Christel nur mitkommen würde!   *Wenn Christel nur mitkäme!*

1. Wenn Elke nur mitgehen würde!
2. Wenn Norbert nur länger bleiben würde!
3. Wenn Matthias nur schreiben würde!
4. Wenn du es nur tun würdest!
5. Wenn du es nur mitnehmen würdest!
6. Wenn wir nur darüber sprechen würden!

Subjunctive of weak verbs

ich glaubte es		wir glaubten es
du glaubtest es	Sie glaubten es	ihr glaubtet es
er/es/sie glaubte es		sie glaubten es

The present-time subjunctive forms of weak verbs are identical to the narrative-past forms.

F.   Jan könnte besser sein!   Jan ist nicht gut in Mathe. Du glaubst, er könnte viel besser sein, wenn er nur mehr täte! Sag das und folge dem Mustersatz!

▶   Er arbeitet zu wenig.   *Wenn er nur mehr arbeitete!*

1. Er macht zu wenig.
2. Er lernt zu wenig.
3. Er paßt zu wenig auf.

4. Er zeigt zu wenig Interesse.
5. Er konzentriert sich zu wenig.

Subjunctive of irregular weak verbs + **haben**

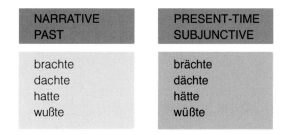

NARRATIVE PAST	PRESENT-TIME SUBJUNCTIVE
brachte	brächte
dachte	dächte
hatte	hätte
wußte	wüßte

Haben and the irregular weak verbs **bringen, denken,** and **wissen** have subjunctive forms that are quite common. The subjunctive forms are like the narrative-past forms, but with an umlaut added.

G. Ungleiche Geschwister. Auf der Fete warten alle auf Petra und hoffen, daß sie alles richtig macht. Sag, daß ihre Schwester Julia alles richtig machen würde! Folge dem Mustersatz!

▶ Hoffentlich weiß Petra den Weg. *Julia wüßte den Weg.*

1. Hoffentlich hat sie den Stadtplan.
2. Hoffentlich weiß sie die Adresse.
3. Hoffentlich hat sie genug Geld.
4. Hoffentlich bringt sie Essen mit.
5. Hoffentlich bringt sie einen Fußball mit.
6. Hoffentlich denkt sie daran.

Subjunctive of modals

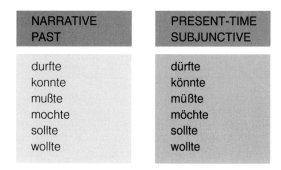

NARRATIVE PAST	PRESENT-TIME SUBJUNCTIVE
durfte	dürfte
konnte	könnte
mußte	müßte
mochte	möchte
sollte	sollte
wollte	wollte

A modal that has an umlaut in the infinitive (**dürfen, können, müssen, mögen**) also has an umlaut in the present-time subjunctive.

H. In den großen Ferien. Silke erzählt, was sie in den großen Ferien gemacht hat. In ihrer Situation müßtest du, oder könntest du, oder dürftest du das auch machen. Sag das!

▶ Silke mußte Geld verdienen. *Ich müßte auch Geld verdienen.*

1. Sie mußte schwer arbeiten.
2. Sie konnte schon Anfang Juli fahren.
3. Sie durfte drei Wochen bleiben.
4. Sie konnte mit dem Auto fahren.
5. Sie konnte Freunde mitnehmen.

Dürfte ich mitkommen? *Could* I come along?
Könntest du bleiben? *Could* you stay?
Müßte sie uns helfen? *Would* she *have to* help us?
Solltet ihr nicht gehen? *Should*n't you be going?
Ich **wollte,** ich hätte Zeit. I *wish* I had time.

The subjunctive forms of the modals are frequently used to express polite requests or wishes.

I. Besonders freundlich. Du bist heute besonders freundlich und sagst alles so nett wie möglich. Folge dem Mustersatz!

▶ Können Sie es allein machen? *Könnten Sie es allein machen?*

1. Können wir jetzt anfangen?
2. Sollst du Mathe nicht allein machen?
3. Ich muß eigentlich gehen.
4. Er soll besser Englisch lernen.
5. Das mußt du eigentlich selbst wissen.
6. Darf ich mitkommen?
7. Darf ich etwas sagen?

Was hältst du von Rock?

Du hast das Wort

Discussing
leisure activities

1. **Hättest du Lust?** A friend asks if you would like to do something. Respond according to your interests.

GESPRÄCHSPARTNER/IN

DU

Möchtest du	schwimmen gehen?	Das wäre schön.
	ins Kino gehen?	Wenn es nur warm wäre!
	eine Fete geben?	Das würde ich gern machen.
	eine Radtour machen?	Wenn ich nur Zeit hätte!
	Musik hören?	Wenn ich nur nicht so müde wäre!
	Französisch lernen?	Das möchte ich nicht.

2. **Wer macht mit?** Think of several other activities and try to find people who would like to do them.

J.   Gabi ist weg. Gabi wohnt seit einem Jahr in Italien. Du wünschtest, sie wäre noch hier. Sag das und folge dem Mustersatz!

▶   Gabi wohnt nicht hier.   *Ich wollte, Gabi wohnte hier.*

1. Sie schreibt nicht an uns.
2. Sie ruft nicht an.
3. Wir haben ihre Adresse nicht.
4. Wir hören nicht von ihr.
5. Sie besucht uns nicht.
6. Sie kommt nächsten Sommer nicht.
7. Wir können sie nicht besuchen.
8. Wir haben keine Zeit.

Du hast das Wort

Schön wär's. Think of several "wishes" related to your own living situation. Share these with a partner who will then tell you what she/he wishes were different.

Expressing wishes

▶ Ich wollte, ich müßte nicht im Garten arbeiten.

K. Urlaub in Deutschland. Aus deinem Urlaub telefonierst du nach Hause. Es ist nicht so, wie du dachtest. Wenn einige Sachen nur anders wären! Sag, welche! Folge dem Mustersatz!

▶ Schade, daß es nicht warm ist. *Wenn es nur warm wäre!*

1. Schade, daß wir nicht schwimmen können.
2. Schade, daß wir nicht windsurfen können.
3. Schade, daß wir nicht etwas mehr Geld haben.
4. Schade, daß Rainer nicht kommen kann.
5. Schade, daß er nicht zelten will.
6. Schade, daß wir ihn nicht besuchen können.
7. Schade, daß unser Auto nicht läuft.
8. Schade, daß man es nicht reparieren will.
9. Schade, daß die Ferien nicht kürzer sind.

Straßenmusikant mit Gitarre und Mundharmonika in Hamburg

Subjunctive mood

Indicative

Trudi **kommt** nicht zur Fete.	Trudi*'s* not *coming* to the party.
Nimmt Mark uns **mit?**	*Is* Mark *taking* us *along?*
Hat er Zeit?	*Does* he *have* time?

Subjunctive

Trudi **käme** nicht zur Fete.	Trudi *would*n't *come* to the party (even if we asked her).
Nähme Mark uns **mit?**	*Would* Mark *take* us *along* (if he were going)?
Hätte er Zeit?	*Would* he *have* time (if he picked all of us up)?

When verbs are used to make statements and to ask questions dealing with "real" situations, they are said to be in the indicative mood. When verbs deal with "unreal" situations (potential, uncertain, or hypothetical situations), they are said to be in the subjunctive mood.

For example, when people say, "I wouldn't do that if I *were* you," they are speaking of an obviously "unreal" situation. The real situation is "I am not you."

The subjunctive mood is also used to indicate a speaker's wishful or emotional attitude toward a situation.

Present-time subjunctive (A–K)

Subjunctive verb endings

ich wäre		wir wären
du wärest	Sie wären	ihr wäret
er/es/sie wäre		sie wären

Es gäbe vielleicht eine Alternative, aber die hat schon jeder.
LASSALE
Die individuelle Collection.

The subjunctive endings above are used for all verbs. The endings **-est** and **-et** often contract to **-st** and **-t: wärest** > **wärst; wäret** > **wärt.**

Straßenmusikanten auf dem Zwiebelmarkt in Weimar (DDR)

Subjunctive of strong verbs

INFINITIVE	NARRATIVE-PAST STEM	PRESENT-TIME SUBJUNCTIVE
bleiben	blieb	bliebe
fahren	fuhr	führe
kommen	kam	käme
verlieren	verlor	verlöre

The present-time subjunctive of strong verbs is formed by adding subjunctive endings to the narrative-past stem. An umlaut is added to the stem vowels **a, o,** and **u.**

Weak verbs in the subjunctive

INFINITIVE	NARRATIVE PAST	PRESENT-TIME SUBJUNCTIVE
kaufen	kaufte	kaufte
arbeiten	arbeitete	arbeitete

The present-time subjunctive forms of weak verbs are identical to the narrative-past forms.

Irregular weak verbs and **haben** in the subjunctive

INFINITIVE	NARRATIVE PAST	PRESENT-TIME SUBJUNCTIVE
bringen	brachte	brächte
denken	dachte	dächte
haben	hatte	hätte
wissen	wußte	wüßte

Haben and the irregular weak verbs **bringen, denken,** and **wissen** have subjunctive forms that are quite common. The subjunctive forms are like the narrative-past forms, but with an umlaut added.

Subjunctive of modals

INFINITIVE	NARRATIVE PAST	PRESENT-TIME SUBJUNCTIVE
dürfen	durfte	dürfte
können	konnte	könnte
mögen	mochte	möchte
müssen	mußte	müßte
sollen	sollte	sollte
wollen	wollte	wollte

A modal that has an umlaut in the infinitive (**dürfen, können, mögen, müssen**) also has an umlaut in the subjunctive.

Uses of present-time subjunctive or **würde-construction**

Hypothetical conclusions

Ich **würde** das nicht **tun.**
Ich **täte** das nicht.

I *would*n't *do* that (if I were you).

Wishes

Wenn er das nur **tun würde!**
Wenn er das nur **täte!**

If he *would* only *do* that!

Polite requests

Würden Sie das für mich **tun?**
Täten Sie das für mich?

Would you *do* that for me?

The present-time subjunctive and the **würde**-construction are alternate ways of expressing hypothetical conclusions, wishes, and polite requests. However, the **würde**-construction does not generally replace the subjunctive forms of the modals, **haben (hätte),** and **sein (wäre).**

In English, the same types of ideas or requests are often expressed with *would* + an infinitive.

Wiederholung

A. Welches Wort? Choose the appropriate conjunction to combine the following pairs of sentences.

1. Beate mußte schwer arbeiten.
   Sie war auf dem Bauernhof. (als, sondern, wann)
2. Der Bauer wollte (es) wissen.
   Gefiel es ihr bei ihnen? (ob, während, wenn)
3. Es machte ihr Spaß.
   Die Arbeit war schwer. (als, sondern, obwohl)
4. Sie mußte die Hühner füttern.
   Sie suchte morgens die Eier. (ob, und, wann)

5. Die Bäuerin geht nicht einkaufen.
   Sie hat alles selbst.   (denn, obwohl, während)
6. Sie kauft kein Brot.
   Sie bäckt das Brot selbst.   (aber, als, sondern)
7. Die Eltern holten Beate ab.
   Sie fuhren nach Hause.   (wenn, wann, als)

B.   Was bedeuten die Wörter?   Werner looked up a number of definitions for words in a German dictionary. Unfortunately he mixed them up. Help out by matching definitions and words, and indicate whether nouns are *der-, das-,* or *die*-nouns.

Erde   fehlen   gleichzeitig   Jahrhundert   lieben
  mehrere   Symphonie   Unterhaltung   verrückt   Volk

1. Musikstück für Orchester
2. was einem Spaß macht
3. die Leute in einem Land
4. nicht dasein
5. jemanden sehr gern haben

6. zur gleichen Zeit
7. nicht ganz richtig im Kopf
8. unsere Welt
9. 100 Jahre
10. einige

C.   Sag das!   The following exchanges are taking place all over town. Supply the appropriate responses, using the present-time subjunctive.

▶   VERKÄUFERIN   Was darf es sein?
      GISELA   ich / gern haben / zwei Äpfel   *Ich hätte gern zwei Äpfel.*

1. OBER   Möchten Sie jetzt bestellen?
   HERR NEUMANN   was / können / Sie / empfehlen / ?

2. HERR MÜLLER   Was kann ich für Sie tun?
   HERR MAIER   haben / Sie / eine Briefmarke / für mich / ?

3. MUTTER   Ich wollte, Peter wäre in Mathematik besser.
   LEHRERIN   er / müssen / fleißiger / arbeiten

4. FRAU ROTH   Ach, Frau Koch, Ihre Torte schmeckt wieder ausgezeichnet!
   FRAU KOCH   dürfen / ich / Ihnen / noch ein Stück / geben / ?

5. ERIK   Bei diesem Wetter können wir doch nicht schwimmen gehen.
   TANJA   schade / / wenn / es / nur nicht / so kalt / sein

6. ONKEL MANFRED   Das ist zu dumm. Ich habe kein Geld bei mir.
   TANTE HILDE   ich / können / dir / 20 Mark / geben

D. Sag es anders! There is often more than one way to say something. Replace the italicized words with an appropriate reflexive verb. Keep the same tense.

sich freuen   sich interessieren für   sich setzen
sich unterhalten über   sich wundern

1. Auf einer Fete *nahm* ich neben Petra *Platz.*
2. Wir *sprachen* natürlich *über* Fastnachtsmasken.
3. Petra *konnte es kaum glauben,* daß ich soviel über Masken wußte.
4. Petra *sammelt* alte Fastnachtsmasken.
5. Sie *war glücklich,* einen Maskennarren° zu finden.

someone crazy about masks

E. Fasnacht gefällt mir. Inge doesn't like Fasnacht in Basel. Say you do, because of the very things she objects to.

▶ Die Kostüme waren   *Fasnacht gefällt mir — gerade wegen der*
   verrückt.   *verrückten Kostüme.*

1. Die Masken waren grotesk.
2. Der Umzug war lang.
3. Die Bälle waren wild.
4. Die Musik war laut.
5. Die Menschen waren verrückt.

OB SIE NUN KLASSIK, JAZZ, ROCK ODER LIEBER BLUES MÖGEN, JVC STEREOKEYBOARDS SPIELEN ALLES. IN STEREO.

Sie spielen vor dem Römer in Frankfurt. Der Geigenkasten ist fürs Geld.

F. Magst du Musik? Prepare a short report in which you give your opinion about classical and/or rock music. You may wish to use the answers to some or all of the following questions.

1. Welche Musik gefällt dir?
2. Wann hörst du Musik? Wie oft?
3. Spielst du ein Instrument?
4. Was gefällt dir? Der Rhythmus? Die Texte? Der Aufbau?

G. Mögen Sie Musik? Ask your teacher the questions in Exercise F.

H. Was wünschst du dir? Complete the following sentences according to your personal preferences.

Ich hätte gern _____.
Ich könnte _____, wenn ich nur _____ hätte.
Wenn ich dürfte, würde ich _____.
Wenn es nur _____ wäre, würde ich _____.

Expressing personal wishes and desires

Share your sentences with your partner. She/he will ask you about the ideas expressed in them.

DU

Ich könnte mehr lesen, wenn ich nur mehr Zeit hätte.

GESPRÄCHSPARTNER/IN

Warum hast du so wenig Zeit?

I. Land und Leute.

1. Theater and music are very important in the cultural life of German-speaking countries. What information did you learn in this chapter to support this statement? How are theaters financed in the Federal Republic? Compare this to the United States.
2. In this chapter you have read about Mozart, Schubert, and Beethoven. What did you find most interesting about their lives? Give several facts.

Vokabeln

Substantive

- **der Frieden** peace
- **der Krieg, -e** war
- **der Lärm** noise
- **der Rhythmus, Rhythmen** *(pl.)* rhythm
- **der Text, -e** lyrics (of a song)
- **der Vogel, -̈** bird
- **der Wald, -̈er** forest

- **das Lied, -er** song; **das Volkslied, -er** folk song
- **das Volk, -̈er** folk
- **das Werk, -e** work (of art)

- **die Liebe** love
- **die Melodie, -n** melody
- **die Symphonie, -n** symphony
- **die Unterhaltung** entertainment

Verben

- **ein·schlafen (ä; schlief ein, ist eingeschlafen)** to fall asleep
- **fehlen** *(+ dat.)* to be lacking; **Doris fehlt heute** Doris is absent today
- **komponieren** to compose *(music)*
- **sich konzentrieren (auf + acc.)** to concentrate (on)
- **rufen (rief, gerufen)** to call

Andere Wörter

- **eintönig** monotonous
- **blöd** silly, dumb
- **gleichzeitig** at the same time
- **primitiv** primitive

Besondere Ausdrücke

- **das ist wahr** that's true
- **eine Rolle spielen** to play a role
- **für etwas sein** to be in favor of something
- **ich bin anderer Meinung** I have a different opinion
- **ich bin ganz deiner Meinung** I agree with you completely

Kapitel 14 **Hans im Glück**

Die Brüder Jacob und Wilhelm Grimm

Hans bekommt seinen Lohn

Hans diente schon mehrere Jahre bei seinem Herrn°, da sprach er eines Tages zu   master
ihm: „Herr, meine Zeit ist zu Ende. Ich möchte gern wieder nach Hause zu
meiner Mutter. Gib mir meinen Lohn!" — „Du hast mir sieben Jahre gut gedient,
darum soll auch dein Lohn gut sein." Und er gab ihm einen Klumpen° Gold so groß   lump
5 wie Hans' Kopf.

Hans wickelte° den Klumpen in ein Tuch, setzte ihn auf die Schulter und   wrapped
marschierte los. Nach einiger Zeit begegnete ihm ein Reiter. „Ach", sagte Hans
ganz laut, „wenn ich doch auch so reiten könnte! Dann käme ich viel schneller
nach Hause. Und dieser schwere Klumpen würde mich dann nicht so schrecklich
10 drücken." Der Reiter hörte das, hielt an und fragte: „Ja, lieber Freund, was hast
du denn da?" — „Ich muß diesen Klumpen nach Hause tragen. Es ist zwar Gold,
aber es drückt doch sehr", antwortete Hans. — „Weißt du was", sagte der
Reiter, „wir wollen tauschen: ich gebe dir mein Pferd, und du gibst mir deinen
Klumpen." — „Sehr gern", sprach Hans. Der Reiter stieg ab°, nahm das Gold   dismounted
15 und half Hans aufs Pferd. Dann sagte er noch: „Wenn es schneller gehen soll,
mußt du hopp-hopp rufen."

Fragen

1. Wie lange hat Hans seinem Herrn gedient?
2. Wohin wollte er?
3. Was bekam er als Lohn?
4. Warum hätte er gern ein Pferd gehabt?
5. Was gefiel ihm an dem Goldklumpen nicht?
6. Was gab der Reiter Hans für das Gold?

Hans bekommt eine Kuh

Hans war zufrieden, daß er so frei durch das Land reiten konnte. Aber nach einer Weile wollte er schneller reiten und rief: „Hopp-hopp!" Das Pferd begann zu traben°, dann zu galoppieren°, und schließlich warf es ihn ab. Er fiel in einen Graben°, und das Pferd wäre weggelaufen, wenn ein Bauer es nicht angehalten hätte. Der Bauer trieb° gerade eine Kuh zum Markt.

    Hans stand auf und sprach zu dem Bauern: „Es ist doch kein Spaß, das Reiten. Wenn ich nicht noch Glück gehabt hätte, hätte ich mir alle Knochen gebrochen. Auf so ein wildes Pferd setze ich mich nie wieder! Da ist so eine ruhige Kuh doch etwas anderes. Außerdem hat man jeden Tag Milch, Butter und Käse. Wenn ich doch nur so eine Kuh hätte!" — „Weißt du was", sagte der Bauer, „wir wollen tauschen." Hans war damit zufrieden. Der Bauer stieg° auf das Pferd und ritt schnell fort.

    Um die Mittagszeit war Hans mit seiner Kuh in einer großen Heide°. Es war sehr heiß, und Hans wurde sehr durstig. Er band die Kuh an einen Baum und versuchte, sie zu melken°. Er brachte aber keinen Tropfen° heraus. Da er sehr ungeschickt° war, wurde das Tier ungeduldig. Schließlich gab es ihm einen solchen Tritt°, daß er eine Zeitlang° nicht wußte, wo er war.

trot / gallop

ditch

was driving

mounted

heath

milk / drop
clumsy
kick / for a time

Fragen

1. Warum war Hans zufrieden?
2. Was tat das Pferd mit Hans?
3. Was hätte das Pferd getan, wenn es der Bauer nicht angehalten hätte?
4. Wohin wollte der Bauer gerade mit seiner Kuh?
5. Warum hätte Hans gern eine Kuh gehabt?
6. Was gab er dem Bauern für die Kuh?
7. Warum wollte er die Kuh melken?
8. Warum gab ihm das Tier schließlich einen Tritt?

Eine Gans ist vielleicht doch besser

Glücklicherweise° kam gerade ein Metzger mit einem Schwein vorbei. Der half dem armen Hans wieder auf die Füße. Als Hans ihm von seinem Unglück erzählte, lachte der Metzger und sagte: „Die Kuh ist alt. Daher gibt sie keine Milch mehr. Man kann sie nur noch schlachten°.“ — „Wer hätte das gedacht“, sagte Hans. 5 „Leider mag ich Kuhfleisch nicht. Es ist nicht saftig° genug. Ja, wenn ich ein junges Schwein hätte! Das schmeckt anders.“ — „Weißt du was“, sagte der Metzger, „wir wollen tauschen.“ — „Ich danke dir für deine Freundschaft“, sagte Hans und ging mit dem Schwein am Seil° weiter.

fortunately

slaughter

juicy

rope

Nach einiger Zeit traf Hans einen Burschen° mit einer schönen Gans unter dem

10 Arm. Sie gingen ein Stück zusammen, und Hans erzählte ihm seine Geschichte von Gold und Pferd, von Pferd und Kuh, von Kuh und Schwein. „Ich bin doch ein Glückspilz°. Wenn ich Schwierigkeiten° habe, so kommt auch immer gleich Hilfe°."

Der Bursche hörte sich die Geschichte an° und antwortete: „Also, ich glaube,

15 mit deinem Schwein da ist es nicht ganz richtig. Als ich eben durch das Dorf da unten kam, sprachen die Bauern von einem gestohlenen Schwein. Und sie wollten Leute ausschicken, es zu suchen." Hans bekam Angst und sagte: „Ach du lieber Himmel°, hilf mir bitte! Du kennst die Wege hier besser. Nimm mein Schwein und gib mir deine Gans!" — „Na ja, ich will nicht schuld sein an deinem Unglück",

20 sagte der Bursche, nahm das Seil und verschwand mit dem Schwein auf einem Seitenweg.

Hans ging weiter und sagte sich: Das war wieder mal ein guter Tausch°. Meine Mutter wird sich über den schönen Braten° und die Federn° freuen.

young man

lucky fellow / difficulties
help

hörte . . . an: *listened to*

lieber Himmel: *good heavens!*

exchange
roast / feathers

Fragen

1. Wer half dem armen Hans dieses Mal?
2. Warum gab die Kuh keine Milch mehr?
3. Warum hätte Hans gern ein Schwein gehabt?
4. Was hatte der Bursche unter dem Arm?
5. Warum meinte Hans, daß er ein Glückspilz ist?
6. Warum bekam er Angst?
7. Warum gab Hans dem Burschen das Schwein für die Gans?
8. Warum verschwand der Bursche wohl auf einem Seitenweg?

Wieder frei

Als er durch das letzte Dorf kam, arbeitete da auf der Straße ein Scherenschleifer° | scissors-grinder
und sang fröhlich ein Lied. Hans blieb stehen und sagte: „Dir geht's wohl sehr
gut?" — „Ja, ein richtiger Scherenschleifer hat immer Geld in der Tasche." —
„Wenn ich nur wüßte, wie ich das anfangen könnte, immer Geld in der Tasche zu

5 haben. Ich gäbe gern meine Gans dafür!" — „Nichts ist leichter als das", sagte
der Schleifer. „Du brauchst nur einen Stein, und du kannst Schleifer werden wie
ich. Hier hab' ich einen. Willst du mir die Gans dafür geben?" — „Wie kannst du
fragen?" antwortete Hans. Er gab dem Schleifer die Gans, nahm den Stein auf die
Schulter und lief weiter.

10   Da Hans seit dem frühen Morgen unterwegs° war, begann er müde zu werden. | underway
Auch drückte ihn der Stein ganz schrecklich. Als er schließlich zu einem Brunnen° | well
kam, wollte er ein wenig ruhen und trinken. Vorsichtig° setzte er den Stein auf | carefully
den Brunnenrand°. Als er sich zum Trinken über den Brunnen beugte°, stieß° er | edge of the well / leaned over / pushed
an den Stein, so daß dieser in den tiefen Brunnen fiel. Er sah dem Stein einen

15 Augenblick nach°. Doch dann freute er sich, daß ihn nun kein Stein mehr drückte. | sah . . . nach: looked at
„So glücklich wie ich", rief er, „ist kein Mensch unter der Sonne." Leicht und frei
lief er weiter, bis er zu Hause bei seiner Mutter war.

Fragen

1. Warum ging es dem Scherenschleifer gut?
2. Was hätte Hans gern gewußt?
3. Was gab der Scherenschleifer Hans für seine Gans?
4. Was drückte Hans jetzt?
5. Warum hielt Hans bei dem Brunnen an?
6. Wohin setzte er den Stein?
7. Wie verlor er den Stein?
8. Warum freute er sich am Ende?

Land und Leute

The stories of **Rotkäppchen** (Little Red Riding Hood), **Aschenputtel** (Cinderella), or **Schneewittchen** (Snow White) are well known through their many adaptations in books, films, operas, and ballets; but many people are unaware of their origins. These and many other tales were not written by an author but are folk tales, passed on orally from generation to generation. By collecting them and writing them down, **Jacob** (1785–1863) and **Wilhelm** (1786–1859) **Grimm** gave us the version in which we now know the tales. In 1812 and 1815 the **Gebrüder Grimm,** as the Germans call them, published 210 tales in two volumes called **Kinder- und Hausmärchen.**

The **Gebrüder Grimm** were important university professors. From 1819 on **Jacob Grimm** published a German grammar based on scholarly investigation, and in 1852 both of them began to write a German dictionary, which was finished only in 1961 by other scholars. With these and other works the brothers laid the foundations for the scientific study of the German language.

Aschenputtel-Illustration, Grimm-Museum, Kassel

1. **Warum war Hans froh?** Hans found fault with most of the things he received. Why was he glad to get rid of the things below?

   ▶   das Gold   *Er war froh, das Gold loszuwerden, denn es war sehr schwer.*

   das Pferd / die Kuh / das Schwein / der Stein

2. **Wer hat das gesagt?** Tell which of the characters in the fairy tale said the following lines.

   „So glücklich wie ich ist kein Mensch unter der Sonne."
   „Die Kuh ist alt. Man kann sie nur noch schlachten."
   „Na ja, ich will nicht schuld sein an deinem Unglück."
   „Du hast mir sieben Jahre gut gedient."
   „Wenn es schneller gehen soll, mußt du hopp-hopp rufen."
   „Hilf mir bitte! Du kennst die Wege hier besser."
   „Ein richtiger . . . hat immer Geld in der Tasche."
   „Ich glaube, mit deinem Schwein da ist es nicht ganz richtig."
   „Da ist so eine ruhige Kuh doch etwas anderes."

Wortschatzerweiterung

Noun suffixes -heit and -keit

die Schönheit	beauty
schön	beautiful

die Natürlichkeit	naturalness
natürlich	natural

Nouns ending in **-heit** or **-keit** are **die**-nouns. Many nouns of this type are related to adjectives.

Sondheims Musical Into
the Woods: *eine
Adaptation von*
Rotkäppchen

A. Sag das Wort! Anita kennt alle Adjektive in diesen Sätzen. Kennst du die
Substantive? Folge dem Mustersatz!

▶ Das ist *bestimmt* so.　　*Das kann er mit Bestimmtheit sagen.*

1. Der Plan ist *einfach*. Eben diese _____ gefällt mir.
2. Frau Lange liegt *krank* im Bett. Sie hat eine schwere _____.
3. Das finde ich *dumm* von Dieter. Da sieht man mal wieder seine große
   _____.
4. Alle Menschen wollen *frei* sein. Aber nicht alle wollen für die _____ arbeiten.
5. Bist du *sicher?* Kannst du das wirklich mit _____ sagen?

B. Sag das Wort! Mark sagt den ersten Satz mit einem Adjektiv. Sag den
zweiten Satz mit einem Substantiv. Folge dem Mustersatz!

▶ Ist es *wirklich* so?　　*Wie ist es in Wirklichkeit?*

1. Die Antwort ist *richtig*. Man muß an die _____ glauben.
2. Es ist *möglich*, von Neuem zu beginnen. Diese _____ gibt es immer.
3. Es ist nicht sehr *wahrscheinlich*, daß wir nach Basel fahren. Die _____, daß
   wir den Fasnachtsumzug sehen, ist nicht sehr groß.
4. Frau Menke ist eine sehr *freundliche* Verkäuferin. Ihre _____ gefällt den
   Kunden.
5. Wir machen eine *wichtige* Reise nach Wien. Es ist von großer _____, daß
   wir nach Wien fahren.

1. Past-time subjunctive

Forms

Ich **hätte** ihm **geholfen.**   I *would have helped* him.
Ich **wäre** gern **gekommen.**   I *would* gladly *have come.*
Das **wäre** schön **gewesen.**   That *would have been* nice.

The past-time subjunctive consists of the subjunctive forms of **haben (hätte)** or **sein (wäre)** plus the past participle. English expresses the same idea with *would have* and a past participle.

Verbs that have no direct object and show change of location or condition take **wäre;** other verbs take **hätte.**

A. Teenagerzeitschriften. Gestern hat Torsten Teenagerzeitschriften mitgebracht. Jetzt sprechen alle im Jugendzentrum darüber. Sag, was du denkst! Folge dem Mustersatz!

▶ Ich habe diese Teenagerzeitschrift   *Ich hätte diese Teenagerzeitschrift*
   nicht gelesen.   *nicht gelesen.*

1. Ich habe sie nicht gekauft.
2. Hast du sie empfohlen?
3. Udo hat die Zeitschrift interessant gefunden.
4. Die Themen haben ihm gefallen.
5. Udo hat sie mir geschenkt.
6. Ich habe sie dann doch gelesen.
7. Ich habe sie langweilig gefunden.

B. Marinas Urlaub. Du hast gehört, was Marina im Urlaub gemacht hat und erzählst Sabine davon. Sag, wie alles gewesen wäre, wenn du in Urlaub gefahren wärest! Folge dem Mustersatz!

▶ Bist du allein in Urlaub gefahren?   *Wärest du allein in Urlaub*
                                                          gefahren?

1. Bist du mit dem Zug gefahren?
2. Ich bin mit dem Auto gefahren.
3. In den Alpen ist es schöner gewesen.
4. Wir sind spazierengegangen.
5. Wir sind nicht müde geworden.
6. Wir sind eine Woche geblieben.
7. Wir sind am Sonntag nach Hause gekommen.

Rothenburg ob der Tauber — eine Stadt wie aus den Märchen

Uses

Susanne **hätte** das **gewußt**.	Susanne *would have known* that.
Wenn Michael das nur **gewußt hätte**.	If Michael *had* only *known* that.

The past-time subjunctive is used to express hypothetical conclusions or wishes about something in the past.

C. Hättest du das gemacht? Mark war gestern im Theater. Du findest es unmöglich, wie er alles gemacht hat. Frag Uschi, ob sie alles wie Mark gemacht hätte!

▶ Mark hat teure Karten gekauft. *Hättest du teure Karten gekauft?*

1. Er hat zwei Freunde mitgenommen.
2. Er hat einen Anzug getragen.

3. Er ist mit dem Rad gefahren.
4. Er hat später im Restaurant gegessen.

D. Hans im Glück. Hans erzählt, was er für das Gold und die Tiere bekommen hat. Seine Mutter wollte, er hätte das andere gebracht. Sag das wie seine Mutter!

▶ Für mein Gold habe ich ein Pferd bekommen. *Ich wollte, du hättest mir das Gold gebracht.*

1. Für mein Pferd habe ich eine Kuh bekommen.
2. Für meine Kuh habe ich ein Schwein bekommen.
3. Für mein Schwein habe ich eine Gans bekommen.
4. Für meine Gans habe ich einen Stein bekommen.

Du hast das Wort

1. **Ich hätte lieber . . .**   Think of several things you did last week. Then think of what you would have preferred doing. Tell a partner about these things and ask what she/he did.

DU

Am Montag bin ich schwimmen
    gegangen. Ich hätte lieber
    Tennis gespielt. Was hast du
    am Montag gemacht?

GESPRÄCHSPARTNER/IN

Ich habe ferngesehen. Ich hätte
    lieber . . .

2. **Was hättest du gesagt?**   You were in an elevator with your favorite actor or actress yesterday, but you were too shy to talk to her/him. Looking back, what would you have talked to her/him about?

▶ *Ich hätte ihm/ihr gesagt, ich finde seine/ihre Filme gut.*

2. Conditions contrary to fact

Present-time subjunctive

Wenn ich Zeit **hätte, würde** ich
    kommen.

If I *had* time I *would come* (but I
    don't have time).

A sentence with a condition contrary to fact describes a situation that will not take place. The speaker is only speculating how things could be. Contrary-to-fact sentences have two clauses: the condition (**wenn**-clause), containing the subjunctive form of the main verb **(hätte),** and the conclusion, usually containing a **würde**-construction.

E.   Wenn . . .   Du würdest gern an den Bodensee fahren, aber du machst es nicht. Wenn die Situation besser wäre, würdest du an den Bodensee fahren. Sag das!

▶ Wenn es Sommer wäre, . . .   *Wenn es Sommer wäre, würde ich an*
                                              den Bodensee fahren.

1. Wenn ich Ferien hätte, . . .
2. Wenn es nicht so weit wäre, . . .
3. Wenn du mitkämest, . . .
4. Wenn ich Geld hätte, . . .

F.   Am Sonntag.   Endlich ist Sonntag, aber du weißt einfach nicht, was du machen sollst. Sag, was du machen würdest, wenn . . . ! Folge dem Mustersatz!

▶ Wenn ich Lust habe, arbeite ich.   *Wenn ich Lust hätte, würde*
                                                   ich arbeiten.

1. Wenn ich ein neues Buch habe, lese ich.
2. Wenn es warm ist, gehe ich schwimmen.
3. Wenn ich Geld habe, gehe ich einkaufen.
4. Wenn die Sendung gut ist, sehe ich fern.

Wenn ich Geld hätte, **könnte** ich eine Reise machen.	If I had money, I *could* take a trip.
Es **wäre** schön, wenn ich Geld hätte.	It *would* be nice if I had money.
Wenn ich Geld hätte, **hätte** ich viele Freunde.	If I had money, I'*d have* many friends.

The modals and the verbs **haben** and **sein** are generally used in their subjunctive form, rather than as infinitives in the **würde**-construction.

G. Armer Hans! Hans im Glück ist unzufrieden. Er denkt, wenn er die anderen Tiere oder Sachen hätte, wäre alles besser. Sag es wie Hans und folge dem Mustersatz!

▶ Wenn ich ein Pferd habe, muß ich nicht zu Fuß gehen. *Wenn ich ein Pferd hätte, müßte ich nicht zu Fuß gehen.*

1. Wenn ich ein Pferd habe, kann ich reiten.
2. Wenn ich eine Kuh habe, habe ich jeden Tag Milch.
3. Wenn ich ein Schwein habe, kann ich gut essen.
4. Wenn ich eine Gans habe, kann ich sie essen.
5. Wenn ich einen Schleifstein° habe, habe ich immer Geld in der Tasche.

a stone for sharpening tools

Past-time subjunctive

Wenn ich Zeit **gehabt hätte**, **wäre** ich **gekommen**.	If I *had had* time (but I didn't), I *would have come*.

To express speculation about the condition under which some event would have happened in the past, the German speaker uses the past-time subjunctive. Remember that verbs without direct objects that show change of location or condition take **wäre**; other verbs take **hätte**.

Die Marley-Tür. Für schöneres Wohnen mit Geschmack und Verstand.

H. Niemand hat gearbeitet. Die Eltern kommen von einer Reise zurück. Das ganze Haus ist schmutzig. Die Eltern sind enttäuscht und sagen, es wäre nett gewesen, wenn alle geholfen hätten, aufzuräumen. Sag das!

▶ Claudia hat den Rasen nicht   *Es wäre nett gewesen, wenn*
  gemäht.   *Claudia den Rasen gemäht hätte.*

1. Stefan hat nicht abgestaubt.
2. Tanja hat nicht Staub gesaugt.
3. Michael hat den Tisch nicht gedeckt.
4. Bernd hat das Geschirr nicht gespült.
5. Ute hat nicht geholfen.
6. Hans-Jürgen hat die Wäsche nicht gewaschen.
7. Silke hat den Müll nicht rausgetragen.

I. Große Langeweile! In den Sommerferien hast du große Langeweile gehabt. Wenn Karin gekommen wäre, wäre alles ganz anders gewesen. Sag das!

▶ Wenn Karin käme, würde   *Wenn Karin gekommen wäre, wäre*
  sie eine Woche bleiben.   *sie eine Woche geblieben.*

1. Wenn Karin käme, würden wir ihr die Stadt zeigen.
2. Wenn Karin käme, würden wir ins Museum gehen.
3. Wenn Karin käme, würden wir ein Picknick machen.
4. Wenn Karin käme, würden wir windsurfen lernen.
5. Wenn Karin käme, würden wir über Politik diskutieren.

Du hast das Wort

Wenn ich . . . würde ich . . .   Think of five things you would do if conditions were different. Share your thoughts about these hypothetical situations with a partner, who may ask for more details.

Talking about hypothetical situations

DU

Wenn ich Geld hätte, würde ich einen neuen Kassettenrecorder kaufen.

GESPRÄCHSPARTNER/IN

Warum einen neuen Kassettenrecorder? Ist dein alter kaputt?

3. Adjectives following **etwas, nichts,** and **viel**

Ich habe **etwas Tolles** gehört.	I heard *something great.*
Hast du **nichts Neues** von Jens gehört?	Did*n't* you hear *anything new* from Jens?
Doch, ich habe **viel Interessantes** gehört.	Sure. I heard *many interesting things.*

Adjectives following **etwas, nichts,** or **viel** add **-es** in the nominative and accusative. In written German they are capitalized.

J. Ein aufregendes Wochenende. Kai erzählt, was er am Wochenende gemacht hat. Sag, du hast das auch alles gemacht! Folge dem Mustersatz!

▶ Ich habe etwas gehört. Das war lustig.   *Ich habe auch etwas Lustiges gehört.*

1. Wir haben etwas gemacht. Das war interessant.
2. Wir haben etwas angefangen. Das war neu.
3. Wir haben etwas erlebt. Das war aufregend.
4. Ich habe etwas gekocht. Das war gut.
5. Ich habe etwas gesehen. Das war furchtbar.

Grammatische Übersicht

Past-time subjunctive   (A–D)

Forms

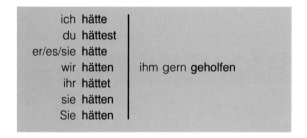

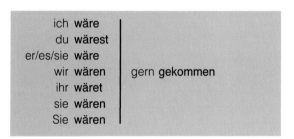

The past-time subjunctive consists of the subjunctive forms of **haben (hätte)** or **sein (wäre)** + past participle.

Uses

Hypothetical Conclusions	Ich **hätte** das nicht **getan**.	I *would*n't *have done* that (if I were you).
Wishes	Wenn ich es nur **getan hätte**!	If only I *had done* that!

The past-time subjunctive is used to express hypothetical conclusions or wishes about some event in the past that did not take place.

Verbs with no direct object that show change of location or condition take **wäre;** other verbs take **hätte.**

Conditions of fact

A conditional sentence contains two clauses: the condition (**wenn-**clause) and the conclusion. The **wenn-**clause states the conditions under which some event mentioned in the conclusion may or may not take place.

Wenn ich Zeit **habe, bleibe** ich länger.	If I *have* time (maybe I will, maybe I won't), I'*ll stay* longer.
Wenn ich Geld **habe, komme** ich **mit.**	If I *have* the money (I'm not sure about it yet), I'*ll come along.*

Conditions of fact are conditions that can be fulfilled. Indicative verb forms are used in conditions of fact.

Sattelkammer Breisgau

7800 Freiburg, Hebelstr. 11
Telefon (07 61) 27 25 81

Wenn Reiten Ihr Sport ist, sind wir Ihr Partner.

Mitglied in
euroriding
Das besondere
Fachgeschäft

Conditions contrary to fact: present time (E–G)

Wenn ich Zeit **hätte, würde** ich länger **bleiben.**	If I *had* time (but I don't), I *would stay* longer.
Wenn ich Geld **hätte, würde** ich **mitkommen.**	If I *had* the money (but I know I don't), I *would come along.*

Conditions contrary to fact cannot be fulfilled. Subjunctive verb forms are used to express conditions contrary to fact. To speculate about how the condition could be in the present or future, a speaker uses present-time subjunctive in the **wenn-**clause (the condition) and a **würde-**construction in the conclusion, except with **haben, sein,** and the modals.

Conditions contrary to fact: past time (H–I)

Wenn ich Zeit **gehabt hätte,**
    wäre ich länger **geblieben.**

If I *had had* time (but I didn't), I
    would have stayed longer.

To speculate about how conditions might have been in the past, a speaker uses past-time subjunctive in both the condition and conclusion.

Würde-construction and subjunctive of main verb

Wenn ich besser Tennis **spielte,**
    würde ich öfter **spielen.**

If I *played* tennis better, I *would play* more often.

The subjunctive form of the main verb is preferred in the **wenn-**clause. In present time, the **würde-**construction is regularly used in colloquial speech in the conclusion.

Wenn ich nur ein bißchen besser
    spielte, wäre ich zufrieden.
Wenn ich etwas besser **spielte,**
    hätte ich mehr Spaß daran.
Wenn ich besser **spielte, könnte**
    ich mit Frank **spielen.**

If I only *played* a little bit better, I
    would be satisfied.
If I *played* somewhat better, I
    would enjoy it more.
If I *played* better, I *could play*
    with Frank.

The subjunctive form of the main verb is preferred to the **würde-**construction for the modals, **sein,** and **haben.**

Adjectives following **etwas, nichts,** and **viel** (J)

Hast du **etwas Interessantes** gehört?
Nein. Ich habe **nichts Neues** gehört!
Ich habe aber **viel Schönes** gesehen.

Adjectives following **etwas, nichts,** or **viel** add **-es** in the nominative and accusative. Because the adjectives are considered **das-**nouns, they are capitalized in written German.

Da ist so eine ruhige Kuh doch **etwas anderes.**

The word **anderes** is an exception and is not capitalized in written German.

A. Was ist passiert? Hans is so excited when he tells his mother his story that he mixes everything up. Report his story in the correct order.

Ich fiel in einen Graben.
Die Kuh gab mir einen Tritt.
Das Schwein war aber gestohlen.
Der Stein fiel in einen Brunnen.
Ich wollte lieber ein Schwein.
Ich tauschte das Pferd gegen eine Kuh.
Ich gab einem Mann die Gans für einen Stein.
Ich gab einem Mann mein Gold, und er gab mir sein Pferd.
Ein Bursche gab mir eine Gans für das Schwein.
Mein Herr gab mir einen Klumpen Gold.

Illustration zu Hans im Glück, *Grimm-Museum, Kassel*

Das Märchen von Hänsel und Gretel an einem Haus in Oberammergau

B.   Ein Märchen.   Make the following fairy tale more interesting by adding the adjectives in parentheses. Supply adjective endings as needed.

Vor (viel) Jahren lebten ein (fleißig) Arbeiter und seine Frau mit ihren zwei (klein) Kindern in einem (groß) Wald. Die Familie war sehr (arm).

   Die Eltern brachten die (klein) Kinder in den (tiefst) Teil des (groß) Waldes und ließen sie dort. In der Nacht wanderten die Kinder weiter, bis sie zu einem (klein) Haus kamen. Da das Haus aus Kuchen gemacht war, begannen sie davon zu essen.

   Plötzlich zeigte sich ein (häßlich) Gesicht am Fenster. Es war das Gesicht einer (alt) Frau. Sie brachte die (klein) Kinder in ihr Haus. Das Mädchen mußte die (schwer) Arbeit machen. Der Junge mußte im Bett liegen und viel essen. Die (alt) Frau wollte dann den (dick) Jungen kochen und essen.

   Jeden Tag sagte sie: „Zeig mir deinen Finger!" Der Junge war aber sehr (klug) und zeigte ihr einen (dünn) Hühnerknochen. Mit ihren (schlecht) Augen konnte sie nicht sehen, daß der Junge ihr einen Knochen zeigte. Eines (schön) Tages konnten die Kinder von der (böse) Frau weglaufen. Bald waren sie wieder zu Hause, und die Eltern waren (glücklich).

C. Wenn ich . . .   Reread the interview in Chapter 2, page 31. Then tell what you would have done if you had been one of the teenagers being interviewed.

▶   Ute hat eine Radtour gemacht.   *Wenn ich Ute gewesen wäre,*
                                         hätte ich eine Radtour gemacht.

1. Ute hat bei ihrem Onkel gearbeitet.
2. Inge ist mit ihren Eltern gefahren.
3. Sie hat windsurfen gelernt.

Now name two things you would have done if you had been Dieter.

D. Hans im Glück.   Answer the questions. Replace the italicized words with a pronoun or a *da*-compound.

1. Hat *Hans* ein Stück Gold *für seine Arbeit* bekommen?
2. Hat der Herr *Hans das Gold* gegeben?
3. Gefiel *das Gold Hans?*
4. Hat Hans *dem Burschen von der Kuh und dem Schwein* erzählt?
5. Gab ein Reiter *Hans* ein Pferd *für das Gold?*
6. Warf *das Pferd Hans* schließlich ab?
7. Haben *die Bauern von einem gestohlenen Schwein* gesprochen?
8. Sollte sich *die Mutter über die Gans* freuen?

E. Was würdest du tun?   Say what you would do if the following conditions were true.

▶   Wenn ich genug Geld hätte . . .   *Wenn ich genug Geld hätte,*
                                          würde ich eine neue
                                          Stereoanlage kaufen.

1. Wenn ich viel Zeit hätte . . .
2. Wenn das Wetter heute besser wäre . . .
3. Wenn ich ein Jahr älter wäre . . .
4. Wenn ich ein neues Auto hätte . . .
5. Wenn es kein Fernsehen gäbe . . .
6. Wenn ich heute Geburtstag hätte . . .
7. Wenn heute Sonntag wäre . . .
8. Wenn morgen keine Schule wäre . . .

F. Land und Leute.

We often refer to well-known fairy tales as Grimm's fairy tales. Why is this? What are your favorite fairy tales? Try to find out if they are based on Grimm's fairy tales.

Substantive

der Reiter, −/die Reiterin, −nen rider

der Augenblick, −e moment; **einen Augenblick bitte** just a moment please
der Knochen, − bone
der Lohn, ⸚e wages, pay
der Stein, −e stone, rock

das Dorf, ⸚er village
das Glück good fortune; **Glück haben** to be lucky
das Gold gold
das Tuch, ⸚er scarf; towel; cloth
das Unglück misfortune; **Unglück haben** to be unlucky

die Angst, ⸚e fear, anxiety; **Angst haben (vor + dat.)** to be afraid (of)
die Freundschaft, −en friendship
die Schulter, −n shoulder
die Weile while

Verben

ab·werfen (i; warf ab, abgeworfen) to throw off
an·halten (ä; hielt an, angehalten) to stop *(vehicle or person)*; **der Polizist hält das Auto an** the policeman stops the car
begegnen *(dat.)* **(ist begegnet)** to meet (accidentally); **ich bin ihm begegnet** I ran into him
binden (an + acc.) (band, gebunden) to tie (to)
brechen (i; brach, gebrochen) to break
dienen *(dat.)* to serve
drücken to weigh down on, press

Verben (cont.)

fort·reiten (ritt fort, ist fortgeritten) to ride away
marschieren (ist marschiert) to march; **losmarschieren** to set off
ruhen to rest
stehen·bleiben (blieb stehen, ist stehengeblieben) to stop, stand still; **der Junge bleibt vor dem Fenster stehen** the boy stops in front of the window
tauschen to swap

Andere Wörter

darum thus, therefore
durstig thirsty
fröhlich happy, cheerful
mehrere several
ruhig quiet
tief deep
ungeduldig impatient
unten below
zwar to be sure

Besondere Ausdrücke

schuld sein (an + dat.) to be the cause (of), be guilty (of)
zu Ende over; **der Film ist zu Ende** the film is over

Kapitel 15

Deutsch–amerikanisch
amerikanisch–deutsch

Brooklyn Bridge: von dem Deutsch-Amerikaner Röbling gebaut

364

Comics — typisch amerikanisch?

Die Comics, die man heute in der Bundesrepublik am meisten liest, kommen aus Amerika: zum Beispiel *Peanuts* oder *Mickymaus*. Viele Leute glauben, daß die Comics eine „typisch amerikanische" Sache sind. Stimmt das?

Eine der ersten Serien in Amerika waren die *Katzenjammer Kids*. Sie
5 erschienen zum ersten Mal am 12. Dezember 1897 in William Randolph Hearsts *New York Journal*. Und das kam so: Hearst fürchtete die Konkurrenz der anderen Zeitungen in New York. Daher suchte er Ideen, mit denen er seine Zeitung attraktiver machen konnte und mit denen er neue Leser gewinnen würde. Da las er eines Tages eine Übersetzung von Wilhelm Buschs *Max und Moritz*. Diese 1865
10 veröffentlichte° Bildergeschichte war in Deutschland sehr bekannt. Hearst   published
glaubte, daß ihm so etwas in seinem Kampf gegen die Konkurrenz helfen könnte.

Hearst suchte einen Zeichner und fand Rudolf Dirks, der seit 1884 in Amerika lebte. Dirks zeichnete die Erlebnisse° der *Katzenjammer Kids,* Hans und Fritz,   experiences die mit einem starken deutschen Akzent sprachen. Er war mit den *Katzenjammer*
15 *Kids* sehr erfolgreich.

Dirks gehört zu einer größeren Gruppe von Zeichnern in Amerika, die aus deutscher und europäischer Tradition kamen und die Entwicklung° der Comics in   development Amerika beeinflußten. Ein halbes Jahrhundert später exportierten die Amerikaner dann ihre Comics, so daß heute *Peanuts* und *Mickymaus* als „typisch ameri-
20 kanisch" gelten.

Fragen

1. Woher kommen die Comics, die man heute in der Bundesrepublik am meisten liest?
2. Wie heißt eine der ersten Serien, die in Amerika erschien?
3. Warum wollte Hearst Bildergeschichten für seine Zeitung?
4. In welchem Land erschien 1865 die Bildergeschichte von Max und Moritz?
5. Was für einen Akzent hatten Hans und Fritz?
6. Welche Tradition hat die Comics in Amerika beeinflußt?
7. Sind Comics typisch amerikanisch?

Max und Moritz

Jeder weiß, was so ein Mai°–   June bug
Käfer für ein Vogel sei°.   is

Max und Moritz, immer munter°,   energetic
Schütteln° sie vom Baum herunter.   shake

In die Tüte von Papiere
Sperren° sie die Krabbeltiere°.   put / crawling things

Fort° damit, und in die Ecke,   away
Unter Onkel Fritzens Decke°.   cover

Seine Augen macht er zu.
Hüllt° sich ein und schläft in Ruh.　　　covers up

Doch die Käfer, kritze°, kratze°!　scratch / scrawl
Kommen schnell aus der Matratze°.　mattress

Und den Onkel, voller Grausen°,　　　horror
Sieht man aus dem Bette sausen°.　　　rush

Hin und her und rund° herum　　　round
Kriecht°es, fliegt es mit Gebrumm°.　there is
　　　　　　　　　　　　　　crawling / hum

Guckste° wohl! Jetzt ist's vorbei　　look
Mit der Käferkrabbelei°!　beetle-crawling affair

Onkel Fritz hat wieder Ruh'
Und macht seine Augen zu.

Richtig oder falsch?

1. Die Maikäfer sind Vögel.
2. Die Maikäfer fallen vom Baum.
3. Max und Moritz stecken die Maikäfer in eine Tasche.
4. Sie legen die Maikäfer unter das Bett.
5. Onkel Fritz geht ins Bett, um mit den Maikäfern zu spielen.
6. Onkel Fritz steht wieder auf, um Max und Moritz zu holen.
7. Die Maikäfer fliegen um Onkel Fritz herum.
8. Am Ende leben die Maikäfer nicht mehr.
9. Onkel Fritz lebt auch nicht mehr.

Du hast das Wort

1. **Comics.** A friend makes several observations about comics. Respond with one of the phrases provided or make up your own.

Expressing personal preferences

Ich möchte Comics-Zeichner werden. Du auch?

Ich wollte, es wären [weniger] Comics in der Zeitung.

[*Peanuts*] finde ich am besten.

Ich finde die Comics heute gar nicht lustig.

Ich könnte den ganzen Tag Comics lesen.

Ich wollte, ich könnte es.
Mir wäre es schon recht.
Ich auch.
Sie gefallen mir auch.
Nein, ich hätte keine Lust dazu.
Ich finde sie blöd.
Soviel Zeit habe ich nicht.
Das ist alles langweilig.

2. Make a list of the comics that are in your daily newspaper. Ask five people which ones they like and don't like. Report your findings to the class. What comic strip is the most popular?

DU	GESPRÄCHSPARTNER/IN
Liest du [*Garfield*] gern?	Ja, aber ich habe [*Peanuts*] lieber.
	Ja, ich lese das gern.
	Nein, ich lese das nicht gern.
Wie ist es mit [*Doonesbury*]?	[*Doonesbury*] finde ich toll.
	[*Doonesbury*] finde ich doof.
[*Peanuts*] ist am beliebtesten.	

Land und Leute

German-American ties date back more than three hundred years, when the first all-German settlement named "Germantown" was founded in Pennsylvania in 1683. Six million Germans arrived in the United States between 1820 and 1920, the period of greatest German immigration to this country. In the thirties and forties many important scientists and artists emigrated to the U.S. in order to escape the National Socialists (the Nazi party). Some well-known German immigrants are:

Baron Friedrich von Steuben (1730–1794), a Prussian general who trained colonial troops at Valley Forge during the Revolutionary War;

Johann Sutter (1803–1880), founder of a colony in the Sacramento Valley on whose land gold was discovered in 1848;

Johann August Röbling (1806–1869), an engineer who designed the world-famous Brooklyn Bridge;

Anna Ottendorfer (1815–1884), a philanthropist with special interests in health care and libraries, and publisher of an important German-language newspaper (**New Yorker Staatszeitung**);

Carl Schurz (1829–1906), a general of the Union Army, U.S. Senator, and Secretary of the Interior who helped reform the civil service system and initiated efforts to preserve natural resources;

Thomas Nast (1840–1902), a political cartoonist who first drew the Republican Elephant and the Democratic Donkey and also created the image of Santa Claus as a round, jolly, bearded man.

Among the immigrants of the twentieth century were the scientists **Albert Einstein** and **Wernher von Braun** and the architects **Ludwig Mies van der Rohe** and **Walter Gropius,** whose buildings have given a distinctive look to several U.S. cities (such as Chicago).

von Steuben	Röbling	Nast	Gropius

Levis und Jeans

a. Jeans-Anzug
b. Jeans-Jacke

c. Jeans-Rock
d. Jeans-Tasche

Jeans sind in Amerika und Deutschland, ja, sie sind international beliebt. In Deutschland weiß man, daß die „echten" Jeans aus Amerika kommen. In Amerika heißen manche Jeans auch „Levis", nach dem „Erfinder" der Jeans, Levi Strauss.

Über Levi Strauss weiß man nicht viel. Er war ein Einwanderer aus Bayern, der mit 14 Jahren nach Amerika kam. Er lebte zu Anfang bei einem Onkel in Kentucky. Als man gegen° Mitte des Jahrhunderts in Kalifornien Gold fand, kaufte Strauß einen Vorrat° an verschiedenen Stoffen und Tuchen, darunter auch Segeltuch. Es war die Art° von Segeltuch, das man für die Planwagen° brauchte, mit denen die Goldsucher° den Kontinent überquerten°. Mit diesen Vorräten segelte Levi Strauss von New York ums Kap° Horn nach Kalifornien.

Als er in San Francisco ankam, waren alle Vorräte verkauft, bis auf das Segeltuch. Ein alter Goldsucher war ärgerlich darüber, daß Strauss Segeltuch, aber keine Hosen hatte. Er erklärte ihm, daß die Hosen das Goldsuchen nicht lange aushalten. Strauss brachte das Segeltuch sofort zu einem Schneider, der Hosen daraus machte. Die Hosen verkauften sich wie warme Semmeln. Bald nannte man sie nur noch „Levis". 1853 gründete Strauss mit seinen Brüdern eine Handelsfirma°, die „Levis" produzierte°.

toward
supply
kind / prairie schooners
gold seekers / crossed
cape

trading company / produced

Heute ist die Firma ein großes Textilunternehmen°, das auch nach Deutschland   textile enterprise
exportiert. Aber in Deutschland produziert man auch Jeans. Sie sind so beliebt,
20 daß „Jeans" fast ein deutsches Wort ist. Man nennt die Hosen so, aber auch den
Stoff, aus dem sie gemacht sind. In den Reklamen erscheinen dann Wörter und
Wortkombinationen wie „Jeans-Jacke, Jeans-Anzug, Jeans-Rock, Jeans-Tasche,
Jeans-Look."

Fragen

1. Warum heißen manche Jeans in Amerika „Levis"?
2. Woher kam Levi Strauss?
3. Wann hat man in Kalifornien Gold gefunden?
4. Was für Segeltuch kaufte Levi Strauss?
5. Wie kam Levi Strauss von New York nach Kalifornien?
6. Was hatte Strauss von seinen Vorräten noch, als er ankam?
7. Was brauchte der Goldsucher?
8. Was machte der Schneider aus dem Segeltuch?
9. Wie nennt man die „Levis" in Deutschland?
10. Wie heißt der Stoff, aus dem die Jeans gemacht sind?

Überall gibt's Jeans —
Jeansröcke in Augsburg

The adjectives **viel** and **wenig**

Wir haben **wenig Geld,** aber **viel Zeit.**	We have *little money* but *much time.*

When used as adjectives, **viel** and **wenig** usually have no endings in the singular.

Ich habe **viele** Platten gekauft.	I bought *many* records.
Das kann man von **vielen** Menschen sagen.	You can say that about *many* people.

In the plural, **viel** and **wenig** take regular adjective endings.

A.   Wie ist das bei euch? In eurer Klasse sind Austauschschüler aus der Schweiz. Sie haben viele Fragen. Antworte mit *ja* und benutze das Wort *viel!*

▶   Gibt es im Winter bei euch Schnee?   *Ja, wir haben viel Schnee.*

1. Habt ihr am Wochenende Zeit?
2. Treibt ihr jeden Tag Sport?
3. Habt ihr genug Geld?
4. Macht ihr jedes Wochenende Hausaufgaben?
5. Hört ihr oft Musik?
6. Kauft ihr jeden Tag neues Papier?

B.   Wie ist das bei euch? In einer anderen Stadt in Amerika hören die Austauschschüler andere Antworten. Antworte mit *nein* und benutze das Wort *wenig!*

▶   Gibt es im Winter bei euch Schnee?   *Nein, wir haben wenig Schnee.*

1. Relative clauses

Wer ist die Frau, **die gerade weggeht?**	Who's the woman *who is just leaving?*
Ist das der Mann, **den Sie gefragt haben?**	Is that the man *(whom) you asked?*

A relative clause is introduced by a relative pronoun which refers back to a noun or pronoun in the preceding clause. Since a relative clause is a dependent clause, the verb and auxiliary are in final position.

BUTTER Lindner

Frische, die Sie kaufen können

2. Relative pronouns

Nominative singular

Wer ist	der Mann, **der** das Mädchen, **das** die Frau, **die**	gerade weggeht?

A relative pronoun is in the nominative case when it is the subject of a relative clause.

A. Kaum zu glauben! Erik erzählt von den Hobbys seiner Verwandten. Du kannst es kaum glauben: Deine Verwandten haben das gleiche Hobby. Sag das und folge dem Mustersatz!

▶ Mein Onkel sammelt Poster.　*Wirklich? Ich habe auch einen Onkel, der Poster sammelt.*

1. Meine Tante sammelt Bierdeckel.
2. Meine Kusine sammelt Briefmarken.
3. Mein Vetter repariert Autos.
4. Meine Schwester bastelt Flugzeugmodelle.
5. Mein Bruder sammelt Schallplatten.

B. Das sind die falschen Sachen. Ulli und Tina wollen einige Sachen reparieren. Das sind aber die falschen Sachen. Sag das und folge dem Mustersatz!

▶ Soll ich diesen Stuhl reparieren?   *Nein. Das ist doch nicht der Stuhl, der kaputt ist.*

1. Soll ich diese Lampe reparieren?
2. Soll ich diesen Plattenspieler reparieren?
3. Soll ich dieses Radio reparieren?
4. Soll ich diese Uhr reparieren?
5. Soll ich diesen CD-Spieler reparieren?

Accusative singular

Ist das	der Mann, **den** das Mädchen, **das** die Frau, **die**	du meinst?

A relative pronoun is in the accusative case when it is the direct object in a relative clause.

C. Tolle Sachen! Gabi fragt, wie dir ihre Sachen gefallen. Du findest sie toll und fragst, ob das die Sachen sind, die sie zum Geburtstag bekommen hat. Mach das!

▶ Wie gefällt dir dieser Ring?   *Toll. Ist das der Ring, den du zum Geburtstag bekommen hast?*

1. Wie gefällt dir dieser Pulli?
2. Wie gefällt dir dieser Rock?
3. Wie gefällt dir diese Kette?
4. Wie gefällt dir dieses Hemd?
5. Wie gefällt dir dieser Anhänger?

D. Günters Verwandte. Günter hat viele Verwandte. Ilse, seine Schwester, erzählt von einigen. Frag, ob das die Verwandten sind, die du kennengelernt hast.

▶ Das ist Günters Vetter.   *Oh. Ist das der Vetter, den ich kennengelernt habe?*

1. Das ist Günters Kusine.
2. Das ist Günters Tante.
3. Das ist Günters Onkel.
4. Das ist Günters Bruder.

Dative singular

Ist das	ein Mann, **dem** ein Mädchen, **dem** eine Frau, **der**	man glauben kann?

A relative pronoun is in the dative case when it is the indirect object or the object of a dative verb in a relative clause.

E. Nichts paßt ihnen. Andreas sagt, daß einigen Leuten nichts paßt. Sag, daß du auch solche Leute kennst.

▶ Mein Bruder ist immer unzufrieden. *Ich habe auch einen Bruder, dem nichts paßt.*

1. Meine Schwester ist immer ungeduldig.
2. Meine Kusine ist nie zufrieden.
3. Mein Vetter ist immer sauer.
4. Mein Freund ist immer unglücklich.
5. Meine Tante ist immer unzufrieden.
6. Mein Onkel ist immer ungeduldig.

Genitive singular

Das ist	der Mann, **dessen** das Mädchen, **dessen** die Frau, **deren**	Haus ich dir gezeigt habe.

A relative pronoun is in the genitive case to indicate possession or some other close relationship.

F. Was bedeutet das? Du liest mit Jane deutsche Comics. Jane, die kein Deutsch spricht, versteht nichts. Sag auf Englisch, was die Leute auf den Bildern sagen.

1. Ist das die Frau, deren Auto so viel Lärm macht?
2. Ist das der Junge, dessen Fahrrad kaputt ist?
3. Hast du das Kind gesehen, dessen Tasche hier liegt?
4. Dort steht die junge Dame, deren Namen ich immer wieder vergesse.
5. Ich möchte gern den Mann kennenlernen, dessen Foto in der Zeitung ist.

Plural

Nominative	Wer sind die Mädchen, **die** gerade weggegangen sind?
Accusative	Wer sind die Mädchen, **die** wir gerade gesehen haben?
Dative	Wer sind die Mädchen, **denen** du geholfen hast?
Genitive	Wer sind die Mädchen, **deren** Bücher du gekauft hast?

A relative pronoun is plural when it refers to a plural noun. The case of the pronoun depends on the way it is used in the clause, just as it does with singular pronouns.

G. Haben Sie etwas Billigeres? Du gehst in eine Boutique, weil du Claudia ein Geschenk kaufen willst. Alles ist so teuer! Frag den Verkäufer, ob er auch Sachen hat, die etwas billiger sind!

▶ Hier sind schöne Ringe. *Haben Sie Ringe, die etwas billiger sind?*

1. Hier sind schöne Ketten.
2. Hier sind tolle Armbänder.
3. Hier sind hübsche Ohrringe.
4. Hier sind interessante Anhänger.
5. Hier sind schicke Uhren.

H. Christl will nach Amerika. Nächstes Jahr will Christl als Austauschschülerin nach Amerika. Ulli will wissen, ob sie sich jetzt schon vorbereitet. Sag ja und sag, daß die meisten Sachen, die sie liest, aus Amerika kommen.

▶ Liest Christl amerikanische *Ja, die meisten Bücher, die sie liest,*
Bücher? *kommen aus Amerika.*

1. Liest sie amerikanische Comics?
2. Liest sie amerikanische Zeitungen?
3. Liest sie amerikanische Zeitschriften?
4. Liest sie amerikanische Geschichten?

I. Solche Leute gefallen uns nicht. Dein Bruder ist Kunde in vielen Geschäften. Frag ihn, was für Leute ihm nicht gefallen! Was antwortet er?

▶ Was für Verkäufer gefallen dir nicht? *Verkäufer, denen man*
nicht glauben kann.

1. Was für Geschäftsleute gefallen dir nicht?
2. Was für Mechaniker gefallen dir nicht?
3. Was für Elektriker gefallen dir nicht?
4. Was für Metzger gefallen dir nicht?

J. Was bedeutet das? In einem Straßencafé in Wien hörst du viele Leute sprechen. Tim, der nur Englisch und Französisch spricht, versteht nichts. Sag auf englisch, was du hörst!

1. Wie heißen die Schüler, denen du geholfen hast?
2. Sind das die Leute, deren Freunde wir gestern kennengelernt haben?
3. Nein, das sind die Leute, deren Kinder in meine Klasse gehen.
4. Wo sind die Sachen, die du repariert hast?
5. Sind die Briefmarken wertvoll, die du sammelst?

Du hast das Wort

Erzähl mal! Ask a classmate to make two or three comments about some activities. You may choose from the list below or make up your own. Report your findings to the class.

Reporting briefly on activities

Reise machen
Stadt besuchen
Radtour machen

Job haben
Buch lesen

DU

Erzähl mal über eine Reise, die
   du gern machen würdest!

[Barbara] erzählt von einer Reise
   nach Europa.

GESPRÄCHSPARTNER/IN

Ich möchte nach Europa fliegen. Ich
   finde Europa interessant.

Crown Hall, Chicago —
Architekt Walter Gropius

*Die Wiener Staatsoper —
eines der berühmtesten
Opernhäuser der Welt*

3. Prepositions with relative pronouns

Accusative

Ist das die Frau, **für die** Sie arbeiten?
Wie heißt der See, **an den** Sie nächste Woche fahren?

Relative clauses may begin with a preposition and a relative pronoun.

K. Das war schön! An Weihnachten erinnert sich die ganze Familie an das letzte Jahr. Alle denken gern an die Erlebnisse zurück. Sag das und folge dem Mustersatz!

▶   Die Reise nach Velden war   *Ja, das ist eine Reise, an die*
    schön, nicht?   *ich gern zurückdenke.*

1. Der Urlaub in den Alpen war schön, nicht?
2. Der Ausflug nach Klagenfurt war phantastisch, nicht?
3. Der Besuch in Gurk war lustig, nicht?
4. Die Arbeit auf dem Bauernhof war interessant, nicht?
5. Das Dorf an dem kleinen See war toll, nicht?
6. Die Wanderung beim Gewitter war aufregend, nicht?

Dative

Ist das die Frau, **von der** Sie erzählt haben?
Wie heißen die Firmen, **bei denen** Sie früher gearbeitet haben?

L. Ich sehe mir berühmte Sachen an. Nächsten Sommer willst du nach Europa. Claudia fragt, ob du dir auch die berühmten Gebäude und Seen ansiehst. Sag, daß du das ganz bestimmt machen willst. Folge dem Mustersatz!

▶ Fährst du an den Bodensee? *Oh ja, das ist ein See, von dem man immer wieder hört.*

1. Gehst du in die Wiener Oper?
2. Siehst du dir den Mainzer Dom an?
3. Siehst du dir das Bonner Rathaus an?
4. Besuchst du das Deutsche Museum?
5. Zeltest du am Wolfgangsee in Österreich?
6. Besuchst du den Hafen in Hamburg?

M. Wer ist der Junge? Anja will wissen, wer der Junge ist, der gestern angerufen hat. Sag es ihr! Vergiß das eine Wort nicht!

1. Er ist der Junge, mit _____ ich gestern so lange am Telefon gesprochen habe.
2. Er ist in der Schule, in _____ früher auch mein Bruder war.
3. Er ist ein Mensch, mit _____ man sich gut unterhalten kann.
4. Das ist doch der Junge, von _____ ich dir schon erzählt habe.
5. Er ist der Sohn von Leuten, bei _____ meine Eltern oft sind.
6. Ich habe ihn auf einer Fete kennengelernt, auf _____ ich am Samstag war.

4. The indefinite relative pronoun **was**

Ich glaube alles, **was** Tanja sagt. | I believe everything *(that)* Tanja says.

Sie hat aber etwas gesagt, **was** ich nicht verstehe. | However, she said something *(that)* I don't understand.

Was is the relative pronoun that refers to indefinite pronouns such as **alles, etwas, nichts, viel,** and **wenig.**

N. Wirklich? Erik erzählt von seinem Wochenende auf dem Campingplatz. Er sagt, daß alles toll gewesen ist. Das sagt er immer! Zeige, daß du es nicht richtig glaubst! Folge dem Mustersatz!

▶ Wir haben viel gesehen. Es war alles schön. *Wirklich? War alles, was ihr gesehen habt, schön?*

1. Wir haben viel erzählt. Es war alles lustig.
2. Wir haben viel gelernt. Es war alles interessant.
3. Wir haben viel gekauft. Es war alles billig.
4. Wir haben viel gegessen. Es war alles ausgezeichnet.

Relative clauses

Das ist eine tolle Schallplatte, **die du mir geschenkt hast.**	That's a great record *(that) you gave me.*
Aber der Plattenspieler, **den ich gestern gekauft habe,** ist schon kaputt.	But the record player *(that) I bought yesterday* is already broken.

A relative clause provides additional information about a previously mentioned noun. The clause is introduced by a relative pronoun, which refers back to the noun (called the antecedent). Since the relative clause is a dependent clause, the verb and auxiliary are in final position.

In German the relative pronoun is always stated. In English the relative pronoun may or may not be stated.

In written German, relative clauses are always set off from main clauses by commas.

Für alle, die Energie sparen wollen: erdgas energiespar service

Relative pronouns (A–M)

Forms

	SINGULAR			PLURAL
Nominative	der	das	die	die
Accusative	den	das	die	die
Dative	dem	dem	der	denen
Genitive	dessen	dessen	deren	deren

Most forms of the relative pronouns are the same as the forms of the definite articles. The dative plural and the genitive singular and plural, however, have additional endings of **-en** or **-sen.**

Uses

Das ist **der Mann, der** mir geholfen hat.
Das ist **das Mädchen, das** mir geholfen hat.
Das ist **die Frau, die** mir geholfen hat.
Das sind **die Leute, die** mir geholfen haben.

The form of a relative pronoun depends on the noun to which it refers. In the examples above, **der** refers to a **der**-noun (**der Mann**), **das** refers to a **das**-noun (**das Mädchen**), **die** refers to a **die**-noun (**die Frau**) or a plural noun (**die Leute**).

Nominative	Wer ist der Mann, **der** gerade weggegangen ist?
Accusative	Wer ist der Mann, **den** Sie gesehen haben?
Dative	Wer ist der Mann, **dem** Sie geholfen haben?
Genitive	Wer ist der Mann, **dessen** Auto Sie gekauft haben?

The case of a relative pronoun depends on its use in the clause. In the examples above, **der** is nominative because it is the subject of the clause; **den** is accusative because it is the direct object of the verb **sehen; dem** is dative because **helfen** takes a dative object; and **dessen** is genitive because it shows possession (*whose* car you bought).

Ist das die Frau, **für die** Sie arbeiten?	Is that the woman *for whom* you work?
Ist das die Firma, **bei der** Sie arbeiten?	Is that the company *(that)* you work *for?*

A preposition followed by a relative pronoun may introduce a relative clause. The case of the relative pronoun then depends on the preposition. In the examples above, **für** takes the accusative (**die**); **bei** takes the dative (**der**). In German, whenever a relative pronoun is the object of a preposition, the preposition precedes the pronoun. In colloquial English, the preposition is usually in last position (the company you work *for*).

The indefinite relative pronoun **was** (N)

Alles, **was** du sagst, ist richtig.	Everything *(that)* you say is correct.
Ich habe dort viel gelernt, **was** mir jetzt hilft.	I learned a lot there *that* helps me now.

Was is the relative pronoun that refers to indefinite pronouns such as **alles, etwas, nichts, viel,** and **wenig.**

A. Die Geschichte der Familie Steinway.   Read the following story about a famous German-American family. Then do the exercise that follows.

Steinway-Flügel° sind in der ganzen Welt bekannt. Viele große Virtuosen spielen auf Steinway-Flügeln. Der große Konzertflügel im *Eastroom* des Weißen Hauses ist ein Geschenk von der Firma Steinway.

Flügel: grand pianos

   Die Geschichte der Steinways begann am 22. Februar 1797 in Deutschland mit Heinrich Engelhard Steinweg. Er zeigte schon als junger Mensch Talent zum Bau von Musikinstrumenten. In der Familie erzählt man, daß er sein erstes Klavier in der Küche gebaut hat. Im Jahr 1839 hat er für einen Flügel eine Goldmedaille bekommen.

   1849–1850 wanderte die Familie nach Amerika aus. Der Vater und die Söhne arbeiteten am Anfang in einer Klavierfabrik. 1853 gründeten sie die Firma *Steinway and Sons* in New York.

   Seit 1880 gibt es in Hamburg eine Tochterfirma, die heute noch *Steinways* baut. So spielen die „Steinwegs" bis heute auch in Deutschland eine Rolle.

Hier macht man die berühmten Steinway-Flügel

Richtig oder falsch?

1. Steinway-Flügel sind auch in Europa bekannt.
2. Der Präsident hat den Konzertflügel, der heute im *Eastroom* des Weißen Hauses steht, in New York gekauft.
3. Heinrich Steinweg war schon als junger Mann ein guter Musikinstrumentenbauer.
4. Er hat sein erstes Klavier in New York gebaut.
5. 1849 wanderte Steinway nach Amerika aus und bekam dort eine Goldmedaille.
6. Steinway und seine Söhne bauten Klaviere.
7. Nach 1853 bauten Steinway und seine Söhne Klaviere in ihrer eigenen Fabrik.
8. Seine Tochter gründete eine Firma in Hamburg, die heute noch Steinways baut.

B. Was würdest du tun? Tell what you would do if you were invited by some German friends for the evening.

1. Wo würdest du die Blumen kaufen?
2. Was für Blumen würdest du mitbringen?
3. Wie würdest du hingehen?
4. Was würdest du an der Tür sagen?
5. Wem würdest du die Hand geben?
6. Wem würdest du die Blumen geben?

C. Wer war Levi Strauss? Combine the sentence pairs, using relative pronouns in place of the italicized words.

▶ Levi Strauss war ein Einwanderer aus Bayern.
Er kam mit 14 nach Amerika.

Levi Strauss war ein Einwanderer aus Bayern, der mit 14 nach Amerika kam.

1. Er lebte bei einem Onkel.
Der Onkel wohnte in Kentucky.
2. Als man in Kalifornien Gold fand, kaufte Strauss Tuch.
Man brauchte *es* für die Planwagen.
3. Strauss brachte das Tuch zu einem Schneider.
Er machte Hosen daraus.
4. Strauss verkaufte den Goldsuchern Hosen.
Sie verkauften sich wie warme Semmeln.
5. Dann schickte Strauss nach seinen Brüdern.
Mit *ihnen* gründete er eine Handelsfirma.
6. Heute ist die Firma ein großes Textilunternehmen.
Es exportiert auch nach Deutschland.

D. Vater und Sohn. The following cartoon is from a series called *Vater und Sohn*. Match each part of the text to the picture it describes.

Krieg[1] in der Badewanne[2]

Im Krieg sind alle Mittel erlaubt

a. Augenblick! Ich darf noch einmal schießen[3]. Ha, Ha! Noch ein Volltreffer[4].

b. Warte ab[5], Kleiner. Jetzt bin ich an der Reihe[6]. Volltreffer! Was sagst du nun?

c. Bumm! Zisch! Warte nur, gleich habe ich alle deine Schiffe versenkt[7]. Ach, zu dumm! Daneben[8]!

d. Bist du verrückt? Du kannst doch nicht einfach die Dusche[9] andrehen[10]!

e. Wer zuletzt lacht, lacht am besten.

f. Hiermit[11] versenke ich das erste feindliche[12] Schiff. Gluck, gluck.

1. war 2. bathtub 3. shoot 4. bull's eye 5. hold on! 6. it's my turn 7. sunk 8. missed!
9. shower 10. turn on 11. herewith 12. enemy

E. Land und Leute.

1. You have read about a number of well-known immigrants to the United States. Name the one
   a. who created our present image of Santa Claus.
   b. on whose land gold was discovered.
   c. who designed the Brooklyn Bridge.
   d. who trained troops for George Washington.
   e. who was a famous philanthropist.
2. Choose one of the other German immigrants named in this chapter and find out several facts about her/him.

Vokabeln

Substantive

der Einwanderer, –/die Einwanderin, –nen
  immigrant
der Schneider, –/die Schneiderin, –nen   tailor
der Zeichner, –/die Zeichnerin, –nen
  cartoonist, illustrator

der Akzent, –e accent
der Handel trade, business
der Kampf, ̈-e struggle
der Stoff, –e material, cloth

das Segeltuch canvas, sailcloth
das Tuch, ̈-e cloth

die Konkurrenz competition
die Serie, –n series
die Übersetzung, –en   translation

Verben

aus·halten (ä; hielt aus, ausgehalten) to hold
  out, last
beeinflussen to influence
erscheinen (erschien, ist erschienen) to
  appear
exportieren to export
fürchten to fear; **sich fürchten (vor + *dat.*)** to
  be afraid (of)
gelten (i; galt, gegolten) (als) to be considered
  (as) **Comics gelten als typisch amerikanisch**
  comics are considered typically American

Verben (cont.)

gründen to establish, found
produzieren to produce

Andere Wörter

ärgerlich annoyed, upset
attraktiv attractive
bekannt well-known
beliebt popular
echt genuine, real; really *(slang)*
erfolgreich successful
europäisch European
stark strong
typisch typical

Besondere Ausdrücke

bis auf except for
sich wie warme Semmeln verkaufen to sell
  like hotcakes

Kapitel 16

Ein talentloser junger Mann

Herr Nubbel sucht einen Verkäufer

Herr Philippi hatte in der Zeitung gelesen, daß Herr Nubbel einen Verkäufer suchte. Und da er im Augenblick kein Geld hatte, wollte er mit diesem Herrn Nubbel einmal sprechen. Herr Philippi war ein junger Mann mit langen Haaren, der manchmal dichtete°. Er sah nicht wie ein Verkäufer aus.

wrote poetry

5 Er trug einen gelben Anzug, als er zu Herrn Nubbel ging. Und er spielte mit einem kleinen runden Ding — es sah wie ein kleiner Spiegel aus — als er Herrn Nubbel fragte, ob er einen Verkäufer brauchte.

Herr Nubbel hatte schon ein wenig über Herrn Philippi gehört. Er wußte jedenfalls, daß er dichtete. „Ich suche einen Verkäufer und keinen Dichter", sagte er. 10 Dann hielt° er einen längeren Vortrag° über die Kunst° eines guten Verkäufers. Herr Nubbel redete gern. Herr Philippi schien genau zuzuhören. Dabei spielte er mit dem kleinen runden Ding. Er hielt es manchmal an die Sonne und schaute es von der Seite an.

gave / lecture / art

Endlich schien auch Herr Nubbel das Ding zu bemerken. Es lenkte° ihn von 15 seinem Vortrag ab. Er sagte gerade: „Der Verkäufer muß eben jede Ware° richtig anbieten, um . . ." Da unterbrach er sich und fragte: „Was haben Sie da eigentlich in der Hand?"

lenkte ab: distracted
product

„Oh", sagte Herr Philippi, „entschuldigen Sie!" Und er steckte das Ding in die Tasche.

20 Herr Nubbel sprach weiter. „Es ist falsch zu glauben, daß eine Sache sich selbst verkauft. Vor allem aber darf der Verkäufer nicht zeigen, was er will. Er macht sein Geschäft so mehr oder weniger nebenbei°."

incidentally

„Richtig", sagte Herr Philippi. Er nahm das Ding wieder aus der Tasche, um es kurz anzusehen.

Fragen

1. Wo hatte Herr Philippi gelesen, daß Herr Nubbel einen Verkäufer suchte?
2. Wie sah Herr Philippi aus?
3. Warum mußte Herr Philippi Arbeit haben?
4. Was für einen Anzug trug Herr Philippi?
5. Womit spielte Herr Philippi?
6. Was hatte Herr Nubbel gegen Herrn Philippi?
7. Worüber hielt Herr Nubbel einen Vortrag?
8. Was bemerkte Herr Nubbel endlich?
9. Warum steckte Herr Philippi das Ding wohl in die Tasche?
10. Was darf der gute Verkäufer nicht zeigen?
11. Warum nahm Herr Philippi das Ding aus der Tasche?
12. Glaubst du, daß Herr Philippi die Stelle als Verkäufer bekommen wird? Warum (nicht)?

Die Taschensonnenuhr

„Der Käufer darf nicht merken, daß der Verkäufer nur eine mehr oder weniger unnütze° Sache loswerden will." Herr Philippi nickte. Herr Nubbel sah den jungen Mann im gelben Anzug überlegen° an. Dabei fiel sein Auge wieder auf das kleine Ding, mit dem Herr Philippi spielte. „Was haben Sie denn nur da?" fragte er. useless
in a superior manner

5 „Verzeihen Sie, es ist eine Sonnenuhr", sagte Herr Philippi und steckte das Ding wieder in die Tasche.

„Eine . . . was?" fragte Herr Nubbel. „Ich kenne Sonnenuhren nur in Gärten und an Häusern."

„Oh, es ist wirklich nichts. Es ist eine Taschensonnenuhr." Herr Nubbel wurde

10 neugierig. „Davon habe ich ja noch nie etwas gehört. Zeigen Sie mal her!"

„Wirklich, ich muß Sie um Entschuldigung bitten. Ich habe Sie schon zu lange belästigt°. Wenn Sie mich nicht als Verkäufer nehmen können, dann . . . " bothered

„Papperlapapp°", unterbrach ihn Herr Nubbel. „Ich habe, so alt ich bin, nicht nonsense
gewußt, daß es Taschensonnenuhren gibt, wenn es nicht ein Schwindel von Ihnen

15 ist. Ich möchte sie mal sehen."

Herr Philippi holte langsam das Ding aus der Tasche. Es war wirklich eine Taschensonnenuhr. Mit einem Kompaß und einem Zifferblatt° für die Stunden. dial

„Sie geht genau", sagte Herr Philippi. Herr Nubbel schaute auf die Sonnenuhr und auf seine eigene Uhr.

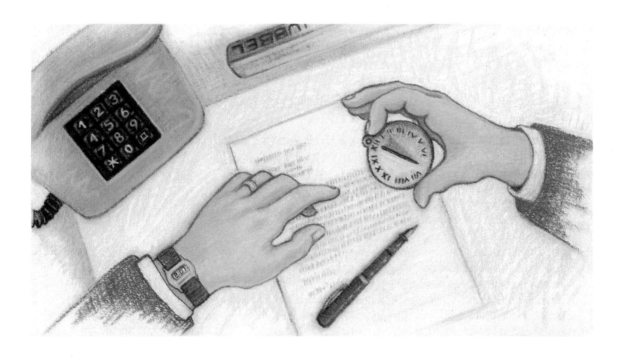

20   „Sehr hübsch", sagte er. „Was aber, wenn keine Sonne scheint?"

„Es ist eine Spielerei°", sagte Herr Philippi. „Wenn keine Sonne scheint, steht° *plaything / stops*
sie eben. Ihre Uhr steht ja auch, Herr Nubbel, wenn Sie sie nicht aufziehen°." Er *wind*
steckte das Ding wieder in die Tasche. „Ja, also, ich bitte vielmals° um Entschul- *very much*
digung . . . aber da Sie mich nicht als Verkäufer wollen, muß ich nun wirklich
25   gehen."

„Es tut mir sehr leid, aber ich brauche Verkäufer, die etwas können." Herr
Nubbel lächelte überlegen. „Sagen Sie selbst: Wer würde von Ihnen etwas
kaufen?"

„Wer weiß", antwortete Herr Philippi leise.

Fragen

1. Was hatte Herr Philippi in der Hand?
2. Wo findet man gewöhnlich Sonnenuhren?
3. Wovon hatte Herr Nubbel noch nie gehört?
4. Geht die Sonnenuhr genau?
5. Wann steht eine Sonnenuhr?
6. Wann steht eine gewöhnliche Uhr?
7. Warum steckte Herr Philippi die Uhr wohl wieder in die Tasche?
8. Warum wollte Herr Philippi gehen?
9. Was für Verkäufer suchte Herr Nubbel?
10. Wie geht die Geschichte weiter? Was könnte jetzt passieren?
    Was glaubst du?

Du hast das Wort

1. **Entschuldigung . . .**   Ask a person for information or a favor, or state your   **Asking for**
   disagreement politely.   **information or**
   favors

▶   Geht es hier zum Bahnhof?   *Entschuldigung, geht es hier*
                                     zum Bahnhof?

Können Sie mir sagen, wie spät es ist?
Können Sie mir das noch einmal erklären?
Ist dieser Platz noch frei?
Darf ich Sie etwas fragen?
Ich glaube, das ist nicht ganz richtig.
Ich verstehe die Sache anders.
Wie schreibt man Ihren Namen?
Sie haben mir eine Mark zuwenig gegeben.
Gehört Ihnen dieser Mantel?

2. **Können Sie mir helfen?** With a partner prepare a short skit in which you ask for information or a favor. You may use one or more of the sentences from Exercise 1 or make up your own.

DU	GESPRÄCHSPARTNER/IN
Ist dieser Platz noch frei?	Ja, bitte.
Entschuldigung, könnten Sie mir die Speisekarte geben?	Ja, gern.
Dürfte ich Sie etwas fragen?	Ja, natürlich.

Das Verkaufsgenie

Herr Nubbel lächelte ironisch und spielte mit seiner Uhr. „Darf ich die Uhr noch einmal sehen?" fragte er. Herr Philippi legte sie auf den Tisch und sagte: „Eine Spielerei, eine ganz unnütze Spielerei." „Aber doch eine hübsche, kleine Sache", meinte Herr Nubbel. Nachdem er ein wenig mit der Sonnenuhr gespielt hatte,
5 schaute er auf seine Uhr. „Sie geht genau."

„Ich muß jetzt leider weg", sagte Herr Philippi und wollte die Uhr wieder in die Tasche stecken.

„Einen Augenblick, mein junger Herr!" Herr Nubbel legte die Hand über die Uhr. „Jetzt will ich Ihnen mal etwas sagen. Sie haben wahrscheinlich kein Geld
10 und müssen Verkäufer werden, um endlich an etwas Geld zu kommen." Herr

Philippi nickte. „Wenn Sie Talent zum Verkäufer hätten, hätten Sie mir diese Uhr angeboten. Sie gefällt mir. Und wenn ich sie kaufte, hätten Sie Ihr Geld."

„Aber ich will sie ja gar nicht verkaufen. Es ist ein teures Stück. Sie hat hundert Mark gekostet. Und solche Uhren sind selten."

15 Herr Nubbel lachte und legte hundert Mark auf den Tisch. Herr Philippi sagte nichts und sah seine Uhr an. Herr Nubbel legte noch zehn Mark dazu°. Herr Philippi schien eine Weile zu überlegen. Dann nahm er schließlich die hundertzehn Mark.

    in addition

„Also, Verkaufstalent haben Sie wirklich nicht, glauben Sie mir!" sagte Herr
20 Nubbel noch, als Herr Philippi aus der Tür ging.

Herr Philippi ging zum nächsten Telefon, um Fifi anzurufen. Sie war Sekretärin in einem Geschäft für allerhand° Spielereien. „Fifi, wir können heute abend tanzen gehen. Ich habe achtzig Mark verdient . . . Wie ich das gemacht habe? Du weißt doch, daß ich ein Verkaufsgenie bin."

    all kinds of

Adapted from a short story by
Rudolf Schneider-Schelde

Fragen

1. Wie zeigte Herr Nubbel, daß er sich für die Uhr interessierte?
2. Warum glaubte er, daß Herr Philippi ihm die Uhr anbieten würde?
3. Wollte Herr Philippi die Uhr nicht verkaufen, oder tat er nur so?
4. Wen rief Herr Philippi an? Wo arbeitete sie?
5. Wo hat Herr Philippi die Sonnenuhr wahrscheinlich gekauft?
6. Hat Herr Philippi Talent zum Verkäufer?

Du hast das Wort

Ironie. Irony is a type of humor, often a light sarcasm. An ironical statement implies the opposite of its literal meaning. Discuss the irony in *Ein talentloser junger Mann* by answering the following questions.

    Discussing
    literary style

Warum ist der Titel *Ein talentloser junger Mann* ironisch?
Ist Herr Nubbel eine ironische Figur in der Geschichte?
Warum ist der Satz ironisch: „Vor allem aber darf der Verkäufer nicht zeigen, was er will"?
Will Herr Philippi vielleicht nicht wie ein Verkäufer aussehen? Warum?
Ist es ironisch, daß Herr Nubbel einen Vortrag über die Kunst eines guten Verkäufers hält? Warum?
Warum ist es ironisch, daß beide Männer von „unnützen Sachen" sprechen?
Ist dieser Satz ironisch: „Wenn es nicht ein Schwindel von Ihnen ist"? Warum (nicht)?
Wer ist der bessere Verkäufer — Herr Nubbel oder Herr Philippi?

Studenten in einer Buchhandlung in der Nähe der Universität Hamburg

Wortschatzerweiterung

Adjectives used as nouns

Die Deutschen sind gern an der frischen Luft.

Sie gehen gern mit **Bekannten** spazieren.

Das **Schöne** ist, daß ich lange Ferien habe.

Germans like to be in the fresh air.

They like to go for walks with *friends.*

The *nice thing* is that I have long vacations.

Some adjectives may be used as nouns. They keep their adjective endings. In written German they are capitalized.

Was bedeutet das?   Die ganze Klasse besucht Carola im Krankenhaus. Die Patienten und Besucher sprechen alle zur gleichen Zeit; dazu noch auf deutsch! Sag alle Sätze auf englisch!

1. Kennen Sie den Alten da?
2. Herr Baumann ist Deutscher. Seine Frau ist aber keine Deutsche.
3. Robert wird seine Verwandten in der DDR besuchen.
4. Das Teuerste ist nicht immer das Schönste oder das Beste.
5. Die Kranken müssen viel trinken.
6. Sie sagt immer genau das Richtige.
7. In unserer Klasse ist seit drei Wochen ein Neuer.
8. Herr Wolf ist ein Bekannter von uns.

... wir machen aus Gutem das Beste.

German literature has a long and illustrious tradition. Among the writers German language students may encounter are:

Johann Wolfgang von Goethe (1749–1832), a poet, novelist, and dramatist. His **Faust,** the story of a man who makes a pact with the devil in his search for truth, is one of the great works of world literature.

Friedrich Schiller (1759–1805), a dramatist, historian, and philosopher concerned with the themes of personal and political freedom. In **Wilhelm Tell** he portrayed the struggle of the Swiss against tyranny.

Heinrich Heine (1797–1856), who is famous as a poet and essayist. His critical and often sarcastic essays show him to be a sharp observer of society. While many of his poems also have a biting tone, Heine is especially known for the lyrical, folk-song-like quality of his poetry. Many of his poems have been set to music, the most famous being **Die Lorelei.**

Annette von Droste-Hülshoff (1797–1848), one of the best known women writers in the history of German literature. Her poems are essentially concerned with nature and religious experience. Her most famous work is the novella **Die Judenbuche** *(The Jew's Beech Tree),* a tale of crime and racial prejudice.

Thomas Mann (1875–1955), a novelist and Nobel laureate whose themes were the role of the artist in bourgeois society and the affinity between genius and disease. These themes appear in his first novel, **Buddenbrooks,** and his most famous, **Der Zauberberg** *(The Magic Mountain).*

Franz Kafka (1883–1924), a novelist whose characters, burdened by guilt and anxiety, search for salvation in situations at once real and dream-like. One of his most famous stories is **Die Verwandlung** *(The Metamorphosis),* in which the hero awakens one morning to find himself changed into a large bug.

Bertolt Brecht (1898–1956), a political playwright who argued that social forces determine human nature. He tried to break with tradition by preventing the audience from identifying with the action on stage. His **Dreigroschenoper** *(Three Penny Opera)* mocks modern society as an empire ruled by gangsters.

Christa Wolf (born in 1929), a contemporary writer who lives and works near East Berlin in the German Democratic Republic. Her works include complex novels such as **Kindheitsmuster** *(Patterns of Childhood),* **Nachdenken über Christa T.** *(In Quest of Christa T.),* and **Kassandra** as well as novellas and short stories. A recurring theme in her writing is that of the individual trying to come to terms with socialist society.

Friedrich Schiller   Bertolt Brecht   Christa Wolf

1. Past perfect tense

Herr Philippi **hatte** eine
  Taschensonnenuhr **gekauft.**
Er **war** damit zu Herrn Nubbel
  gegangen.

Herr Philippi *had bought* a pocket
  sundial.
He *had gone* to Mr. Nubbel with it.

The German past perfect tense consists of the narrative past of **haben** or **sein** and the past participle of the verb.

A.   Ferienjobs im Sommer. Im Juni und Juli hattest du Geld verdient, weil du im August in Urlaub fahren wolltest. Erzähl mal! Folge dem Mustersatz!

▶   Ich habe einen Ferienjob gehabt.   *Ich hatte einen Ferienjob gehabt.*

1. Ich habe bei meinem Onkel gearbeitet.
2. Ich habe Gartenarbeit gemacht.
3. Ich habe ein bißchen Geld verdient.
4. Ute hat keinen Job gefunden.
5. Sie hat zwei Wochen lang danach gesucht.
6. Sie hat dann zu Hause geholfen.

B.   Urlaub am See. Ende August begann die Schule. Anfang August warst du mit der Familie in Urlaub gefahren. Sag das! Folge dem Mustersatz!

▶   Meine Eltern sind Anfang   *Meine Eltern waren Anfang*
    August in Urlaub gefahren.   *August in Urlaub gefahren.*

1. Ich bin mitgefahren.
2. Wir sind an einen See gefahren.
3. Mein Bruder ist nicht mitgekommen.
4. Er ist zu Hause geblieben.
5. Es ist schön gewesen.
6. Wir sind jeden Tag schwimmen gegangen.
7. Ich bin auch Wasserski gelaufen.
8. Wir sind drei Wochen da geblieben.

Nachdem Herr Nubbel ein wenig
  mit der Sonnenuhr **gespielt**
  hatte, schaute er auf seine Uhr.

After Mr. Nubbel *had played* with
  the sundial for a while, he
  looked at his watch.

The past perfect tense is used to report an event or action that took place before another event or action in the past.

C. Der Erfinder der Levis. Erzähle, was Levi Strauss gemacht hatte, bevor er seine Firma gründete!

▶ Er kam mit 14 Jahren nach Amerika.   *Er war mit 14 Jahren nach Amerika gekommen.*

1. Er lebte am Anfang bei einem Onkel in Kentucky.
2. Er fuhr nach New York.
3. Er arbeitete mit seinen zwei Brüdern zusammen.
4. Er kaufte Stoffe und Tuche.
5. Er ging nach Kalifornien.
6. Er machte Hosen aus Segeltuch.
7. Er verkaufte sie an Goldsucher.

D. Picknick am Samstag. Am Samstag holte dich Oliver früh zum Picknick ab. Doris will wissen, ob du noch dies und das machen mußtest. Sag nein, du hattest das schon gemacht!

▶ Mußtest du dich noch duschen?   *Nein, ich hatte mich schon geduscht.*

1. Mußtest du dich noch kämmen?
2. Mußtest du dich noch anziehen?
3. Mußtest du noch frühstücken?
4. Mußtest du noch den Tisch abräumen?
5. Mußtest du noch das Geschirr spülen?

2. Infinitives with zu

Herr Nubbel **schien** das Ding **zu bemerken.**	Mr. Nubbel *appeared to notice* the thing.
Er **konnte** es nicht gut **sehen.**	He *could*n't *see* it well.

Dependent infinitives used with most verbs (for example **scheinen**) are preceded by **zu.**

Dependent infinitives used with modals (for example **können**) are not preceded by **zu.**

E. Herr Philippi erzählt von sich. In dem Büro von Herrn Nubbel sprach Herr Nubbel viel, und Herr Philippi sagte nichts. Erst nach langer Zeit begann er, dies und das zu sagen und zu machen. Sag das!

▶ Er sprach mit Herrn Nubbel.   *Endlich begann er, mit Herrn Nubbel zu sprechen.*

1. Er erzählte von seinem Leben.
2. Er spielte mit einem kleinen runden Ding.
3. Er erklärte Herrn Nubbel die Taschensonnenuhr.
4. Er sprach von dem Job als Verkäufer.

F. Ja, das scheint so zu sein. Dieter hält viel von Frank. Du glaubst, er hat recht. So scheint es jedenfalls. Sag das!

▶ Frank versteht alles, nicht?   *Ja, er scheint alles zu verstehen.*

1. Er lernt schnell, nicht?
2. Er weiß schon viel, nicht?

3. Er arbeitet gut, nicht?
4. Er ist fleißig, nicht?

Hättest du Lust, eine Taschensonnenuhr **zu kaufen?**	*Would you like to buy* a pocket sundial?
Es wäre schön, so eine Uhr **zu haben.**	*It would be nice to have* a watch like that.
Es ist falsch zu glauben, daß eine Sache sich selbst verkauft.	*It's wrong to think* that a thing sells itself.

Infinitives with **zu** are used after a number of expressions, such as **hättest du Lust, es wäre schön, es ist leicht, ich habe Zeit, ich habe vor.**

G. Was hast du vor? Du hast am Wochenende viel vor. Gabi will es genau wissen. Sag, was sie denkt, stimmt!

▶ Machst du Deutsch?   *Ja, ich habe vor, Deutsch zu machen.*

1. Schreibst du einen Brief?
2. Reparierst du dein Fahrrad?
3. Gehst du einkaufen?

4. Spielst du Tennis?
5. Kochst du etwas Gutes?

Herr Philippi **schien** genau **zuzuhören.**	Mr. Philippi *appeared to listen* carefully.
Er **begann,** das Ding genau **anzuschauen.**	He *began to look at* the thing carefully.

When a separable-prefix verb is in the infinitive form, **zu** comes between the prefix and the base form of the verb.

Es macht Spaß, auf dem Brienzer See mit dem Schiff zu fahren.

H. Das wäre schön! Gisela fährt mit ihren Eltern an einen See. Sie sagt, du könntest mitkommen und erzählt, was du dort alles machen könntest. Du überlegst es dir. Es wäre schön, nicht? Sag das!

▶ Du könntest mitkommen.   *Es wäre schön, mitzukommen.*

1. Du könntest lange schlafen.
2. Du könntest spät aufstehen.
3. Du könntest jeden Tag schwimmen gehen.
4. Du könntest windsurfen lernen.
5. Du könntest spazierengehen.
6. Du könntest Menschen aus anderen Ländern kennenlernen.

I. Ein Jahr lang in Österreich. David ist seit zwei Wochen in Österreich. Julie will alles genau wissen. Sag ihr, was David dir letzte Woche am Telefon erzählt hat! Benutze die anderen Wörter!

▶ Er gibt jedem die Hand.   *Er hat gelernt, jedem die*
   (Er hat gelernt . . .)   *Hand zu geben.*

▶ Er fährt eines Tages nach Österreich.   *Er wollte eines Tages nach*
   (Er wollte . . .)   *Österreich fahren.*

1. Er verbringt auch ein paar Tage in Wien. (Er möchte . . .)
2. Er versteht die Österreicher. (Er beginnt . . .)
3. Die Österreicher sind freundliche Menschen. (Sie scheinen . . .)
4. Er sieht das ganze Land. (Er hat nicht genug Zeit . . .)
5. Er spricht noch nicht sehr gut Deutsch. (Er kann . . .)
6. Er fährt bald wieder nach Österreich. (Er hat vor . . .)
7. Er lernt jetzt fleißig Deutsch. (Er will . . .)
8. Er trampt das nächste Mal. (Er hat Lust . . .)

Du hast das Wort

1. **Hättest du Lust?** Ask a friend whether she/he feels like doing something. Use the phrases given. Your friend will answer with another phrase.

Expressing
wishes

schwimmen gehen	Das wäre schön.
ins Kino gehen	Wenn es nur warm wäre!
eine Party geben	Das würde ich gern machen.
eine Radtour machen	Wenn ich nur Zeit hätte!
Musik hören	Wenn ich nur nicht so müde wäre!
fernsehen	Das möchte ich nicht.
Wasserski fahren	

DU   GESPRÄCHSPARTNER/IN

▶ Hättest du Lust, schwimmen zu gehen?   Wenn es nur warm wäre!

2. **Hättest du Lust?** Think of several other activities and try to find people who would like to do them.

▶ *Hättest du Lust, ein Flugzeug zu bauen?*

3. The construction um . . . zu + infinitive

Herr Philippi muß Verkäufer werden, **um an etwas Geld zu kommen.**	Mr. Philippi has to become a salesman *(in order) to get hold of some money.*
Er ging zum nächsten Telefon, **um Fifi anzurufen.**	He went to the nearest telephone *(in order) to call up Fifi.*

The German construction **um . . . zu** + infinitive is equivalent to the English construction *(in order) to* + infinitive.

J. Kai und Lore bummelten durch München. Kai und Lore waren mit ihrer Klasse in München. Sie haben viel gemacht und gesehen. Sag, warum sie alles gemacht haben! Folge dem Mustersatz!

▶ Sie bummelten durch die Fußgängerzone, denn sie wollten sich die Geschäfte ansehen.   *Sie bummelten durch die Fußgängerzone, um sich die Geschäfte anzusehen.*

1. Sie gingen ins Deutsche Museum, denn sie wollten Modelle und Maschinen sehen.
2. Sie gingen in die Alte Pinakothek, denn sie wollten Bilder ansehen.
3. Sie gingen zum Rathaus, denn sie wollten das Glockenspiel hören.
4. Sie gingen in den Englischen Garten, denn sie wollten spazierengehen.
5. Abends fuhren sie nach Schwabing, denn sie wollten in den *Western Club* gehen.

Eine Szene aus Brechts Der gute Mensch von Sezuan: *American Repertory Theater, Cambridge*

Grammatische Übersicht

Past perfect tense (A–D)

Inge **hatte** die Arbeit schon letzte
  Woche **gemacht.**
Erik **war** schon am Montag
  angekommen.

Inge *had* already *done* the work
  last week.
Erik *had arrived* already on
  Monday.

The English past perfect tense consists of the auxiliary *had* and the past participle of the verb.

The German past perfect consists of the narrative past of either **haben (hatte)** or **sein (war)** and the past participle of the verb. As in the conversational past, **sein** is used with **gewesen, geblieben,** and verbs that have no direct object and indicate a change of location or condition.

ich **hatte** es gemacht		wir **hatten** es gemacht
du **hattest** es gemacht	Sie **hatten** es gemacht	ihr **hattet** es gemacht
er/es/sie **hatte** es gemacht		sie **hatten** es gemacht

ich **war** gekommen		wir **waren** gekommen
du **warst** gekommen	Sie **waren** gekommen	ihr **wart** gekommen
er/es/sie **war** gekommen		sie **waren** gekommen

Thomas ging am Samstag nicht
  mit, weil er das Konzert schon
  am Freitag **gehört hatte.**

Thomas did not go along on
  Saturday, because he *had*
  already *heard* the concert on
  Friday.

The past perfect is used to report an event or action that took place before another event or action in the past.

Infinitives with zu (E–I)

Petra **versuchte,** alles **zu**
  verstehen.
Petra **konnte** alles **verstehen.**

Petra *tried to understand*
  everything.
Petra *could understand* everything.

In English, dependent infinitives used with most verbs are preceded by *to*. In German, dependent infinitives used with most verbs are preceded by **zu.** Dependent infinitives used with modals are not preceded by **zu.**

Ich habe keine Zeit, die Arbeit **zu machen.**	*I have no time to do the work.*
Ich habe keine Lust zu arbeiten.	*I don't feel like working.*

Infinitives with **zu** are also used after a large number of expressions such as **ich habe Zeit, ich habe Lust, es ist schwer,** and **es wäre schön.** If an infinitive phrase contains words in addition to **zu** + infinitive, it is generally set off by commas in writing.

An infinitive phrase following **es scheint** is not set off by commas.

Es ist schwer, sehr früh **aufzustehen.**	*It's hard to get up very early.*
Es wäre schön, abends **spazierenzugehen.**	*It would be nice to take a walk in the evening.*

When a separable-prefix verb is in the infinitive form, **zu** comes between the prefix and the base form of the verb.

The construction um . . . zu + infinitive. (J)

Herr Philippi nahm die Uhr aus der Tasche, **um** sie kurz **anzusehen.**	Mr. Philippi took the watch out of his pocket *(in order) to look at* it briefly.
Er wollte Verkäufer werden, **um** etwas Geld **zu verdienen.**	He wanted to become a salesman *(in order) to earn* some money.

The German construction **um . . . zu** + infinitive is equivalent to English *(in order) to* + infinitive. In German the conjunction **um** is always stated. In English the phrase *in order* is usually omitted.

Wiederholung

A. Hilf Linda und Robert! Robert Wängler wants to tell your friend Linda his parents' story. Since Linda doesn't speak German, translate for her.

1. Mein Vater war aus Leipzig und meine Mutter war aus Dresden in die Bundesrepublik gekommen.
2. Beide konnten nicht wieder in die DDR zurück.
3. Man hatte die Berliner Mauer gebaut.
4. Sie waren nicht wieder zurückgefahren.
5. In Köln hatten sie sich kennengelernt.

B. In den Ferien. Summarize what members of a class in a German school did during their ten-day spring break. Use *um . . . zu* in your report.

▶ CHRISTINE   Ich habe eine Woche im Jugendlager verbracht. Ich wollte andere Menschen kennenlernen.
Christine hat eine Woche im Jugendlager verbracht, um andere Menschen kennenzulernen.

1. BARBARA   Ich bin an den Bodensee gefahren.
   Ich wollte windsurfen lernen.
2. UWE   Ich habe auf einem Bauernhof gearbeitet.
   Ich wollte Geld verdienen.
3. DIETER   Ich bin zu Hause geblieben.
   Ich wollte mein Zimmer streichen.
4. MARGIT   Ute und ich haben eine Rheinfahrt gemacht.
   Wir wollten uns die Burgen ansehen.
5. ROBERT   Ich bin mit meinen Eltern nach Dresden gefahren.
   Wir wollten unsere Verwandten besuchen.

Goethedenkmal in Leipzig vor der Alten Börse (exchange): links das Alte Rathaus

C. Die Geschichte von Hans. Retell the story about Hans in the narrative past. Put the sentences marked with * into the past perfect.

1. Hans will mit Gretl tanzen gehen.
2. Er braucht aber Geld.
3. Er bietet einem Fremden seinen Kugelschreiber an.
4. Es ist ein ZiK mit Uhr.
5. Er hat DM 40 gekostet.*
6. Der Fremde überlegt einen Augenblick.
7. Dann zieht er eine Taschensonnenuhr aus der Tasche.
8. Die Uhr hat DM 10 gekostet.*
9. Hans sieht sich die Uhr genau an.
10. Er gibt dem Fremden den Kugelschreiber für die Uhr.
11. Dann ruft er Gretl an und erzählt ihr alles.
12. Sie findet Hans ziemlich blöd.

D. Weißt du es noch? Test your memory by taking the following quiz on *Geographie, Sitten,* and *Berühmte Frauen und Männer.*

1. Was ist und wo ist Mainau?
2. In welches Land müßtest du fahren, um Dresden (Wien/Basel/Lübeck) zu besuchen?
3. An welchem Fluß liegt Bingen?
4. In welchem Teil der Bundesrepublik liegt der Schwarzwald?
5. Was würdest du bei einer Einladung mitbringen?
6. Wohnen mehr Deutsche oder mehr Amerikaner in Einfamilienhäusern?
7. Worüber könnte man sich in Teenagerzeitschriften informieren?
8. Welche Sportarten treiben Deutsche gern? (Nenne vier!)
9. Wann feiert man Fasching?
10. Was ist ein Azubi? Wie lange dauert eine Lehre?
11. Welche Familie würde die Türen öfter zumachen — Schmidts in Bremen oder Smiths in Chicago?
12. Wo würden sich Fremde zu dir an den Tisch setzen — in einem Restaurant in Salzburg oder in einem Restaurant in Detroit?
13. Nenne wenigstens e i n Musikstück, das Beethoven komponiert hat.
14. Nenne wenigstens e i n Lied, das Schubert komponiert hat.
15. Wer war Franziska Tiburtius?
16. Was hat Nikolaus Otto erfunden?
17. Was hat Wilhelm Busch geschrieben?
18. Welche Männer sind durch ihre Märchensammlung berühmt geworden?

E. Jeder sieht es anders. Retell the story *Ein talentloser junger Mann* from the point of view of:

1. Mr. Philippi as he tells Fifi of his experience.
2. Mr. Nubbel as he speaks with a colleague.

F. Land und Leute.

1. Of the German-speaking authors you read about in this chapter, who wrote novels, who wrote plays, and who wrote poetry?
2. Choose two of these writers and tell why you would like to read some of their works.

Vokabeln

Substantive

der/die Bekannte *(noun declined like adj.)* friend, acquaintance
der Dichter, –/die Dichterin, –nen poet
der Käufer, –/die Käuferin, –nen buyer
der Sekretär, –e/die Sekretärin, –nen secretary

der Kompaß, Kompasse *(pl.)* compass
der Schwindel swindle, fraud
der Spiegel, – mirror

das Ding, –e thing
das Talent, –e talent
das Telefon, –e telephone

die Sonnenuhr, –en sundial

Verben

an·bieten (bot an, angeboten) to offer
bitten (bat, gebeten) (um) to request, ask (for); **er bittet um Geld** he asks for money
entschuldigen to apologize, excuse
los·werden (i; wurde los, ist losgeworden) to get rid of; **er will sein altes Auto loswerden** he wants to get rid of *(sell)* his old car
merken to notice
nicken to nod
reden to speak
überlegen to consider, reflect; **sich** *(dat.)* **etwas überlegen** to think about something; **ich werde es mir überlegen** I'll think about it
verzeihen (verzieh, verziehen) *(+ dat.)* to pardon; **verzeihen Sie (mir)!** Pardon me!
zu·hören *(+ dat.)* to listen; **er hört mir nicht zu** he's not listening to me

Andere Wörter

dabei at the same time
ironisch ironic, ironically
nachdem *(conj.)* after
neugierig curious
rund round

Besondere Ausdrücke

mehr oder weniger more or less
um . . . zu in order to
man tut nur so one merely acts that way

NOCH EINMAL

A

Musiker, Dichter und Künstler. Prepare a short report on the life and work of one of the following composers, poets, or artists. If possible, give samples of their work with recordings or photographs:

- Johann Sebastian Bach (1685–1750)
- Johannes Brahms (1833–1897)
- Gustav Mahler (1860–1911)
- Friedrich Schiller (1759–1805)
- Annette von Droste-Hülshoff (1797–1848)
- Heinrich Heine (1797–1856)
- Albrecht Dürer (1471–1528)
- Käthe Kollwitz (1867–1945)
- Lyonel Feininger (1871–1956)

B

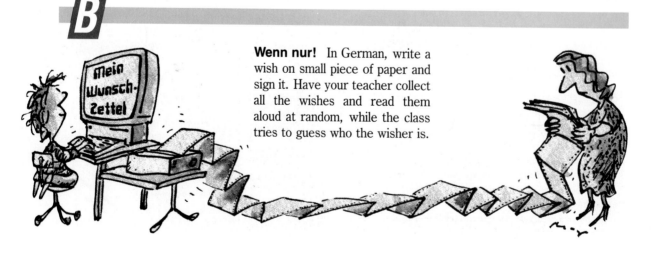

Wenn nur! In German, write a wish on small piece of paper and sign it. Have your teacher collect all the wishes and read them aloud at random, while the class tries to guess who the wisher is.

C

Wer ist es? Write three statements describing characters or famous persons mentioned in *German Today, Two*. Take turns reading the statements while classmates try to guess to whom they refer. Suggestions are Uwe Dieckmann, Jens and Werner, Paula Steiner, Robert Wängler, Anke Pleuß, Dr. Tiburtius, Einstein, Beethoven, the Grimm Brothers, Rudolf Dirks, or Herr Nubbel.

D

Blick in die Kultur. Pick your favorite from the arts represented in the photographs in this Stage and tell why you think it is entertaining and worthwhile. Take a poll of your classmates and see how many people agree with you.

E

Comics. Form several teams of four to five each. Have the artist in each team illustrate one of the stories in the text, while the other members write the dialogue. You may want to collect the results and put together your own "comic book," or pick one character to describe from the point of view of another.

REFERENCE

Erlkönig[1]
Johann Wolfgang von Goethe
(1749–1832)

Wer reitet so spät durch Nacht und Wind?
Es ist der Vater mit seinem Kind;
Er hat den Knaben[2] wohl in dem Arm,
Er faßt[3] ihn sicher, er hält ihn warm.

„Mein Sohn, was birgst[4] du so bang[5] dein
   Gesicht?" —
„Siehst, Vater, du den Erlkönig nicht?
Den Erlenkönig mit Kron[6] und Schweif?"[7] —
„Mein Sohn, es ist ein Nebelstreif."[8] —

„Du liebes Kind, komm, geh mit mir!
Gar[9] schöne Spiele spiel' ich mit dir;
Manch' bunte Blumen sind an dem Strand;[10]
Meine Mutter hat manch' gülden[11] Gewand."[12] —

„Mein Vater, mein Vater, und hörest du nicht,
Was Erlenkönig mir leise verspricht?"[13] —
„Sei ruhig, bleibe ruhig, mein Kind!
In dürren[14] Blättern[15] säuselt[16] der Wind."

„Willst, feiner Knabe, du mit mir gehn?
Meine Töchter sollen dich warten[17] schön;
Meine Töchter führen den nächtlichen Reihn[18]
Und wiegen und tanzen und singen dich ein."[19] —

„Mein Vater, mein Vater, und siehst du nicht dort
Erlkönigs Töchter am düstern[20] Ort?"[21] —
„Mein Sohn, mein Sohn, ich seh' es genau;
Es scheinen die alten Weiden[22] so grau." —

„Ich liebe dich, mich reizt[23] deine schöne
   Gestalt;[24]
Und bist du nicht willig,[25] so brauch' ich
   Gewalt."[26] —
„Mein Vater, mein Vater, jetzt faßt er mich an![27]
Erlkönig hat mir ein Leids gethan!"[28] —

Dem Vater grauset's,[29] er reitet geschwind,[30]
Er hält in Armen das ächzende[31] Kind,
Erreicht[32] den Hof mit Mühe und Not;[33]
In seinen Armen das Kind war tot.[34]

1. king of the elves 2. boy 3. grasps, holds 4. hide
5. afraid 6. crown 7. train of a robe 8. wisp of fog 9. very
10. beach 11. golden 12. garment 13. promises 14. dry
15. leaves 16. rustles, sighs 17. attend 18. dance 19. **Und
. . . ein:** and will rock and dance and sing you to sleep
20. gloomy 21. place, spot 22. willows 23. charms, excites
24. form, figure 25. willing 26. force 27. seizes 28. **hat
. . . gethan:** has harmed me 29. **dem . . . grauset's:** the
father shudders 30. quickly 31. moaning, groaning
32. reaches 33. **mit . . . Not:** with trouble and difficulty
34. dead

Mondnacht
Joseph von Eichendorff (1788–1857)

Es war, als hätt' der Himmel
Die Erde still[1] geküßt,[2]
Daß sie im Blütenschimmer[3]
Von ihm nun träumen müßt'.

Die Luft ging durch die Felder,[4]
Die Ähren[5] wogten[6] sacht,[7]
Es rauschten leis die Wälder,[8]
So sternklar[9] war die Nacht.

Und meine Seele[10] spannte
Weit ihre Flügel[11] aus,[12]
Flog durch die stillen Lande,
Als flöge sie nach Haus.

1. quietly 2. kissed 3. shimmer of blossoms 4. fields
5. ears of grain 6. waved back and forth 7. gently, slowly
8. **es . . . Wälder:** the woods rustled softly 9. starry clear
10. soul 11. wing 12. **spannte . . . aus:** stretched out

Lieder

Aus dem „Klapphorn"[1]: Zwei Knaben gingen durch das Korn

Zwei Kna-ben[2] gin - gen durch das Korn[3], Der ei-ne hin-ten[4], der an-dre vorn[5]. Doch

kei-ner ging in der Mit-te. Man sieht draus: Es fehlt der Drit-te.

2. Zwei Knaben saßen an dem Strand[6]
   Und hatten Seesand[7] in der Hand.
   Da sagte der eine: „Wo kommt am Meer[8]
   Nur immer der viele Seesand her?"

3. Zwei Knaben saßen auf einer Bank[9],
   Die war einen Viertelmeter lang.
   Da sagte der eine: „Was denkste[10]?
   Die Bank ist auch nicht die längste."

4. Zwei Knaben stiegen auf einen Berg,
   Da saß ein furchtbar kleiner Zwerg.[11]
   Da sagt der eine: „Der ist so klein,
   Das kann kein richtiger Riese[12] sein."

5. Zwei Knaben gingen durch eine Wies'[13],
   Dort lag ein furchtbar großer Ries'.
   Da sagt der eine: „Der kommt vom Berg,
   Das ist gewiß ein großer Zwerg."

6. Zwei Knaben fuhren nach Köln hinein
   Und tauchten[14] ihr Taschentuch[15] in den Rhein.
   Da sagte der eine: „'s hat wenig Sinn[16],
   Es ist ja kein Kölnisch Wasser[17] drin."

7. Zwei Knaben gingen durch ein Hotel,
   Der eine langsam, der andre schnell.
   Da sprach der Schnelle zum andern:
   „Kannst du nicht langsamer wandern?"

1. cornet 2. boys 3. grain 4. behind 5. in front 6. beach 7. sea sand 8. sea 9. bench 10. **denkste**: denkst du 11. dwarf 12. giant 13. meadow 14. dipped 15. handkerchief 16. sense 17. eau de cologne

Vogelhochzeit

Ein Vo-gel woll-te Hoch-zeit[1] ma-chen in dem grü-nen

Wal-de[2], fi-de-ral-la-la, fi-de-ral-la-la, fi-de-ral-la-la-la-la.

2. Die Drossel[3] war der Bräutigam,[4] die Amsel[5] seine Braute.[6] Fidirallala u.s.w.
3. Der Specht,[7] der kocht' das Hochzeitsmahl[8] und fraß[9] die besten Brocken[10] all'. Fidirallala u.s.w.
4. Die Gänse[11] und die Anten,[12] das war'n die Musikanten.[13] Fidirallala u.s.w.
5. Der Pfau,[14] mit seinem langen Schwanz,[15] macht mit der Braut den ersten Tanz.[16] Fidirallala u.s.w.
6. Der Hahn,[17] der krähte:[18] „Gute Nacht!" Da ward die Lampe ausgemacht. Fidirallala u.s.w.

1. wedding ceremony 2. forest 3. thrush 4. bridegroom 5. blackbird 6. bride 7. woodpecker 8. wedding feast 9. ate
10. pieces 11. geese 12. = **Enten** 13. musicians 14. peacock 15. tail 16. dance 17. rooster 18. crowed

Du triffst den Nagel auf den Kopf. You hit the nail on the head.

Ich bin im Bilde. I understand.

Ich versteh' immer nur Bahnhof. I don't understand a thing.

Das ist nur ein Tropfen auf den heißen Stein. That's only a drop in the bucket.

Es war Liebe auf den ersten Blick. It was love at first sight.

Er/sie hat eine lange Leitung. He's/She's slow on the uptake.

Er/Sie ist nicht auf den Kopf gefallen. He's/She's smart.

Er/Sie ist nicht auf den Mund gefallen. He's/She's a fast talker.

Er/Sie hat etwas los. He/She is gifted.

Sie haben Geld wie Heu. They have a lot of money.

Der/Die ist aber rot geworden! Did he/she ever blush!

Der/Die hat ein Brett vor dem Kopf. He/She is a blockhead (is slow).

Der/Die hat Schwein (gehabt). He/She is (was) lucky.

Das ist doch das Letzte! That's the limit!

Red' keinen Käse! Don't talk nonsense!

Der/Die hat was drauf. He/She is sharp.

Das ist stark. That's super.

Das kannst du deiner Großmutter erzählen. Tell me another one. (I don't believe it.)

Das ist eine Kleinigkeit für dich. That's easy for you.

Es ist immer dasselbe Lied. It's always the same song and dance.

Das ist ein rotes Tuch für ihn/sie. That makes him/her mad.

Er/Sie redet wie ein Wasserfall. He/She talks and talks.

Deine Uhr geht nach dem Mond. Your watch is off.

Das kommt mir Spanisch vor. That seems strange to me.

Das ist ein schwerer Junge. He's a criminal; he's got a record.

Das ist doch alles Käse. That's all nonsense.

Das ist alles für die Katz. It is all in vain.

Ich habe die Nase voll von ihnen. I've had it with them.

Er/Sie ist noch nicht trocken hinter den Ohren. He's/She's still wet behind the ears.

Er/Sie sieht weiße Mäuse. He's/She's hallucinating.

Er/Sie hat nicht alle Tassen im Schrank. He/She doesn't have all his/her marbles.

Bei dem/der ist eine Schraube locker. He/She has a screw loose.

Der/Die spinnt. He's/She's crazy.

Wir sitzen im gleichen Boot. We're in this together.

Pronouns

personal pronouns

	SINGULAR					PLURAL			FORMAL
Nominative	ich	du	er	es	sie	wir	ihr	sie	Sie
Accusative	mich	dich	ihn	es	sie	uns	euch	sie	Sie
Dative	mir	dir	ihm	ihm	ihr	uns	euch	ihnen	Ihnen

reflexive pronouns

	(ich)	(du)	(er/es/sie)	(wir)	(ihr)	(sie)	(Sie)
Accusative	mich	dich	sich	uns	euch	sich	sich
Dative	mir	dir	sich	uns	euch	sich	sich

interrogative pronouns

Nominative	wer	was
Accusative	wen	was
Dative	wem	
Genitive	wessen	

relative pronouns/demonstrative pronouns

	SINGULAR			PLURAL
Nominative	der	das	die	die
Accusative	den	das	die	die
Dative	dem	dem	der	denen
Genitive	dessen	dessen	deren	deren

Words that introduce nouns

definite article

	SINGULAR			PLURAL
Nominative	der	das	die	die
Accusative	den	das	die	die
Dative	dem	dem	der	den
Genitive	des	des	der	der

dieser-words

	SINGULAR			PLURAL
Nominative	dieser	dieses	diese	diese
Accusative	diesen	dieses	diese	diese
Dative	diesem	diesem	dieser	diesen
Genitive	dieses	dieses	dieser	dieser

The **dieser**-words are: **dieser, jeder, mancher, solcher,** and **welcher.**

indefinite article and ein-words

	SINGULAR			PLURAL
Nominative	ein	ein	eine	– (keine)
Accusative	einen	ein	eine	– (keine)
Dative	einem	einem	einer	– (keinen)
Genitive	eines	eines	einer	– (keiner)

The **ein**-words are **kein** and the possessive adjectives: **mein, dein, sein, ihr, unser, euer,** and **Ihr.**

Special der-nouns

	SINGULAR	PLURAL
Nominative	der Herr	die Herren
Accusative	den Herrn	die Herren
Dative	dem Herrn	den Herren
Genitive	des Herrn	der Herren

Other special **der**-nouns are **der Bauer, der Junge, der Kunde, der Matrose, der Mensch, der Nachbar, der Neffe, der Student, der Tourist.**

Adjectives

preceded adjectives

	SINGULAR (der)	(das)	(die)	PLURAL (die)
Nominative	der gute Mann	das gute Kind	die gute Frau	die guten Kinder
	ein guter Mann	ein gutes Kind	eine	keine
Accusative	den guten Mann	das gute Kind	die gute Frau	die guten Kinder
	einen	ein gutes Kind	eine	keine
Dative	dem guten Mann	dem guten Kind	der guten Frau	den guten Kindern
	einem	einem	einer	keinen
Genitive	des guten Mannes	des guten Kindes	der guten Frau	der guten Kinder
	eines	eines	einer	keiner

comparison of irregular adjectives and adverbs

Base form	gern	gut	viel	hoch	nah
Comparative	lieber	besser	mehr	höher	näher
Superlative	liebst-	best-	meist-	höchst-	nächst-

Prepositions

WITH ACCUSATIVE	WITH DATIVE	WITH ACCUSATIVE OR DATIVE	WITH GENITIVE
durch	aus	an	(an)statt
für	außer	auf	trotz
gegen	bei	hinter	während
ohne	mit	in	wegen
um	nach	neben	
	seit	über	
	von	unter	
	zu	vor	
		zwischen	

Verbs

verbs requiring prepositions for certain meanings

anfangen mit
antworten auf (acc.)
aufhören mit
beginnen mit
bitten um
danken für
denken an (acc.)
diskutieren über (acc.)
sich erinnern an (acc.)

erzählen von
sich freuen auf (acc.)
sich freuen über (acc.)
sich gewöhnen an (acc.)
halten von
helfen bei
sich interessieren für
sich konzentrieren auf
　(acc.)

lachen über (acc.)
passen zu
schreiben an (acc.)
schreiben über (acc.)
sprechen über (acc.)
sich unterhalten über (acc.)
warten auf (acc.)
wohnen bei
sich wundern über (acc.)

verbs that take the dative case

antworten
begegnen
danken
dienen

fehlen
folgen
gefallen
gehören

glauben
helfen
passen
passieren

schmecken
verzeihen

Glauben takes the dative case with persons. Otherwise it takes the accusative case: **Ich glaube dem Mann / Ich glaube die Geschichte.**

present-tense verb forms

	lernen[1]	arbeiten[2]	tanzen[3]	geben[4]	lesen[5]	fahren[6]	laufen[7]	anrufen[8]
ich	lerne	arbeite	tanze	gebe	lese	fahre	laufe	rufe an
du	lernst	arbeitest	tanzt	gibst	liest	fährst	läufst	rufst an
er/es/sie	lernt	arbeitet	tanzt	gibt	liest	fährt	läuft	ruft an
wir	lernen	arbeiten	tanzen	geben	lesen	fahren	laufen	rufen an
ihr	lernt	arbeitet	tanzt	gebt	lest	fahrt	lauft	ruft an
sie	lernen	arbeiten	tanzen	geben	lesen	fahren	laufen	rufen an
Sie	lernen	arbeiten	tanzen	geben	lesen	fahren	laufen	rufen an

1　The endings are used for all verbs except the modals and **sein.**
2　A verb with stem ending in **-d** or **-t** has an **-e-** before the **-st** and **-t** endings.
3　The **-st** of the **du**-form ending contracts to -t when the verb stem ends in a sibilant (**-s, -ss, -ß, -z** or **-tz**). Thus the **du**- and **er/es/sie**-forms are identical.
4　Some verbs have a stem-vowel change e > i in the **du**- and **er/es/sie**-forms.
5　Some verbs have a stem-vowel change e > ie in the **du**- and **er/es/sie**-forms.
6　Some verbs have a stem-vowel change a > ä in the **du**- and **er/es/sie**-forms.
7　Some verbs have a stem-vowel change au > äu in the **du**- and **er/es/sie**-forms.
8　Some verbs have a prefix that is separated from the verb in the present.

narrative-past verb forms

	WEAK VERBS		STRONG VERBS
	lernen[1]	arbeiten[2]	geben[3]
ich	lernte	arbeitete	gab
du	lerntest	arbeitetest	gabst
er/es/sie	lernte	arbeitete	gab
wir	lernten	arbeiteten	gaben
ihr	lerntet	arbeitetet	gabt
sie	lernten	arbeiteten	gaben
Sie	lernten	arbeiteten	gaben

1 Weak verbs have the past-tense marker **-te** plus endings.
2 Verbs with stem ending in **-d** or **-t** have the marker **-ete** plus endings.
3 Strong verbs have a stem change plus endings, except in the **ich** and **er/es/sie** forms.

auxiliaries: **haben, sein, werden**

	haben	sein	werden
ich	habe	bin	werde
du	hast	bist	wirst
er/es/sie	hat	ist	wird
wir	haben	sind	werden
ihr	habt	seid	werdet
sie	haben	sind	werden
Sie	haben	sind	werden

modal auxiliaries

Infinitive		dürfen	können	mögen		müssen	sollen	wollen
Present	ich	darf	kann	mag	möchte	muß	soll	will
	du	darfst	kannst	magst	möchtest	mußt	sollst	willst
	er/es/sie	darf	kann	mag	möchte	muß	soll	will
	wir	dürfen	können	mögen	möchten	müssen	sollen	wollen
	ihr	dürft	könnt	mögt	möchtet	müßt	sollt	wollt
	sie	dürfen	können	mögen	möchten	müssen	sollen	wollen
	Sie	dürfen	können	mögen	möchten	müssen	sollen	wollen
Narrative past		durfte	konnte	mochte		mußte	sollte	wollte

principal parts of strong and irregular verbs

Compound verbs (like **mitgehen**) are not included when the basic form of the verb (like **gehen**) is included, since the principal parts are the same. For additional meanings, see the German-English Vocabulary. Stem-vowel changes in the present tense are indicated in parentheses following the infinitive.

INFINITIVE	NARRATIVE PAST	PAST PARTICIPLE	ENGLISH EQUIVALENT
ab·biegen	bog ab	ist abgebogen	to make a turn
an·fangen (ä)	fing an	angefangen	to begin
an·ziehen	zog an	angezogen	to put on
backen (ä)	backte	gebacken	to bake
beginnen	begann	begonnen	to begin
bekommen	bekam	bekommen	to get, obtain
bestehen	bestand	bestanden	to pass (a test)
binden	band	gebunden	to tie
bitten	bat	gebeten	to request
bleiben	blieb	ist geblieben	to stay
brechen (i)	brach	gebrochen	to break
bringen	brachte	gebracht	to bring
denken	dachte	gedacht	to think
ein·laden (ä)	lud ein	eingeladen	to invite
empfehlen (ie)	empfahl	empfohlen	to recommend
erscheinen	erschien	ist erschienen	to appear
essen (i)	aß	gegessen	to eat
fahren (ä)	fuhr	ist gefahren	to drive, go
fallen (ä)	fiel	ist gefallen	to fall
finden	fand	gefunden	to find
fliegen	flog	ist geflogen	to fly
frieren	fror	gefroren	to freeze
geben (i)	gab	gegeben	to give
gefallen (ä)	gefiel	gefallen	to be pleasing to
gehen	ging	ist gegangen	to go
gelten (i)	galt	gegolten	to be considered
genießen	genoß	genossen	to enjoy
gewinnen	gewann	gewonnen	to win
halten (ä)	hielt	gehalten	to stop, hold
hängen	hing	gehangen	to hang
heben	hob	gehoben	to lift
heißen	hieß	geheißen	to be called
helfen (i)	half	geholfen	to help
kennen	kannte	gekannt	to know (a person)
kommen	kam	ist gekommen	to come
lassen (ä)	ließ	gelassen	to let, allow
laufen (äu)	lief	ist gelaufen	to run, go
lesen (ie)	las	gelesen	to read
liegen	lag	gelegen	to lie
nehmen (i)	nahm	genommen	to take

INFINITIVE	NARRATIVE PAST	PAST PARTICIPLE	ENGLISH EQUIVALENT
nennen	nannte	genannt	to name
reiten	ritt	ist geritten	to ride (horseback)
rufen	rief	gerufen	to call
scheinen	schien	geschienen	to shine; to seem
schlafen (ä)	schlief	geschlafen	to sleep
schreiben	schrieb	geschrieben	to write
schwimmen	schwamm	ist geschwommen	to swim
sehen (ie)	sah	gesehen	to see
sein (ist)	war	ist gewesen	to be
singen	sang	gesungen	to sing
sitzen	saß	gesessen	to sit
sprechen (i)	sprach	gesprochen	to speak
springen	sprang	ist gesprungen	to jump
stehen	stand	gestanden	to stand
stehlen (ie)	stahl	gestohlen	to steal
steigen	stieg	ist gestiegen	to climb
tragen (ä)	trug	getragen	to carry; to wear
treffen (i)	traf	getroffen	to meet
treiben	trieb	getrieben	to drive; to play (sports)
trinken	trank	getrunken	to drink
tun	tat	getan	to do
unterbrechen (i)	unterbrach	unterbrochen	to interrupt
sich unterhalten (ä)	unterhielt	unterhalten	to converse
verbieten	verbot	verboten	to forbid
vergessen (i)	vergaß	vergessen	to forget
verlieren	verlor	verloren	to lose
verschwinden	verschwand	ist verschwunden	to disappear
verstehen	verstand	verstanden	to understand
verzeihen	verzieh	verziehen	to forgive
wachsen (ä)	wuchs	ist gewachsen	to grow
waschen (ä)	wusch	gewaschen	to wash
werden (i)	wurde	ist geworden	to become
werfen (i)	warf	geworfen	to throw
wiegen	wog	gewogen	to weigh
wissen (weiß)	wußte	gewußt	to know (a fact)
ziehen	zog	gezogen	to pull

Supplementary Dialogues

The following dialogues contain phrases that may be particularly useful to you if you ever have the opportunity to travel or live in a German-speaking country.

Was steht in der Zeitung?

THOMAS Was steht Neues in der Zeitung?
ULF Keine Ahnung. Mich interessieren nur die Inserate.
THOMAS Was suchst du denn?
ULF Einen Job und eine Wohnung.

Vor dem Fernseher

BARBARA Was gibt's heute abend im Fernsehen?
UTE Um acht kommen die Nachrichten. Nachher möchte ich mir das Fußballspiel ansehen.
BARBARA Im zweiten Programm gibt's einen Spielfilm.
UTE Wir können ja mal sehen, was uns besser gefällt.

In der Küche

MARION Das Wasser kocht. Kannst du mal den Herd abstellen?
KAI Ja, gerne.
MARION Tust du auch bitte etwas Nescafé in die Tasse?

Am Frühstückstisch

HERR KELLER Möchtest du noch ein Brötchen?
FRAU KELLER Nein, danke. Ich bin satt.
HERR KELLER Trinkst du noch eine Tasse Kaffee?
FRAU KELLER Ja, bitte. Ich habe furchtbaren Durst heute morgen.

Beim Nachmittagskaffee

FRAU KLEIN Darf ich den Kaffee einschenken?
HERR KLEIN Müllers sind aber noch nicht da.
FRAU KLEIN Frau Müller hat angerufen. Sie kommen etwas später.
FRAU WAGNER Können Sie mir bitte den Zucker reichen?
HERR KLEIN Gern. Kann ich bitte die Sahne haben?
FRAU KLEIN Haben Sie die Torte schon probiert?
HERR WAGNER Ja, sie ist ausgezeichnet.
FRAU KLEIN Nehmen Sie noch ein Stück Kuchen?
HERR WAGNER Nein, danke.

Die Wettervorhersage

FRAU BÖTTCHER   Hast du die Wettervorhersage gehört?
HERR BÖTTCHER   Ja, es bleibt schlecht. Das nächste Tief ist schon da.
FRAU BÖTTCHER   Und was haben sie über die Temperatur gesagt?
HERR BÖTTCHER   Es bleibt um Null, nachts etwas unter, tags etwas über Null.

In der Schule

JUTTA   Du hast gestern in der Deutschstunde gefehlt.
BEATE   Ja, hab' ich was verpaßt?
JUTTA   Ja, wir haben die Arbeit geschrieben.
BEATE   Mensch! Hoffentlich kann ich die nachschreiben!

Auf Wohnungssuche

HERR WERNER   *(Nimmt ab.)* Hier Werner.
STEFAN MEHRING   Guten Tag, Herr Werner. Mein Name ist Stefan Mehring. Ich rufe wegen des Inserats an. Ist das möblierte Zimmer noch frei?
HERR WERNER   Ach, das tut mir leid. Ich habe es vor einer Stunde vermietet. Aber mein Nachbar hier im Hause hat ein Zimmer zu vermieten.
STEFAN MEHRING   Wissen Sie, wie hoch die Miete ist?
HERR WERNER   Da sprechen Sie besser mit Herrn Gödecke selbst. Seine Nummer ist 56 79 82.
STEFAN MEHRING   Vielen Dank. Ich rufe sofort an. Auf Wiederhören.

In der Tankstelle

KUNDE   Volltanken, bitte.
TANKWART   Super oder Normal?
KUNDE   Normal. Und kontrollieren Sie bitte Ölstand und Reifendruck.

Auf der Post

KUNDIN   Ich möchte diesen Brief per Luftpost schicken.
BEAMTER   Nach Amerika? Bis 5 Gramm kostet er DM 1,40.
KUNDIN   Geben Sie mir bitte 5 Briefmarken zu DM 1,40. Kann ich dieses Paket hier aufgeben?
BEAMTER   Nein, die Paketannahme ist am Schalter nebenan.

Auf der Bank

KUNDE   Ich möchte gern Reiseschecks einlösen, Dollarschecks.
ANGESTELLTE   Bitte schön. Wieviel möchten Sie wechseln?
KUNDE   Fünfzig. Wie steht der Dollar heute?
ANGESTELLTE   Der Kurs für Reiseschecks ist 1,80 (eins achtzig). Das sind also 90 Mark minus 3 Mark Gebühren.

Im Kaufhaus

KUNDIN   Kann ich bitte diese Jacke anprobieren?
VERKÄUFERIN   Selbstverständlich . . . Das Blau steht Ihnen gut, wirklich.
KUNDIN   Leider ist sie etwas zu eng.
VERKÄUFERIN   Hier habe ich die gleiche Jacke eine Nummer größer. Die dürfte Ihnen passen.

Beim Friseur

FRISEUR   Wer ist dran?
Bitte nehmen Sie Platz. Wie hätten Sie's gern?
KUNDE   Durchgestuft, hinten und an den Seiten kurz, oben ein bißchen länger.
FRISEUR   So ungefähr?
KUNDE   Ja, danke.

Bei der Ärztin

PATIENT   Frau Doktor, ich habe immer solche Rückenschmerzen.
ÄRZTIN   Wie lange haben Sie die Schmerzen denn schon?
PATIENT   Seit zwei Wochen.
ÄRZTIN   Zeigen Sie mir mal genau, wo es weh tut!

Im Hotel

TOURISTIN   Hätten Sie noch ein Einzelzimmer frei?
EMPFANGSCHEFIN   Ja. Wir haben eins mit Dusche im sechsten Stock.
TOURISTIN   Wieviel kostet es?
EMPFANGSCHEFIN   Fünfzig Mark. Mit Frühstück, natürlich.
TOURISTIN   Schön. Ich nehme es für eine Nacht.
EMPFANGSCHEFIN   Bitte sehr. Hier ist der Schlüssel.

An der Theaterkasse

SCHÜLER   Ich möchte gern zwei Karten im ersten Rang, für heute abend.
FRÄULEIN   Es tut mir leid. Ich habe nur noch Karten im Parkett.
SCHÜLER   Was kosten die? Wir haben Schülerausweise.
FRÄULEIN   Dann bekommen Sie die Karten fünfzig Prozent billiger.

Am Flughafen

FLUGGAST   Kann man nach Amsterdam direkt fliegen?
ANGESTELLTER   Nein, die Maschine macht eine Zwischenlandung. Möchten Sie Raucher oder Nichtraucher?
FLUGGAST   Nichtraucher, bitte.
ANGESTELLTER   Gang oder Fensterplatz?
FLUGGAST   Ich hätte gern einen Fensterplatz.

Im Flugzeug

STEWARD   Wir bitten Sie, sich jetzt anzuschnallen und die Rückenlehnen senkrecht zu stellen.

In der Auskunft

TOURIST   Können Sie mir sagen, wann der nächste Zug nach München geht?
BEAMTIN   Ein D-Zug fährt um 14 Uhr 20.

Am Fahrkartenschalter

REISENDER Einmal zweiter Klasse München, bitte.

BEAMTER Rückfahrkarte oder einfach?

REISENDER Einfach bitte. Von welchem Bahnsteig fährt mein Zug ab?

BEAMTER Gleis elf.

Im Zug

REISENDE Augenblick! Ich lege den Koffer ins Gepäcknetz. *(Schaffnerin macht die Tür auf.)*

SCHAFFNERIN Ist hier noch jemand zugestiegen? *(Reisende reicht ihr die Fahrkarte.)*

SCHAFFNERIN Sie müssen in München umsteigen. Der Anschlußzug wartet auf Gleis 7.

REISENDE Können Sie mir sagen, wo der Speisewagen ist?

SCHAFFNERIN Ja, in der Mitte des Zuges.

German–English Vocabulary

An asterisk indicates that the word was first presented as active vocabulary in *German Today, One.*

ab away, from; ~ **und zu** now and then, *11*

*ab·biegen (bog ab, ist abgebogen) to turn

*der Abend, −e evening; **am ~** in the evening

*das Abendessen supper; **zum ~** for supper

*abends evenings, in the evening

*aber *flavoring word with the meaning of* really, certainly; *(coord. conj.)* but; however

*ab·fahren (ä; fuhr ab, ist abgefahren) to leave, depart

ab·hauen to take off, to clear out, to scram, *3*

*ab·holen to call for, to pick up

ab·nehmen (i; nahm ab, abgenommen) to take off, *10*

*ab·räumen to clear, to remove

*ab·stauben to dust

ab·steigen (stieg ab, ist abgestiegen) to dismount

das Abteil, −e (train) compartment

*ab·trocknen to dry up, to wipe dry

ab·waschen (ä; wusch ab, abgewaschen) to wash dishes, *1*

ab·werfen (i; warf ab, abgeworfen) to throw off, *14*

ach oh; **~ so** oh, I see; **~ wo!** go on!, *3*

die Adresse, −n address, *1*

aktiv active, *8*

der Akzent, −e accent, *15*

das Album, die Alben album

*alle all, everyone

*allein alone

allerdings of course, however, to be sure

allerhand all kinds of

*alles all, everything

als as, when *(sub. conj.)*; than *(after comparative)*; **~ ob** as if

*also well

*alt (ä) old

der Amerikaner, −/die Amerikanerin, −nen American, *7*

*amerikanisch American

*die Ampel, −n traffic signal

*an (+ acc. or dat.) at; to; on

an·bieten (bot an, angeboten) to offer, *16*

ander- other (different one), *4*

ändern to change, *5*

*anders different

die Anekdote, −n anecdote, *7*

der Anfang, ̈−e beginning, *6;* **zu ~, am ~** in the beginning, *12*

an·fangen (ä; fing an, angefangen) to begin, *6*

die Angst fear, anxiety, *14;* **~ haben (vor + dat.)** to be afraid (of), *14*

an·halten (ä; hielt an, angehalten) to come to a stop; to bring to a stop, *14*

der Anhänger, − pendant, charm, *4*

sich an·hören to listen to

an·kommen (kam an, ist angekommen) to arrive, *10*

an·lächeln to smile at, *10*

*an·machen to switch on *(the light)*

*an·rufen (rief an, angerufen) to call up

sich an·schauen to look at

sich an·sehen (ie; sah sich an, sich angesehen) to look at, *6*

*die Ansichtskarte, −n picture postcard

anstatt (+ gen.) instead of, *12*

die Antwort, −en answer, *4;* **die ~ auf (+ acc.) eine Frage** the answer to a question, *4*

antworten (dat.) to answer, *4;* **auf eine Frage ~** to answer a question, *4*

die Anzeige, −n advertisement

sich an·ziehen (zog sich an, sich angezogen) to get dressed, *7*

*der Anzug, ̈−e man's suit

*der Apfel, ̈− apple

die Apotheke, −n prescription drug store, pharmacy

*der Apotheker, −/die Apothekerin, −nen pharmacist

der Apparat, −e apparatus; device, machine, *12*

der Appetit appetite, *10*

*die Arbeit, −en work

*arbeiten to work

*der Arbeiter, −/die Arbeiterin, −nen worker

die Arbeitslosigkeit unemployment

der Arbeitsplan, ̈−e schedule; diagram

der Arbeitsplatz, ̈−e job, position

das Arbeitszimmer, − office, study *(in home)*

ärgerlich annoyed, upset, *15*

arm (ä) poor, *9*

der Arm, −e arm

das Armband, ̈−er bracelet, *4*

die Armbanduhr, −en wristwatch, *3*

die Armkette, −n bracelet in form of a chain, *4*

der Armreif, —e bangle, 4
die Art, —en kind
*der Arzt, ⸚e/die Ärztin, —nen doctor
der Aschermittwoch Ash Wednesday, 10
attraktiv attractive, 15
*auch also, too; wenn ~ even if
*auf (+ acc. or dat.) on; at; to; ~ einmal all at once
der Aufbau, —ten structure
*die Aufgabe, —n lesson, homework
auf·geben (i; gab auf, aufgegeben) to give up, 12
auf·hören to stop, 2
*auf·machen to open
auf·passen to watch out, 3
*auf·räumen to clean up, to put in order
aufregend exciting, 2
*auf·stehen (stand auf, ist aufgestanden) to get up
auf·ziehen (zog auf, aufgezogen) to wind (a watch)
das Auge, —n eye, 7
der Augenblick, —e moment, 14; einen ~ for a moment
*aus (+ dat.) from; ~ der Nähe close up
der Ausflug, ⸚e trip, outing, 6
aus·geben (i; gab aus, ausgegeben) to pay, to spend (money), 10
*ausgezeichnet excellent
aus·halten (ä; hielt aus, ausgehalten) to hold out, last, 15
das Ausland foreign country, 8; ins ~ fahren to go abroad
der Ausländer, —/die Ausländerin, —nen foreigner, 7
*aus·machen to turn off (the light)
die Ausnahme, —n exception
aus·sehen (ie; sah aus, ausgesehen) to look, appear, 1
*außer (+ dat.) besides, except for

außerdem besides, 4
die Aussicht, —en view, 6
aus·suchen to select, to choose, 7
der Austauschschüler, —/die Austauschschülerin, —nen exchange student, 7
*ausverkauft sold out
aus·wandern to emigrate
aus·wickeln to unwrap
sich aus·ziehen (zog sich aus, sich ausgezogen) to get undressed, 7
der/die Auszubildende (noun declined as adj.) apprentice, 11
*das Auto, —s car
*die Autobahn, —en expressway
der Autoreisezug, ⸚e car train, 6
der/die Azubi, —s (abbr. for der/die Auszubildende) apprentice, 6

*backen (ä; backte, gebacken) to bake
*der Bäcker, —/die Bäckerin, —nen baker
die Bäckerei, —en bakery
das Bad, ⸚er bath, bathroom
*die Badehose, —n bathing trunks
die Badewanne, —n bathtub, 5
*das Badezimmer, — bathroom
baff puzzled, confused, 3
*die Bahn, —en train, railway
*der Bahnhof, ⸚e train station
*bald soon; bis ~ see you soon, 6
der Ball, ⸚e ball, dance, 10
*die Bank, —en bank
der Bariton, —e baritone, 13
*basteln to tinker (with), to work at a hobby
der Bau, —ten building, 9
bauen to build, 12
der Bauer, —n, —n/die Bäuerin, —nen farmer, 1
das Bauernhaus, ⸚er farmhouse

der Baum, ⸚e tree, 8
*(das) Bayern Bavaria
der Beamte, —n, —n/die Beamtin, —nen official, civil servant
sich bedanken (bei) to thank (a person)
bedeuten to mean, to signify
beeinflussen to influence, 15
begegnen (dat.) (ist begegnet) to meet (accidentally), 14
begeistert enthused
der Beginn beginning
*beginnen (begann, begonnen) to begin
behandeln to treat
*bei (+ dat.) at; near; with; beim = bei dem
*beide both
bei·legen to enclose
das Bein, —e leg, 7
das Beispiel, —e example; zum ~ for example, 4
bekannt well-known, 15
der/die Bekannte (noun declined as adj.) friend, acquaintance, 16
*bekommen (bekam, bekommen) to get, to receive
belästigt bothered
beliebt popular, 15
bemerken to notice, 10
benutzen to use
*das Benzin gasoline
beobachten to watch, 6
berechnen to calculate, to determine
der Berg, —e mountain, 8
*bergsteigen gehen to go mountain-climbing
*der Bericht, —e report
der Beruf, —e occupation, 8
berufstätig professional; employed outside the house
berühmt famous, 10
*beschreiben (beschrieb, beschrieben) to describe
besichtigen to view
*besonder- special; besonders especially
besser (comp. of gut) better, 6

***bestehen (bestand, bestanden):
eine Prüfung ~** to pass a
test
*bestellen to order
die Bestimmtheit certainty, determination
*der Besuch, −e visit; guest,
company; **zu ~ kommen** to
pay a visit
*besuchen to visit
das Bett, −en bed, *5*
beugen to lean, to bend (over)
bevor *(sub. conj.)* before, *6*
sich bewegen to move
**sich bewerben (i; bewarb sich,
sich beworben)** to apply *(for
a job)*
*bewölkt cloudy, overcast
bewundern to admire, *10*
*bezahlen to pay
*der Bierdeckel, − coaster
*das Bild, −er picture
die Bildergeschichte, −n story
in pictures
*billig inexpensive, cheap
binden (an + *acc.***) (band,
gebunden)** to tie *(to), 14*
die Biographie, −n biography,
2
*bis *(+ acc.)* till, until; **~ zu** up
to; **~ auf** except for, *15;*
~ bald until later, *6;* **~ dahin**
until then, *11;* **~ jetzt** up till
now; **~ zum** as far as
bisher formerly, up till now, *9*
bißchen little (amount), *2*
*bitte please; you're welcome;
~ schön please; you're very
welcome; **~ sehr** certainly;
~ sehr? what may I do for
you?, *7*
bitten (bat, gebeten) (um) to
request, ask for, *16*
die Blaskapelle, −n brass band
das Blatt, ¨er newspaper; leaf
*blau blue
*bleiben (blieb, ist geblieben)
to stay
*der Bleistift, −e pencil

blöd stupid; silly, dumb, *13*
blond blond, *7*
die Blume, −n flower, *1*
*die Bluse, −n blouse
der Boden, ¨ floor; attic, *5*
der Bodensee Lake Constance
das Bonbon, −s candy, *8*
das Boot, −e boat
böse bad, angry; **~ auf**
(+ acc.) angry at, *12*
der Braten, − roast
*brauchen to need
*braun brown
die BRD *(abbr. for* **Bundesrepublik Deutschland***)*
Federal Republic of Germany
brechen (i; brach, gebrochen)
to break, *14*
breit wide, *8*
*die Bremse, −n brake
brennen (brannte, gebrannt)
to burn
*der Brief, −e letter
***der Brieffreund, −e/die Brief-
freundin, −nen** pen pal
*die Briefmarke, −n postage
stamp
**der Briefmarkenfreund, −e/die
Briefmarkenfreundin, −nen**
friend who collects stamps
der Briefumschlag, ¨e
envelope, *12*
*bringen (brachte, gebracht) to
bring
*das Brot, −e (loaf of) bread
*das Brötchen, − hard roll
*der Bruder, ¨ brother
*der Brunnen, − fountain, well,
spring
*das Buch, ¨er book
das Bücherregal, −e book
shelf, *5*
die Buchhandlung, −en
bookstore
*bummeln (ist) to go for a stroll,
for a walk
**der Bundespräsident, −en,
−en** President of the Federal
Republic of Germany

***die Bundesrepublik Deutsch-
land** Federal Republic of Germany
bunt colorful, *10*
die Burg, −en castle, *6*
**der Bürger, −/die Bürgerin,
−nen** citizen, *9*
das Büro, −s office, *11*
**der Bürogehilfe, −n, −n/die
Bürogehilfin, −nen** office
clerk
der Bursche, −n, −n young
man
*der Bus, −se bus

*das Café, −s café, coffee shop
*das Camping camping
der CD-Spieler, − compact-disc
player
**der Chirurg, −en, −en/die
Chirurgin, −nen** surgeon, *9*
circa around, about
der Couchtisch, −e coffee
table, *5*

d.h. = das heißt that is
*da here, there; then; *(sub. conj.)*
since, because, *10*
da− *(prefix attached to prepositions)* it; them
dabei at the same time; with it,
16
das Dach, ¨er roof, *6*
der Dachboden, ¨ attic, *5*
daher therefore, *5*
dahin (to) there
damals at that time, *9*
*die Dame, −n lady, woman
der Damenring, −e lady's ring, *4*
die Damenuhr, −en lady's
watch, *4*
danach afterwards, *12*
(das) Dänemark Denmark, *2*
*der Dank thanks; **vielen ~!**
many thanks!
*danke thanks, thank you
danken *(dat.)* to thank, *4*
*dann then
darum thus, therefore, *14*

darunter among them

***daß** (sub. conj.) that

das Datum, Daten date

dauern to last, to take (time)

***der Daumen: halt mir die Daumen** cross your fingers (literally: hold your thumbs for me)

dazu in addition; **etwas ~ sagen** to add

die DDR (abbr. for **Deutsche Demokratische Republik**) German Democratic Republic

***decken** to set (the table), to cover

***dein** your (fam. sg.)

***denken (dachte, gedacht)** to think; **~ an** to think of, to remember

***denn** flavoring word often used in questions; (coord. conj.) for, because

des (gen. of **der**) of the

deshalb therefore

***(das) Deutsch** German (language)

die Deutsche Demokratische Republik German Democratic Republic

der/die Deutsche (noun declined as adj.) German

der Dichter, —/die Dichterin, —nen poet, 16

***dick** fat, thick

der Dieb, —e thief, robber, 3; **der Diebstahl, —e** robbery

dienen (dat.) to serve, 14

***dies (—er, —es, —e)** this; **dies und das** this and that

das Ding, —e thing, 16

der Diplomat, —en, —en/die Diplomatin, —nen diplomat

der Direktor, —en/die Direktorin, —nen manager, 11

***die Disco, —s** disco, discothèque

***die Diskussion, —en** discussion, debate

diskutieren (über + acc.) to discuss, 2

dividieren to divide

***doch** flavoring word used to persuade or to imply agreement

doch! yes (in response to a negative statement or question)

der Doktor, —en/die Doktorin, —nen doctor (Ph. D.)

der Dolmetscher, —/die Dolmetscherin, —nen interpreter, 11

der Dom, —e cathedral, 6

***doof** goofy, dumb, stupid

das Dorf, —er village, 14

***dort** there

Dr. med. M.D. (medical doctor), 12

draußen outside, 1

dreieinhalb three and a half

drin in it

dritt- third

drücken to weigh down on, to press, 14

***dumm (ü)** dumb, stupid

***dünn** thin

***durch** (+ acc.) through

***durch·fallen (ä; fiel durch, ist durchgefallen)** to fail, to flunk

***dürfen (darf)** may, to be permitted to

***der Durst** thirst; **~ haben** to be thirsty

durstig thirsty, 14

die Dusche, —n shower, 5

sich duschen to take a shower, 7

das Dutzend, —e dozen, 12

eben just; precisely

echt real, genuine; really (slang), 15

***die Ecke, —n** corner

eher sooner, 6

ehren to respect, 6

***Ehrenwort!** honest! on my honor!

***das Ei, —er** egg

***eifersüchtig** jealous

eigen own, 12

eigentlich really, actually

***der Eimer, —** pail

einander each other, one another, 9

einer (eins, eine) one, 8

***einfach** simple, simply

***ein·fallen (+ dat.) (ä; fiel ein, ist eingefallen)** to occur to (a person)

der Einfluß, —sse influence

einige a few, 7

die Einkäufe (pl.) purchases

***ein·kaufen** to shop; **~ gehen** to go shopping

***die Einkaufstasche, —n** shopping bag

das Einkaufszentrum, —tren shopping center

***ein·laden (ä; lud ein; eingeladen)** to invite

die Einladung, —en invitation, 7

einmal once; ever, 2; **es war ~** once upon a time

***ein·packen** to pack

ein·schlafen (ä; schlief ein, ist eingeschlafen) to fall asleep, 13

eintönig monotonous, 13

der Eintritt admission

der Einwanderer, —/die Einwanderin, —nen immigrant, 15

der Einwohner, —/die Einwohnerin, —nen inhabitant, 9

ein·zahlen to deposit, 5

***das Eis** ice cream; ice

die Eisenbahn, —en railroad, 9

***der Elektriker, —/die Elektrikerin, —nen** electrician

***die Eltern** (pl.) parents

***empfehlen (ie; empfahl, empfohlen)** to recommend

das Ende end, 3; **zu ~** over, 14; **am ~** in the end, 8

***endlich** finally

die Energie, —n energy

eng narrow, crowded, 5

*(das) Englisch English (language)

enorm enormous, 10

*die Ente, −n duck; lahme ~ dull person

*entlang: die Straße ~ along the street

entschuldigen to apologize, excuse, 16

*die Entschuldigung, −en apology, excuse; Entschuldigung! excuse me, sorry

die Entspannung relaxation

enttäuscht disappointed

entwickeln to develop, 12

die Entwicklung, −en development

*die Erbse, −n pea

*die Erdbeere, −n strawberry

die Erde earth, 12

das Erdgeschoß, −sse ground floor, 5

*die Erdkunde geography

erfinden (erfand, erfunden) to invent, 12

der Erfinder, −/die Erfinderin, −nen inventor, 12

die Erfindung, −en invention, 12

erfolgreich successful, 15

sich erinnern (an + acc.) to remember, 7

die Erinnerung, −en remembrance

erkennen (erkannte, erkannt) to recognize, 10

erklären to explain, 4

erleben to experience, 2

das Erlebnis, −se experience

*ernst serious; das ist doch nicht dein Ernst! you can't be serious!

erscheinen (erschien, ist erschienen) to appear, 15

*erst only; first, 7

die Erwartung, −en expectation

der/die Erwachsene (noun declined as adj.) adult

*erzählen to tell, to narrate, relate incidences, 3

die Erzählung, −en story, tale

*das Essen meal

*essen (i; aß, gegessen) to eat

das Eßzimmer, − dining room, 5

etwa about, approximately, 12

*etwas something; ~ anderes something else, 3

*euer your (fam. pl.)

europäisch European, 15

eventuell possibly, perhaps

exportieren to export, 15

die Fabrik, −en factory, 12

*das Fach, −̈er (school) subject

das Fachgeschäft, −e specialty store

*fahren (ä; fuhr, ist gefahren) to drive, to go

der Fahrer, −/die Fahrerin, −nen driver, 6

*die Fahrkarte, −n train ticket

*das Fahrrad, −̈er bicycle

die Fahrt, −en trip, drive, 6

*fallen (ä; fiel, ist gefallen) to fall

*falsch wrong

*die Familie, −n family

fanatisch fanatic, 2

*die Farbe, −n color

der Fasching Mardi Gras, 10

*fast almost

die Fastnacht Mardi Gras, 10

faszinierend fascinating

*faul lazy

fegen to sweep, 1

fehlen (+ dat.) to be lacking, missing, 13

feiern to celebrate, 10

der Feiertag, −e holiday, 10

der Feinmechaniker, −/die Feinmechanikerin, −nen precision tool maker, 1

*das Fenster, − window

die Ferien (pl.) vacation, holidays, 1; die großen ~ summer vacation

fern far, distant; die Ferne a distant place

der Fernsehapparat, −e TV set

*fernsehen (ie; sah fern, ferngesehen) to watch TV

das Fernsehen television, 2; im ~ on TV

*der Fernseher, − television set

*fertig ready, finished

das Fest, −e festival, celebration

der Festzug, −̈e parade

*die Fete, −n party

der Feuerlöscher, − fire extinguisher

der Feuerwehrmann, −̈er/die Feuerwehrfrau, −en firefighter

die Figur, −en figure

*finden (fand, gefunden) to find; wie findest du . . .? how do you like . . .?

der Finger, − finger, 7

die Firma, −men company, firm, 11

*der Fisch, −e fish

der Fitnessfan, −s physical fitness fan, 8

*die Flasche, −n bottle

*das Fleisch meat

*fleißig industrious, diligent

*fliegen (flog, ist geflogen) to fly

*die Flöte, −n flute

flüchten (ist geflüchtet) to flee, to take refuge, 2

der Flug, −̈e flight

der Flugbegleiter, −/die Flugbegleiterin, −nen flight attendant, 11

der Flügel, − grand piano

die Fluglinie, −n airline

*das Flugzeug, −e airplane

der Flur, −e hallway, 5

der Fluß, −̈sse river, 6

folgen (dat.) (ist gefolgt) to follow, 4

die Formel, −n formula

der Förster, – forester, *1*
fort away; on
fort·reiten (ritt fort, ist fortgeritten) to ride away, *14*
fort·setzen to continue
das Foto, –s photograph, *4*
*die Frage, –n question; das kommt nicht in ~ that's out of the question, *4*
*fragen to ask; sich ~ to wonder, *7*
fraglich questionable
fraglos without question
(das) Frankreich France, *11*
französisch French, *11*
*die Frau, –en woman; wife; ~ X Mrs. or Ms. X
*das Fräulein young woman; ~ X Miss X
*frei free, vacant, not busy; ist hier noch ~? is this seat taken? *7*
die Freiheit, –en freedom
*die Freizeit leisure time
fremd foreign, *8*
der Fremdsprachenkorrespondent, –en/die ——in, –nen secretary with foreign language skills
sich freuen to be happy, glad, *7;* sich ~ über (+ *acc.*) to be happy about; sich ~ auf (+ *acc.*) to look forward to
*der Freund, –e/die Freundin, –nen friend
freundlich friendly, cordial, *1*
die Freundschaft, –en friendship, *14*
der Frieden peace, *13*
*frieren (fror, gefroren) to freeze, to be cold
*frisch fresh; sich ~ machen to freshen up, *7*
*der Friseur, –e/die Friseurin, –nen hairdresser
*froh glad, happy
fröhlich happily, happy, cheerful, *14*
*früh early

*der Frühling spring
*das Frühstück breakfast
*frühstücken to have breakfast
fühlen (sich) to feel, *13*
führen to lead, *12*
*der Führerschein, –e driver's license
*für (+ *acc.*) for
*furchtbar terrible; terribly
fürchten to fear, *15;* sich ~ (vor + *dat.*) to be afraid (of), *15*
der Fuß, –̈e foot, *7;* zu ~ on foot
*der Fußball soccer
*die Fußgängerzone, –n pedestrian zone
*füttern to feed

die Gans, –̈e goose, *6*
*ganz entire; den ganzen Tag all day; die ganze Zeit all the time, *3*
ganz quite; complete(ly); ~ gut OK
*gar: ~ nicht not at all
*die Garage, –n garage
der Garten, –̈ garden, *1*
*die Gartenarbeit gardening, yard work
die Gartenmöbel (*pl.*) lawn furniture
der Gast, –̈e guest, *8*
der Gastgeber, –/die Gastgeberin, –nen host, hostess
die Gaststätte, –n inn, restaurant, *10*
das Gebäude, – building
*geben (i; gab, gegeben) to give; es gibt (+ *acc.*) there is, there are; das gibt's doch nicht no such thing!, I don't believe it!, *3*
geboren born, *12*
*der Geburtstag, –e birthday
gedankenlos without thinking, *4*
geehrt honored, dear (*in formal salutations*)

gefährlich dangerous, *8*
gefallen (*dat.*) (ä; gefiel, gefallen) to like, to be pleasing to, *4*
*gegen (+ *acc.*) toward; against
geheim secret, *8*
*gehen (ging, ist gegangen) to go; wie geht's? how are you?; es geht OK, can't complain; mir geht es gut I'm fine, *3;* wie geht's? wie steht's? (*colloq.*) what's new?, *3*
gehören (*dat.*) (zu) to belong to; go (with), *5*
*die Geige, –n violin
*gelb yellow
*das Geld money
gelten (i; galt, gegolten) (als) to be considered (as), *15*
*das Gemüse, – vegetable
gemütlich cosy, comfortable, *5*
genau exact, exactly, *3*
das Genie, –s genius, *10*
genießen (genoß, genossen) to enjoy, *11*
genug enough, *4*
*gerade exactly; straight; just (about to)
*geradeaus: immer ~ straight ahead
*gern (lieber) gladly; ~ haben to like, to be fond of; ich hätte ~ I would like
*das Geschäft, –e business; store
*der Geschäftsmann, –̈er/die Geschäftsfrau, –en (*also pl.* die Geschäftsleute) businessman, businesswoman
*das Geschenk, –e present
*die Geschichte, –n story, history
*das Geschirr dishes
der Geschirrspüler, – dishwasher
der Geschmack taste, flavor
die Geschwister (*pl.*) brothers and sisters, siblings, *1*

die Gesellschaft, —en company, party, 11

das Gesicht, —er face, 7

das Gespräch, —e conversation, 7

*gestern yesterday; ~ abend last night

gestohlen stolen, 14

*gesund (ü) healthy, well

*das Getränk, —e beverage

*gewinnen (gewann, gewonnen) to win

das Gewitter thunderstorm, 2

sich gewöhnen (an + acc.) to get used (to), 9

*gewöhnlich usually

gewohnt sein to be accustomed, used (to), 1

*die Gitarre, —n guitar

*das Glas, ̈-er glass

*glatt slippery

*glauben to believe

gleich the same, 3; zur gleichen Zeit at the same time; gleichzeitig at the same time, 13

das Glück good fortune, 14; ~ haben to be lucky, 5

*glücklich happy

glücklicherweise fortunately

das Gold gold, 4

der Goldarmreif, —e gold bangle

der Gott, ̈-er/die Göttin, —nen the god; Gott God

der Graben, ̈- ditch

*der Grad degree

*das Gramm gram

das Gras, ̈-er grass

*grau gray

die Grenze, —n border, boundary, 8

*groß (ö) tall, big

*die Größe, —n size

*die Großeltern (pl.) grandparents

der Großhandelskaufmann (pl. —kaufleute) wholesale businessman

die Großmutter, ̈- grandmother, 9

die Großstadt, ̈-e large city

der Großvater, ̈- grandfather, 9

grotesk grotesque, 10

*grün green

der Grund, ̈-e reason; im Grunde basically

gründen to found, establish, 15

die Grundlage, —n basis, 12

*die Gruppe, —n group

der Gruß, ̈-e greeting, 1; mit freundlichen Grüßen with best regards, 1

die Gugge Basel German for "Tüte", a cone-shaped, cardboard horn

*der Gürtel, — belt

*gut (besser) good; guten Tag! hello

das Haar, —e hair, 7

*haben (hatte, gehabt) to have; gern ~ to like

der Hafen, ̈- harbor, 11

halb half

die Halle, —n (work)hall; Stadthalle city auditorium

die Halskette, —n necklace, 4

halten (ä; hielt, gehalten) to stop, 6; to hold; einen Vortrag ~ to give a lecture; ~ von (+ dat.) to think of, to think about, have an opinion of, 4

die Hand, ̈-e hand; die ~ geben to shake hands, 7

der Handel trade, business, 15

handeln (mit + dat.) to deal (in)

*der Handschuh, —e glove

hängen to hang, 5

hassen to hate, 6

*häßlich ugly

*hätte: ich ~ gern I would like

*die Hauptstadt, ̈-e capital city

*das Haus, ̈-er house; nach Hause home (direction); zu Hause (at) home

*die Hausaufgaben (pl.) homework

die Hausfrau, —en housewife

der Hausmann, ̈-er house husband

*das Heft, —e notebook

heiraten to marry, 4

*heiß hot

*heißen (hieß, geheißen) to be named, called; was heißt das? what do you mean?; das heißt that is

*helfen (i; half, geholfen) (+ dat.) to help

*das Hemd, —en shirt

her (to) here, 8; hin und ~ back and forth, 8

herab·fliegen (flog herab, ist herabgeflogen) to fly down

*der Herbst autumn, fall

der Herd, —e kitchen stove, 5

*der Herr, —n, —en gentleman; Herr X Mr. X

der Herrenring, —e man's ring

die Herrenuhr, —en man's watch, 4

herum around, 6

herunter down

*herzlich cordial; herzliche Grüße best wishes; herzlichen Glückwunsch zum Geburtstag! happy birthday!

*heute today; ~ abend tonight; this evening; ~ in 8 Tagen a week from today; ~ in zwei Wochen two weeks from today

*hier here

die Hilfe aid, assistance

der Himmel heaven, 12; Du lieber ~! Good Heavens!

hin (to) there, 8; ~ und her back and forth, 8

hinaus out (to)

hinter (+ acc. or dat.) behind, in back of, 5

der Hintergrund, ̈-e background

hinterher afterwards; behind, following, 3

der Hit, —s hit (song), 4

*das Hobby, —s hobby

*hoch (höher) high

hochachtungsvoll respectfully

der Hof, ̈-e farm; (farm)yard, 6

hoffen to hope

*hoffentlich I hope, let's hope

die Hoffnung, —en hope

*hoh– (from hoch) high, tall

holen to fetch, get, 7

das Holz, ̈-er wood, 11

horchen to listen, eavesdrop, 7

*hören to hear

*die Hose, —n (a pair of) pants, slacks

*hübsch pretty, nice

*das Huhn, ̈-er chicken, hen; der Hühnerstall hen house, 6

*der Hund, —e dog

hundemüde dead tired, 6

*hundert one hundred

*der Hunger hunger; ~ haben to be hungry

der Hut, ̈-e hat

die Idee, —n idea, 8

der Idiot, —en, —en idiot, 10

ignorieren to ignore, 7

ihm (dat. of er) (to or for) him

*ihr you (fam. pl.); her; its; their

*Ihr your (formal)

die Illustrierte, —n illustrated magazine

das Image, —s image, 4

imitieren to imitate, 4

*immer always; ~ geradeaus straight ahead; ~ mehr more and more, 9; ~ wieder again and again

importieren to import

*in (+ acc. or dat.) in(to)

die Industrie, —n industry, 9; das Industrieprodukt, —e industrial product; der Industriekaufmann/die ——frau business employee

die Information, —en information

sich informieren (über + acc.) to learn

der Ingenieur, —e/die Ingenieurin, —nen engineer

die Insel, —n island, 8

das Institut, —e institute

das Instrument, —e instrument

das Interesse, —n interest

sich interessieren (für + acc.) to be interested (in)

das Interview, —s interview

irgendwann sometime, 7

irgendwo somewhere

ironisch ironical, 16

*ja yes; flavoring word; ja, und wie! sure, I do

*die Jacke, —n suit coat, jacket

*das Jahr, —e year; vor einem ~ a year ago

*die Jahreszeit, —en season, time of the year

das Jahrhundert, —e century, 12

jährlich yearly, annually

*die Jeans (pl.) jeans

jedenfalls in any case, at any rate, anyway, 3

*jed (–er, –es, –e) each (person), everyone; pl. alle

*jemand someone

*jetzt now

der Job, —s job, 2

die Jugend youth; young people; das Jugendlager, — youth camp, 8; die Jugendherberge, —n youth hostel, 6

der/die Jugendliche (noun declined as adj.) young person; youth, 2

*jung (ü) young

*der Junge, —n, —n boy

*der Kaffee coffee; ~ kochen to make coffee; ~ trinken to drink coffee zum ~ einladen to invite for coffee and cake

der Kaiser, — emperor

das Kalb, ̈-er calf; das Kalbfleisch veal

*kalt (ä) cold

sich kämmen to comb (one's hair), 7

der Kampf, ̈-e struggle, 15

die Kapelle, —n band, 10

*kaputt broken, out of order; exhausted

der Karneval Mardi Gras, 10

*die Karotte, —n carrot

*die Karte, —n ticket; postcard; menu; (playing) card

*die Kartoffel, —n potato

*der Käse cheese

*die Kasse box office; cashier

*die Kassette, —n cassette

*die Katze, —n cat

*kaufen to buy

der Käufer, —/die Käuferin, —nen buyer, 16

*das Kaufhaus, ̈-er department store

der Kaufmann, —leute/die Kauffrau, —en merchant, businessperson, 11

kaum hardly, 7

*kein not a, not any

keins (keine, keiner) none, no one, 8

der Keller, — cellar, basement, 5

*kennen (kannte, gekannt) to know, to be acquainted with

kennen·lernen to get to know, to become acquainted with, 9

*die Keramik ceramics, pottery

das Kettchen, — small chain, necklace, 4

die Kette, —n chain, necklace, 4

der Kfz-Mechaniker, —/die ——in, —nen (= Kraftfahrzeugmechaniker) auto mechanic, 11

*das Kilo(gramm) kilogram

*der Kilometer, — kilometer

*das Kind, —er child

*das Kino, —s movie theater

*die Kirche, —n church

klar clear, *13;* ~! sure! of course!

*****klasse!** terrific!

*****die Klasse, −n** grade, class

*****klassisch** classical

*****das Klavier, −e** piano

*****das Kleid, −er** dress

der Kleiderschrank, ⁻e wardrobe, *5*

*****die Kleidung** clothing

das Kleidungsstück, −e article of clothing; *(pl.)* clothes

*****klein** small, short, little

die Kleinigkeit, −en minor thing, petty thing

die Kleinstadt, ⁻e small city

klingeln to ring, *7;* **es klingelt** a bell rings

klitschnaß soaking wet, *2*

klug (ü) clever, bright, shrewd, *1*

der Klumpen, − lump

die Kneipe, −n bar

das Knie, − knee

der Knochen, − bone, *14*

*****kochen** to cook

die Kochlehrstelle, −n apprenticeship as a cook

der Koffer, − suitcase, *8*

der Kollege, −en, −en/die Kollegin, −nen fellow worker

*****kommen (kam, ist gekommen)** to come; to happen, *9*

die Kommode, −n chest of drawers, *5*

der Kompaß, Kompasse *(pl.)* compass, *16*

*****kompliziert** complicated

komponieren to compose, *13*

die Konditorei, −en pastry shop and café, *7*

der König, −e king, *8*

die Königin, −nen queen, *8*

die Konkurrenz competition, *15*

*****können (kann)** can, to be able to

konsumieren to consume

kontrollieren to control; to check, *9*

sich konzentrieren (auf + *acc.*) to concentrate (on), *13*

*****das Konzert, −e** concert

der Kopf, ⁻e head, *7*

die Kosmetik cosmetics, *4*

*****kosten** to cost

das Kostüm, −e costume, *10*

krachen to crash, to roar, *2;* **es hat gekracht** there was a loud noise

die Kraftmaschine, −n motor

der Kranführer, −/die Kranführerin, −nen crane operator, *9*

*****krank (ä)** ill, sick

der/die Kranke *(noun declined as adj.)* patient

der Krankenpfleger, −/die Krankenpflegerin, −nen hospital attendant; nurse

die Krankenschwester, −n (female) nurse

die Krankheit, −en illness, sickness

*****die Krawatte, −n** necktie

kreuz: ~ und quer all around, in all directions

*****die Kreuzung, −en** intersection

der Krieg, −e war, *13*

der Krimi, −s detective show, mystery novel, *3*

kritisch critical, *4*

die Küche, −n kitchen, *5;* **die Küchenbenutzung** kitchen privileges

*****der Kuchen, −** cake

der Küchenschrank, ⁻e kitchen cupboard, *5*

*****der Kugelschreiber, −** (**der Kuli, −s**) ballpoint pen

die Kuh, ⁻e cow, *6*

*****kühl** cool

der Kühlschrank, ⁻e refrigerator, *5*

*****der Kunde, −n, −n/die Kundin, −nen** customer, client

*****die Kunst, ⁻e** art; artistry

der Künstler, −/die Künstlerin, −nen artist

*****der Kurs, −e** course

*****kurz (ü)** short, brief

die Kusine, −n cousin *(female), 9*

lachen (über + *acc.*) to laugh (about), *10*

der Ladendiebstahl, ⁻e shoplifting, *3*

die Ladung, −en cargo, shipment

das Lager, − camp, *8*

*****lahm** lame; **eine lahme Ente** a dull, boring person

die Lampe, −n lamp; **die Stehlampe** floor lamp, *5*

das Land, ⁻er country, state, *2;* **auf dem ~** in the country, *11;* **aufs ~** to the country

die Landkarte, −n map

die Landschaft landscape

der Landwirt, −e farmer

die Landwirtschaft agriculture, farming

*****lang (ä)** long

*****lange** long; for a long time, *7*

*****die Langeweile** boredom; **ich habe ~** I am bored

*****langsam** slow(ly)

*****langweilig** boring

der Lärm noise, *13*

lassen (ä; ließ, gelassen) to leave; to have (something done), to permit, *5*

laut loud, *7*

der Lauf, ⁻e course; **im Laufe (+ *gen.*)** in the course (of)

*****laufen (äu; lief, ist gelaufen)** to run; to walk

leben to live, *9*

das Leben, − life; *4,* **am ~** alive

*****die Lebensmittel *(pl.)*** food, groceries

der Lebensstandard, −s standard of living, *9*

legen to put, lay, *5*

die Lehre, −n apprenticeship

der Lehrer, —/die Lehrerin, —nen teacher
der Lehrgang, ⁼e course of instruction
der Lehrling, —e apprentice, *11*
die Lehrstelle, —n apprenticeship
***leicht** easy; light
***leid: das tut mir ~** I'm sorry
***leider** unfortunately
die Leitung, —en management, leadership
***lernen** to learn; to study
***lesen (ie; las, gelesen)** to read
der Leser, — reader, *4;* **die Leserzuschrift, —en** letter from a reader
***letzt—** last
die Leute *(pl.)* people, *4*
***das Licht, —er** light
die Liebe love, *13*
lieben to love, *1*
lieber *(comp. of gern)* rather, *6;* **~ haben** to prefer; **ich esse ~** I prefer to eat
***lieber/liebe** dear *(opening in letters)*
Lieblings— favorite –; **die Lieblingsblume, —n** favorite flower; **das Lieblingsfach, ⁼er** favorite subject
liebsten: am ~ best (or most) of all, *11*
das Lied, —er song, *14*
***liegen (lag, gelegen)** to lie, to be (situated), *5*
***die Limo(nade)** soft drink
***links** (to the) left
die Liste, —n list
***der Liter, —** liter
der Lohn, ⁼e wages, pay, *14*
***das Lokal, —e** place to eat, drink, dance
***los** loose; **es ist viel ~** there is a lot going on; **was ist ~?** what's the matter?
das Los, —e lot, chance, *8*
lösen to solve

***los·gehen (ging los, ist losgegangen)** to go, to take off; **wann geht's los?** when does it start?
los·werden (i; wurde los, ist losgeworden) to get rid of, *16*
die Luft air, *10*
***die Lust** pleasure, enjoyment; **~ haben** to feel like doing something
lustig happy, cheerful; funny, *10*

***machen** to do, to make
die Macht, ⁼e power
***das Mädchen, —** girl
mähen to mow, *1*
***das Mal, —e** time, occasion, *6;* **nächstes ~** next time; **zum ersten ~** for the first time, *6*
***mal** times; *flavoring word that leaves the time indefinite and softens a command*
der Maler, — house painter; artist
***man** *(indef. pronoun)* one, you, they, people
***manch (—er, es, —e)** *(sg.)* many a; **manche** *(pl.)* some, several
***manchmal** sometimes
***der Mann, ⁼er** man; husband
männlich masculine, *9*
***der Mantel, ⁼** coat
***die Mappe, —n** briefcase, book bag
das Märchen, — fairy tale
***die Mark** *basic German monetary unit* (DM = Deutsche Mark = 100 Pfennig)
***der Markt, ⁼e** market; **auf dem ~** at the open-air market
marschieren (ist) to march, *10;* **losmarschieren** to set off, *14*
die Maschine, —n machine, *11;* **die Kraftmaschine** motor
der Maschinenschlosser, — engine or machine fitter
maschine·schreiben to type

die Maske, —n mask, masked person, *10*
der Matrose, —n, —n/die Matrosin, —nen sailor, *11*
die Mauer, —n *(outside)* wall, *6;* Berlin Wall, *9*
der Mechaniker, —/die Mechanikerin, —nen mechanic, *1*
die Medizin medicine
das Medizinstudium study of medicine
das Meer, —e ocean
***mehr** more; **immer ~** more and more
mehrere several, *12*
***mein** my
***meinen** to think; to mean
die Meinung, —en opinion; **ich bin ganz deiner ~** I agree with you completely; **ich bin anderer ~** I have a different opinion
meist most, *11;* **am meisten** most of all; **meistens** mostly, most of the time, *4*
der Meister, — master
melken (melkte, gemolken) to milk
die Melodie, —n melody, *13*
der Mensch, —en, —en person, human being, *1;* **Mensch!** wow! oh boy!
merken to notice, *16*
***der Meter, —** meter
***der Metzger, —/die Metzgerin, —nen** butcher
die Miete, —n rent, *5*
mieten to rent, *5*
***die Milch** milk
mild mild, *8*
die Million, —en million, *9*
***das Mineralwasser** mineral water
***die Minute, —n** minute
mir *(dat. of ich)* to (for) me
der Misthaufen, — manure pile, *6*

*mit (+ *dat.*) with; ~ dem Bus fahren to go by bus
*mit·bringen (brachte mit, mit-gebracht) to take along; to bring along
mit·fahren (ä; fuhr mit, ist mitgefahren) to ride, drive along
mit·fliegen (flog mit, ist mit-geflogen) to fly along
*mit·kommen (kam mit; ist mit-gekommen) to come along
mit·machen to join in; to partic-ipate, *8*
*mit·nehmen (i; nahm mit, mit-genommen) to take along
der Mitschüler, –/die Mitschülerin, –nen fellow student
mit·spielen to play along (with someone else)
*der Mittag noon; zu ~ essen to have lunch
*das Mittagessen warm noon meal
*mittags at noon, at lunch time
die Mitte middle
mitten in the middle (of)
die Mitternacht midnight, *10*
*die Möbel *(pl.)* furniture
*möchte *(form of* mögen*)* would like to
die Mode, –n fashion, *4*
der Moderator, –en moderator, *2*
modern modern, *5*
*das Mofa, –s moped, motorbike
*mögen (mag) to like; möchte would like to
möglich possible, *4;* möglichst viel as much as possible, *11*
die Möglichkeit, –en possibility, *8*
*der Moment, –e moment; einen ~, ~ mal just a mo-ment; im ~ at the moment
*der Monat, –e month; DM 400 im ~ 400 Marks per month

*morgen tomorrow; ~ früh tomorrow morning
*der Morgen, – morning; guten ~! good morning!
morgens mornings, in the morn-ing, *6*
der Motor, –en motor, *12*
*das Motorrad, –̈er motorcycle
*müde tired
*der Müll garbage
der Mülleimer, – garbage pail
der Mund, –̈er mouth, *7*
*das Museum, *(pl.* Museen*)* museum
*die Musik music
der Musiker, –/die Musikerin, –nen musician
*das Musikinstrument, –e musical instrument
*müssen (muß) to have to, must
der Mustersatz, –̈e model sen-tence
*die Mutter, –̈ mother

*na well; ~ und? so what?; ~ ja oh well; ~ gut well, O.K.
*nach (+ *dat.*) after; to *(with cit-ies or countries);* ~ Hause home *(direction)*
der Nachbar, –n, –n/die Nach-barin, –nen neighbor
das Nachbarland, –̈er neighboring country, *9*
nachdem *(sub. conj.)* after, *16*
nach·denken (dachte nach, nachgedacht) to think about, to reflect
*nachmittags in the afternoon
*nächst- next
*die Nacht, –̈e night
der Nachteil, –e disadvantage
*der Nachtisch dessert
nachts at night, every night
der Nachttisch, –e night table, *5*
nah (ä) near
die Nähe proximity; aus der ~ close up

*der Name, –n, –n *(gen.* –ns*)* name
*nämlich namely, you know
der Narr, –en, –en fool
die Nase, –n nose, *7*
*naß wet
die Natur, –en nature, *11*
*natürlich naturally, of course
neben (+ *acc. or dat.*) next to, beside
der Neffe, –n, –n nephew, *9*
*nehmen (nimmt; nahm, genommen) to take
*nein no; ~, so was! well I never!; really!
die Nelke, –n carnation, *7*
*nennen (nannte, genannt) to name, to call
*nett nice
*neu new
neugierig curious, *16*
*nicht not; nicht? = nicht wahr? isn't that so?, isn't that right?; ~ nur . . . sondern auch not only . . . but also
die Nichte, –n niece, *9*
*nichts nothing; ~ mehr nothing left
nicken to nod, *16*
nie never, *6*
*niemand no one
*noch still, yet; ~ nicht not yet; ~ ein(e), another, one more; ~ einmal once again
nonchalant nonchalantly, casu-ally, *3*
*der Norden north
nördlich (von) northern, north (of)
die Note, –n grade, mark *(at school)*
die Nudel, –n noodle, *9*
*null zero
die Nummer, –n number, *5;* Nr., *13*
*nun now
*nur only, just
die Nuß, die Nüsse nut, *7*

*ob *(sub. conj.)* if, whether
oben above, upstairs, *5;*
nach ~ *(going)* upstairs, *5*
*der Ober, — waiter
das Observatorium, —ien
observatory
*das Obst fruit
obwohl *(sub. conj.)* although, *6*
*oder *(coord. conj.)* or; *(at end of sentence)* or not?, isn't that right?
offen open
*oft (ö) often
der Ofen, ⸚ oven, stove, *12;*
der heiße ~ motorcycle *(sl.),* *4*
öfter repeatedly, *6*
*ohne *(+ acc.)* without
das Ohr, —en ear, *7*
der Ohrclip, —s clip-on earring, *4*
der Ohrring, —e earring, *4*
der Ohrstecker, — earring post, *4*
die Oma, —s grandmother *(informal),* *9*
der Onkel, — uncle, *2*
der Opa, —s grandfather *(informal),* *9*
die Oper, —n opera, *15*
ordentlich neat, tidy, orderly, *10*
die Ostsee Baltic Sea, *9*
*der Osten east
das Ostern Easter
*(das) Österreich Austria
östlich (von) eastern, east (of)

das Paar, —e pair, couple, *7;*
ein paar a few, *6*
packen to grab, seize, *3;* to pack (for a trip)
*das Papier, —e paper; *pl.* papers, documents
*der Park, —s park
*die Party, —s party
*passen (zu) to fit, to go (with), match, *5*

passieren (ist passiert) *(dat.)* to happen, *9*
der Patient, —en, —en/die Patientin, —nen patient, *12*
*die Pause, —n break; intermission; recess
*das Pech bad luck; so ein ~ what bad luck!
die Person, —en person, *7*
die Pfeife, —n pipe, whistle
*der Pfennig, —e *(abbr.* Pf) *German monetary unit:* 1 Pf = 1/100 Mark
das Pferd, —e horse
das Pfingsten Pentecost
*das Pfund *(abbr.* Pfd.)* pound (1 Pfd. = 500 g)
phantastisch fantastic, *3*
der Physiker, —/die Physikerin, —nen physicist, *12*
*das Picknick, —s picnic
der Pilot, —en, —en/die Pilotin, —nen pilot
*der Plan, ⸚e plan; schedule
der Planwagen, — covered wagon, *15*
*die Platte, —n record
*der Plattenspieler, — record-player, turntable
*der Platz, ⸚e place, space, *1;* square; seat; ~ nehmen to take a seat
plötzlich suddenly, *3*
(das) Polen Poland, *9*
die Politik politics
der Politiker, —/die Politikerin, —nen politician
die Polizei police, *3*
der Polizist, —en, —en/die Polizistin, —nen policeman, policewoman, *3*
*die Pommes frites *(pl.)* French fries
*die Post post office, mail
*das Poster, — poster
die Postkarte, —n post card
das Postscheckkonto, —s *(or*

—konten*)* postal checking account
die Praxis practice
der Preis, —e price; prize, *9*
*preiswert worth the money, reasonably priced
das Prestige prestige
*prima excellent, fine, great
primitiv primitive, *13*
privat private(ly), *11*
das Problem, —e problem, *4;* die Problemseiten advice column
das Produkt, —e product
produzieren to produce, *15*
der Professor, —en/die Professorin, —nen professor, *12*
das Programm, —e channel; program, *2*
das Programmheft, —e program guide
*die Prüfung, —en exam, test
*der Pulli, —s pullover
pünktlich on time, punctually
*putzen to clean; sich die Zähne ~ to brush one's teeth, *7*

die Qual, —en torment
*Quatsch! nonsense!

*das Rad, ⸚er wheel; bicycle (das Fahrrad)
*der Radiergummi, —s eraser
*das Radio, —s radio; der Radioamateur ham radio operator
die Radtour, —en bike trip
der Rasen, — lawn, *1*
der Rasenmäher, — lawn mower
sich rasieren to shave, *7*
der Rat; der Ratschlag, ⸚e advice
*das Rathaus, ⸚er town hall
der Rattenfänger rat catcher
*raus·tragen (ä; trug raus, rausgetragen) to carry out

die **Rechnung, –en** bill, invoice, *5*

das **Recht, –e** right, *9;* **ein ~ auf** (+ *acc.*) (have) a right to (something), *9;* **es ist mir recht** it's all right with me, *5;* **das wäre uns recht** that would be all right with us, *5;* **recht haben** to be right

*__rechts__ (to the) right

der **Rechtsanwalt, ⸚e/die Rechtsanwältin, –nen** attorney, lawyer

der **Rechtsanwaltsgehilfe, –n, –n/die Rechtsanwaltsgehilfin, –nen** legal assistant

reden to talk, *16*

*__der Regen__ rain

*__der Regenschirm, –e__ umbrella

*__regnen__ to rain

reich rich, *12*

rein = herein in(side), *10*

der **Reis** rice, *9*

die **Reise, –n** trip, journey, *11*

die **Reisebroschüre, –n** travel brochure

reisen (ist gereist) to travel, *9*

*__reiten (ritt, ist geritten)__ to ride *(horseback)*

der **Reiter, –/die Reiterin, –nen** rider, *14*

die **Reklame, –n** commercial; advertisement, *3*

der **Rentner, –/die Rentnerin, –nen** retired person

die **Reparatur, –en** repair, *5*

*__reparieren__ to repair

die **Republik, –en** republic

der **Rest, –e** remainder, rest, *5*

das **Restaurant, –s** restaurant

der **Rhein** the Rhine River, *6*

der **Rhythmus** *(pl.* **Rhythmen***)* rhythm, *13*

der **Richter, –/die Richterin, –nen** judge, *9*

*__richtig__ correct, right

die **Richtigkeit** correctness; fairness

riesig huge, *12*

*__der Rindsbraten__ roast beef, pot roast

der **Ring, –e** ring, *4;* **Ohrring** earring

*__(der) Rock__ rock *(music)*

*__der Rock, ⸚e__ skirt

*__rodeln (ist gerodelt)__ to toboggan, go sledding

die **Rolle, –n** role; **eine ~ spielen** to be important, to play a role, *13*

das **Rollenspiel, –e** role-playing, *8*

romantisch romantic, *6*

die **Rose, –n** rose

*__rot__ red

die **Rückseite** back

rufen (rief, gerufen) to call, *13*

ruhen to rest, *14*

ruhig quiet, peaceful, *5;* **kommen Sie ~ zu mir** feel free to come and see me, *12*

der **Ruhm** fame, *12*

rund round, *16*

russisch Russian, *2;* **russische Eier** hard-boiled eggs with mayonnaise

*__die Sache, –n__ thing; *(pl.)* clothes

*__der Saft, ⸚e__ juice

saftig juicy

*__sagen__ to say, to tell

die **Sahne** cream

*__der Salat, –e__ *(head of)* lettuce; salad

salopp casual; sloppy, *4*

*__sammeln__ to collect

die **Sammlung, –en** collection

der **Sandkuchen, –** pound cake

der **Sänger, –/die Sängerin, –nen** singer

der **Satz, ⸚e** sentence; movement *(music)*

sauber clean, *3*

*__sauer__ cross, annoyed, sour

die **SB Wäscherei** laundromat

*__schade__ too bad

*__die Schallplatte, –n__ record

der **Schatz, ⸚e** treasure

*__schauen__ to look

schaufeln to shovel, *1*

der **Schauspieler, –/die Schauspielerin, –nen** actor, actress

*__scheinen (schien, geschienen)__ to shine; to seem

schenken to give, to present (to), *3*

die **Scheune, –n** barn, *2*

*__scheußlich__ horrible, hideous

der **Schi, –er** *(also* **Ski***)* ski

*__schick__ chic, stylish

schicken to send, *5*

*__das Schiff, –e__ ship

Schi laufen (äu; lief, ist gelaufen) to ski

*__das Schild, –er__ sign

der **Schilling** Austrian unit of currency, *5*

*__der Schinken__ ham

schlachten to butcher, to slaughter, *14*

*__schlafen (ä; schlief, geschlafen)__ to sleep

der **Schlafwagen, –** sleeping car, sleeper *(train)*

das **Schlafzimmer, –** bedroom, *5*

der **Schlager, –** hit (song), *10*

*__das Schlagzeug, –e__ drums

*__schlank__ slender, slim

*__schlecht__ bad

*__schließlich__ finally; after all

*__schlimm__ bad

*__der Schlittschuh, –e__ ice skate; **~ laufen** to ice-skate

das **Schloß, ⸚sser** palace, castle, *3;* lock

*__schmecken__ to taste (good)

der **Schmuck** jewelry, ornament, *4*

schmuggeln to smuggle

schmutzig dirty, *3*

*der Schnee snow
der Schneider, −/die Schneiderin, −nen tailor, 15
*schneien to snow
*schnell fast
*die Schokolade chocolate, hot chocolate
*schon already; das ~ that's true
*schön beautiful; nice
der Schrank, −̈e closet, wardrobe, 5
schrecklich terrible, terribly, 8
*schreiben (schrieb, geschrieben) to write
*der Schuh, −e shoe
schuld sein (an + dat.) to be the cause (of), to be guilty (of), 14
*die Schule, −n school
*der Schüler, −/die Schülerin, −nen student
die Schulter, −n shoulder, 14
die Schwalbe, −n swallow
*schwarz (ä) black
der Schwarzwald Black Forest
schwedisch Swedish, 8
*das Schwein, −e pig; ~ haben to be lucky; das Schweinefleisch pork
*die Schweiz Switzerland
schweizerisch Swiss, 8
*schwer difficult, heavy
*die Schwester, −n sister
die Schwierigkeit, −en difficulty
*schwimmen (schwamm, ist geschwommen) to swim
der Schwindel swindle, fraud, 16
*der See, −n lake; an den ~ to the lake
*segeln to sail
das Segeltuch, −e sailcloth, canvas, 15
der Segler, −/die Seglerin, −nen sailor (in a small boat), 8
*sehen (ie; sah, gesehen) to see, to watch

*sehr very
sei (subj. of sein) is
*sein his, its
*sein (ist, war, ist gewesen) to be; für etwas ~ to be in favor of something, 13
*seit (+ dat.) since, for; seitdem (sub. conj.) since (the time that)
die Seite, −n page; side, 4; Problemseite, −n advice column; die Seitentür side door
der Sekretär, −e/die Sekretärin, −nen secretary, 15
die Sekunde, −n second, 3
selber/selbst oneself, myself, etc.
selbständig independent
selbstverständlich obvious(ly), 8
selten seldom; rare (stamps, etc.), 4
das Seminar, −e seminar, seminar room
die Semmel, −n roll; sich wie warme Semmeln verkaufen to sell like hotcakes, 15
die Sendung, −en broadcast; program, 2
die Serie, −n series, 15
der Sessel, − armchair, 5
sich setzen to sit down, 7
sich (reflexive pronoun) himself, herself, themselves, etc., 7
*sicher sure, certain(ly)
die Sicherheit, −en certainty, safety, 13
*sie she; they
das Silber silver, 4
(der) Silvester(abend) New Year's Eve
*singen (sang, gesungen) to sing
die Sitte, −n custom, 7
sitzen (saß, gesessen) to sit, 5
*der Ski, −er (pronounced Schi) ski
*Ski laufen (äu; lief, ist gelaufen) to ski
*so so; so . . . wie as . . . as

*die Socke, −n sock
das Sofa, −s sofa, couch, 5
sofort immediately, right away, 5
der Sohn, −̈e son, 9
*solch (−er, −es, −e) (sg.) such a; solche (pl.) such
der Soldat, −en, −en soldier
*sollen (soll) should, to be supposed to
*der Sommer summer
*sondern (coord. conj.) but, rather
sonnabends every Saturday, on Saturday, 11
*die Sonne sun
die Sonnenuhr, −en sundial, 16
*sonst otherwise; was ~? what else?; ~ noch was? anything else?
die Sorte, −n kind, variety, 8
soviel that much; so much
sowas such a thing; that
soweit that far, 12; es ist ~ it's time
sparen to save (money, time, etc.), 11
das Sparkonto, −s or −konten savings account
*der Spaß fun; ~ machen to be fun; das macht ~! that's fun!
*spät late; zu ~ too late, tardy; wie ~ ist es? what time is it?; bis später see you later
*spazieren·gehen (ging spazieren, ist spazierengegangen) to go for a walk
*der Spaziergang, −̈e walk, stroll; einen ~ machen to go for a walk
der Speck bacon
*die Speisekarte, −n menu
der Spiegel, − mirror, 16
*das Spiel, −e game
*spielen to play
*spinnen to spin; du spinnst you're crazy
*der Sport sports; ~ treiben to be active in sports

der Sportplatz, ‑̈e playing field

*spottbillig dirt-cheap

die Sprache, ‑n language, 8

*sprechen (i; sprach, gesprochen) to speak

springen (sprang, ist gesprungen) to jump, 2

die Spüle, ‑n sink, 5

*spülen to wash dishes; to rinse

der Staat, ‑en state, country, 9

die Staatsangehörigkeit, ‑en citizenship

*die Stadt, ‑̈e city

die Stadthalle, ‑n city auditorium

das Städtele, ‑ (dialect) small town

*der Stadtplan, ‑̈e city map

der Stall, ‑̈e stall, stable, 6

der Stamm, ‑̈e stem, stalk, trunk (tree)

stammen to originate

der Star, ‑s star (film, TV, etc.), 4

stark (ä) strong, 15

statt = anstatt (+ gen.) instead of, 12

statt·finden (fand statt, stattgefunden) to take place, 10

*der Staub dust; ~ saugen to vacuum

der Staubsauger, ‑ vacuum cleaner

stecken to put, stick (in); to be (inserted), 5

stehen (stand, gestanden) to stand; to stop (going), 5

stehen·bleiben (blieb stehen, ist stehengeblieben) to stop, to stand still, 14

die Stehlampe, ‑n floor lamp, 5

stehlen (ie; stahl, gestohlen) to steal, 3

steigen (auf + acc.) (stieg, ist gestiegen) to mount, to climb, 14

der Stein, ‑e stone, rock, 14

stellen to put, place, 5

*die Stereoanlage, ‑n stereo system

der Steward, ‑s/die Stewardeß, ‑ssen steward/stewardess, 11

*der Stiefel, ‑ boot

der Stil, ‑e style, manner, 4

die Stimme, ‑n voice

*stimmen to be true, correct

der Stock = das Stockwerk, ‑e; floor of a building, 5; im ersten ~ on the second floor, 5

der Stoff, ‑e material, cloth; matter, 15

stolz (auf + acc.) proud (of), 9

stören to disturb, bother, 8

stoßen (ö; stieß, gestoßen) to push

strahlend sparkling, shiny, 3

der Strandkorb, ‑̈e (canopied) beach chair

*die Straße, ‑n street

*die Straßenbahn, ‑en streetcar

das Straßencafé, ‑s open-air café

der Streich, ‑e prank, trick

streichen (strich, gestrichen) to paint, 5

*das Stück, ‑e piece; play; DM 2,50 das ~ 2 marks 50 apiece; ein ~ gehen to walk a little way

*der Student, ‑en, ‑en/die Studentin, ‑nen student (at a university)

*das Studentenlokal, ‑e pub frequented by students

studieren to study, 9

der Stuhl, ‑̈e chair, 5

*die Stunde, ‑n hour; class

stundenlang for hours

stur stubborn, 8; dull

der Sturm, ‑̈e storm, 8

*suchen to look for

*der Süden south

*südlich (von) southern, south (of)

*der Supermarkt, ‑̈e supermarket

*die Suppe, ‑n soup

süß sweet, 12

das (der) Sylvester New Year's Eve, 10

die Symphonie, ‑n symphony, 13

*der Tag, ‑e day; eines Tages one day, 11

täglich daily

der Takt, ‑e cycle

das Talent, ‑e talent, 16

*die Tankstelle, ‑n service station, gas station

*die Tante, ‑n aunt

der Tanzabend, ‑e dance

*tanzen to dance

*die Tasche, ‑n bag; pocket; purse

das Taschengeld allowance, 11

die Taschensonnenuhr, ‑en pocket sundial, 16

*die Tasse, ‑n cup

die Tatsache, ‑n fact

der Tausch, ‑e exchange

tauschen to swap, 14

der Techniker, ‑/die Technikerin, ‑nen technician, 12

*der Tee tea

der Teenager, ‑ teenager, 2

*der Teig dough, batter

die Teilung, ‑en division

das Telefon, ‑e telephone, 5

telefonieren to telephone; ~ mit to call up

*die Temperatur, ‑en temperature

der Teppich, ‑e rug, carpet, 5

*teuer expensive

der Text, ‑e text, words, 13

das Textilunternehmen, ‑ textile business

*das Theater, ‑ theater

die Theaterkarte, ‑n theater ticket

das **Theaterstück**, —e play
das **Thema**, —men subject, topic, *2*
die **Theorie**, —n theory
*das **Thermometer**, — thermometer
tief deep, *14*
das **Tier**, —e animal, *6*
das **Tierkreiszeichen**, — sign of the zodiac, *4*
der **Tip**, —s tip, *3*
*der **Tisch**, —e table; **Couchtisch** coffeetable, *5*
der **Tischler**, — cabinet maker
der **Titel**, — title, *12*
die **Tochter**, ⸚ daughter, *8;* die **Tochterfirma**, —men subsidiary company
toll great, fantastic; crazy
*die **Tomate**, —n tomato
das **Tonbandgerät**, —e tape recorder
der **Topf**, ⸚e pot, saucepan
*das **Tor**, —e gate
*die **Torte**, —n fancy layer cake
*tragen (ä; trug, getragen) to wear; to carry
trampen to hitchhike, *6*
*der **Traum**, ⸚e dream
träumen (von) to dream (of), *10*
traurig gloomy, sad
treffen (i; traf, getroffen) to meet, *8*
*treiben (trieb, getrieben) to drive; **Sport** ~ to play sports
der **Trick**, —s trick, *3*
der **Trimm-dich-Pfad**, —e jogging path, *8*
*trinken (trank, getrunken) to drink
der **Tritt**, —e kick
trocken dry
die **Trommel**, —n drum, *10*
der **Tropfen**, — drop
trotz (+ *gen.*) in spite of, *12*
trotzdem nevertheless, *3*
die **Tschechoslowakei** Czechoslovakia, *9*

*tschüß! so long! *(informal)*
das **Tuch**, —e cloth, *15;* ~, ⸚er scarf, towel, *14*
die **Tulpe**, —n tulip, *8*
*tun (tat, getan) to do
*die **Tür**, —en door
die **Tüte**, —n bag, sack; cardboard cone, *10*
der **Typ**, —en type, kind
typisch typical, *15*

*die **U-Bahn**, —en subway
über (+ *acc.* or *dat.*) about; above, over; by way of, *9*
überhaupt really, at all
überlegen to consider, reflect; **sich *(dat.)* etwas** ~ to think about something, *16*
*übermorgen the day after tomorrow
überqueren to cross
der **Übersetzer**, —/die **Übersetzerin**, —nen translator, *11*
die **Übersetzung**, —en translation, *15*
übrig: im übrigen in most respects, however
übrigens by the way, incidentally, *5*
die **Übung**, —en practice; exercise, *11*
das **Ufer**, — shore, bank *(of a river)*, *6*
*die **Uhr**, —en clock, watch; **um wieviel** ~? at what time?; **wieviel** ~ **ist es?** what time is it?
*um (+ *acc.*) at, around; ~ **ein Uhr** at one o'clock; **um . . . herum** all around; **um . . . zu** in order to, *16*
der **Umzug**, ⸚e parade, *10*
*unabhängig independent
unbekannt unknown
*und *(coord. conj.)* and
unendlich never-ending
*unentschieden undetermined; tied (game)
ungeduldig impatient, *14*

ungefähr about, approximately, *12*
ungeschickt clumsy
unglaublich unbelievable, *3*
ungleich unequal, not alike
das **Unglück** misfortune, *14;* ~ **haben** to be unlucky
*unglücklich unhappy
die **Universität**, —en university, *9*
unleserlich illegible
unmöglich impossible
unnütz useless
*unser our
*unsicher dangerous; unsure, insecure
*Unsinn! nonsense!
unten below; downstairs, *14*
unter (+ *acc.* or *dat.*) under
unterbrechen (i; unterbrach, unterbrochen) to interrupt, *2*
sich unterhalten (ä; unterhielt sich, sich unterhalten) to converse, talk, *7*
die **Unterhaltung** entertainment, *13*
*der **Unterricht** lesson; instruction
unterwegs: er war viel ~ he traveled a lot
unwahrscheinlich improbable, *3*
unzufrieden dissatisfied, *9*
der **Urlaub**, —e vacation; **in** ~ **fahren** to go on vacation, *6*

die **Vase**, —n vase, *7*
*der **Vater**, ⸚ father
verbessern to improve
verbieten (verbot, verboten) to forbid
verbringen (verbrachte, verbracht) to spend *(time)*, *2*
verdienen to earn *(money)*, *2*
*vergessen (i; vergaß; vergessen) to forget
verkaufen to sell, *4;* **sich wie warme Semmeln** ~ to sell like hotcakes, *15*

*der Verkäufer, —/die Verkäuferin, —nen salesperson

das Verkaufsgenie, —s sales genius

das Verkehrsmittel, — means of transportation

*verlieren (verlor, verloren) to lose

vermieten to rent (out), *5*

verrückt crazy, *3*

verschieden different, *8*

verschwinden (verschwand, ist verschwunden) to disappear, *3*

verständlich understandable

*verstehen (verstand, verstanden) to understand

*versuchen to attempt, to try

verteilen to distribute

der/die Verwandte *(noun declined as adj.)* relative, *8*

verwöhnen to spoil

verzeihen (verzieh, verziehen) *(+ dat.)* to pardon, *16*

der Vetter, —n cousin *(male)*, *9*

*viel much, many, a lot

*vielleicht maybe, perhaps

*das Viertel, — quarter

viert— fourth

der Virtuose, —n, —n/die Virtuosin, —nen virtuoso

das Visum *(pl.* **Visa** *or* **Visen)** visa

der Vogel, —̈ bird, *13*

das Volk, —̈er people, folk, *13*

das Volkslied, —er folk song, *13*

*von *(+ dat.)* from; **~ vorne** from the beginning; **~ . . . aus** (out) from; **~ mir** (of) mine, *6*

*vor *(+ acc. or dat.)* before; in front of; **~ 600 Jahren** 600 years ago; **~ allem** above all, *10*

vorbei over, *10*

sich vor·bereiten to prepare (oneself), *8*

vorgestern day before yesterday, *5*

*vor·haben (hatte vor, vorgehabt) to plan

der Vorhang, —̈e drape, curtain, *5*

vor·lassen (ä; ließ vor, vorgelassen) to admit; to give precedence to

vorne: von ~ from the beginning, *6*

vorsichtig careful(ly), cautious(ly), *7*

vor·stellen to introduce

*die Vorstellung, —en performance

der Vorteil, —e advantage

der Vortrag, —̈e lecture; **einen ~ halten** to give a lecture

wachsen (ä; wuchs, ist gewachsen) to grow, *8*

der Wagen, — wagon, car

die Wahl, —en choice, election, *9*

wählen to choose, to elect, *11*

der Wahnsinn insanity

wahnsinnig insane; *(colloq. for)* extremely, *2*

wahr true

während during *(+ gen.)*, *12;* while *(conj.)*, *3*

*wahrscheinlich probably

der Wald, —̈er forest, woods, *13*

die Wand, —̈e wall *(indoor)*, *5*

der Wanderer, —/die Wanderin, —nen hiker, *8*

*wandern (ist gewandert) to hike, to go hiking

die Wanderung, —en hike, *6*

*wann when

die Ware, —n goods, wares

wäre: wie ~ es mit . . . how about . . . , *5*

*warm(ä) warm

warten to wait; **~ auf** *(+ acc.)* to wait for, *3*

*warum why

*was what; **~ für ein** what kind of

*die Wäsche laundry

*waschen (ä; wusch, gewaschen) to wash

die Waschmaschine, —n washing machine, *5*

das Waschmittel, — detergent, *3*

der Waschsalon, —s laundromat, laundry, *3*

*das Wasser water

das WC, —s toilet, *5*

weg away, gone; off, *2*

der Weg, —e path, *8*

wegen *(+ gen.)* on account of, because of, *12*

weg·fahren (ä; fuhr weg, ist weggefahren) to go away *(on a trip)*, *2*

weg·laufen (äu; lief weg, ist weggelaufen) to run away, *3*

weiblich female

das Weihnachten Christmas, *5;* **zu ~** for Christmas, *10;* **fröhliche ~!** Merry Christmas!, *5*

*weil *(sub. conj.)* because

die Weile while, a length of time, *14*

*weiß white

*weit far (away)

*weiter further

weiter·arbeiten to continue to work, *12*

weiter·sprechen (i; sprach weiter, weitergesprochen) to continue speaking

*welch (—er, —es, —e) which

die Welt, —en world, *11*

wenig a small amount, a few, *5*

*wenigstens at least

*wenn *(sub. conj.)* if; when, whenever

*wenn *(conj.)* if; when, whenever

*wer who

die Werbung advertising

werden (i; wurde, ist geworden) to become; *auxiliary verb for future tense*

das Werk, —e work *(of art)*, *13;* company

die Werkstatt, ⸚en workshop, repair shop

der Werkzeugmacher, —/die Werkzeugmacherin, —nen tool-and-die maker, 11

wert worth

*wertvoll valuable

wessen (gen. of wer) whose, 12

*der Westen west

westlich (von) western, west (of)

*das Wetter weather

*der Wetterbericht, —e weather report

wichtig important, 11

*wie how; ~ geht's? how are you?; ~ (immer) as (always) wie geht's? wie steht's? How goes it? What's up? What's new?, 3

*wieder again

wiederholen to repeat

die Wiederholung, —en repetition

Wiederhören: auf ~ good-by (on the telephone)

*Wiederschauen: auf ~ good-by

wieder·sehen (ie; sah wieder, wiedergesehen) to see again

*Wiedersehen: auf ~ good-by

wiegen (wog, gewogen) to weigh, 1

(das) Wien Vienna

*wieviel how much; ~ Uhr ist es? what time is it?; den wievielten haben wir heute? what's the date today?, 9

wild wild, 10

*der Wind wind

*windig windy

der Windsurfer, —/die Windsurferin, —nen windsurfer, 8

*der Winter winter

*wirklich really

*wissen (weiß; wußte, gewußt) to know

die Wissenschaft, —en science, 12

der Wissenschaftler, —/die Wissenschaftlerin, —nen scientist, 12

*wo where

*die Woche, —n week

*das Wochenende, —n weekend

der Wochentag, —e day of the week, 3

woher from where, 8

*wohin where (to)

*wohl indeed, probably, 12

*wohnen to live

die Wohnung, —en apartment, 5

das Wohnzimmer, — living room, 5

*wollen (will) to want, to intend to, to wish

*worin in what

das Wort, ⸚er word

wortlos without saying a word

sich wundern to be amazed, to marvel, 7

*der Wunsch, ⸚e wish, desire

wünschen to wish

würde would (form of werden), 11

*die Wurst, ⸚e sausage, cold cuts

das Wurstbrot, —e cold meat sandwich

*die Zahl, —en number

*zahlen to pay; ~ bitte! the check please

der Zahn, ⸚e tooth, 7

*zart tender, delicate

der Zaun, ⸚e fence; Drahtzaun wire fence

zeichnen to draw

der Zeichner, —/die Zeichne-rin, —nen cartoonist, illustra-tor, 15

sich zeigen to appear

zeigen to show, 3; ~ auf point at, point to

*die Zeit, —en time; zur ~ at the present time, 11; zur gleichen ~ at the same time

die Zeitschrift, —en periodical, magazine

die Zeitung, —en newspaper, 4

das Zelt, —e tent, 2

*zelten to camp

*der Zentimeter, — centimeter

das Zentrum, —tren center

der Zettel, — ticket, slip of paper, 7

das Zeugnis, —se report card, grades

ziehen (zog, gezogen) to move (in procession); to pull, 10

das Ziel, —e goal, aim

*ziemlich quite

das Zifferblatt, ⸚er dial (face of watch or clock)

*das Zimmer, — room

die Zitrone, —n lemon, 8

*zu (+ dat.) to; too; shut, closed; ~ Abend essen to have sup-per; ~ Hause (at) home; ~ sein to be closed

zuerst at first, 12

der Zufall, ⸚e coincidence, chance

*zufrieden content, satisfied

*der Zug, ⸚e train

zu·hören (+ dat.) to listen, 16

*zu·machen to shut

*zurück back

*zusammen together

zuviel too much, too many

zwar to be sure, 14

das Zweifamilienhaus, ⸚er two-family house, 5

*zwischen (+ acc. or dat.) between

able: to be ~ to können
about über
accustomed: to get ~ to sich gewöhnen (an + *acc.*)
acquaintance der/die Bekannte, –n
acquainted: to become ~ with kennen·lernen
addition: in ~ sonst
admire bewundern
afraid: to be ~ Angst haben
after nachdem *(conj.)*; nach *(prep.)*
afternoon der Nachmittag, –e; **this ~** heute nachmittag
again wieder
against gegen
all alle, alles; **~ the best** alles Gute
allowed: to be ~ to dürfen
almost fast
along entlang; **~ the street** die Straße entlang; **to come ~** mit·kommen
already schon
also auch
always immer
angry böse
answer die Antwort, –en; **to ~** antworten (+ *dat.*)
apartment die Wohnung, –en
apologize sich entschuldigen
appear aus·sehen
apprentice der/die Azubi, –s
approximately etwa; ungefähr
around um
arrive an·kommen
as als; wie; **~ . . . ~** so . . . wie; **~ always** wie immer
ask fragen
at an; auf; bei; um; **~ one o'clock** um ein Uhr

back zurück; **~ and forth** hin und her

bad schlecht; **too ~** schade
bathroom das Badezimmer, –
be sein
beautiful schön
because denn *(coord. conj.)*; weil *(sub. conj.)*
become werden
before vor *(prep.)*
begin an·fangen; beginnen
behind hinter *(prep.)*
believe glauben *(dat.)*
belong gehören *(dat.)*
besides außerdem; außer *(prep.)*
better besser
between zwischen
bicycle das (Fahr)rad, ̈-er
big groß
birthday der Geburtstag, –e; **it's my ~** ich habe Geburtstag; **happy ~!** herzlichen Glückwunsch zum Geburtstag!
book das Buch, ̈-er
border die Grenze, –n
bored: I am ~ ich habe Langeweile
boring langweilig; **a ~ person** eine lahme Ente
both beide
box office die Kasse, –n
boy der Junge, –n, –n; **oh, ~!** Mensch!
bread das Brot, –e
break die Pause, –n; **to ~** brechen
breakfast das Frühstück
bring bringen
broken kaputt
brother der Bruder, ̈-
but aber; sondern; **not only . . . ~ also** nicht nur . . . sondern auch
butcher der Metzger, –/die Metzgerin, –nen
buy kaufen

by bei; mit; **to go ~ bus** mit dem Bus fahren; **~ the way** übrigens

café das Café, –s
cake der Kuchen, –; **layer ~** die Torte, –n
call (an·)rufen; nennen
camp das Lager; **youth ~** das Jugendlager
camping das Camping; **to go ~** zelten, campen
can können
car das Auto, –s
cards: to play ~ Karten spielen
carry tragen; **to ~ out** raus·tragen
castle die Burg, –en
cathedral der Dom, –e
century das Jahrhundert, –e
certain(ly) bestimmt; bitte
chair der Stuhl, ̈-e; **armchair** der Sessel, –
channel das Programm, –e
chat (talk, converse) sich unterhalten
cheap billig
cheese der Käse, –
child das Kind, –er
choose wählen
Christmas das Weihnachten
church die Kirche, –n
city die Stadt, ̈-e
clean sauber; **to ~ (up)** auf·räumen, putzen
clock die Uhr, –en
closed zu
clothes die Sachen *(pl.)*, die Kleider *(pl.)*
coat der Mantel, ̈-
cold kalt
collect sammeln
color die Farbe, –n; **what ~ is?** welche Farbe hat?

come kommen; **to ~ along** mit·kommen

complete(ly) ganz

concentrate: to ~ on sich konzentrieren (auf + *acc.*)

considered: to be ~ (as) gelten (als)

contrary: on the ~ sondern

conversation das Gespräch, –e; **to have a ~** sich unterhalten

cook kochen

correct richtig; **to be ~** stimmen

country das Land, ⸚er; **in the ~** auf dem Land

couple: a ~ (of) ein paar

course der Kurs, –e; **of ~!** klar! natürlich!

cousin der Vetter, –n/die Kusine, –n

crazy verrückt; **you're ~!** du spinnst!

curious neugierig

custom die Sitte, –n

customer der Kunde, –n, –n/die Kundin, –nen

dance der Ball, ⸚e, **to ~** tanzen

dangerous gefährlich

dear *(in letters)* lieber/liebe

describe beschreiben

detective show/novel der Krimi, –s

different verschieden, anders; **something ~** etwas anderes

difficult schwer

dirty schmutzig

disappear verschwinden

discuss diskutieren (über)

dishes *(pl.)* das Geschirr

disturb stören

do machen; tun; **that won't ~** das geht nicht

doctor der Arzt, ⸚e/die Ärztin, –nen

door die Tür, –en

dream der Traum, ⸚e; **to ~** träumen

dress das Kleid, –er

dressed: to get ~ sich an·ziehen

drink trinken

drive die Fahrt, –en; **to ~** fahren

dry: to ~ ab·trocknen

dumb doof, dumm

dust der Staub; **to ~** ab·stauben

each jeder

early früh

earn: to ~ *(money)* verdienen

easy leicht

eat essen

eighty achtzig

else: what ~? was sonst?; **anything ~?** sonst noch was?

enough genug

especially besonders

evening der Abend, –e

every jeder

everyone alle, jeder

everything alles

exact(ly) genau; gerade

exam die Prüfung, –en

example das Beispiel, –e; **for ~** zum Beispiel

excellent ausgezeichnet, prima

except außer

exchange student der Austauschschüler, –/die Austauschschülerin, –nen

exciting aufregend

excuse: ~ me Entschuldigung!

expensive teuer

explain erklären

face das Gesicht, –er

fail durch·fallen

famous berühmt

far weit; **as ~ as** bis zum

farmer der Bauer, –n, –n/die Bäuerin, –nen

fast schnell

fat dick

favorite: ~ subject das Lieblingsfach, ⸚er

feel: to ~ like (doing something) Lust haben

few: a ~ ein paar; einige

fifty fünfzig

finally endlich

find finden

fine: I'm ~ mir geht es gut

finished fertig

first erst; **at ~** zuerst

fit passen *(dat.)*

floor der Stock; **on the second ~** im ersten Stock

flower die Blume, –n

fly fliegen

follow folgen (+ *dat.*)

foot der Fuß, ⸚e; **on ~** zu Fuß

for für; seit

foreign fremd; **~ country** das Ausland

foreigner der Ausländer, –/die Ausländerin, –nen

forget vergessen

fortune: good ~ das Glück

forty vierzig

friend der Freund, –e/die Freundin, –nen

from aus; von

fun: that's ~ das macht Spaß

furniture die Möbel *(pl.)*

further weiter

game das Spiel, –e

garage die Garage, –n

gentleman der Herr, –n, –en

German deutsch; der Deutsche/ die Deutsche; **in ~** auf deutsch

get bekommen; **I'll ~ (the day) off** ich bekomme frei; **to ~ up** auf·stehen

girl das Mädchen, –

give geben; **to ~ up** auf·geben

glad froh; **to be ~** sich freuen; **gladly** gern

go gehen; fahren; **to ~ away** *(trip)* weg·fahren

good gut; **good-by** auf Wiedersehen, tschüß

grandparents *(pl.)* die Großeltern *(pl.)*
great prima, toll
ground floor das Erdgeschoß, –sse
guest der Gast, ̈e

hair das Haar, –e
hang *(intr.)* hängen (hing, gehangen); *(trans.)* hängen
happen passieren *(dat.)*
happy glücklich, froh; **~ birthday!** herzlichen Glückwunsch zum Geburtstag!; **to be ~ about** sich freuen über *(+ acc.)*
harbor der Hafen, ̈
hardly kaum
hate hassen
have haben; **to ~ to** müssen
head der Kopf, ̈e
healthy gesund
hear hören
heavy schwer
hello guten Tag; Grüß Gott
help helfen *(dat.)*
here da; hier; **(to) ~** her
hi! Tag!
high hoch
hike die Wanderung, –en; **to ~** wandern
hitchhike trampen
home: (at) ~ zu Hause; *(direction)* nach Hause
homework die Hausaufgaben
hope: I ~, let's ~ hoffentlich
hot heiß
house das Haus, ̈er
how wie; **~ are you?** wie geht's?
however aber
hungry: to be ~ Hunger haben

if ob, wenn *(sub. conj.)*
imitate imitieren
impatient ungeduldig
in(to) in; **in(side)** herein; rein; **to come ~** herein·kommen

independent unabhängig
influence beeinflussen
intend to wollen
interest das Interesse, –n
interrupt unterbrechen
invention die Erfindung, –en
invite ein·laden

jealous eifersüchtig
job der Job, –s
just gerade, nur

kilogram das Kilo(gramm)
king der König, –e
kitchen die Küche, –n; **~ cupboard** der Küchenschrank, ̈e; **~ stove** der Herd, –e
know kennen; wissen; **you ~** schließlich, nämlich

lacking: be ~ fehlen *(dat.)*
last letzt; **to ~** dauern
late spät; **too ~** zu spät
later später
lawn der Rasen, –
lay legen
lazy faul
least: at ~ wenigstens
leave lassen
left links; **to the ~** links
less weniger
lesson die Aufgabe, –n
letter der Brief, –e
lie liegen
life das Leben, –
light leicht; das Licht, –er
like gern haben, mögen; **how do you ~ . . . ?** wie findest du . . . ?; **what would you ~?** was darf es sein?; **I would ~ . . .** ich hätte gern . . .
listen zuhören *(dat.)*
little klein; **a ~** ein bißchen; (ein) wenig
live leben; wohnen

living room das Wohnzimmer, –
long lang; **how ~?** wie lange?; **so ~!** tschüß!; **for a ~ time** lange
look schauen, sehen; **to ~ for** suchen; **to ~ at** an·sehen; **to ~ forward to** sich freuen auf
lot viel; **there's a ~ going on** es ist viel los
love die Liebe; **to ~** lieben
luck: what bad ~ so ein Pech
lucky: to be ~ Glück haben, Schwein haben

make machen
man der Mann, ̈er
many viel(e); **how ~** wieviel
market der Markt, ̈e
matter: what's the ~? was ist los?
may dürfen
maybe vielleicht
mean böse; **to ~** bedeuten; meinen; **what do you ~?** was heißt das?
meet treffen
Miss Fräulein
money das Geld
month der Monat, –e; **once a ~** einmal im Monat
moped das Mofa, –s
more mehr
morning der Morgen, –; **good ~!** guten Morgen! **this ~** heute morgen
most meist; **~ of all** am meisten; **~ of the time** meistens
motorcycle das Motorrad, ̈er; der heiße Ofen *(slang)*
movie theater das Kino, –s
mow mähen
Mr. Herr
Mrs. Frau
Ms. Frau
much viel; **thank you very ~** vielen Dank
must müssen

name der Name, –n, –n (*gen.* –ns); **my ~ is . . .** ich heiße . . .

near bei
need brauchen
never nie
nevertheless trotzdem
new neu
newspaper die Zeitung, –en
next nächst; **~ time** nächstes Mal
nice nett, schön
night die Nacht, –e; **good ~!** gute Nacht!
ninety neunzig
no nein; **~ one** niemand
none kein
nonsense! Quatsch! Unsinn!
noon der Mittag; **at ~** mittags
not nicht; **~ at all** gar nicht; **~ only . . . but also** nicht nur . . . sondern auch; **~ a, ~ any** kein; **~ yet** noch nicht
nothing nichts
notice merken, bemerken
now jetzt, nun; **~ and then** ab und zu

o'clock: it's (one) ~ es ist (ein) Uhr
obvious selbstverständlich
occupation der Beruf, –e
of course klar; natürlich
often oft
oh ach; **~, I see!** ach so!
OK ganz gut; es geht; OK
old alt
on an; auf; **~ Saturday** am Samstag
oneself selbst
only erst; nur
open auf·machen; offen (*adj.*)
or oder (*coord. conj.*)
order die Ordnung; **to ~** bestellen
other ander–
out of aus

outside draußen
over: to be ~ zu Ende sein

parents die Eltern (*pl.*)
pass: to ~ a test eine Prüfung bestehen
pay bezahlen, zahlen
pen: ballpoint ~ der Kugelschreiber, –; der Kuli, –s
pencil der Bleistift, –e
people die Leute (*pl.*); das Volk, ̈–er; die Menschen (*pl.*)
permit lassen
permitted: to be ~ dürfen
person der Mensch, –en, –en; die Person, –en
pick up ab·holen
picture das Bild, –er
piece das Stück, –e
plan der Plan, ̈–e; **to ~** vor·haben
play spielen
please gefallen (+ *dat.*); bitte, bitte schön
poor arm
possibility die Möglichkeit, –en
possible möglich; **as much as ~** möglichst viel
post office die Post
prefer lieber haben; **I ~ to eat . . .** ich esse lieber . . .
prepare sich vorbereiten
pretty hübsch
probably wahrscheinlich; wohl
pull ziehen
put stellen
puzzled baff

question die Frage, –n
quite ziemlich

railroad die Eisenbahn, –en
rain der Regen; **to ~** regnen
rare(ly) selten
read lesen
ready fertig
really eigentlich; wirklich
record die (Schall)platte, –n

relative der/die Verwandte, –n
remember sich erinnern an (+ *acc.*)
rent die Miete, –n; **to ~** mieten; **to ~ (out)** vermieten
repair reparieren
rest ruhen
rich reich
ride fahren; reiten
right das Recht, –e; **(have) a ~ to (something)** ein Recht haben auf (+ *acc.*); **to be ~** recht haben
right (*adj.*) richtig; rechts; **to the ~** rechts; **~ away** sofort; **that's ~** das stimmt
ring der Ring, –e; **to ~** klingeln
river der Fluß, ̈–sse
role die Rolle, –n; **to play a (major) ~** eine (große) Rolle spielen
room das Zimmer, –
round rund
run laufen; **to ~ away** weg·laufen

sail segeln
salesperson der Verkäufer, –/die Verkäuferin, –nen
same gleich; **at the ~ time** gleichzeitig
satisfied zufrieden
say sagen
school die Schule, –n
season die Jahreszeit, –en
secret geheim
see sehen
seem scheinen; **so it seems** so scheint's
sell verkaufen
send schicken
serious: you can't be ~! das ist doch nicht dein Ernst!
set stellen; **to ~ the table** den Tisch decken
seventy siebzig
several mehrere

shop das Geschäft, –e; **to ~** ein·kaufen

short klein; kurz

should sollen

show zeigen

shower die Dusche, –n; **to take a ~** sich duschen

shut zu·machen

sick krank

simple einfach

since seit

sister die Schwester, –n

sit sitzen; **to ~ down** sich setzen

situated: to be ~ liegen

sixty sechzig

size die Größe, –n

sleep schlafen

slow(ly) langsam

small klein

smile lächeln

snow der Schnee; **to ~** schneien

so so; **~ what?** na und? **isn't that ~?** nicht?

sofa das Sofa, –s

some mancher; ein paar

someone jemand

something etwas

sometimes manchmal

song das Lied, –er

soon bald; **see you ~** bis bald

sorry: I'm ~ es tut mir leid; Entschuldigung!

speak sprechen

spend (money) aus·geben

stamp die Briefmarke, –n

stand stehen

start beginnen; los·gehen; **when does it ~?** wann geht's los?

stay bleiben

steal stehlen

still noch; **to stand ~** stehen·bleiben

stop auf·hören; halten

store das Geschäft, –e

story die Geschichte, –n

street die Straße, –n

stroll der Spaziergang, ⁻e; **to ~** bummeln

strong stark

student *(in school)* der Schüler, –/die Schülerin, –nen; *(in university)* der Student, –en, –en/die Studentin, –nen

study studieren; lernen

stupid blöd

subject das Fach, ⁻er

successful erfolgreich

such solcher

suddenly plötzlich

sun die Sonne

supper das Abendessen

supposed: to be ~ to sollen

sure sicher; **~!** klar!

sweet süß

table der Tisch, –e

take nehmen; **to ~ along** mit·nehmen; **~ off** los·gehen; ab·nehmen

talk reden

tall groß

taste *(good)* schmecken

teacher der Lehrer, –/die Lehrerin, –nen

television das Fernsehen; der Fernseher, –; **to watch ~** fern·sehen

tell erzählen, sagen

terrible schrecklich

terrific! klasse!

test die Prüfung, –en

than als

thank sich bedanken; danken (+ *dat.*); **~ you (thanks)** danke

that *(conj.)* daß

then da, dann

there da, dort; **~ is, are** es gibt (+ *acc.*)

therefore daher; darum

thing das Ding, –e; die Sache, –n

think denken, meinen

thirsty durstig; **to be ~** Durst haben

thirty dreißig

this dieser

through durch

ticket die Karte, –n

time das Mal, –e; die Zeit, –en; **for the first ~** zum ersten Mal; **to spend ~** (die Zeit) verbringen; **next ~** nächstes Mal; **what ~ is it?** wie spät ist es?; **at what ~?** um wieviel Uhr?; **at that ~** damals

tired müde

to an; auf; nach; zu

today heute

together zusammen

tomorrow morgen

tonight heute abend

too auch; zu

town die Stadt, ⁻e; **~ hall** das Rathaus, ⁻er

train der Zug, ⁻e; **~ station** der Bahnhof, ⁻e

translation die Übersetzung, –en

travel reisen

true richtig; **that's ~** das stimmt

turn ab·biegen; **to ~ off** aus·machen; **to ~ on** an·machen

ugly häßlich

umbrella der Regenschirm, –e

uncle der Onkel, –

under unter

understand verstehen

undressed: to get ~ sich aus·ziehen

unfortunately leider

until bis

up auf; **~ to** bis zu

usually gewöhnlich

vacation die Ferien *(pl.)*; der Urlaub, –e

valuable wertvoll
very sehr
visit der Besuch, –e; **to ~**
besuchen

walk der Spaziergang, –̈e; **to ~**
laufen, gehen; **to go for a ~**
einen Spaziergang machen; bummeln
want wollen; **to ~ to** Lust
haben
wash (sich) waschen; **to ~**
dishes (Geschirr) spülen;
to ~ windows Fenster putzen
watch die Uhr, –en; **to ~**
beobachten; sehen; **to ~ out**
auf·passen
water das Wasser
wear tragen
week die Woche, –n

weekend das Wochenende, –n
welcome: you're ~ bitte
well *(interj.)* also, na; *(adj.)* gut;
gesund; **pretty ~** ganz gut
wet naß
what was; **~ kind of** was für;
~ 's the matter? was ist los?
what's new? wie geht's? wie
steht's?
when wann; als, wenn *(sub.
conj.)*
where wo; **~ (to)** wohin
whether ob *(sub. conj.)*
which welcher
who wer; **whom** wen, wem
why warum
window das Fenster, –
winter der Winter
wish der Wunsch, –̈e
with mit; bei
without ohne

woman die Frau, –en;
young ~ das Fräulein, –
wonder sich fragen
work die Arbeit, –en; **~ (of
music)** das Werk, –e; **to ~**
arbeiten; **to ~ at a hobby**
basteln
worker der Arbeiter, –/die Arbeiterin, –nen
would würde
wow! Mensch!
write schreiben
wrong falsch

year das Jahr, –e
yes ja; doch
yesterday gestern
yet noch; **not ~** noch nicht
young jung
youth die Jugend

Index

accusative case
  definite article 37, 44–45
  dieser-words 38, 44–45
  direct object 37–39
  either-or prepositions 121–127, 130
  ein-words 39, 45
  indefinite article 38–39, 45
  noun-pronoun relationship 70, 78
  personal pronouns 68–69, 77
  preceded adjectives 223–224
    definite articles or **dieser-**words 197, 200, 205–206
    indefinite articles or **ein-**words 223, 225, 231
  prepositions with 40–46
  prepositions with relative pronouns 378
  reflexive pronouns 171–172, 180
  relative pronouns 374
  time expressions 314
  of **wer** 78
adjectives
  comparison 273–279, 283–285
  following **etwas, nichts,** and **viel** 356–357, 359
  as nouns 392
  nouns declined like 231
  possessive, meanings of 45
  preceded by **dieser-**word
    nominative/accusative/dative cases 196–200, 205–206
    genitive case 308, 313
  preceded by **ein-**word
    nominative/accusative/dative cases 222–226, 231
    genitive case 308, 313
  preceded, comparative and superlative 277–278, 284
adverbs
  comparison 273–279, 283–285
  word order 128–129, 130–131
als
  in comparisons 273, 285
  uses of 256–257, 260–261

am
  + superlatives + **-en** 285
  time expressions with 220, 230
animals 144

bleiben, conversational past 152–153, 155
body parts, names of 170
  definite article with 176–177, 181

careers 266–268
chores 6
clauses
  conditional 354, 358
  dependent 147–149, 153–154
  relative 373, 380
comparison of adjectives and adverbs 273–278, 283–285
  comparative forms 273–275, 284–285
  forms with umlaut 284
  irregular forms 284
  preceded 277–279, 284
  superlative forms 275–278, 284, 285
conditions contrary to fact 354–356, 358–359
  past-time subjunctive 355–356, 359
  present-time subjunctive 354–355, 358–359
conditions of fact 358
conjunctions, subordinating 149–152, 154–155
contractions
  accusative prepositional 46
  dative prepositional 130–131
conversational past
  auxiliary **haben** 41, 46
  auxiliary **sein** 41, 47
  bleiben and **sein** 152–153, 155
  inseparable-prefix verbs 120,129
  irregular weak verbs 178, 182

past participle
  separable-prefix verbs 42, 48
  strong verbs 43–44, 47
  weak verbs 42, 47
  verbs ending in **-ieren** 177, 181

da-compounds 200–201, 206
dates 218
  with **am/im** 220–221
dative case
  definite articles and **dieser-**words 71–72, 73, 79
  demonstrative pronouns 73, 79
  either-or prepositions 121–128, 130–131
  forms of 79
  indefinite articles and **ein-**words 72–73
  indirect object 76–77, 81
  personal pronouns 95–99, 103
  preceded adjectives 199–200, 224–225
  prepositions with 74–75, 80
  prepositions with relative pronouns 378–379
  reflexive pronouns 174–175, 180
  relative pronouns 375
  substitute for genitive 315
  verbs that take 94, 102
  of **wer** 99, 103
definite articles
  dative case 71–72, 73, 79
  genitive case 305–306, 311
  nominative and accusative cases 37, 44–45
  with parts of body 176–177, 181
  as pronoun 73, 79
dependent clauses 147–149, 153–154
  relative clauses 373, 380
dieser-words
  dative case 71–72, 79
  genitive case 305–306, 311
  meanings and uses of 45

Art Credits

Illustrations

Penny Carter: pp. 6, 7, 48, 64, 91, 110, 113, 133, 144, 157, 170, 183, 226, 281, and 370; Teresa M. Flavin: pp. 344, 345, 346, 348, 386, 388 and 390; André Sala: pp. 9, 36, 67, 93, 119 and 146; Susan Spellman: pp. 5, 35, 82, 83, 105, 116, 121, 171, 176, 187, 219, 237, 245, 246, 266, 269, 270 and 324; Maps by Sanderson Associates: pp. xi, xii and xiii

Photographs

ADN/Zentralbild: pp. 162–163, 221; American Repertory Theatre: p. 398; The Bettmann Archive: p. 301; Bettmann Newsphotos: p. 369 extreme right; Fredrik D. Bodin: p. 318; Stuart Cohen: p. 118; Bruce Coleman, Inc.: pp. 143, 242, 259 (Joachim Messerschmidt), 364 (Michael George); Paul Conklin: pp. 8, 35, 160 lower right, 249; Peter Dreyer: pp. 158, 341, 353; Tony Freeman: pp. 54 right, 55 center, 74, 112; Kevin Galvin: pp. 54 center, 86, 152, 160 top, 161 bottom, 164, 175, 186, 188, 190, 292 top and bottom, 293 lower left and lower right, 312, 314, 370; German Information Center: pp. 300 lower left, center, and right, 369 extreme left and two center photos, 393 left and center; Beryl Goldberg: p. 205; Grimm Museum Kassel: pp. 349, 360; J. Douglas Guy: pp. 111, 124, 232, 401; Historical Pictures Service: p. 377; Uta Hoffman: pp. 65, 71, 88, 114, 167, 178, 198, 203; Image Finders: p. 30 (von Stroheim); The Image Works: pp. 334, 392 (Alan Carey); Inter Nationes: pp. 298 (IN-Bild), 300 top (IN-Bild/Ullstein), 393 right; Fremdenverkehrsamt Kärnten: p. 136; Light Images: pp. 89, 169 (Fred Lyon); Magnum Photos: pp. 56–57 (E. Hartmann), 150 (E. Hartmann), 228 right (E. Hartmann), 234 (L. Freed), 257 (L. Freed), 265 (Tomas Sennett Dist.), 294 inset (E. Hartmann), 294–295 (S. Franklin), 296 (E. Hartmann), 307 (E. Hartmann), 321 top and bottom (E. Lessing), 322 (E. Lessing), 336 (L. Freed); Roland and Karen Muschenetz: p. 81; Fremdenverkehrsamt Nürnberg: p. 247; Palmer and Brilliant Photography: pp. 11, 25, 55, 100; Panorama DDR: pp. 299, 328; Photo Researchers: p. 343; The Picture Cube: pp. 54 left, 55 left (Spencer Grant); Judy Poe: pp. 17, 56 inset, 162 inset; Todd Powell: pp. 2, 50, 97, 115, 161 top and center; San Francisco Photo Network: p. 361 (C. Simon); SCALA: p. 282; Bildagentur Schuster: p. 27 top; Fremdenverkehrsverband Schwarzwald: p. 34; Eric Shambroom: Society for the Preservation of New England Antiquities: p. 108; Kathy Squires: pp. 15, 18, 61, 63, 92, 96, 123, 140 top and bottom, 141 left and right, 165, 166, 189, 207, 215, 333; Steinway, Inc.: p. 382; Stock Boston: pp. 62 (Peter Menzel), 277 (Owen Franken); Swiss National Tourist Office: pp. 127, 240, 326, 396; Martha Swope: p. 351 ("Into The Woods", Music: Steven Sondheim; Book: James La Pine; Red Riding Hood: Danielle Ferland; Wolf: Chuck Wagner); Susan Van Etten: p. 271; Visum: pp. 32 (R. Meisel), 145 (R. Meisel), 211 (G. Ludwig), 213 (G. Ludwig), 216 (R. Meisel), 278 (D. Reinartz), 293 top (M. Wolf), 304 (R. Meisel), 320 (M. Wolf), 329 (M. Lange); Manfred Vollmer: pp. 58, 138, 244, 250, 263, 268, 274, 286, 289; Ulrike Welsch: pp. 23, 40, 106, 160, 228 left, 235, 280, 405; Fremdenverkehrsamt Wien: p. 378; ZEFA: pp. 26 (W. Meier), 27 bottom (Breig F.), 28 (Freytag), 95 (Villiger), 195 (Marche).

Realia

Chapter 1: p. 7, ERASCO GmbH, Lübeck; p. 12, Schroedel Verlag, Hannover; p. 17, Bundespressedienst, Vienna, Austria; *Chapter 2:* Courtesy of Guhl Kosmetik AG, Münchenstein, Switzerland; p. 31, Verkehrsgemeinschaft Hochschwarzwald e.V.; p. 33,

Kurverwaltung Löffingen; p. 41, Plättig-Hotel, Bühl; p. 44, Philharmonie Berlin; p. 51, Bundespressedienst, Vienna, Austria; *Noch einmal:* p. 54, Redaktion Mädchen, Munich; p. 55 upper right, Heinrich Bauer, Spezialzeitschriftenverlag KG, Munich; p. 55 center, SCALA Jugendmagazin, Frankfurter Societäts-Druckerei GmbH, Frankfurt am Main; *Chapter 3:* p. 72, Berliner Verkehrs-Betrieb, Berlin; p. 76, Zentralverband des Deutschen Bäckerhandwerks e.V., Bad Honnef; *Chapter 4:* p. 88, TIP Berlin Magazin, Verlag Klaus Stemmler, Berlin; p. 89, Frankfurter Allgemeine Zeitung, Frankfurt; p. 89, Die Welt, Bonn-Bad Godesberg; p. 100, Zumsteg Uhren und Schmuck, Bern; p. 101, SZENE MÜNCHEN, Munich; p. 101, RING Partnervermittlung, Rastatt; p. 102, Nittel Juwelier und Goldschmied, Freiburg; *Chapter 5:* p. 109, GODEL, Stuttgart-Weilimdorf; p. 126, Schneller Wohnen, Berlin; p. 129, Bowling am Kudamm, Berlin; p. 131, Fremdenverkehrsamt, Basel; p. 135, Deutscher Sparkassen und Giroverband, Bonn; *Chapter 6:* p. 139, Gestaltung: Hans Ludwig Klaus, erschienen in TIP u. Zitty; p. 139, Tramper Shop, Berlin; p. 147, AOK Bundesverband, Bonn; p. 155, Deutsche Lufthansa AG, Frankfurt/Main; p. 156, Verkehrsämter Wörthersee Kärnten, Klagenfurt, Austria; *Noch einmal:* p. 161 upper right, Gruner und Jahr AG & Co., Hamburg; *Chapter 7:* p. 168, Café Melanie, Berlin; p. 168, Café Vierlinden, Berlin; p. 172, Hill Holiday Public Relations for Braun Electronics; p. 174, Landesfremdenverkehrsamt, Kärnten; p. 181, Hill Holiday Public Relations for Braun Electronics; p. 182, Blumen Nagel, Karlsruhe; *Chapter 8:* p. 188, DSB/Sport-Billy Productions, 1987; pp. 193, 197, Tourist Information, Konstanz; p. 209, Biomaris GmbH, Bremen; *Chapter 9:* p. 217, Staatliche Kunstsammlungen, Direktion Albertinum, Dresden; p. 223, Radio Uhren GmbH, Bad Dürkheim; p. 218, Dorotheum Auktions- Versatz- und Bank- GmbH, Vienna, Austria; p. 223, Leipzig Information, Leipzig; p. 225, Gewandhaus zu Leipzig; p. 237, Verkehrsamt Berlin; p. 239, Berlin Informationszentrum, am Fernsehturm, Berlin, German Democratic Republic; *Chapter 10:* p. 242, Kurverwaltung im Kurzentrum, Mölln/Kosta Restaurant, Mölln; p. 246, Ars Scarbaeus, Bonn; p. 253, Verkehrsgemeinschaft Südlicher Schwarzwald, Lörrach; *Chapter 11:* p. 267, Stadtsparkasse München, Munich; p. 270, Inlingua Sprachschulen, Hamburg; p. 272, Deutsche FINA GmbH, Munich; p. 274, R. Stiletto, Karlsruhe; p. 275, Brenner-Autobahn Aktiengesellschaft, Innsbruck; p. 284, Akademische Gesellschaft für Erwachsenenfortbildung AG, Zürich, Switzerland; p. 291, co op Aktiengesellschaft, Niederlassung Süd, Rosenheim; *Noch einmal:* p. 292 upper left, Zoologischer Garten, Frankfurt; p. 292 left, Fußball Magazine, Olympia-Verlag, Nürnberg; p. 293 lower right, SCALA Jugendmagazin, Frankfurter Societäts Druckerei GmbH, Frankfurt am Main; *Chapter 12:* p. 303, Ossenbrüggen, Keitum/Sylt; p. 306, Le Phare — Jean d'Eve, La Chaux-de-Fonds, Switzerland; p. 306, Courtesy of MATTH. HOHNER AG TROSSINGEN; p. 311, Citroën Automobil AG, Köln; p. 316, Musikcentrum, Berlin; *Chapter 13:* p. 323, STEINWAY & SONS, Pianoforte Fabrikanten, Hamburg; p. 324, Johann-Sebastian-Bach Museum, Leipzig; p. 325, 1971 United Feature Syndicate, Inc.; p. 329, Grips Theater, Altonaerstr. 22, Berlin; p. 329, Schiller Theater, Berlin; p. 329, Städtliche Bühnen, Freiburg; p. 340, JVC Victron Orgeln, Frankfurt; p. 335, Lassale, Hattori Deutschland GmbH, Düsseldorf; p. 332, © Papan/Aus „STERN", Hamburg; *Chapter 14:* p. 349, Advertisement of Deutscher Taschenbuch Verlag, Munich; p. 350, DSB/Sport-Billy Productions, 1987; p. 355, Marley-Werke GmbH, Wunstorf; p. 357, Münchner Volkshochschule, Munich; p. 358, Sattelkammer Breisgau, Freiburg; *Chapter 15:* p. 371, Western Store München, Munich; p. 372, Unternehmensgruppe Tengelmann for PLUS Warenhandelsgeschäft Mülheim; p. 373, Robert Lindner GmbH, Berlin; p. 379, Berliner Band AG, Berlin; p. 380, Erdgas Energiespar Service, Essen; p. 383, Pianohaus Lepthien, Freiburg; p. 384, Aus "e.o. plauen, Vater und Sohn", Gesamtausgabe © Südverlag GmbH Konstanz 1982; *Chapter 16:* p. 392, Richard Hengstenberg, Eßlingen; p. 399, LINDT & SPRÜNGLI, Aachen; p. 403, PODIUM Ahrensburg, Ahrensburg; *Noch einmal:* p. 404 upper left, Wise Publications/Music Sales Corporation, New York, N.Y.; p. 404 bottom left, Magi Wechsler, Zürich, Switzerland; p. 405 lower right, Bastei-Verlag, Gustav H. Lübbe GmbH & Co. Bergisch Gladbach, Austria.